行政判例研究 XXIX-2

社團法人 韓國行政判例研究會 編

2024

博英社

Studies on Public Administration Cases

Korea Public Administration Case Study Association

Vol. XXIX- 2

2024

Parkyoung Publishing & Company

刊 行 辭

다사다난했던 2024년을 정리하며 『행정판례연구』 제29집 제2호를 발간하게 되어 기쁘게 생각합니다. 1984년 10월 29일 창립된 우리 연구회는 지난해 창립 40주년을 맞이하였고, 회원 여러분의 뜨거운 성원 덕분에 이를 기념하는 학술대회를 성공적으로 개최할 수 있었습니다. 진심으로 감사드립니다.

오늘날 인공지능과 같은 새로운 기술의 등장은 행정법에 새로운 도전을 제기하고 있습니다. 지속가능한 발전과 번영을 위해 행정의 목적, 기능, 형식 등 다양한 측면에서 변화가 요구되는 상황입니다. 특히 시민의 방어권 보장과 행정의 효율성 증대라는 전통적 목표를 법치국가의 틀 안에서 조화롭게 실현하는 것은 우리 분야의 중요한 과제로 떠오르고 있습니다. 이에 대응하기 위해 행정판례는 합리적 법 해석과 적용을 통해 사회의 안정과 발전에 기여해야 하며, 우리 연구회는 이론과 실무의 교류를 통해 이러한 역할을 충실히 수행해 왔다고 자부합니다.

2024년 하반기에도 총 5회의 월례발표회가 성황리에 이루어졌습니다. 이번 『행정판례연구』 제29집 제2호에는 연구회 창립 40주년을 맞아 김철용 전임 회장님과 정하중 전임 회장님께서 각각 "한국행정판례연구회의 회고와 과제 – 한국행정판례연구회 발족 40년을 기념하여" 및 "행정판례 40년의 회고 - 민주적 법치국가로의 여정"을 주제로 소중한 글을 기고해 주셨습니다. 또한 월례발표회에서 발표된 판례평석 중 엄정한 심사를 거쳐 7편의 논문이 게재되었으며, 강우찬 부장판사께서 "행정판례 40년: 이론과 실무의 대화 - 실무가의 입장에서"라는 제목으로 기고하신 글도 포함되어 있습니다. 바쁘신 와중에도 소중한 시간을 내어 투고해 주신 모든 분들께 깊이 감사드립니다.

끝으로, 이번 『행정판례연구』의 출간을 위해 많은 노력을 기울여 주신 출판이사 이승민 교수, 김재선 교수, 출판간사 장윤영 교수, 배기철 교수, 문광진 박사께 깊은 감사의 말씀을 드립니다. 더불어 학술지의 수준을 높이는 데 기여해 주신 최진수 간행편집위원장, 김의환 연구윤리위원장을 비롯한 편집위원 및 윤리위원 여러분께도 진심으로 감사드립니다.

2024년 12월 30일

사단법인 한국행정판례연구회 회장

안철상

차 례

Table of Contents

特別寄稿

한국행정판례연구회의 회고와 과제 (김철용)

한국행정판례연구회의 회고와 과제

-한국행정판례연구회 발족 40년을 기념하여-

김철용*

한국행정판례연구회가 1984년 10월 29일 서울시 종로구 사직동에 있는 한국사회과학도서관 강당에서 김도창 선생님께서 한국법률문화상의 상금 중 희사하신 100만원을 연구회 기금으로 창립회원 21명의 발기로 창립총회를 개최하여 창립된 지 금년 10월 29일로 만 40년이 됩니다.

한국행정판례연구회 회칙은 제2조(목적)에서 "이 회는 행정판례의 연구를 통하여 법학계와 법조계 및 행정계의 교류를 꾀하고 행정법학과 행정실무의 발전에 이바지함을 목적으로 한다."고 하고, 제4조(사업)에서 "이 회는 제2조의 목적을 달성하기 위하여 다음의 사업을 한다. 1. 연구발표회 및 학술강연회의 개최 2. 회지, 논문집 기타 도서의 간행 3. 국내외 연구단체와의 교류 4. 기타 필요한 사업"이라고 규정하고 있었습니다. 2007년 4월 20일에 제정된 사단법인 한국행정판례연구회 정관도 이 회칙을 이어받아 오늘에 이르고 있습니다만, 지금은 회지인 행정판례연구 부록에 게재하지 않고 있습니다.

회고하여 보면, 한국행정판례연구회는 지난 40년 동안 어려운 여건에도 불구하고 행정판례의 연구를 통하여 행정법학과 행정실무의 발전에 크게 기여해 왔다고 자긍할 수 있습니다. 1984년 21명의 회원으로 시작한 연구회가 현재 약 500명으로 증가하고 있고, 연구발표회가 오늘로 400회를 기록하고 있으며, 연구회 참석하는 회원이 매월 45명 내지

---

* 한국행정판례연구회 명예회장

50명으로 점진적으로 꾸준히 늘어나고 있음이 이를 입증하고 있습니다. 이와 같은 발전에는 역대 임원님들의 헌신적인 노고가 매우 컸습니다. 특히 우리 연구회의 초석을 놓으시고 지금은 작고하신 분들게 이 자리를 빌려 깊은 감사를 드립니다.

그러나 우리는 자긍만을 하고 있을 수는 없습니다. 문제는 앞으로의 과제입니다. 행정판례의 중요성은 우리가 잘 아는 바와 같습니다. 우리가 집중하여야 하는 것은 행정판례를 한 발짝 한 발짝 앞으로 전진시켜야 하는 일입니다. 아래에서는 우리 행정법학계에서 논의되고 있는 몇 가지 사례를 예로 들어 보겠습니다.

첫째는 처분의 개념입니다. 처분의 개념에 관하여는 올해 7월 13일 행정법이론실무학회 제280회 정기학술발표회에서 김유환 교수의 "행정법 이론체계상 처분 개념의 재조명 – 판례의 이론적 해명과 성문 개념규정에 대한 비평 –"이라는 근년에 보기 드문 묵직한 발표가 있었고, 정호경 교수의 이 발표에 관한 경청할만한 토론문이 있었습니다. 김유환 교수의 발표의 요지는 대체로 ① 행정소송법 제2조 제1항 제1호에 있는 처분등의 정의 중 '그 밖에 이에 준하는 행정작용'(이하 처분이라 한다)이라는 입법문언을 정리하여야 한다는 것(발표문 31쪽), ② 행정행위 개념과 처분 개념은 기본적으로 동일하게 파악하는 것이 적절하다는 것(발표문 9쪽), ③ 행정절차법과 행정기본법이 쟁송법상의 처분 개념을 그대로 채용한 것이 입법상의 잘못이라는 것으로 정리할 수 있습니다. 이중 ① ②에 관하여는 김유환 교수의 발표문 중 "1984년 행정쟁송법이 처분 개념을 광의로 규정한 취지는 소송요건 단계에서 처분 개념을 넓게 해석하여 권리구제의 범위를 확장하겠다는 것이었다. 그러나 이러한 목적은 '그 밖에 이에 준하는 행정작용'과 같은 불확정 개념을 새로운 처분 개념의 범위로 추가함으로써만 달성할 수 있는 것이 아니다. 이미 밝힌 바와 같이 행정행위 개념과 처분 개념을 원칙적으로 동일시하면서도 처분 개념을 확장할 수 있는 방법이 있다. 그것은 일차적으로는 행정행위의 개념징표의 재해석을 통한 확장이며 다음으로는 예외적인 형식적 행정행위의 인정을 통한 확장이라고 생각한다"(발표문 10쪽)에서 그 의도를 추측할 수 있습니다. ③에 대하여는 행정행위의 실체를 가지지 못하지만 국민권익의 필요에 의해 처분으로 인정되는 경우 이에 대해 적용하는 것이 불가능한 경우가 많다는 것 등의 이유이었습니다(발표문 30쪽 이하). 이와 같은 발표에 대한 정호경 교수의 토론은 대체로 다음과 같이 요약할 수 있습니다. ① 대법원의 판례 중 처분 개념을 넓게 인정하는 판례 설시의 경우 판례 설시 내용이 '그 밖에 이에 준하는 행정작용'을 포함하는 설시로 볼 수 없는지에 대한 질문, ② 실체법 이론들과 쟁송법 이론들의 일치를 주장하는 발표자의 견해에 기본적으로 동의하면서도 다만 이를 전통적인 행정행위 개념을 중심으로 관철하는 것이 가능하고 적절한 것인가에 대한 약간의 의문, ③ 행정소송법과 행정절차법, 행정기본법의 처분의 정의에 관한 문언이 동일하다고 해서 3법의 처분 개념이 동일한 것은 아니다는 것이었습니다.

입법에 참여한 위원의 한 사람으로서 약간의 코멘트를 붙여 보겠습니다. 먼저 ①에 대한 것입니다. 독일에서는 모두 아시는 바와 같이 연방 행정절차법 제35조에 행정행위의 개념에 관한 규정을 두고 있고, 행정재판소법에는 행정행위의 개념 규정이 없습니다. 우리 법무부 법무자문위원회 공법연구 특별분과위원회는 행정소송법 초안을 작성하면서 당시에는 행정절차법이 없었기 때문에 처분의 정의 규정을 두지 않을 수 없었습니다. 행정소송법 초안작성소위원회와 행정심판법 초안작성소위원회 간에 차이가 있었습니다만(김철용, 「행정심판초안 작성 당시의 기록」, 국무총리행정심판위원회/법제처, 행정심판 20년사, 2005년 12월 발간 177쪽 이하 참조), 처음부터 모두 처분 개념을 광의로 정의하고 있었습니다. 전체회의에서 조정하는 과정에서 여러 안이 제안되었지만, 어느 안도 합의에 이르지 못하고 결국 '그 밖에 이에 준하는 행정작용'으로 하고 구체적인 개념 요소는 판결에 맡기자는 결론으로 확정되었습니다. 이 과정에서 학계의 일부에서는 처분 개념을 협의로 정의하여야 한다는 주장이 있었습니다. 위 김유환 교수의 소론이 이들 주장과 동일하지는 않지만, 그 주장의 바탕은 비슷합니다.

필자는 행정소송법에서 처분의 개념을 확정한 이상 법원이 입법에 따라 광의의 처분에 따라야 한다고 생각합니다. 행정법 전문가들 조차 항고소송의 대상인 처분인지 여부에 자신을 갖고 있지 못합니다(예를 들어, 언어재활사시험시행계획공고처분취소의 소. 제1심 서울행정법원 2023.6.22. 선고 2022구합77163 판결, 제2심 서울고등법원[제3행정부] 2024.6.27. 선고 2023누49815 판결). 불확정 개념인 ‘그 밖에 이에 준하는 행정작용’의 구성 요소를 하나씩 하나씩 밝혀내어 쌓아나가는 것이 중요합니다. 학자들이 도와주어야 합니다. 구태여 역시 불확정 개념인 형식적 행정행위론을 끌어드릴 필요가 없습니다. 행정소송법 시행 40년 동안 법원도 지나치게 소극적이었고, 학자들도 마찬가지였다고 생각합니다. 행정판례연구에서 이에 관한 논구를 한 글을 찾기 어렵습니다. 다만, 행정행위와 처분의 개념이 다르다고 하는 경우, 차이에서 오는 틈(Abstand)의 문제가 발생하게 됩니다(법률상 이익과 사실상 이익, 공식 행정활동과 비공식 행정활동에 한정되지 아니 합니다). 이를 메우는 작업을 위해서도 법원과 학자들이 힘을 합하여야 합니다. ②를 보겠습니다. 용어의 문제입니다. 우리는 그동안 행정행위와 처분의 관계를 규명하기 위한 학설에서 일원설을 실체법적 개념설, 이원설을 쟁송법적 개념설이라고 하여, 실체법과 쟁송법이라는 개념을 사용하여 대비하여 왔습니다. 이와 같은 대비는 피하는 것이 좋을 듯합니다. 실체법과 쟁송법이라는 개념을 대비시키는 것이 적절하지 않을 뿐 아니라 자칫 오해를 불러일으킬 우려가 있기 때문입니다. Johannes Buchheim 교수와 같이 현재의 행정법 질서의 이메지(ein Bild)를 ‘여러 가지 실체법 규정과 절차법 규정이 복잡하게 섞여 엉클어져 있는 상태(ein Komplexes Ineinander)’로 본다면(Aktionenrechtliches Denken im Verwaltungsrecht, Die Verwaltung 52,

577－592), 더욱 적절하지 않습니다. ③을 보겠습니다. 행정절차법, 행정심판법, 행정소송법이 처분이라는 동일한 개념을 채택한 것이 입법상의 잘못이라는 주장은 동의할 수 없습니다. 3법이 같은 처분의 개념을 사용하는 실익은 크다고 봅니다. 처분의 개념이 갖는 기능 때문입니다. 그러나 처분의 정의에 관한 문언이 동일하다고 해서 처분의 개념이 동일한 것이 아니라는 견해는 긍정적으로 검토할 필요가 있다고 생각합니다. 행정법에 있어서 경직된 사고의 결과인 이원론의 극복을 위해서도 입법자의 의사를 과도하게 벗어나지 아니하는 범위 내에서의 유연한 법해석이 필요하기 때문입니다.

둘째는 행정소송 제도 개혁입니다. 이에 관하여는 올해 9월 6일 "행정소송법 개정의 시대적 사명과 과제"를 주제로 한국공법학회와 대법원 헌법·행정법연구회가 개최한 공동학술대회에서 김유환 교수, 서보국 교수, 이희준 판사의 발표가 있었습니다. 여러 행정소송법의 개정 쟁점이 논의되었으나, 여기서는 행정소송의 종류 중 의무이행소송과 예방적 부작위소송(이하 무명항고소송이라 한다)의 도입 문제, 행정입법을 항고소송의 대상에 포함시키는 문제에 대해서만 간단히 논급하기로 하겠습니다. 먼저 무명항고소송의 도입 문제입니다. 이 문제에 대해서는 현재 학계와 실무계가 도입에 의견이 일치되어 있는 것으로 보입니다. 그럼에도 불구하고 대법원의 행정소송법 개정안, 법무부의 행정소송법 개정안이 모두 성과를 가져오지 못하고 있습니다. 이희준 판사는 행정소송이 정치·정책을 방해한다는 생각이 그 원인이라고 진단하고 있습니다(위 공동학술대회 자료집 71쪽 이하). 김유환 교수는 "소송의 종류에 관한 한 그것이 헌법질서와 권력분립의 구도에 관련되는 것이 아니라면 법원이 새롭게 창조할 수 있고 굳이 입법을 기다릴 필요가 없다"는 견해, "이러한 관점에서 항고소송의 종류에 관한 행정소송법 제4조의 규정은 예시규정으로 보는 것이 옳다"는 견해, "소송유형과 관련된 소송제도의 개혁은 법개정 없이 지금도 가능하다"는 견해 등을 밝히고 있습니다(위자료집 18쪽 이하). 올해 3월 22일 "행정구제제도의 개혁 방향"이라는 주제로 행한 대한변호사협회·한국행정법학회 공동학술대회에서 최계영 교수의 "의무이행소송의 도입 필요성과 법제화 방향"이라는 주제의 발표가 있었습니다. 이 발표에서 최 교수의 절규는 '마지막으로 강조하고 싶은 점은 각각의 쟁점에 대해 어떠한 결론이 나더라도 의무이행소송이 도입되지 않은 것보다는 도입되는 것이 낫다는 것'(자료집 51쪽)이었다고 생각합니다. 도입되기 전까지 손 놓고 있어서는 아니됩니다. 필자는 오래 전부터 필자의 교과서 행정법에서 "실효성 있고 빈틈없는 권리보호의 요청은 입법론만의 문제가 아니라 해석론의 문제이기도 하다. 행정소송법의 개정과 같이 어려운 문제일수록 해석론에 의하여 점진적으로 접근해 가는 것이 현명한 방법이 될 수 있다"고 기술하고 있습니다(13판 639쪽). 판결에 의한 점진적인 해석론이 절대적으로 중요하며, 학계의 뒤받침이 필요합니다. 행정판례연구에서는 이러한 뒷받침을 찾기 어렵습니다. 다음엔 행정입법을 항고소송의 대상에 포함시키는 문제를 보기로 하겠습니다. 공동학술대회에서 행정소송 제도 개혁의 일환으로 행정입법을 항고소송의 대상에 포함시키는 문제가 논의되었습니다. 이 문제는 1984년 행정소송법 개정 시안 작성 당시부터 논의가 있었습니다. 가장 먼저 논의의 대상이 되었던 것은 소송유형이었습니다. 독일의 행정소송과 같이 소송의 대상에 따라 소송유형을 구별하자는 안이 제기되었으나, 국민에게 익숙한 항고소송과 당사자소송으로 하자는 안이 우세하여 확정되었습니다. 이에 따라 처분의 개념 속에 행정입법을 포함하는 광의의 처분 개념으로 정의하는 의견이 형성되었습니다. 이 정의는 당시의 행정법 도그마틱에 부합하지 아니하는 것이었습니다. 결국 일부 학자들의 반대로 초안의 처분 정의에 '구체적 사실에 관한 법집행'이라는 문구가 삽입되었습니다. 그러나 최근 행정입법을 항고소송에 포함시키는 논의가 다시 재현되고 있습니다. 대법원이 2002년 4월 행정소송법 개정위원회를 설치하고 개정작업을 추진하여 마련한 행정소송법 개정안 제2장 제6절에 명령등의 취소소송의 특례를 신설한 것, 2004년 10월 28일 이 개정안 공청회에서의 박정훈 교수의 주제 발표와 홍준형 교수의 지정 토론 및 김남철 교수의 '법규명령에 대한 항고소송의 문제점－행정소송법 개정안을 중심으로－'(공법학연구 제6권 제1호, 214－243)라는 기고 논문 등이 있었습니다. 2019년 사회와 행정의 민주화와 함께 행정입법에 대한 사법적 통제의 강화가 필요함에도 불구하고 우리는 아직 현대사회에 걸맞는 통제제도를 갖고 있지 못하다는 문제 의식 아래 행정소송법의 개정으로 직접적 통제제도의 도입을 주장하는 선정원 교수의 비교법적 고찰을 포함하는 방대한 논문이 출간되었습니다(행정법의 작용형식, 477－590). 2021년 12월 17일 "행정과 행정소송－행정소송법 전면개정을 기대하며－"라는 주제로 한국행정법학회 제50회 정기학술대회가 개최되었습니다. 이 대회에서 박현정 교수는 '항고소송의 소송유형과 대상적격 개선방안'이라는 제1주제 발제를 하였습니다. 주지하는 바와 같이 행정의 행위형식의 주요한 일부를 이루는 행정입법에 대하여 행정소송이 아니라 헌법소원이 일차적 직접적 구제 수단이 되어 있습니다. 사법 행정통제 내지 사법적 행정구제 수단을 개선하는 경우 문제는 그 방법입니다. 이에 대하여 박현정 교수는 "그 방법으로는 독일의 행정소송과 같이 소송의 대상에 따라 소송유형을 구별하여 강학상 행정행위를 항고소송으로, 행정입법은 이른바 규범통제소송으로 다투고, 사실행위에 대하여는 당사자소송을 활용하자는 견해도 있다"고 전제한 다음, 사실행위와 행정입법 등도 항고소송의 대상으로 포함되도록 항고소송의 대상적격을 확대하는 방식이 타당하다는 견해를 밝히고 있습니다. 이와 같은 긍정적 견해와는 달리 부정적 견해도 있습니다. 예컨대, 위 대법원 행정소송법 개정안에 대하여 이 개정안이 프랑스법적 시각에 기울어져 있음을 지적하고, 이를 통해 반세기 이상 지속되어온 독일 행정법학적인 전통을 생소한 프랑스법적인 제도로 바꾸는 것이 진실로 가능한 것인지 의문을 제기하는 견해도 있습니다(석종현, 행정소송법

개정시안에 대한 의견, 법률신문, 토론광장, 2004.12.13.(http://Lawtimes.co.kr)). 법도그마틱은 입법에 영향을 주기는 합니다. 그러나 법도그마틱이 입법의 개혁을 막을 수는 없습니다. 입법의 개혁이 이루어지면 새로운 입법에 맞추어 새로운 법도그마틱이 형성되기 마련입니다.

셋째는 행정절차법 제23조 제1항의 이유제시의 내용과 정도입니다. 이에 대한 대법원 판결을 보겠습니다. 행정절차법 제정 이전의 판결에는 처분요건을 되풀이하는 것과 같은 일반적·추상적인 것만으로는 불충분하고 상대방에게 처분근거·이유가 이해될 수 있고 권리구제를 강구할 수 있을 정도의 구체성·상세성을 가져야 한다고 판시한 것들이 있었습니다. 구체적으로는 대법원 1984.7.10. 선고 82누551 판결은 "허가의 취소처분에는 그 근거가 되는 법령과 처분을 받은 자가 어떠한 위반사실에 대하여 당해 처분이 있었는지를 알 수 있을 정도의 위 법령에 해당하는 사실의 적시를 요한다고 할 것이고 이러한 사실의 적시를 흠결한 하자는 그 처분 후 적시되어도 이에 의하여 치유될 수 없다"고 판시하였고, 대법원 1990.9.11. 선고 90누1786 판결은 "면허의 취소처분에는 그 근거가 되는 법령이나 취소권 유보의 부관 등을 명시하여야 함은 물론 처분을 받은 자가 어떠한 위반사실에 대하여 당해 처분이 있었는지를 알 수 있을 정도로 사실을 적시할 것을 요하며, 이와 같은 취소처분의 근거와 위반사실의 적시를 빠뜨린 하자는 피처분자가 처분 당시 그 취지를 알고 있었다거나 그 후 알게 되었다 하여도 치유될 수 없다고 할 것이다"라고 판시하였습니다. 행정절차법 제정 이후의 판결을 보면, 대법원 2002.5.17. 선고 2000두8912 판결은 "거부처분에 관하여 일반적으로 당사자가 근거규정 등을 명시하여 신청하는 인허가 등을 거부하는 처분을 함에 있어 당사자가 그 근거를 알 수 있을 정도로 상당한 이유를 제시한 경우에는 당해 처분의 근거 및 이유를 구체적 조항 및 내용까지 명시하지 않았더라도 그로 말미암아 그 처분이 위법한 것이 될 수 없다"고 판시하였고, 대법원 2009.12.10. 선고 2007두20362 판결은 “처분서에 기재된 내용과 관계 법령 및 당해 처분에 이르기까지의 전체적인 과정 등을 종합적으로 고려하여, 처분 당시 당사자가 어떠한 근거와 이유로 처분이 이루어진 것인지를 충분히 알 수 있어서 그에 불복하여 행정구제절차로 나아가는 데에 별다른 지장이 없었던 것으로 인정되는 경우에는 처분서에 처분의 근거와 이유가 구체적으로 명시되어 있지 않았다 하더라도 그로 말미암아 그 처분이 위법한 것으로 된다고 할 수 없다”라고 판시하였습니다. 이 2007두20362 판결에 이어 대법원 판결들은 이 판결이 흡사 철칙의 법리인양 주조물(鑄造物)처럼 글자 하나 틀리지 않게 위 2007두20362 판결의 판시를 되풀이 하고 있습니다(대법 2009.12.10. 선고 2007두20348 판결, 대법 2009.12.10. 선고 2007두20362 판결, 대법 2009.12.10. 선고 2007두21945 판결, 대법 2009.12.24. 선고 2007두20089 판결, 대법 2012.6.28. 선고 2012두3019 판결, 대법 2013,11.14. 선고 2011두18571 판결, 대법 2015.7.23. 선고 2015두912 판결, 대법 2015.9.10. 선고 2015두2024 판결, 대법 2016.11.9. 선고 2016두45578 판결, 대법 2019.1.31. 선고 2016두64975 판결, 대법 2019.1.31. 선고 2016두65718 판결, 대법 2019.1.31. 선고 2016두65725 판결, 대법 2019.12.13. 선고 2018두41907 판결, 대법 2020.6.11. 선고 2019두49359 판결, 대법 2021.7.8. 선고 2017두74818 판결 등). 대법원이 헌법상 적법절차의 중요 요소의 하나이고, 이를 명문화한 행정절차법 제23조 및 행정절차법 시행령 제14조의2를 형해화(形骸化)하고 있습니다. 그런데 기이한 것은 이들 대법원 판결들에 대한 평석이 2007두20362 판결에 대한 평석 1건(노경필, 최근 행정판례의 주요 동향, 법제도 선진화를 위한 공법적 과제(2010.6.25. 개최된 한국공법학회·한국법제연구원 공동학술대회) 자료집, 533쪽)을 제외하고 거의 전무(全無)하다는 점입니다. 한국행정판례연구회의 기관지인 행정판례연구에도 마찬가지입니다. 미국과 독일의 경우를 간단히 보도록 하겠습니다. 미국의 이유제시의 정도에 관한 판례에 관하여 김성배 교수는 연방행정절차법 제정 이후의 판례들(Overton Park 사건, State Farm 보험사 사건, Fox 방송국 사건)이 행정기관은 충분한 이유제시를 할 의무가 있다는 것, 법원은 충분한 이유제시가 있었는지를 구체적 사례에서 사례별로 상황에 따라 판단한다는 것, 구체적으로 Overton Park 사건에서는 하급심이 교통부의 자금지원결정이 적법하다고 판시한 판단을 연방 대법원은 하급심 판결을 파기하고 더 상세한 기록들을 보충하도록 판시하였다는 점, State Farm 보험사 사건에서는 연방고속도로안전국이 차량제조회사가 자동 안전벨트 또는 에어백을 차량에 선택적으로 장착해야 한다는 기존의 행정규제를 폐기한 결정에 대하여 연방대법원은 만장일치로 연방고속도로안전국이 가능한 대안들을 검토하지 못했으며, 규제비용과 효과를 부적절하게 비교형량했으며 행정규제변경에 참고한 적절한 근거와 이유를 제시하지도 못하였고 사고가 발생한 경우 작동하는 에어백과 안전벨트 등과 같은 안전장치를 필수적으로 요구하는 규제를 폐지해야 하는 것에 근거를 제시하지 못하였기 때문에 교통안전국의 결정은 자의적이고 변덕적인 것이 되어 위법한 것이라고 판시하였다는 점, Fox방송국 사건에서는 연방방송위원회가 행한 정책변경과 행정조치변경결정을 하면서 제시된 이유제시의 정도에 대하여 연방대법원의 의견이 나뉘어졌는데, 다수의견은 연방행정절차법의 어떤 규정도 선례도 모든 행정기관의 정책변경이 면밀한 사법심사의 대상이 될 것을 요구하는 것은 아니라는 판단 아래 방송위원회가 제시한 이유들이 행정기관이 제공해야 할 이유의 모델이 될 정도로 자세하고 상세하거나 정교한 것은 아니지만 충분한 것이라는 별개의견을 포함해서 강화된 이유제시의무를 부과하지 않았음에 반하여, 소수의견을 제시한 4명의 대법관은 행정기관이 기존정책과 집행을 변경할 때는 강화된 이유제시와 설명의무(a higher burden of explanation)가 있다고 판단하였다는 점을 소개하고 있습니다(김철용 편, 행정절차와 행정소송, 342-368쪽). 독일의 이유제시의 정도에 관한 판례에 관하여 계인국 교수는 연방행정절차법 제39조 제1항의 제1문과 제2문에 대해서는 법문의 내용과 기준을 간략하게 설명하고, 제3문에 대해서 "기속행위에서와 마찬가지로 재량행위에서도 결정에 중요한 사실관계가 설명되어야 하며 규범적 결정근거, 즉 어떤 사실관계에 기인하여 어떤 법적 판단기준을 적용하였는지 논증되어야 한다. 재량에 특수한 이유제시요소는 모두 나타나야 하는 것이지, 사안과의 구체적인 관련성이 없는 형식적인 설명만으로는 충분하지 않다. 또한 행정청은 결정을 내림에 있어 그에게 재량의 여지가 주어졌다는 것을 인지하고 있었음을 표명해야만 한다. 이와 관련하여 이유제시에서는 행정청이 재량의 한계를 인지했으며, 그의 재량이 법 제40조의 기준에 따라 수권의 목적에 상응하게 행사되고 법률상 재량의 한계를 준수하였다는 것을 밝혀야만 한다. 재량의 여지가 넓어질수록 이유제시는 더 상세해져야만 한다. 또한 행정청이 재량행사에 있어 당사자의 이익을 고려하고 형량을 했는지도 이유제시에 명확하게 나타나야 한다. 또한 이유제시는 행정청이 재량을 행사함에 목적이 된 관점을 알 수 있도록 해야 한다. 이러한 관점들이 평가되고 특히 우선시된 관점을 조사함으로써 평가기준이 설명되고 또 정당화되어야 한다." 등 판결의 판시사항을 출처를 밝혀 소개하고, 정리에서 "독일의 판례에서 나타나는 이유제시의 내용과 정도는 이유제시의 최대화가 실현가능하지 않다는 동일한 문제의식을 가지고 있으나, 그렇다고 행정청의 이유제시의무를 행정청의 책임한정을 위한 기준 정도로 보고 있지 않다는 점을 주의할 필요가 있다. 행정절차법상 이유제시의무는 그의 중요한 목표와 기능을 분명 권리구제에 두고 있으나, 권리구제의 성패만이 아니라 행정절차의 정당하고 적정한 진행 자체도 염두에 두고 있다"는 말로 끝을 맺고 있습니다(이상 김철용 편, 행정절차와 행정소송, 369－391쪽 요약). 여기서 최근 Eberhard Schmidt－Aßmann과 Ann－Katrin Kaufhold가 공동 집필한 글을 보면 독일의 일관성 없었던 절차 철학(keine einheitliche Verfahrensphilosophie)과 하자론이 유럽 공통의 절차 철학과 하자론으로 접근해가고 있고 이에 대해서는 의견이 일치되어 이의가 거의 없는 것으로(Konvergenzen zunehmen) 보입니다(Der

Verfahrensgedanke im deutschen und europäischen Verwaltungsrecht, in: Voßkuhle·Eifert·Möllers, Grundlagen des Verwaltungsrechts, Band Ⅱ, 3. Auflage, S.15 참조). 여기에는 이유제시의 흠도 포함됩니다. 앞에서 본 미국의 이유제시의 정도와 독일의 이유제시의 정도도 접근할 것으로 보입니다. 어떻든 간에, 앞에서 본 현재의 행정법 질서의 모습을 여러 가지 실체법과 절차법 규정이 복잡하게 섞여 엉클어져 있는 상태(ein Komplexes Ineinander)로 보는 시각에 선다고 한다면, 어떤 규정을 실체법적인 것으로 보느냐 절차법적인 것으로 보느냐, 나아가 실체법적 하자로 보느냐 절차법적 하자로 보느냐를 구별함에 있어 주목해야 할 점은 규율 대상에 있는 것이라기보다는 선택된 규범화의 기법(die gewählte Normierungstechnik)에 있다는 것을 알 수 있습니다. 행정절차법상의 행정청의 이유제시 의무 규정은 실체법과 절차법의 교차점에 있습니다. 행정청의 올바른 실체적 판단 즉 행정청의 올바른 법해석·사실인정·법적용을 확보하려는 이유제시의 본래의 기능을 달성하려고 한다면 이유제시의 정도는 개별 사례에 따른 구체적인 설시(說示)이어야지 주조물처럼 판에 박힌 설시일 수는 없을 것입니다. 행정판례연구에서 판결 논지에 찬성이든 반대이든 활발한 논의가 필요하다고 생각합니다.

아무쪼록 행정판례연구가 행하는 활발한 행정 판례의 분석이 행정법학이 아직 체계화하지 하지 못한 부분이나 기존 이론체계에서 제자리를 차지 못해 해명되지 않은 새로이 나타나고 있는 현상을 부상시켜 새로운 사고의 틀을 정립시키는 전제가 되며, 나아가 새로운 법규범 창조의 가능성에 길을 터놓는 계기가 되길 바랍니다.

끝으로 한국행정판례연구회가 매월 행하는 월례발표회의 주제는 두 판례입니다. 그런데 필자의 월례발표회 참석 경험에 의하면 첫째 선정된 판례 주제를 발표하고 토론하다 보면 시간이 많이 경과하여 둘째 판례 주제의 발표와 토론이 시간에 쫓겨 소홀하게 끝내는 경우가 있습니다. 충분한 시간을 갖고 참석 회원들이 모두 기탄없이 모든 쟁점에 과하여 의견을 나누는 토론 문화가 한국행정판례연구회만이라도 정착될 수 있도록 월례발표회를 개선할 필요가 있는 것이 아닌가 생각합니다.

경청하여 주셔서 감사합니다.

紀念論文

행정판례 40년의 회고 (정하중)

행정판례 40년의 회고
- 민주적 법치국가로의 여정(旅程) -

정하중*

Ⅰ. 머리말

40년의 세월은 짧은 세월이 아니다. 그것은 역사적으로 하나의 시대로 구분될 수 있는 충분히 긴 세월이다. 1948년 정부수립일을 기점(起點)으로 할 때, 지난 40년은 "권위주의 국가로부터 민주적 법치국가로 전환시대" 또는 "민주적 법치국가의 정착시대"로 표현될 수 있다. 여기서 행정판례의 발전이 우리나라의 민주주의와 법치주의 실현에 중요한 역할을 하였다. 그 기간 동안 행정판례는 질적으로 크게 성숙하고 양적으로도 비약적으로 증가하였다.[2] 무엇보다 국민의 권리의식의 향상이 이에 대한 중요한 원인으로 볼 수 있지만 법적 제도적 뒷받침이 결정적인 배경이 되었다.

1) 우선적으로 1984. 12. 15. 행정소송법 개정을 들 수 있다. 개정

---

* 서강대 법학전문대학원 명예교수

2) 행정소송 본안사건수는 1984년 1,822건(사법연감 1985, 592면), 행정법원이 개원한 1998년에는 7,422건(사법연감 1999, 834면), 2013년에는 26,715(사법연감 2023, 746면), 2022년에는 33,258건이 되었다(사법연감 2023, 746면).

법은 비록 여러 가지 흠결과 시대적 낙후성으로 비판을 받고 있지만, 구 행정소송법에 비하여 획기적으로 개선된 법률이었다. 1962년에 제정된 일본의 행정사건소송법을 모델로 하여 개정된 행정소송법은 행정소송의 유형, 항고소송의 대상 및 원고적격을 규정하였으며, 제3자의 소송참가 및 취소판결의 효력 등을 신설하였다. 46개조로 이루어진 개정 행정소송법은 비교적 자족적 법체계의 모습을 갖추었으며, 행정판례의 발전을 위한 기본적 토양을 제공하였다.

2) 다음으로는 제6공화국 헌법에 따라 1988년 9. 1. 발족된 헌법재판소의 역할을 들 수 있다. 헌법재판소는 헌법에 반하는 법률과 공권력 행사에 대하여 과감하게 위헌 내지 헌법불합치결정을 함으로써[3] 헌법의 규범적 효력을 확고히 하였을 뿐만 아니라, 이 땅에 민주적 법치국가가 뿌리를 내리는데 큰 기여를 하였다. 헌법재판소의 결정들은 공법학과 행정판례의 발전에 심대한 영향을 미쳤다.

3) 행정소송법은 1994. 7. 27.에 개정된바, 비록 부분적이기는 하나 내용상으로는 중요한 개정에 해당되었다. 개정법은 행정소송을 3심제로 하고, 제1심을 행정법원으로 하였다. 또한 전심절차를 원칙적으로 임의적 절차로 하고, 취소소송의 제소기간을 처분등이 있음을 안 날부터 90일, 있은 날부터 1년 이내로 하였다. 이 개정을 통하여 행정소송의 전문화가 이루어지고 시민의 접근성이 향상 되었다.

4) 우리나라의 민주주의와 법치주의 발전에 또 하나의 중요한 계기를 마련한 것은 행정절차법과 공공기관의 정보공개에 관한 법률의 제정이었다. 1998. 1. 1.부터 시행된 이들 법률들에 의하여 시민의 행정참여가 확대되고, 알권리가 실현되었으며, 행정의 투명성이 제고되었다. 이들 법률들의 적용을 통하여 행정판례는 질적으로 더욱 심화되고 양적으로 풍부하여졌다.

---

3) 1988. 9. 1. 헌법재판소의 개소이래 2024. 9. 13. 기준 51,594건이 접수되었고, 그 중에서 2,168건의 위헌결정이 내려졌다.

5) 마지막으로 1984. 12. 행정소송법 개정과 더불어 출범한 행정판례연구회의 활동을 들 수 있다. 그동안 학계와 실무계를 대표하는 분들이 그때그때 쟁점이 되고 있는 판례들을 함께 연구하고 토론함으로써 학설과 판례의 발전을 촉진시키고 향도하였다. 많은 어려움에도 불구하고 행정판례연구회를 창립하고 발전시켜온 선배 선생님들의 혜안과 통찰에 깊은 존경심을 바친다.

회고란 단순히 과거를 뒤돌아보는 것이 아니라, 성찰과 전망이 포함되어야 의미가 있다. 이 글은 행정법통칙, 행정작용법, 행정절차, 행정구제 부분으로 나누어 지난날의 주요 판례들을 고찰하고 향후 방향을 제시하는 것을 목적으로 하고 있다.

Ⅱ. 행정법통칙

1. 통치행위

과거 권위주의 시대에서 판례는 대통령의 비상계엄선포행위,[4] 긴급조치권행사[5] 및 군사시설보호구역[6] 등 통치행위를 폭넓게 인정하였으나 민주화가 진행되고 법치주의가 강화됨에 따라 그 범주를 현저하게 좁혀가고 있다. 헌법재판소는 대통령의 긴급재정경제명령에 대한 헌법소원사건에서[7] "고도의 정치적 결단에 의하여 행해지는 국가작용이라고 할지라도 그것이 국민의 기본권 침해와 직접 관련되는 경우에는 당연히 헌법재판소의 심판대상이 된다."고 판단하여 통치행위의 범위를

4) 대법원 1981. 9. 22. 선고 81도1833 판결 ; 1979. 12. 7. 자 79초70 ; 1964. 7. 21.자 64초3 재정.
5) 대법원 1978. 5. 23. 선고 78도813 판결.
6) 대법원 1983. 6. 14. 선고 83누43 판결.
7) 헌재 1996. 2. 29. 헌마186 결정.

제한시켰다. 대법원 1997. 4. 17. 선고 96도3376 전원합의체 판결은 대통령의 비상계엄의 선포나 확대 행위가 국헌문란의 목적을 달성하기 위하여 행하여진 경우에는 범죄행위에 해당하는지의 여부에 관하여 심사할 수 있다고 판단하여 전향적 입장을 취하였다. 또한 판례는 남북정상회담 개최는 고도의 정치적 성격을 지니고 있는 행위로서 사법심사의 대상으로 하는 것은 적절치 못하지만 그 개최과정에서 불법적으로 송금한 행위 자체는 사법심사의 대상이 된다고 판단하였으며,[8] 유신헌법 제53조에 근거한 대통령의 긴급조치 제1호는 국민의 기본권제한과 관련된 것으로 사법심사의 대상이 된다고 판시하였다.[9] 한편, 헌법재판소는 이라크전쟁에의 국군파견에 대한 헌법소원사건에서[10] 국군파견의 통치행위성을 인정하고 사건을 각하하였다.

2. 행정법의 일반원칙

행정법의 모든 영역에 적용되는 비례의 원칙, 신뢰보호의 원칙, 평등의 원칙, 부당결부의 원칙, 신의 성실의 원칙 등 행정법의 일반원칙은 판례를 통하여 관철되었으며, 행정기본법에서 성문화 되었다.

1) 비례의 원칙

비례의 원칙은 이미 오래전에 판례에 수용되었으며,[11] 특히 재량권 행사와 관련하여 공익과 사익과의 비교형량에 있어서 중요한 의미를 갖고 있다. 대법원 1997. 9. 26. 선고 96누10096 판결에서는 “비례의 원칙이란 어떤 행정목적을 달성하기 위한 수단은 그 목적달성에 유효·적

8) 대법원 2004. 3. 26. 선고 2003도7878 판결.
9) 대법원 2010. 12. 16. 선고 2010도5986 전원합의체 판결
10) 헌재 2004. 4. 29. 2003헌마814 결정.
11) 공무원의 징계처분에 관한 판례들로는 대법원 1972 . 2. 22. 선고 71누200 ; 1973. 2. 13. 선고 72누204 ; 1974. 1. 15. 선고 73누 152 판결 등.

절하고 또한 가능한 한 최소침해를 가져오는 것이어야 하며 아울러 그 수단의 도입으로 인한 침해가 의도하는 공익을 능가하여서는 아니된다는 헌법상의 원칙을 말한다"라고 판시하여 그의 성격과 구체적 내용을 밝혔다. 최근 대법원 2024. 7. 18. 선고 2022두43528 전원합의체 판결은 '관내 종교시설에 대한 집합금지' 등을 명한 처분의 위법성 여부가 문제된 사건에서 "예방 조치가 행정목적을 달성할 수 있는 효과적이고 적절한 수단인지, 그러한 행정목적을 달성하는 데 해당 예방 조치보다 상대방의 권리나 이익이 덜 제한되도록 하는 합리적인 대안은 없는지, 행정청이 해당 예방 조치를 선택하면서 다양한 공익과 사익의 요소들을 고려했는지, 나아가 예방 조치를 통해 달성하려는 공익과 이에 따라 제한될 상대방의 권리나 이익이 정당하고 객관적으로 비교·형량되었는지 등을 종합적으로 고려해야 한다."고 비례의 원칙을 단계적으로 검토한 후, 재량권을 일탈·남용하여 원고들의 종교의 자유를 침해한 것으로 보기 어렵다고 판단하였다.

2) 신뢰보호의 원칙

신뢰보호의 원칙의 출발점이 된 판례로는 수출진흥의 이유로 보세품 운송업자에 대하여 수년 동안 면허세를 부과하지 않다가 일시에 과거 4년치의 면허세를 부과한 데 대하여 제기한 취소소송에 대한 판결을[12] 들 수 있다. 1990년대에 들어와 판례는 학설의 영향하에 신뢰보호의 요건을 구체화하기 시작하였다. 대법원은 1992. 5. 26. 선고 91누10091 판결에서 신뢰보호의 원칙이 적용되기 위하여는 ① 행정청이 개인에 대하여 신뢰의 대상이 되는 공적인 견해표명을 하여야 하고, ② 행정청의 견해표명이 정당하다고 신뢰한데 대하여 그 개인에게 귀책사유가 없어야 하며, ③ 그 개인이 견해표명을 신뢰하고 이에 따라 어떠한 행위를

---

12) 대법원 1980. 6. 10. 선고 80누6 판결.

하였어야 하고, ④ 행정청이 위 견해표명에 반하는 처분을 함으로써 그 견해표명을 신뢰한 개인의 이익이 침해되는 결과가 초래되어야 하며, 이러한 요건들을 충족할 때에는 행정청의 처분은 위법하다고 판시하였다. 아울러 판례는 사정변경의 관점에서 신뢰보호의 원칙에 한계를 설정하였는바, "행정청이 상대방에게 장차 어떤 처분을 하겠다고 확약 또는 공적인 의사표명을 하였다고 하더라도, ― ― ― 사실적·법률적 상태가 변경되었다면, 그와 같은 확약 또는 공적인 의사표명은 행정청의 별다른 의사표시를 기다리지 않고 실효된다."[13]고 판단하였다.

3) 부당결부금지의 원칙

괄목할 성과는 판례가 학설에서 논의되고 있는 부당결부의 금지원칙을 적극적으로 수용하였다는 점이다. 판례는 지방자치단체장이 사업자에게 주택사업계획승인을 하면서 그 주택사업과는 아무런 관련이 없는 토지를 기부채납하도록 하는 부관을 붙인 경우, 그 부관은 부당결부금지의 원칙에 위반되어 위법하다고 판단하였다.[14]

3. 법률유보의 원칙

행정작용은 법률의 수권(授權)이 있는 경우에만 행하여져야 한다는 법률유보의 적용영역은 오래전부터 논쟁의 대상이 되어왔다. 독일연방헌법재판소에 의하여 발전된 본질사항유보설은 비록 여러 가지 관점에서 비판받고 있으나, 여전히 독일의 판례와 다수설에 의하여 지지받고 있다. 국가공동체의 중요하고 본질적인 결정은 민주주의와 법치국가원리에 따라 민주적 정당성을 갖는 국민의 대표기관인 의회의 법률로 규율되어야 한다는 본질사항유보설은 우리 헌법재판소의 결정과 대법원

13) 대법원 1996. 8. 20. 선고 95누10877 판결
14) 대법원 1997. 3. 11. 선고 96다49650 판결.

의 판결에서 채택되고 있다.

헌법재판소는 “중학교 의무교육의 실시 여부 자체라든가 그 연한은 교육제도의 수립에 있어서 본질적 내용으로서 국회입법에 유보되어 있어서 반드시 형식적 의미의 법률로 규정되어야 할 기본적 사항이라 하겠으나, 그 실시의 시기·범위 등 구체적인 실시에 필요한 세부사항에 관하여는 반드시 그런 것은 아니다.”라고 판시하여 법률유보에 있어서 본질사항유보설을 인정하였다.[15] 아울러 헌법재판소는 1999. 5. 27, 98헌바70 결정에서 “텔레비전방송수신료는 대다수 국민의 재산권 보장의 측면이나 한국방송공사에게 보장된 방송자유의 측면에서 국민의 기본권실현에 관련된 영역에 속하고, 수신료금액의 결정은 납부의무자의 범위 등과 함께 수신료에 관한 본질적인 중요한 사항이므로 국회가 스스로 행하여야 하는 사항에 속하는 것”으로 판단하고 한국방송공사법 제36조 제1항에 대하여 본질사항유보설에 근거하여 헌법불합치결정을 내렸다. 한편 대법원은 외부세무조정제도 사건에서 ”어떠한 사안이 국회가 형식적 법률로 스스로 규정하여야 하는 본질적 사항에 해당되는지는, 구체적 사례에서 관련된 이익 내지 가치의 중요성, 규제 또는 침해의 정도와 방법 등을 고려하여 개별적으로 결정하여야 하지만, 규율대상이 국민의 기본권 및 기본적 의무와 관련한 중요성을 가질수록 그리고 그에 관한 공개적 토론의 필요성 또는 상충하는 이익 사이의 조정 필요성이 클수록, 그것이 국회의 법률에 의해 직접 규율될 필요성은 더 증대된다”고 의회유보의 판단기준을 제시하였다.[16]

15) 헌재 1991. 2. 11. 90헌가27 결정
16) 대법원 2015. 8. 20. 선고 2012두23808 전원합의체 판결.

Ⅲ. 행정작용법

1. 행정입법

1) 행정규칙의 효력과 제재적 처분기준의 법적 성격

가) 행정의 자기구속의 법리

행정규칙은 행정청이 하급행정기관을 수범자로 하여 그의 임무수행과 조직에 관하여 발하는 규율로서 행정내부에서만 효력을 갖는 내부법의 성격을 갖는다. 이에 따라 행정규칙은 원칙적으로 국민의 권리와 의무를 규율할 수 없으며 재판에 있어서 법원을 구속하거나 판결의 기준이 되지 못한다.[17] 그러나 행정규칙이 내부적인 법적 효력만을 갖고 있음에도 불구하고 경우에 따라서는 사실상의 외부적 영향력을 부인할 수 없다. 학설은 이러한 행정규칙의 사실상의 외부적 효력을 행정의 자기구속의 법리를 통하여 해결하고 있다. 행정기관의 집행작용을 통하여 일반국민에게 사실상의 외부적 효력을 갖는 행정규칙은 그것이 정립되고 적용되면, 그에 따라 행정관행이 성립된다. 행정기관은 이러한 행정관행에 구속되어 이후에 동일한 사례를 특별한 합리적 사유없이 달리 취급하여서는 안 된다. 만일 이후에 동일한 경우를 달리 취급하여 처분을 한다면, 이는 헌법상의 평등에 원칙에 위반되고 따라서 위법하게 된다. 행정규칙은 여기서 직접적인 외부적 효력을 갖는 것이 아니라, 평등의 원칙을 매개로 하여 간접적으로 외부적 효력을 갖는다. 행정의 자기구속의 법리가 성립하는 행정규칙은 재량준칙이나 보조금준칙과 같은 법률대위적 행정규칙 등 사실상의 외부적 효력을 발생하는 행정규칙에 해당될 것이다. 판례는 "재량권 행사의 준칙인 행정규칙이 그 정한 바에 따라 되풀이 시행되어 행정관행이 이루어지게 되면 --- 행정기

17) 대법원 2023. 8. 18. 선고 2021두48861 ; 2019. 7. 11. 선고 2017두38874 판결.

관은 그 상대방에 대한 관계에서 그 규칙에 따라야 할 자기구속을 받게 되므로, 이러한 경우에는 특별한 사정이 없는 한 그를 위반하는 처분은 평등의 원칙이나 신뢰보호의 원칙에 위배되어 재량권을 일탈·남용한 위법한 처분이 된다."판시하여 행정의 자기구속의 법리를 인정하고 있다.[18] 한편. 판례는 처분이 수차례 걸쳐 반복적으로 행하여졌다고 하더라도 그러한 처분이 위법한 것인 때에는 행정청에 대하여 자기구속력을 갖지 않는다고 판시하여 한계를 설정하고 있다.[19]

나) 제재적 처분기준의 법적 성격

판례는 법령의 위임에 따라 제정된 제제적 처분기준이 부령의 형식으로 된 경우에는 행정규칙의 성격을 갖는 반면,[20] 대통령령인 경우에는 법규명령의 성격을 갖는다고 판시하고 있다.[21] 학설은 이러한 판례의 입장에 대하여 비판하고 있다. 대통령령이나 총리령·부령 모두 상위법령에서 위임하고 법규명령의 입법절차에 따라 제정된 법규범이기 때문에 양자를 구별할 합리적 근거가 없으며, 비록 대통령령인 경우에는 국무회의의 심의를 거쳐 대통령이 발하고 부령인 경우에는 국무회의의 심의를 거치지 않고 행정각부의 장관이 발한다고 하나 그것이 양자를 구별할 이유가 되지 못한다. 판례의 입장을 뒷받침하는 일설에서는[22] 제재적 처분기준의 대부분은 부령형식으로 제정되는바, 만약 이를 법규명령으로 본다면 획일·강행규정이 되어 행정청에 재량을 부여한 모법의 위임취지에 반한다는 견해를 취하고 있다. 그러나 현재 대부분의 제재처분의 기준은 가중·감경기준을 두는 추세에 있다. 만일 제재처분의 기준이 이러한 가중·감경규정이 없어 그에 근거한 행정처분이 구체적 타당성을 상실하는 경우에는 법원은 부수적 규범통제를 통하여 그

18) 대법원 2013. 11. 14. 선고 2011두28783 ; 2009. 12. 24. 선고 2009두7967 판결.
19) 대법원 2009 . 6. 25. 선고 2008두13132 판결.
20) 대법원 1996. 2. 23. 선고 93누16318 ; 1995. 3. 28. 선고 94누6925 판결.
21) 대법원 1997. 12. 26. 선고 97누15418 판결.
22) 유지태/박종수, 행정법총론, 305면.

적용을 배제시킬 수 있을 것이다.

2) 법령보충규칙

판례는 "법령의 규정이 특정행정기관에게 그 법령내용의 구체적 사항을 정할 수 있는 권한을 부여하면서 그 권한행사의 절차나 방법을 특정하고 있지 아니한 관계로 수임행정기관이 행정규칙의 형식으로 그 법령의 내용이 될 사항을 구체적으로 정하고 있다면 그와 같은 행정규칙은 ――― 행정기관에 법령의 구체적 내용을 보충할 권한을 부여한 법령규정의 효력에 의하여 그 내용을 보충하는 기능을 갖게 된다 할 것이므로 당해 법령의 위임한계를 벗어나지 아니하는 한 그것들과 결합하여 대외적인 구속력이 있는 법규명령으로서의 효력을 갖게 된다"[23]고 일관되게 판시하고 있다. 판례에 의하여 인정된 이른바 법령보충규칙라고 명칭되고 있는 행정규칙 형식의 법규명령에 대하여 찬반양론이 제기되었다. 비판론은 헌법은 법규명령의 형식으로 대통령령·총리령·부령만을 인정하고 있으며, 또한 법규명령은 국회입법의 원칙의 예외에 해당하기 때문에 행정규칙은 그 자체로서 법규명령으로서의 법형식으로 인정되어서는 안 되며, 만일 판례가 인정하는 바와 같이 헌법이 허용하고 있는 위임입법 형식의 이외의 새로운 법형식을 인정하는 것은 헌법에 반한다고 본다. 이에 따라 행정규칙 형식의 법규명령은 형식을 존중하여 행정규칙으로 보아야 한다는 견해를 취하고 있다.[24]

헌법재판소는 2004. 10. 28. 99헌바91 결정에서 "――― 헌법이 인정하고 있는 위임입법의 형식은 예시적인 것으로 보아야 할 것이고, 그것은 법률이 행정규칙에 위임하더라도 그 행정규칙은 위임된 사항만을 규율할 수 있으므로, 국회입법의 원칙과 상치되지도 않는다"고 판시하

---

23) 대법원 1987. 9. 29. 선고 86누484 ; 1996. 4. 12. 선고 95누7727 ; 2002. 9. 27. 선고 2000두7933 ; 2016. 1. 28. 선고 2015두53121 판결.

24) 강구철, 행정법Ⅰ, 280면 ; 석종현, 행정법강의Ⅰ, 158면.

였다. 또한 "기본권을 제한하는 작용을 하는 법률이 입법위임을 할 때에는 법규명령에 위임함이 바람직하고, 고시와 같은 형식으로 입법위임을 할 때에는 법령이 전문적·기술적 사항이나 경미한 사항으로서 업무의 성질상 위임이 불가피한 사항에 한정된다"고 판단하여 법령보충규칙에 대한 논쟁은 종결되었다. 그러나 법규명령의 효력을 갖는 법령보충규칙의 존재를 긍정한다면, 법규명령과 동일한 입법절차를 거쳐야 할 뿐 아니라 엄격한 규범통제에 예속되어야 할 것이다. 그렇지 않을 경우 전문적·기술적 사항의 지속적 증가 및 그의 한계설정의 어려움 때문에 법령보충규칙은 결과적으로 법치행정과 기본권보장에 역행할 우려가 있다.

2. 행정행위

1) 행정행위의 개념 – 강학상 의미의 행정행위와 쟁송법적 의미의 행정행위

실정법상으로 행정처분이라고 명칭되는 실체법상의 행정행위(강학상 행정행위)의 개념은 일반적으로 "행정청이 구체적 사실에 대한 법집행행위로서 하는 대외적인 공권력의 발동으로의 공법상의 단독행위"[25]로 정의되고 있다. 판례 역시 1984년 행정소송법의 개정 전까지 "행정청의 처분이라 함은 행정청의 공법상의 행위로서 특정 사항에 대하여 법규에 의한 권리의 설정 또는 의무의 부담을 명하거나 기타 법률상의 효과를 직접 발생하게 하는 행위"[26]로 정의하여 강학상 행정행위의 개념을 따르고 쟁송법상의 행정행위의 개념을 별도로 구성하지 않았다. 그런데 개정 행정소송법 및 행정심판법 제2조 제1항 제1호는 "처분이라

25) 김도창, 신행정법론(상), 329면 ; 김남진/김연태, 행정법 I, 210면 ; 정하중/김광수, 행정법개론, 155면.
26) 대법원 1984. 9. 14. 82누161 판결

함은 행정청이 행하는 구체적 사실에 관한 법집행으로서의 공권력의 행사 또는 그 거부와 그 밖에 이에 준하는 행정작용"으로 정의하여, 학설에서 일원설과 이원설의 견해대립을 촉발시켰다. 행정소송법과 행정심판법상의 처분의 개념에서 "이에 준하는 행정작용"에 초점을 맞춘 이원설은 쟁송법적 처분의 개념을 구성하여 이를 강학상 행정행위에 대응시켜 그보다 넓게 이해하고 있다. 그런데 판례는 1990년대 이후에는 "어떤 행위를 행정처분으로 볼 것이냐의 문제는 추상적, 일반적으로 결정할 수 없고, 구체적인 경우 행정처분은 행정청이 공권력의 주체로서 행하는 구체적 사실에 관한 법집행으로서 국민의 권리의무에 직접 영향을 미치는 행위라는 점을 고려하고 --- 행정청의 어떤 행위가 법적 근거도 없이 객관적으로 국민에게 불이익을 주는 행정처분과 같은 외형을 갖추고 있고, 그 행위의 상대방이 이를 행정처분으로 인식할 정도라면 그로 인하여 파생되는 국민의 불이익 내지 불안감을 제거시켜 주기 위한 구제수단이 필요한 점에 비추어 볼 때 행정청의 행위로 인하여 그 상대방이 입는 불이익 내지 불안이 있는지 여부도 그 당시에 있어서의 법치행정의 원리와 국민의 권리의식 수준 등은 물론 행위에 관련한 당해 행정청의 태도도 고려하여 판단하여야 할 것이다."[27]라고 판시하여 엄격한 개념적 징표에 얽매이기보다는 권리보호의 필요, 권리의식의 수준, 행정청의 태도 등을 고려하여 판단하여야 한다는 유연한 입장을 취하고 있어 사실상 이원설을 취하고 있다.

대법원은 사업주가 근로복지공단의 사업종류 변경결정의 취소를 구하는 사건에서[28] 처음으로 실체법적 처분의 개념과 쟁송법적 처분의 개념에 대한 입장을 취하였다. 판례는 사전통지, 의견청취, 이유제시 및 불복방법 고지가 포함된 처분서를 작성하여 교부하는 등 실질적으로 행정절차법에서 정한 처분절차를 준수함으로써 상대방에게 방어권행사

27) 대법원 1993. 12. 10. 선고 93누12619 ; 1992. 1. 17. 선고 91누1714 판결.
28) 대법원 2020. 4. 9. 선고 2019두61137 판결.

및 불복의 기회가 보장된 경우에는 실체법적 처분으로 보는 반면, 처분절차를 준수하지 않아 상대방에게 방어권행사 및 불복의 기회가 보장되지 않은 경우에는 단순히 권리구제를 가능하게 하기 위하여 행정소송법상 처분으로 인정되는 이른바 쟁송법적 처분으로 판단하고 있다. 그리고 전자의 경우에는 흠의 승계가 부정되고 후자의 경우 흠의 승계가 인정되고 있다.[29] 이러한 판례의 입장을 따른다면, 행정심판법 및 행정소송법상의 처분의 개념을 동일하게 채택하고 있는 행정절차법상의 처분개념과 행정기본법상의 처분개념은 수정되어야 할 것이다. 행정절차법상의 처분의 개념은 행정절차가 준수되는 처분을 의미하며, 행정기본법상의 처분의 개념은 공정력과 존속력이 부여되는 실체법적 처분을 의미하기 때문이다.[30]

2) 흠의 승계

판례는 선행처분과 후행처분이 결합하여 하나의 효과를 완성하는 경우에는 선행행위의 흠이 후행행위에 승계되는 반면, 선행행위와 후행행위가 서로 독립하여 별개의 효과를 발생시키는 경우에는 선행행위가 무효가 되지 않는 한, 그 흠이 승계되지 않는다고 한다.

이러한 흠의 승계이론은 비판을 피할 수 없다. 흠의 승계이론은 소원에 대한 재결서를 송달받은 지 1개월 내에 취소소송을 제기하도록 규정한 구 행정소송법 시대에는 나름대로 설득력을 가질 수 있었다. 그러나 비교법적으로 보아도 매우 긴 제소기간을 두고 있는 현행 행정소송법에서는 심각한 이의에 노출될 수밖에 없다. 후행행위와 결합하여 하나의 효과를 발생한다는 모호한 기준에[31] 따라 이미 불가쟁력이 발생

---

29) 동 판결에 대한 평석으로는 최계영, 하자의 승계와 쟁송법적 처분, 행정판례연구, 2022, 27권 1집, 63면 이하.

30) 행정기본법상 처분의 개념에 대한 비판은 김유환, 행정기본법과 행정절차법의 관계 정립의 기본방향, 행정법연구 제27호. 2024. 9. 219면 이하.

31) 이에 대한 비판으로는 선정원, 행정행위의 흠의 승계, 행정판례평선, 315면 이하 ;

된 선행행위의 규율내용을 다시 다툴 수 있게 한다면, 법적 안정성을 실현시키는 제소기간의 의의는 본질적으로 훼손될 것이다.

판례에 있어서도 변화가 나타나기 시작하였다. 대법원은 불가쟁력이 발생된 개별공시지가의 위법성을 후행 과세처분에 대한 취소소송에서 다툴 수 있는지 여부에 대하여 "개별공시지가결정은 이를 기초로 한 과세처분 등과는 별개의 독립된 처분으로서 서로 독립하여 별개의 법률효과를 목적으로 하는 것이나, 개별공시지가는 이를 토지소유자나 이해관계인에게 개별적으로 고지하도록 되어 있는 것이 아니어서 토지소유자 등이 개별공시지가결정 내용을 알고 있었다고 전제하기도 곤란할 뿐만 아니라 결정된 개별공시지가가 자신에게 유리하게 작용될 것인지 또는 불이익하게 작용될 것인지 여부를 쉽사리 예견할 수 있는 것도 아니다." --- "위법한 개별공시지가결정에 대하여 그 정해진 시정절차를 통하여 시정하도록 요구하지 아니하였다는 이유로 위법한 개별공시지가를 기초로 한 과세처분 등 후행 행정처분에서 개별공시지가결정의 위법을 주장할 수 없도록 하는 것은 수인한도를 넘는 불이익을 강요하는 것으로서 국민의 재산권과 재판받을 권리를 보장한 헌법의 이념에도 부합하는 것이 아니다."[32]고 판시하였다

반면 대법원은 1998. 3. 13. 96누6059 판결에서 "원고가 이 사건 토지를 매도한 이후에 그 양도소득세 산정의 기초가 되는 개별공시지가 결정에 대하여 한 재조사청구에 따른 조정결정을 통지받고서도 더 이상 다투지 아니한 경우까지 선행처분인 개별공시지가 결정의 불가쟁력이나 구속력이 수인한도를 넘는 가혹한 것이거나 예측불가능하다고 볼 수 없어, 위 개별공시지가 결정의 위법을 이 사건 과세처분의 위법사유로 주장할 수 없다."고 판단하였다.

즉, 판례는 선행처분과 후행처분이 서로 독립하여 별개의 효과를

박균성, 행정판례 30년의 회고와 전망, 행정판례연구 19집 제2호, 424면.
32) 대법원 1994. 1. 25. 선고 93누8542 판결.

목적으로 하는 경우에도 선행처분의 불가쟁력이나 구속력이 그로 인하여 불이익을 입게 되는 자에게 수인한도를 넘는 가혹함을 가져오며, 그 결과가 당사자에게 예측가능한 것이 아닌 경우에는 선행처분의 위법성을 다툴 수 있다고 판단하여, 흠의 승계여부를 당사자가 선행처분에 대한 시정절차 또는 제소기간 기간 이내에 다투는 것이 기대가능한 상황에 있는지 여부에 초점을 맞추고 있다. 판례의 이러한 취지는 실체법상의 처분의 경우 흠의 승계를 부정하는 반면, 행정쟁송법상의 처분에 대하여는 흠의 승계를 인정하는 대법원 2020. 4. 9. 선고 2019두61137 판결에서 보다 체계화 되고 있다. 여기서 서로 결합하여 하나의 효과를 완성하는지 여부에 흠의 승계를 의존시키는 종전의 입장이 유지되고 있는지는 명확하지 않다. 다만 판례의 변화된 입장은 행정처분 개념의 일원론에 기초하여 흠의 승계를 원칙적으로 부인하되, 예외적으로 기대가능성 또는 예측가능성이 없는 경우에 흠의 승계를 인정하는 "선행처분의 내용적 구속력이론"과 크게 배치되지 않는다.[33]

3) 기속행위와 재량행위

가) 기속행위/기속재량행위/재량행위

종래 판례는 기속행위와 재량행위로 구분하고 재량행위를 기속재량행위와 자유재량행위로 구분하여 왔다.[34] 과거 다수설도[35] 이러한 입장을 취하였다. 전통적 견해는 기속재량은 무엇이 법인가의 재량, 법률적 판단에 관한 재량이기 때문에 그 재량을 그르친 행위는 기속행위의 기속위반과 마찬가지로 위법이 되고, 따라서 법률문제로서 법원의 심사대상이 된다고 한다. 반면, 자유재량은 무엇이 합목적성이 있는가의 재

---

33) 후행처분에 대한 선행처분의 내용적 구속력이론에 대하여는 정하중/김광수, 앞의 책, 273면 이하.

34) 기속재량을 인정한 판례 : 대법원 1960. 9. 12. 선고 4291행상30 : 1973. 10. 10. 선고 72누121 판결 ; 1988. 4. 27. 선고 87누1106 ; 2001. 2. 9. 선고 98두12593 판결.

35) 김도창, 일반행정법론(상), 352면 이하.

량으로서, 그 재량을 그르친 행위는 원칙적으로 부당행위가 되는데 불과하므로 행정내부에서의 자율적 시정대상이 되는데 그친다고 한다.[36)]

이러한 견해에 대하여 무엇이 법인가를 판단하는 기속재량은 단순히 법의 해석 및 적용작용에 지나지 않기 때문에 기속재량행위는 기속행위에 지나지 않고, 재량행위 역시 일정한 한계를 넘는 경우에는 사법심사의 대상이 되기 때문에 기속재량행위의 범주가 별도로 필요하지 않으며, 기속행위와 재량행위의 이원적 구별이 타당하다는 비판설이 제기되었다.[37)] 근래 판례도 기속행위와 재량행위의 이원적 구별을 하는 경향을 보이고 있다.[38)]

나) 새로운 의미의 기속재량

근래 유력설은[39)] 기속행위와 재량행위의 중간개념으로서 새로운 의미의 기속재량행위를 제안하고 있다. 이 견해는 독일의 다수설에 따라 재량은 법률효과에 있다고 전제하고, 법규가 행정청에게 동가치적인 여러 결정 사이에 선택권을 부여한 경우에 재량행위가 존재하며, 반대로 하나의 결정만을 허용하는 경우에는 기속행위에 해당된다고 한다. 다만, 법규가 원칙적으로 하나의 결정만을 의무지우나, 예외적으로 그에 일탈하는 결정을 허용하는 경우에는 기속재량행위가 존재한다고 한다(예 : 면제재량으로서 예외적 승인). 물론 행정청은 원칙에 일탈하는 결정을 하는 경우에는 이를 정당화하는 사유를 입증하여야 할 것이다. 유력설은 기속행위의 성격을 갖는 강학상 허가를 예외적으로 중대한 공익상의 필요를 이유로 거부할 수 있다는 판례를[40)] 그러한 기속재량행위의

---

36) 김도창, 앞의 책, 353면.
37) 김남진/김연태, 앞의 책, 230면 ; 이상규, 신행정법론(상), 338면
38) 대법원 2020. 10. 15. 선고 2019두45739 ; 2014. 4. 10. 선고 2012두16787 ; 2001. 2. 9. 98두17593 판결
39) 김용섭, 행정재량론의 재검토, 경희법학 제36권 제1호, 2001, 66면 이하 ; 박균성, 행정법강의, 206면 이하.
40) 대법원 1999. 4. 23. 선고 97누14378 판결.

대표적 예로 들고 있다. 이른바 독일의 면제재량을 기속재량으로 파악하는 이러한 견해는 매우 타당성이 있으나 입법적인 뒷받침이 있어야 한다. 행정재량이란 어디까지나 입법자에 의하여 행정권에게 부여되는 만큼 법령의 규정방식이 결정적인 기준이 된다. 예를 들어 독일의 경우, 법률조항에서 행정청을 주어(主語)로 하고 "－－－ 할 수 있다(kann)"고 규정하면, 결정재량 또는 선택재량이 부여되고, "－－－－ 한다(soll)"고 규정하면 면제재량이 부여되며, "하여야 한다(muß)"고 규정하면, 기속행위가 된다.[41] 우리의 경우에 법률조항에서 침익적 처분도 불명확하게 규정되고 있을 뿐 아니라, 특히 수익적 행정처분의 경우에는 일괄적으로 "영업(또는 사업)을 하고자 하는 자는 관할 행정청으로부터 허가(또는 인가)를 받아야 한다"는 권위적 방식으로 규정함으로써 도대체 재량행위 여부를 판단할 수 없게 하고 있다. 판례는 수익적 행정행위를 재량행위로 보는 경향이 있으나, 입법자는 수익적 행위를 기속행위로 할 수도 있고, 재량행위로 규정할 수도 있는 것이다. 또한 판례는 특허를 재량행위, 허가를 기속행위로 보는 경향이 있으나, 특허와 허가의 상대화에 따라 입법자는 특허를 기속행위, 허가를 재량행위로 규정할 수도 있다.[42] 판례는 "행정행위가 재량성의 유무 및 범위와 관련하여 이른바 기속행위와 재량행위로 구분된다고 할 때, 그 구분은 해당 행위의 근거가 된 법규의 체재·형식과 문언, 해당 행위가 속하는 행정 분야의 주된 목적과 특성, 해당 행위 자체의 개별적 성질과 유형 등을 모두 고려하여 판단하여야 한다."[43]라고 판시하고 있는바, 이는 판례 스스로 실정법상 기속행위와 재량행위의 구별의 어려움을 나타내는 표현으로 볼 수 있다. 이는 결과적으로 해당행위가 기속행위인지 재량행위인지는 입법

41) M. Maurer, All. Verwaltungsrecht, S. 145.

42) 박균성, 행정판례 30년의 회고와 전망, 행정판례연구 19집 제2호, 414면.

43) 대법원 2020. 10. 15. 선고 2019두45739 ; 2014. 4. 10. 선고 2012두16787 ; 2001. 2. 9. 98두17593 판결.

자가 아니라 전적으로 법원의 판단권한이 될 수밖에 없다는 것을 의미한다. 이러한 현상은 권력분립의 원칙에 근본적으로 배치되는바, 향후 입법실무의 각성이 필요한 부분이다.

다) 요건재량과 판단여지

비교법적으로 고찰할 때, 독일의 경우 2차 세계대전 이후 실질적 법치국가의 구축과정에서 판례와 학설은 행정재량을 축소하려고 노력하였으며, 이러한 시도는 특히 법률요건 부분에서 행정재량을 부인하는 방식으로 이루어졌다. 재량이란 법률효과 부분에 가능규정을 두어 2개 이상의 동가치적인 행위사이에 선택권을 부여한 경우에 주어지며, 법률요건에서 사용되는 불확정법개념은 하나의 올바른 해석과 적용만을 허용하고, 이것은 완전한 사법심사에 예속된다는 견해가 관철되었다. 법률요건에 부여되는 요건재량은 불확정법개념의 구체화 과정이며 이는 단순한 인식행위에 지나지 않는다. 판단여지이론은 전후 독일의 학설과 판례에 의하여 발전 되었는바, 오늘날 다수설인 판단수권설에 따르면 행정청의 판단여지는 불확정법개념의 포섭과정에서 주어진다.[44] 확인된 사실관계가 법률요건을 충족시키는지 여부는 인식작용으로서 하나의 올바른 판단을 전제로 한다. 예를 들어 특정 신의료기술의 "안전성" 여부가 문제가 되는 경우에 "안정성"의 "인정"과 "부정"의 두 가지 판단이 동시에 가능한 것이 아니라, 둘 중 하나의 판단만이 옳은 것이다. 포섭에 있어서 하나의 올바른 판단에 대한 최종적 인식의 권한은 일반적으로 법원에게 주어지나, 법률요건에 불확정법개념이 사용된 경우에는 행정의 전문성과 책임성, 경험, 행정조직의 구성 등을 고려하여 예외적으로 행정청에게 마지막 인식의 권한이 부여된다는 것이 판단수권설의 핵심이다. 독일의 실무에서 판단여지가 인정되는 대표적인 경우들은 ①

44) 이에 대하여 상세히는 정하중, 행정법에 있어서 재량과 판단여지 그리고 사법심사의 한계, 공법연구, 제23집 제3호, 1995. 141면 이하.

비대체적 결정, ② 합의제 행정기관의 구속적 가치평가, ③ 예측결정, ④ 행정정책적인 결정 등이 있다.

우리 판례는 지금까지 법률효과에 가능규정이 사용된 경우뿐만 아니라,[45] 법률요건에 불확정개념이 사용된 경우에도 행정재량을 인정하고 재량의 일탈·남용의 법리에 의하여 사법통제를 하여왔다.[46] 비록 판단여지나 행정재량은 행정의 고유한 형성기능이라는 공통점을 갖고 있으나 개념적으로 구별되어야 한다. 또한 재량의 일탈·남용 법리는 법률효과의 선택과 관련하여 발전된 재량의 하자이론으로서, 법률요건의 포섭과 관련하여 적합한 통제기준이 될 수 없다. 법률요건에 행정재량을 부인하고 아주 한계적인 상황에서만 판단여지를 인정하게 된 배경은 재량이 광범위하게 행사되어 행정권한이 남용되었던 시대에 대한 반성에서 찾을 수 있다. 오늘날 독일에서 제기되고 있는 판단여지설에 대한 비판적 견해는 정치적 책임을 부담하고 있지 않은 사법부가 지나치게 행정을 통제함으로써 행정이 활력을 상실하게 된다는 것을 주된 논거로 하고 있으나,[47] 독일연방헌법재판소는 그나마 위에서 언급한 예외적인 경우에만 인정된 판단여지를 기본권보호의 관점에서 더욱 제한하고 있음을 유념할 필요가 있다.[48] 법률효과뿐만 아니라 법률요건에도 재량을 인정하는 법리는 결과적으로 행정부에 광범위한 재량을 부여하게 되어, 이른바 '제왕적 대통령제도'를 발생시킨 원인의 하나라고 볼 수 있다. 더욱이 판례는 재량의 하자와 관련하여 일탈과 남용을 개념적 구별 없이 나열적으로 사용하고 있어, 관련 처분이 재량의 일탈에 해당하는지

---

45) 대법원 2002. 11. 8. 2001두1512 ; 1994. 10. 11. 선고 93누22678 판결.

46) 대법원 2018. 4. 12. 2017두71789(환경오염발생우려) ; 2016. 1. 26. 2013두21120(신의료기술의 안전성·유효성) ; 2005. 7. 14, 2004두6181 ; 2000. 10. 27, 99누264 판결

47) W. Schmidt, Abschied vom unbestimmter Rechtsbegriff, NJW 1975, S. 1735 ; Scholz, Verwaltungsverantwortung und Verwaltungsgerichtsbarkeit, VVDStRL 34(1976), S. 145 ff.

48) BVerGE 83, 130 ; 94, 34.

남용에 해당하는지 판단하기 어렵게 하고 있다. 재량의 일탈, 남용 및 해태는 재량의 하자의 별개 유형에 해당하는 바, 향후 판결 이유에서 재량의 하자가 어느 유형에 해당하는지 명확하게 판시하는 것이 행정의 효과적 통제와 개인의 권리보호에 도움이 될 것으로 판단된다.

4) 인허가의제

인허가의제라 함은 하나의 인허가를 받으면 법률이 정한 여러 관련 인허가를 받은 것으로 보는 것을 말한다(행정기본법 24조 1항). 인허가의제란 복합민원처리시 창구를 단일화하여 행정절차의 중복을 피하고, 시간 및 비용을 줄임으로써 편리한 사무처리를 도모하는데 제도적 의의가 있다. 그런데 인허가의제에 관하여 규정하고 있는 개별법률의 규정방식이나 내용이 상이하여 국민과 일선 공무원 사이에 적지 않은 혼란을 초래하고 있다.[49] 또한 지나친 행정사무의 집중화로 인한 사무처리의 부실화가 초래될 수 있는 문제점을 안고 있다. 행정기본법은 인허가의제의 기준(법 24조), 인허가의제의 효과(25조), 인허가의제의 사후관리(26조)의 3개 조문을 두고 있으나, 인허가의제와 관련된 법적 문제들을 해결하는데 미흡한 실정이다. 인허가의제에 있어 주된 인허가와 의제된 인허가는 밀접한 관계를 갖고 있으며 이에 따라 상호 영향을 미칠 수밖에 없다. 예를 들어 ① 의제된 인허가에 취소 또는 철회 사유가 발생된 경우, 의제된 인허가만을 취소 또는 철회할 수 있는지 ? 아니면 주된 인허가를 취소 또는 철회하여야 하는지 ? ② 주된 인허가를 취소 또는 철회할 경우 의제된 인허가는 자동적으로 효력이 소멸되는지 ? ③ 이해관계인이 의제된 인허가의 하자를 다투고자 할 경우 의제된 인허가에 대하여 행정쟁송을 제기할 수 있는지 ? 아니면 주된 인허가에 대하여 행

---

49) 인허가의제규정은 현재147개 법률에서 188건 정도로 파악되고 있다. 김은영, 행정기본법상 인허가의제제도의 개정방향 검토, 한국행정법학회 제55회 학술대회자료집, 2023, 36면 이하.

정쟁송을 제기하여야 하는지 ? 등 여러 가지 복잡한 법적 문제들이 제기된다.

가) 절차

인허가의제를 받으려면 주된 인허가를 신청할 때 관련 인허가에 필요한 서류를 함께 제출하여야 한다(법 24조 2항). 주무행정청은 주된 인허가를 하기 전에 관련 인허가에 관하여 미리 관련 행정청과 협의하여야 한다. 여기서 협의의 의미는 단순한 협의가 아니라 "동의"로 보아 주무행정청은 관련 행정청의 의견에 기속된다는 것이 판례[50]와 통설의[51] 입장이다.

한편, 인허가의제의 절차와 관련하여 주무행정청은 주된 인허가에 요구되는 절차만을 준수하면 되는지 또는 의제되는 인허가에 요구되는 절차를 아울러 준수하여야 하는지 견해가 대립되고 있다. 일설은 주된 인허가에 요구되는 절차만을 거치면 되고 의제되는 인허가의 절차를 거칠 필요가 없다고 하나(절차집중설), 의제되는 인허가의 모든 절차를 일일이 거칠 필요는 없지만, 이해관계인의 권익보호와 같은 중요한 절차는 주된 인허가의 통합된 절차에서 준수하는 것이 바람직 하다(제한적 절차집중설). 판례는 "주택건설사업계획 승인권자가 구 주택법 제17조 제3항에 따라 도시·군관리계획 결정권자와 협의를 거쳐 관계 주택건설사업계획을 승인하면 ― ― ― 도시·군관리계획결정이 이루어진 것으로 의제되고, 이러한 협의 절차와 별도로 국토의 계획 및 이용에 관한 법률 제28조 등에서 정한 도시·군관리계획 입안을 위한 주민 의견청취 절차를 거칠 필요는 없다"[52]고 판시하여 절차집중설을 취하고 있다. 이

50) 대법원 2002. 10. 11. 선고 2001두151 판결.

51) 김은영, 앞의 글, 43면 ; 권수철, 인·허가의제제도의 법적 성격과 사후감독에 관한 소고, 법제, 2002. 7. 7면 이하.

52) 대법원 2018. 11. 29. 선고 2016두38792 판결: 같은 취지로는 대법원 2014. 4. 24. 선고 2013두 23607 ; 1992. 11. 10. 선고 92누1162 판결.

와 관련하여 행정기본법 제24조 제5항 단서는 "관련 인허가에 필요한 심의, 의견 청취 등 절차에 관하여는 법률에 인허가의제 시에도 해당 절차를 거친다는 명시적인 규정이 있는 경우에만 이를 거친다."고 규정한 바, 향후 관련 법규정들의 정비가 필요하다.

나) 의제된 인허가의 취소·철회가능성

학설과 실무에서는 의제된 인허가를 취소 또는 철회가 가능한지, 이들이 가능할 경우, 주된 인허가에 어떤 효력을 미치는지 다툼이 되고 있다. 이 문제는 일괄 인허가의제인지 또는 부분 인허가의제인지 여부와 관련되고 있다.

a) 일괄 인허가의제

인허가의제에 관하여 규정하고 있는 개별법률들 중에는 주된 인허가를 받으면 법이 정한 관련 인허가들에 대하여 일괄적으로 의제효과를 부여하는 경우가 있다. 예를 들어 도시 및 주거환경정비법 제57조 제1항, 공공주택특별법 제18조 제1항이 일괄 인허가의제방식으로 되어 있다. 이러한 일괄 인허가의제의 경우 주무행정청은 관련 관련행정청과 협의를 한 결과 일부 인허가에 대하여 협의가 이루어지지 않으면, 협의가 이루어진 나머지 인허가에 대해 의제효과를 부여하여서는 안 되며, 아예 주된 인허가를 거부하여야 한다.

일괄 인허가의제에서 의제된 인허가에 취소사유가 있는 경우 애당초 주된 인허가를 발급하여서는 안 되는 상황이기 때문에 주된 인허가 행정청은 의제된 인허가의 하자를 이유로 주된 인허가를 취소하여야 한다. 반면, 의제된 인허가에 후발적 사정으로 철회사유가 발생된 경우에는 관련 인허가에 대한 의제는 이미 적법하게 효력을 발생하였기 때문에 주된 인허가와는 이미 별개의 처분으로 존재하기 때문에 해당 인허가만을 철회할 수 있다고 볼 것이다.[53]

---

53) 이일세, 인허가의제에 있어 취소·철회와 행정쟁송, 행정법학 제25호, 2023. 9, 108면

b) 부분 인허가의제

부분 인허가의제란 관련 인허가에 대한 의제신청이 있는 경우에 협의가 이루어진 인허가에 대하여만 의제효를 부여하는 경우이다. 의제되지 않은 인허가는 관계 행정기관의 협의가 완료되는 대로 순차적으로 의제되거나 별도의 인허가의 대상이 될 수 있다. 이러한 부분 인허가의제는 근래 현저하게 증가되는 추세에 있다.

법률상 부분 인허가의제가 허용되는 경우에는 주된 인허가와 의제된 인허가는 각각 별개의 처분으로 존재하고 양자는 분리될 수 있으므로, 의제된 인허가에 취소·철회사유가 있으면, 행정청은 해당 인허가만을 취소·철회할 수 있을 것이다. 판례는 "중소기업창업법 제35조 제1항에 의하면 사업계획승인권자가 관계 행정기관의 장과 미리 협의한 사항에 한하여 승인 시에 그 인허가가 의제될 뿐이고, 해당 사업과 관련된 모든 인허가의제 사항에 관하여 일괄하여 사전 협의를 거쳐야 하는 것은 아니다." ---"사업계획승인으로 의제된 인허가는 통상적인 인허가와 동일한 효력을 가지므로, 그 효력을 제거하기 위한 법적 수단으로 의제된 인허가의 취소나 철회가 허용될 필요가 있다."고[54] 판시하여 같은 견해를 취하고 있다. 한편, 취소·철회된 관련 인허가를 다시 취득하는 것이 불가능하고, 이로 인하여 주된 인허가의 목적을 달성할 수 없는 경우에는 주된 인허가 행정청은 주된 인허가를 취소·철회할 수 있을 것이다.[55]

이하.

54) 대법원 2018. 7. 12. 선고 2017두48734 판결.

55) 대법원 2018. 7. 12. 선고 2017두48734 판결.

다) 주된 인허가가 무효이거나 취소·철회된 경우 의제된 인허가의 효력

a) 주된 인허가가 무효인 경우

주된 인허가가 무효인 경우에는 애당초 의제효과가 발생하지 않기 때문에 관련 인허가도 무효이다. 판례는 도시 및 주거환경정비법상의 사업시행계획이 당연 무효이거나 확정판결로 취소된다면 그로 인하여 의제된 사업인정도 효력을 상실한다고 판시하였다.[56]

b) 주된 인허가가 취소·철회된 경우

이에 대하여는 다툼이 있다. 일설은 관련 인허가의 주된 인허가에 대한 종속성을 이유로 주된 인허가가 취소·철회되면 관련 인허가도 모두 효력을 상실한다고 본다.[57] 반면 다른 견해는 주된 인허가가 취소·철회되었다고 하더라도 의제된 인허가를 존속시킬 필요가 있는 경우도 있고, 인허가의제는 효력발생에 관한 것이고, 의제 후에 인허가의 효력 소멸에 관한 것은 아니기 때문에, 모두 소멸한 것으로 보기 위하여는 법률의 명시적인 규정이 필요하다고 본다.[58]

생각건대 이 문제는 주된 인허가가 취소된 경우와 철회된 경우로 구별하여 보아야 할 것이다. 관련 인허가의 의제의 성립은 주된 인허가를 적법하게 받은 것을 전제로 하기 때문에, 주된 인허가가 하자로 인하여 취소된 경우에는 원칙적으로 관련 인허가에 대한 의제효과도 상실한다고 보아야 할 것이다. 반면, 주된 인허가를 철회한 경우에는 관련 인허가의 의제가 당연히 실효된다고 볼 수 없다. 주된 인허가에 따라 관련 인허가의 의제가 적법하게 성립되었기 때문에 관련 인허가는 독립된 처분으로 존재하는 것으로 간주되기 때문이다. 다만, 주된 인허가의

56) 대법원 2018. 7. 26. 선고 2017두33978 판결.

57) 김중권, 행정법, 283면 : 정남철, 현대행정법의 작용형식, 2016, 496면.

58) 홍정선, 행정기본법 해설서, 190면 ; 박균성, 행정법강의, 501면.

철회로 인하여 관련 인허가의 목적을 달성하기 어렵다고 인정되는 때에는 관련 인허가의 철회사유가 될 것이다.

라) 인허가의제와 항고소송

인허가의제에 있어서는 주된 인허가와 의제되는 관련 인허가 사이에 상호 밀접한 관계가 있기 때문에 이와 관련된 항고소송에서 쟁송대상과 피고의 선택에 있어서 매우 어려운 문제가 발생된다. 여기서는 ① 협의 불성립을 이유로 주된 인허가의 발급을 거부한 경우 상대방의 소송, ② 의제된 인허가에 취소·철회사유가 있는 경우 이해관계인의 소송으로 구분하여 살펴보기로 한다.

a) 협의 불성립을 이유로 주된 인허가의 발급을 거부한 경우

의제신청된 관련 인허가에 대해 행정청 사이에 협의가 이루어지지 않았음을 이유로 주된 인허가의 발급이 거부될 수 있다. 이에 대하여 상대방이 다투고자 하는 경우, 일괄 인허가의제와 부분 인허가의제를 구별하여 고찰하여야 한다. 일괄 인허가의제의 경우에 판례는 토지형질변경허가 및 농지전용허가의 요건 미충족을 이유로 건축허가가 거부된 사건에서 "건축허가권자가 ――― 건축불허가처분을 하면서 그 처분사유로 건축불허가 사유뿐만 아니라 형질변경불허가 사유나 농지전용불허가 사유를 들고 있다고 하여 그 건축불허가처분 외에 별개로 형질변경불허가처분이나 농지전용불허가처분이 존재하는 것이 아니므로, 그 건축불허가처분을 받은 사람은 그 건축불허가처분에 관한 쟁송에서 건축법상의 건축불허가 사유뿐만 아니라 같은 도시계획법상의 형질변경불허가 사유나 농지법상의 농지전용불허가 사유에 관하여도 다툴 수 있다"[59]고 판시하여 주된 인허가 행정청을 피고로 하여 주된 인허가 거부처분에 대하여 다투어야 한다는 입장을 취하고 있다.

반면, 부분 인허가의제의 경우에는 의제신청된 인허가의 요건이 불

59) 대법원 2001. 1. 16. 선고 99두10988 판결.

비되면, 주된 인허가 행정청은 해당 인허가의 의제를 거부한 채, 주된 인허가를 발할 수 있으므로, 의제거부된 인허가에 대하여는 별도로 거부처분이 있는 것으로 볼 수 있기 때문에, 이를 대상으로 관련 행정청을 피고로 하여 쟁송을 제기하는 것이 타당할 것이다.[60]

b) 의제된 인허가에 취소·철회사유가 있는 경우 이해관계인의 쟁송

의제된 인허가에 취소·철회사유가 있는데 행정청이 방치하여 이해관계인이 이를 다투고자 하는 경우에도 행정쟁송의 대상 및 피고가 문제된다. 이에 대하여는 취소사유와 철회사유가 있는 경우를 구분하여 다루기로 한다.

① 의제된 인허가에 취소사유가 있는 경우

일괄 인허가제만이 허용되는 경우에는 행정청은 의제 대상이 되는 관련 인허가중 어느 하나라도 그 요건을 갖추지 못하는 경우에는 주된 인허가를 발급하여서는 안 된다. 만일 행정청이 관련 인허가에 요건불비가 있음에도 불구하고 주된 인허가를 발급하였다면, 주된 인허가의 발급자체가 위법하게 된다. 이 경우 이해관계인은 의제된 인허가의 하자를 이유로 주된 인허가에 대하여 항고소송을 제기하여야 한다.

반면, 부분 인허가의제가 허용되는 경우에는 주된 인허가행정청은 관련 행정청 사이에 협의가 이루어진 인허가에 대하여만 선택적으로 의제효과를 부여할 수 있다. 의제된 인허가도 법적으로 독립한 처분으로 존재하기 때문에, 만일 그에 대한 의제가 위법하게 이루어졌다면 항고쟁송에 대상이 된다. 이해 관계인은 관련 행정청을 피고로 의제된 인허가에 대하여 항고소송을 제기하면 될 것이다.[61]

판례는 "의제된 인허가는 통상적인 인허가와 동일한 효력을 가지므로, 적어도 '부분 인허가 의제'가 허용되는 경우에는 그 효력을 제거

60) 이일세, 앞의 글, 117면.

61) 이일세, 앞의 글, 126면 ; 임성훈, 행정기본법 하에서 인허가의제의 운용방안, 법학연구 32권 2호, 2021. 12, 78면.

하기 위한 법적 수단으로 의제된 인허가의 취소나 철회가 허용될 수 있고, 이러한 직권 취소·철회가 가능한 이상 그 의제된 인허가에 대한 쟁송취소 역시 허용된다. 따라서 주택건설사업계획 승인처분에 따라 의제된 인허가가 위법함을 다투고자 하는 이해관계인은 의제된 인허가의 취소를 구하여야 한다"[62]고 판시하여 같은 입장을 취하고 있다.

② 의제된 인허가에 철회사유가 발생한 경우

주된 인허가에 따라 적법하게 관련 인허가가 의제된 이후에 관련 인허가에 철회사유가 발생된 경우, 이해관계인은 우선 의제된 인허가의 사후 관리·감독권한을 갖는 관련 행정청(행정기본법 26조 1항)에 해당 인허가를 철회해 줄 것을 신청하여야 할 것이다. 만일 그에 대하여 관련 행정청이 거부하거나 아무런 응답을 하지 않는다면, 관련 행정청을 피고로 하여 거부처분취소소송이나 부작위위법확인소송을 제기하여야 할 것이다.[63]

3. 행정계획

1) 행정계획의 법적 성격

행정계획의 법적 성격은 일률적으로 결정할 수 없으며, 다양한 법적 형식으로 존재한다. 법률의 형식에 의한 행정계획, 행정입법의 형식에 의한 행정계획, 행정행위의 형식에 의한 행정계획, 사실행위의 성격을 갖는 행정계획이 있다. 판례는 "도시계획결정은 특정 개인의 권리 내지 법률상의 이익을 개별적이고 구체적으로 규제하는 효과를 가져오게 하는 행정청의 처분이라 할 것이고, 이는 행정소송의 대상이 된다."[64]고 판시한 이래 일관되게 구속적 행정계획인 도시군·관리계획의 처분성을

62) 대법원 2018. 11. 29. 선고 2016두38792 판결.
63) 이일세, 앞의 글, 127면.
64) 대법원 1982. 3. 9. 80누105 판결.

긍정하고 있다.

2) 이익의 형량과 계획절차

전통적 행정결정과 계획결정의 질적 차이점은 형량에 있다. 형량은 행정계획의 핵심이며, 형량과정에서 모든 공적 이익과 사적 이익들이 빠짐없이 반영되고 종합적으로 평가되어 계획결정으로 용해된다. 계획절차는 모든 관련된 이익들이 어떤 경우에든 형량과정에서 반영될 수 있도록 보장하여야 한다. 모든 관련 당사자가 절차에 참여하여 그들이 보유하는 정보와 지식을 결정과정에 제시할 수 있는 기회를 갖도록 공정한 절차가 형성되어야 한다. 계획의 수립에서 상반되는 이익에 대한 고려와 갈등해결이 중요하다면, 무엇보다 관련자의 다양한 이익들이 표출되고 조정되는 통합적인 의견청취절차가 중요하다.[65)]

판례는 행정계획의 절차상의 하자에 대하여 비교적 엄격한 태도를 취하고 있다. 판례는 "도시계획법 제11조 제1항, 제15조 제1항, 제16조 제2항 등의 취지는 도시계획의 입안에 있어 다수 이해관계자의 이익을 합리적으로 조정하여 국민의 자유·권리에 대한 부당한 침해를 방지하고 행정의 민주화와 신뢰를 확보하기 위하여 국민의 의사를 그 과정에 반영시키는데 있다 할 것이므로 위와 같은 절차에 하자가 있는 행정처분은 위법하다"고[66)] 판시하였다. 또한 판례는 사업자가 주민의 생존에 직결되는 상수원문제 등에 대한 환경영향평가를 실시하지 않았음에도 불구하고 환경부장관과의 협의 없이 사업실시계획을 승인한 처분은 당연무효라고 판단하였다.[67)] 아울러 판례는 도지사가 시장으로부터 신청받은 당초의 도시관리계획안을 변경하고자 하는 경우 그 내용이 해당

---

65) R. Wahl, Die Aufgabenabhängigkeit von Verwaltung und Verwaltungsrecht, in: Reform des allgemeinen Verwaltungsrechts, S. 198 ff.

66) 대법원 1988. 5. 24. 선고 87누388 판결.

67) 대법원 2006. 6. 30. 선고 2005두14363 판결.

시 또는 군의 도시계획조례가 정하는 중요한 사항인 때에는 이를 새로운 입안으로 보아 관계 시장 또는 군수에게 송부하여 다시 주민의 의견을 청취하는 절차를 거쳐야 한다고 판시하고 이러한 절차를 거치지 않은 이 사건 도시관리계획결정을 위법하다고 판단하였다.[68]

3) 계획재량과 형량명령

가) 형량명령과 형량의 하자

계획재량이란 행정주체가 계획행정영역에서 갖는 재량으로서 행정법규의 집행과 관련하여 행정주체에게 허용되는 일반적 의미의 행정재량과 구별되고 있다. 이러한 계획재량은 계획법규와 이에 기초하여 수립되는 행정계획의 특수성에서 도출되고 있다. 일반적인 행정법규는 조건프로그램 형식으로 되어 있으나 계획법규는 목적프로그램 형식으로 되어 있다. 계획법규는 ① 계획을 통하여 달성하여야 할 목표를 규정한다는 점, ② 계획목표의 설정에 있어서 지켜야 할 기본원칙과 계획실현을 위하여 필요한 수단에 대하여 규율한다는 점, ③ 계획목표의 실현을 위한 절차에 관하여 규율한다는 점 등의 구조적인 특색을 갖고 있다. 계획법규는 계획의 이념에 따라 설정된 목표를 실현시키기 위한 수단의 조합과 선택에 있어서 행정청에게 폭넓은 형성의 자유를 부여하고 있다.[69]

행정재량은 하자이론에서 재량권행사의 내적·외적 한계를 기준으로 하여 재량의 유월·남용을 중심으로 구성되고 있으나, 계획재량의 행사에 있어서 공익과 사익의 정당한 형량을 중심으로 하자를 판단하고 있다. 즉 계획수립절차에 있어서 공익과 사익의 정당한 형량을 행정주체의 의무(형량명령)로 하고 있으며, 이러한 형량명령에 위배된 행정주체의 계획활동에 대하여 위법성을 부여하고 있다. 독일 연방행정법원은

68) 대법원 2015. 1. 29. 선고 2012두11164 판결.
69) 정하중/김광수, 행정법개론, 315면.

이러한 형량명령이 실정법 규정에 무관하게 법치국가적 계획의 본질에서 도출되며 이에 따라 계획 일반에 통용된다고 거듭 판시하고 있다.[70] 우리 개정 행정절차법 제40조의4은 "행정청은 행정청이 수립하는 계획 중 국민의 권리·의무에 직접 영향을 미치는 계획을 수립하거나 변경·폐지할 때에는 관련된 여러 이익을 정당하게 형량하여야 한다."고 규정하여 형량명령에 대하여 규정하고 있다.

계획수립절차에 있어서 형량과정은 ① 계획대상 및 요소의 조사·확인과정 ② 평가과정, ③ 고유한 형량과정으로 구분되고 있다. 이러한 형량과정에서 형량명령에 위배되는 형량하자는 ① 조사를 하지 않거나 조사에 있어서 결함이 있는 경우(조사의 누락 및 결함), ② 형량을 전혀 행하지 않는 경우(형량의 해태), ③ 형량의 대상에 마땅히 포함시켜야 할 사항을 빠뜨리고 형량을 한 경우(형량의 흠결), ④ 제 이익 간에 형량을 하였으나 그 형량이 객관성·비례성을 결하는 경우(오형량), ⑤ 제 이익 간에 형량에 있어서 평등의 원칙에 위배된 경우(형량의 불평등) 등이 있다.[71]

나) 형량명령의 판례의 수용

형량명령을 처음으로 수용한 판례는 대법원 1996. 11. 29. 선고 96누8567 판결이다. X구청장이 두 개의 도로를 연결하는 U자형 우회도로를 개설하기 위하여 도시계획시설결정을 한 사건에서 대법원은 "---도시계획법 등 관계 법령에는 추상적인 행정목표와 절차만이 규정되어 있을 뿐 행정계획의 내용에 대하여는 별다른 규정을 두고 있지 아니하므로 행정주체는 구체적인 행정계획을 입안·결정함에 있어서 비교적 광범위한 형성의 자유를 가진다고 할 것이지만, 행정주체가 가지는 이와 같은 형성의 자유는 무제한적인 것이 아니라 그 행정계획에

70) BverwGE 34, 301 ; 61, 295 ; 64, 270.

71) 하자있는 신봉기, 형량행정계획에 대한 사법심사, 행정판례연구 5집, 2000, 107면 이하.

관련되는 자들의 이익을 공익과 사익 사이에서는 물론이고 공익 상호간과 사익 상호간에도 정당하게 비교교량하여야 한다는 제한이 있는 것이고, 따라서 행정주체가 행정계획을 입안·결정함에 있어서 이익형량을 전혀 행하지 아니하거나 이익형량의 고려 대상에 마땅히 포함시켜야 할 사항을 누락한 경우 또는 이익형량을 하였으나 정당성·객관성이 결여된 경우에는 그 행정계획결정은 재량권을 일탈·남용한 것으로서 위법하다."고 판시하면서 이 사건 결정은 객관적이고 정당하고 충분한 이익형량을 하였음을 인정하고 원고의 상고를 기각하였다. 학설은 형량명령이론의 도입을 적극적으로 환영을 하였으나, 계획재량과 일반적 행정재량과 질적인 차이가 있음에도 불구하고 결과에 있어서는 행정재량의 하자이론인 일탈·남용의 법리를 적용함으로써 양자를 혼동하였을 뿐 아니라, 형량하자를 형량의 해태, 형량의 흠결, 오형량으로 단순화 시켰다는 비판을 하였다.[72] 계획재량은 규범의 구조, 하자이론의 구성에 있어서 행정재량과 기본적 차이가 있기 때문에 그 독자성이 인정되어야 할 것이다. 판례의 이러한 태도는 이후 수차 반복되었으나[73] 대법원 2006. 9. 8. 선고 2003두5426 판결, 대법원 2007. 1. 25. 선고 2004두12063 판결, 대법원 2007. 4. 12. 선고 2005두1893 판결, 대법원 2020. 6. 25. 선고 2019두56135 판결, 대법원 2021. 7. 29. 선고 2021두33593 판결 등은 재량의 유월·남용의 표현을 생략하고 "행정계획 결정은 이익형량에 하자가 있어 위법하다."고 판시하여 계획재량의 독자성을 나타내고 있다.

4) 계획변경 및 폐지청구권

계획변경 및 폐지청구권은 계획이 확정된 후 사정변경 및 이해관

---

72) 신봉기, 앞의 글, 113면 이하 ; 정남철, 판례평선, 192면 이하.

73) 대법원 1997. 6. 24. 선고 96누1313 ; 1997. 9. 26. 96누10096 ; 1998. 4. 24. 선고 97누1501, 2000. 3. 23. 선고 98두2768 판결.

계인의 권익침해 등을 이유로 그 계획의 변경이나 폐지를 청구할 수 있는 권리를 의미한다. 이러한 계획변경 및 폐지청구권은 일반적으로 인정되지 않는다. 다만, 행정계획이 행정처분의 성격을 갖고 사정변경으로 인하여 계획을 변경 내지 폐지하지 않는다면, 이해 관계인의 기본권을 침해하는 경우에 예외적으로 이러한 권리가 인정될 수 있다고 보아야 한다.[74] 판례는 종래 계획변경청구권은 물론, 계획변경신청을 거부하는 행정청의 의사표시에 대하여 처분성 자체를 인정하지 않았다.[75]

그러나 근래 일정한 경우에는 계획변경신청권(거부처분성)을 인정하여 계획변경청구권에 관하여 전향적 입장을 취하고 있다. 판례는 폐기물처리사업의 적정통보를 받은 자의 계획변경신청권,[76] 도시계획시설결정에 이해관계가 있는 주민의 도시시설계획에 입안 내지 변경신청권,[77] 그리고 산업단지 안의 토지소유자로서 산업단지개발계획에 적합한 시설을 설치하여 입주하려는 자에게 산업단지개발계획의 변경신청권을[78] 인정하였다.

한편, 대법원 2012. 1. 12. 선고 2010두5806 판결은 자신들의 토지를 장기미집행 도시계획시설인 완충녹지에서 해제하여 달라는 원고들의 신청을 행정청이 거부한 사건을 대상으로 하였다. 여기서 거부행위의 처분성 여부는 더 이상 쟁점이 되지 않았다. 대법원은 피고의 계획변경청구권의 성립여부를 실체법적으로 검토하였고 피고의 거부처분이 원고들의 재산권 행사를 과도하게 제한한 것으로서, "행정계획을 입안·결정함에 있어 이익형량을 전혀 행하지 아니하였거나 이익형량의 정당

74) 계획변경청구권에 대하여는 김해룡, 도시계획변경청구권의 성립요건, 행정판례연구 4집, 1999, 105면 이하 : 홍준형, 계획변경청구권과 계획변경신청권, 행정판례연구 17집 1호 53면 이하.

75) 대법원 1989. 10. 24. 선고 89누725 ; 1993. 5. 25. 선고 92누2394 ; 1994. 1. 28. 선고 93누22029 ; 1995. 4. 28. 선고 95누627 ; 2002. 11. 26. 선고 2001두1192 판결.

76) 대법원 2003. 9. 23 선고 2001두10936 판결.

77) 대법원 2015. 3. 26. 선고 2014두42742 판결.

78) 대법원 2017. 8. 29 선고 2016두44186 판결

성·객관성이 결여된 경우에 해당한다"고 판시하여 형량의 하자로 위법하다고 판단하였다.

Ⅳ. 행정절차

1. 적용범위

행정절차법은 행정절차에 대한 일반법이다(법 3조 1항). 행정절차법 제3조 2항에서는 행정절차법이 적용되지 않는 9개 사항에 대하여 규정하고 있다. 행정절차법이 적용되지 않는 범위와 관련하여 판례는 비교적 엄격한 입장을 취하고 있다.

국방부장관이 대령진급 선발을 취소처분한 사건,[79] 별정직 공무원에 대한 직권면직 사건[80]및 3사관학교 생도에 대한 퇴교처분 사건에서[81] 행정절차에 준하는 절차를 거치도록 하는 규정이 없으며, 성질상 행정절차를 거치기 곤란하거나 불필요하다고 인정되는 처분에도 해당되지 않기 때문에 행정절차법이 적용되어야 한다고 판단하였다.

반면, 판례는 공무원의 직위해제처분에 대하여는 구체적이고도 명확한 사실의 적시가 요구되는 처분사유 설명서의 교부 등 행정절차에 준하는 절차를 거친 사항에 해당하기 때문에 행정절차법의 규정이 별도로 적용되지 않는다고 판시하여 대조적 입장을 취하였다.[82]

한편, 대법원은 군 영내에 있는 텔레비전수신료 부과처분 사건에서 '국가를 상대로 하는 행정행위'는 행정절차법이 적용되지 않는 제3조 제2항의 예외사유에 해당하지 않기 때문에 국가에 대해 행정처분을 할 때

79) 대법원 2007. 9. 21. 선고 2006두20631 판결
80) 대법원 2013. 1. 16. 선고 2011두30687 판결.
81) 대법원 2018. 3. 13. 선고 2016두33339 판결.
82) 대법원 2014. 5. 16. 선고 2012두26180 판결.

에도 의견청취 등 행정절차법이 그대로 적용된다고 판단하였다.[83)]

2. 처분절차

1) 처분기준의 설정·공표

행정절차법 제20조 제1항에 따라 행정청은 필요한 처분기준을 해당 처분의 성질에 비추어 되도록 구체적으로 정하여 공표하여야 한다. 처분기준은 법률의 위임에 따라 법규명령으로 제정된 경우도 있으나, 일반적으로 행정규칙 형식으로 설정·공표되고 있다.

학설에서는 처분기준을 설정하지 않거나 설정된 처분기준을 공표하지 않고 처분을 하였을 경우에 ① 독립적 취소사유에 해당한다는 긍정설, ② 행정청의 단순한 성실의무에 해당되기 때문에 처분의 하자사유로 볼 수 없다는 소극설로 다툼이 되고 있다. 판례는 여행사지정취소처분 사건에서 "행정청이 미리 공표한 기준, 즉 행정규칙을 따랐는지 여부가 처분의 적법성을 판단하는 결정적인 지표가 되지 못하는 것과 마찬가지로, 행정청이 미리 공표하지 않은 기준을 적용하였는지 여부도 처분의 적법성을 판단하는 결정적인 지표가 될 수 없다"[84)]고 판단하여 소극설을 취하고 있다.

2) 사전통지

행정절차법은 부담적 행정처분의 당사자에게 처분의 원인이 되는 사실과 법적 근거, 처분의 내용, 의견제출 방법과 기한 등에 대하여 사전통지하도록 규정하고 있다(법 21조 1항).

가) 거부처분의 경우

거부처분이 사전통지의 대상이 되는지 다툼이 되고 있다. 판례는

83) 대법원 2023. 9. 21. 선고 2023두39724 판결
84) 대법원 2020. 12. 24. 선고 2018두45633 판결.

신청에 따른 처분이 이루어지지 아니한 경우에는 아직 당사자에게 권익이 부과되지 아니하였으므로 특별한 사정이 없는 한 신청에 대한 거부처분이라고 하더라도 직접 당사자의 권익을 제한하는 것은 아니라는 이유에서 사전통지대상이 되지 않는다고 판시하여[85] 부정설을 취하고 있다. 생각건대 오늘날 급부행정국가에서 거부처분은 침익적 처분 못지않게 상대방의 권익을 침해하는 현실을 고려하여 거부처분도 사전통지의 대상으로 하는 것이 바람직하다.

나) 사전통지의 예외

행정절차법 제21조 제4항은 사전통지의 아니할 수 있는 예외를 규정하고 있다. 판례는 사전통지의 예외규정을 엄격하게 다루고 있다. 대법원은 2020. 7. 23. 판결 2017두66602 판결에서 "행정절차법 시행령 제13조 제2호에서 정한 '법원의 재판 또는 준사법적 절차를 거치는 행정기관의 결정 등에 따라 처분의 전제가 되는 사실이 객관적으로 증명되어 처분에 따른 의견청취가 불필요하다고 인정되는 경우'란 ––– 처분의 전제가 되는 '일부' 사실만 증명된 경우이거나 의견청취에 따라 행정청의 처분 여부나 처분 수위가 달라질 수 있는 경우라면 이에 해당하지 않는다"고 판시하였다.

한편, 판례는 도로구역변경고시취소 사건에서 도로구역을 결정하거나 변경할 경우 이를 고시하고 그 도면을 일반인이 열람할 수 있도록 한 경우, 도로구역을 변경한 처분은 행정절차법의 사전통지나 의견청취의 대상이 되는 처분은 아니라고 판단하였다.[86]

3) 의견청취절차

행정처분의 상대방에게 자신의 의견을 진술하며 스스로를 방어할

---

85) 대법원 2003. 11. 28. 선고 2003두674 판결.

86) 대법원 2008. 6. 12. 선고 2007두1767 판결 ; 같은 취지로는 대법원 2014. 10. 27. 선고 2012두7745 판결.

수 있는 기회를 부여하는 의견청취절차에는 약식절차인 의견제출과 정식절차인 청문과 공청회가 있다. 행정절차법은 청문과 공청회를 거치는 경우를 제외한 모든 불이익처분에 의견제출을 거치도록 규정하고 있다(법 22조 3항). 판례는 "행정청이 당사자와 사이에 도시계획사업의 시행과 관련한 협약을 체결하면서 관계 법령 및 행정절차법에 규정된 청문의 실시 등 의견청취절차를 배제하는 조항을 두었다고 하더라도, 이러한 협약이 체결되었다고 하여 청문의 실시에 관한 규정의 적용이 배제된다거나 청문을 실시하지 않아도 되는 예외적인 경우에 해당한다고 할 수 없다."고[87] 판단하였다. 아울러 대법원은 청문과 관련하여 "청문통지서가 반송되었다거나, 행정처분의 상대방이 청문일시에 불출석하였다는 이유로 청문을 실시하지 아니하고 한 침해적 행정처분은 위법하다."고[88] 판시하여 비교적 엄격한 태도를 취하고 있다. 반면, 행정청이 청문서 도달기간을 다소 어겼다하더라도 영업자가 이에 대하여 이의하지 아니한 채 스스로 청문일에 출석하여 그 의견을 진술하고 변명하는 등 방어의 기회를 충분히 가졌다면 청문서 도달기간을 준수하지 아니한 하자의 치유를 인정하고 있다.[89]

4) 처분의 이유제시

처분을 함에 있어서 그 법적 근거와 이유를 구체적으로 명시하도록 하는 이유제시 절차는 의견청취절차와 더불어 민주적 법치국가의 행정절차에서 본질적 요소를 이루고 있다. 이러한 행정청의 이유제시 의무는 개인에게 직접적으로 부담을 주는 행정처분의 경우뿐만 아니라, 수익적 처분의 거부의 경우에도 적용됨은 물론이다.

이유제시의 구체성 정도에 있어서 행정처분의 발급에 있어서 의미

---

87) 대법원 2004. 7. 8. 선고 2002두8350 판결.
88) 대법원 2001. 4. 13. 2000두3337 판결.
89) 대법원 1992. 10. 23. 선고 92누2844 판결.

가 있는 모든 관점의 제시가 요구되는 것은 아니며 행정처분의 발급으로 이끈 본질적인 근거와 이유가 제시된다면 충분할 것이다. 이유제시의 정도와 범위는 일반적으로 결정될 수 없으며, 개별법 영역의 특수성과 구체적 상황에 따라 차이가 날 수 있다. 불이익처분의 경우에는 침해의 정도가 심각할수록 이유제시는 보다 상세하고 구체적이어야 할 것이다,

한편, 판례는 "처분 당시 당사자가 어떠한 근거와 이유로 처분이 이루어진 것인지를 충분히 알 수 있어서 그에 불복하여 행정구제절차로 나아가는 데에 별다른 지장이 없었던 것으로 인정되는 경우에는 처분서에 처분의 근거와 이유가 구체적으로 명시되어 있지 않았다고 하더라도 ––– 그 처분이 위법한 것으로 된다고 할 수는 없다."고 판시하여 이유제시의 구체성 정도에서 상대방의 인식가능성을 함께 고려하고 있다.[90]

3) 절차상의 하자

행정행위의 성립에 있어서 형식·절차에 관한 법령의 규정에 위반한 경우에 위법한 처분이 됨은 물론이다. 하자의 일반이론에 따른다면 흠의 정도가 중대·명백하다면 무효가 되며, 그렇지 않은 경우에는 취소할 수 있는 사유에 해당된다. 문제는 행정처분의 절차상의 하자가 취소사유인 경우에 취소소송의 본안판단에서 법원이 이를 이유로 취소할 수 있는지 다툼이 되고 있다. ① 소극설은 절차상의 하자가 본안결정에 어떠한 영향을 미치지 않는다는 것이 명백할 경우에는 법원은 절차상의 하자를 이유로 행정처분을 취소할 수 없다고 주장하는 반면, ② 적극설은 행정처분의 종류에 불문하고 절차상의 하자있는 행정처분을 내용상의 하자있는 행정처분과 마찬가지로 보아 이를 취소할 수 있다는 견해

90) 대법원 2013. 11. 14. 선고 2011두18571 판결.

를 취하고 있다. 판례는 적극설을 취하고 있다.

행정절차법이 제정되기 전 기속행위인 조세부과처분과 관련하여 대법원은 "부과처분의 실체가 적법한 이상 납세고지서의 기재사항 누락이라는 경미한 형식상의 하자 때문에 부과처분을 취소한다면 소득이 있는데 세금을 부과하지 못하는 불공평이 생긴다거나, 다시 납세부과처분이나 보완통지를 하는 등 무용한 처분을 되풀이 한다 하더라도 이로 인하여 경제적, 시간적, 정신적인 낭비만 초래하게 된다는 사정만으로는 과세처분을 취소하는 것이 행정소송법 제12조에서 말하는 현저히 공공복리에 적합하지 않거나 납세의무자에게 실익이 전혀 없다고 할 수 없다."[91]고 판시하였다. 아울러 판례는 재량행위인 영업정지처분과 관련하여 식품위생법 소정의 청문절차를 전혀 거치지 아니하거나 거쳤다고 하여도 그 절차적 요건을 제대로 준수하지 아니한 경우에는 영업정지사유 등이 인정된다고 하더라도 그 처분은 위법하다고 판시하고 있다.[92]

한편, 경미한 절차상의 하자 때문에 처분의 취소에 이르지 않는다는 판례가[93] 나타나고 있으며, 또한 상대방의 의견진술권이나 방어권 행사에 실질적으로 지장이 초래되었다고 볼 수 없는 특별한 사정이 있는 경우에는 해당 처분을 취소할 것은 아니라는 취지의 판례도[94] 발견되고 있다.

생각건대 실체법적으로 적법한 행정처분을 단지 절차상의 하자를 이유로 행정처분을 취소하여 다시 동일한 행정처분을 발하도록 하는 것은 행정의 효율성과 소송경제에 적지 않은 부담이 될 것이다. 사견으로 ① 절차상 하자가 중대·명백하지 않고 처분이 실체법적으로 적법한 경우에는, ② 소송절차를 중지하여 처분청에게 절차상 하자를 치유할 기회를 부여하되, ③ 절차상 하자에 대한 제재는 소송비용의 측면에서 반

91) 대법원 1984. 5. 9. 선고 84누116 판결.
92) 대법원 1991. 7. 9. 선고 91누971 판결.
93) 대법원 2015. 8. 27. 선고 2013두1560 ; 2015. 10. 29. 선고 2012두28728 판결.
94) 대법원 2021. 1. 28. 선고 2019두55392 ; 대법원 2018. 3. 13. 선고 2016두33339 판결.

영시키는 것도 하나의 방안이 될 수 있다고 본다.[95]

V. 행정구제법

1. 국가배상

1) 배상주체의 문제

헌법 제29조 제1항은 배상책임의 주체를 국가와 공공단체로 규정하고 있음에도 불구하고, 1967. 3. 3.에 개정된 국가배상법은 배상책임의 주체를 국가와 지방자치단체로 하고 있다. 이에 따라 영조물법인, 공공조합, 공공재단 등 공공단체는 공행정작용에 해당하든 또는 사경제작용에 해당하든 자신의 활동에 대하여 국가배상법이 아닌 민법에 따라 손해배상책임은 지게 되었다. 이와 관련하여 학설에서 배상주체에 관한 규정은 헌법 제29조의 취지에 반한다는 견해가 주장되고 있다.[96] 최근 판례는 "공법인(공공단체)이라고 하더라도 국가로부터 위탁받은 공행정사무를 집행하는 과정에서 공법인의 임직원이나 피용인이 고의 또는 과실로 법령을 위반하여 타인에게 손해를 입힌 경우에는, 공법인은 위탁받은 공행정사무에 관한 행정주체의 지위에서 배상책임을 부담하여야 한다"[97]고 판시하면서 대한변호사협회의 배상책임을 인정하였다. 이 판례를 일반화한다면, 공공단체는 국가로부터 위탁받은 공행정사무를 집행하는 과정에서 타인에게 손해를 입힌 경우에는 행정주체로서 국가배상책임을 부담한다고 볼 것이다. 공공단체의 국가배상책임을 인정하기

95) 행정절차를 행정청의 의사형성과정과 표시과정으로 구분하여 해결을 모색하는 견해는 이승훈, 절차적 하자의 독자적 위법성에 관한 재검토, 행정법학, 302면 이하.
96) 홍준형, 행정법, 557면.
97) 대법원 2021. 1. 28. 선고 2019다260197 판결.

시작한 중요한 판례로 보아야 할 것이다.

2) 군인·군무원의 배상청구권의 제한

1967년의 국가배상법 개정에서 보다 큰 논란을 야기시킨 것은 제2조 제1항 단서에 군인·군무원에 대한 국가배상청구권의 제한규정을 도입한 것이다. 이들에 대하여 국가배상청구권을 제한한 것은 직무수행 중에 발생된 전사·순직 또는 공상 등에 대하여는 군사원호보상급여금법·군인재해보상 규정(이들 법령은 이후 국가유공자 등 예우 및 지원에 관한 법률에 의하여 대체됨) 및 군인연금법 등에 의하여 보상을 받는바, 만일 국가배상법에 따라 별도의 배상을 받는다면, 이중배상이 되어 공평성이 없을 뿐 아니라 국고손실을 야기시킨다는 이유에서였다.

이에 대하여는 군사원호보상급여금법 등에 의한 보상금은 사회보장적인 성격을 갖는 반면, 국가배상법에 의한 배상금은 국가의 불법행위에 대한 성격을 갖기 때문에 양자는 그 성격이 다르며, 군인 등에 대한 제한은 다른 공무원에 대한 형평성을 상실할 뿐만 아니라, 기본권의 본질적 내용의 침해금지에도 위반된다는 비판이 제기되었다.[98] 대법원은 1971년 6월 22일의 판결에서 제2조 제1항 단서규정에 대하여 평등권 및 기본권의 본질적 내용의 침해에 해당된다는 이유로 위헌결정을 내렸다.[99]

그러나 1972년 유신헌법에서는 명문으로 군인·군무원·경찰공무원 및 기타 법률로 정하는 자에 대하여 국가배상청구권을 제한하는 규정을 두어(유신헌법 26조 2항), 위헌법률이 헌법조항이 되는 세계에서도 유례가 없는 상황을 맞게 되었다. 이는 국가배상법 제2조 단서에 대한 위헌시비를 원천적으로 봉쇄하기 위한 것이었다. 이후 2차례에 걸친 헌법개정과정에서 군인 등에 대한 국가배상청구권을 제한하는 헌법조항을 삭제할

98) 이경호, 신국가배상법의 문제점, 법조, 1967. 6, 1면 이하.
99) 대법원 1971. 6. 22. 선고 70다1010 전원합의체 판결.

기회가 충분히 있었으나 유감스럽게도 지금까지 방치되고 있다.

군인 등의 국가배상청구권의 제한과 관련하여 제기되어 왔던 심각한 문제는 종래 국가유공자법에 의한 손해배상액이 국가배상액에 훨씬 미치지 못하였다는데 있었다. 군복무 등 국가에 헌신을 하다 희생당한 군인 등을 국가배상으로부터 배제시키고 그보다 급여수준이 훨씬 못미치는 국가유공자법에 의한 보상만을 받도록 강요하는 것은 어떤 명분에 의하여도 정당화될 수 없는 것이다.

판례는 가급적 단서조항의 적용범위를 축소시키려고 노력하였다. 대법원은 군인 등이 전투·훈련 등 직무집행과 관련하여 공상 등을 입은 경우라도 국가유공자 등 예우 및 지원에 관한 법률 및 기타 법률에 의하여 별도의 보상을 받을 수 없는 경우에는 단서조항의 적용대상에서 제외되어 국가배상청구권을 행사할 수 있다고 판시하였다.[100] 또한 공익근무요원과[101] 경비교도[102]들에 대하여는 국가배상법 제2조 제1항 단서가 적용되지 않는다는 입장을 취하고 있다.

한편, 대법원 2017. 2. 3. 선고 2014두40012 판결에서는 헌법 제29조 제2항과 국가배상법 제2조 제1항 단서의 이중배상금지 원칙은 국가배상청구에 앞서 다른 보상금을 먼저 지급받은 때에 적용되지만, 이와 반대로 국가배상을 먼저 받은 뒤 보상금을 받을 때에는 적용되지 않는다는 입장을 취하여 이중배상금지의 원칙의 적용을 제한하였다.[103]

궁극적으로는 헌법개정시에 헌법 제29조 제2항을 삭제하는 것이 바람직하다. 그리고 국가배상법 제2조 제1항 단서 조항을 영국과 같이 전시에 한하여 적용하든지, 또는 독일과 같이 군인 등에 대하여는 단서조항을 적용하되, 동료나 상관의 고의에 의한 불법행위로 피해를 입은

100) 대법원 1997. 2. 14. 선고 96다28066 판결.

101) 대법원 1997. 3. 28. 선고 97다4036 판결.

102) 대법원 1997. 2. 10. 97다45919 판결.

103) 동 판결에 대한 평석으로는 정하중, 국가배상을 받은 군인이 추가로 국가유공자 보상금을 받을 수 있는지 여부, 법조 2018. 2, 623면 이하.

경우에만 국가배상청구권을 인정하는 방안을[104] 고려할 수 있다. 어느 경우에든지 국가유공자법등의 보상수준은 국가배상법의 배상수준과 동등한 수준으로 되어야 할 것이다.

3) 공무원의 직무상 불법행위에 대한 배상책임

가) 직무행위의 개념

공무원의 직무행위에는 원칙적으로 모든 행정작용과 입법작용 및 사법작용이 포함된다. 입법작용과 사법작용에 의한 손해배상책임에 관하여 논란이 되고 있다. 이에 대하여는 후술하기로 한다.

종래 공무원의 직무행위의 범위에 사경제작용을 포함한 판례도 있었으나, 오늘날에는 일관되게 권력작용과 관리작용을 포함한 공행정작용에 제한시키고 있다. 일단 직무행위에 속한다면, 법적 행위·사실행위 또는 작위·부작위를 가리지 않는다. 판례는 대통령령의 입법부작위에 대하여 국가배상책임을 인정한 바 있으며,[105] 최근에는 대통령의 긴급조치에 대하여 종전의 입장을 변경하고 국가배상을 인정하였다.[106]

나) 법령에 위반하여

공무원위 가해행위는 법령에 위반한 것이어야 한다. 여기서 법령의 위반이라 함은 성문법, 불문법 및 행정법의 일반원칙의 위반을 의미한다. 판례는 "법령을 위반하였다 함은 엄격한 의미의 법령위반뿐 아니라, 인권존중, 권력남용금지, 신의성실과 같이 공무원으로서 마땅히 지켜야 할 준칙이나 규범을 지키지 않고 위반한 경우를 포함하여 널리 객관적인 정당성을 결여하고 있음을 뜻한다"[107]고 정의하고 있다. 위법성은

104) § 91a Soldatenversorgungsgesetz. 독일군인부양법의 규정은 이후 연방공무원부양법 제46조로 통합규정되었다.

105) 대법원 2007. 11. 29. 선고 2006다3361 판결.

106) 대법원 2022 . 8. 30. 선고 2018다212610 전원합의체 판결.

107) 대법원 2022. 9. 29. 선고 2018다224408 ; 2020. 5. 28. 선고 2017다211559 ; 2008 6. 12, 선고 2007다64365 판결.

공무원의 적극적 행위뿐만 아니라, 부작위에 의하여도 주어진다. 부작위로 인한 위법성은 공무원이 일정한 작위에 대한 법적 의무가 있음에도 불구하고(재량행위의 경우 재량이 영으로 수축하는 경우), 이를 행하지 않는 경우를 의미한다. 판례는 "공무원의 행정권한 행사가 관계 법률의 규정 형식상 공무원의 재량에 맡겨져 있더라도 --- 구체적인 상황 아래에서 공무원이 권한을 행사하지 아니한 것이 현저하게 합리성을 잃어 사회적 타당성이 없는 경우에는 직무상 의무를 위반한 것으로서 위법하게 된다."고 판시하여 부작위의 위법성을 인정하고 있다.[108]

판례는 국민의 생명, 신체, 재산 등의 절박하고 중대한 위험상태가 발생하였거나 발생할 우려가 있는 경우에는 형식적 의미의 법령이 존재하지 않는다고 하더라도 이른바 국가의 초법규적 위배방지의무를 긍정하여 공무원의 부작위의 위법성을 인정하고 있다.[109]

다) 고의 · 과실

과실의 개념에서 판례는 민법상의 불법행위와 마찬가지로 추상적 과실, "당해 직무를 담당하는 평균적 공무원이 통상 갖추어야 할 주의의무"에 초점을 맞추고 있다.[110] 그럼에도 현대행정의 익명성 · 다단계성 · 복잡성으로 인하여 국가배상의 실무에서 피해자가 공무원의 과실을 입증하기가 어려운 경우가 빈번히 발생하고 있다. 학설에서는 이미 오래전부터 "가해공무원의 특정의 포기" 또는 "일응추정의 법리를 통한 과실의 입증책임의 완화"등을 통하여 국가배상법 제2조의 과실개념의 객관화를 주장하여 왔다. 우리 판례에서도 집회해산의 과정에서 발생된 손해배상[111] 및 긴급조치 제9호의 적용·집행과정에서 광범위한 다수 공무원이 관여한 일련의 국가작용에 의한 손해배상에서[112] 가해공무원의

108) 대법원 2016. 4. 15. 선고 2013다20427 ; 2016. 8. 25. 2014다235083 판결.
109) 대법원 1998. 10. 13. 선고 98다18520 ; 2001. 4. 24. 선고 2000다57856 판결.
110) 대법원 1987. 9. 22. 선고 87다카1164 판결.
111) 대법원 1995. 11. 10. 선고 95다23897 판결.
112) 대법원 2022. 8. 30. 선고 2018다212610 전원합의체 판결.

특정화를 포기하고 있음은 주목할 만한 일이다. 과실의 객관화는 향후 모든 행정영역에 확대되어야 할 것이다. 공무원의 유책성 요건은 과거 공무원의 개인책임만이 인정되었던 국가무책임사상이 지배하던 시대에서 유래되고 있다. 국가의 동일한 위법행위로 손해를 입은 개인의 배상청구권의 존부를 관련 공무원의 과실에 의존시키는 것은 평등의 원칙에 위배된다는 유력한 견해가 주장되고 있음을 유의하여야 한다.[113)]

4) 입법작용과 사법작용에 대한 국가배상

가) 입법작용에 대한 국가배상

입법상 불법에 의하여 국가배상책임이 발생되는 경우는 ① 위헌인 법률에 근거한 처분에 의하여 손해가 발생된 경우, ② 위헌인 법률에 의하여 직접 손해가 발생되는 경우로 나누어 볼 수 있다.

a) 위헌인 법률에 근거한 처분에 의하여 손해가 발생된 경우

일반적·추상적 성격을 갖고 있는 법률은 그에 근거하고 있는 행정처분을 매개로 하여 집행되는 것이 일반적이다. 여기서 처분의 근거법률이 헌법재판소에 의하여 위헌·무효로 결정되었다면 처분은 근거가 없는 것이기 때문에 그 위법성을 인정하는데 문제가 없다. 그러나 공무원에게는 법관과 달리 법률의 위헌여부에 대한 심사권한이 없기 때문에, 공무원이 스스로 합헌으로 판단하여 집행한 이후 당해 법률이 헌법재판소에 의하여 위헌으로 결정될 경우에 그의 과실을 인정하기가 거의 어려울 것이다.

b) 위헌인 법률에 의하여 직접 손해가 발생된 경우

이른바 집행적 법률 또는 처분적 법률에 의하여 손해가 발생된 경우를 의미한다. 과거 서울고등법원은[114)] 국가보위입법회의법 부칙 제4

---

113) N. Luhmann, Öffentlich-rechtliche Entschädigung rechtspolitisch betrachtet, 1965, S. 85 ; Dagtoglou, in : Bonner Kommentar GG., rt. 34. Rdn. 304.

114) 서울고등법원 1993. 11. 9. 선고 92나62725 판결.

항에 근거하여 면직당한 국회사무처 및 국회도서관직원에게 입법상 불법에 의한 국가배상을 인정한 바 있다.

대법원은 헌법에 위반되는 구 사회안전법을 제정한 국회의 불법행위로 장기간 불법수용되었다는 이유로 원고들이 국가배상을 청구한 사건에서 "국회의원은 입법에 관하여 원칙적으로 국민 전체에 대한 관계에서 정치적 책임을 질 뿐 국민 개개인의 권리에 대응하여 법적 의무를 지는 것은 아니므로, 국회의원의 입법행위는 그 입법 내용이 헌법의 문언에 명백히 위반됨에도 불구하고 국회가 굳이 당해 입법을 한 것과 같은 특수한 경우가 아닌 한 국가배상법 제2조 제1항 소정의 위법행위에 해당된다고 볼 수 없다."[115]고 판단하였다. 그러나 정상적인 국가에서 국회가 헌법에 명백하게 위반됨에도 불구하고 입법을 하는 경우는 거의 생각할 수 없기 때문에, 판결의 취지는 사실상 입법상 불법에 대한 국가배상책임을 부인하는 결과가 된다. 판례는 국군이 공비토벌 등을 이유로 작전수행을 하던 중에 지역주민이 희생된 이른바 '거창사건'에서 국회의 입법부작위로 인한 불법행위를 동일한 취지에서 부인하였다.[116] 생각건대 위헌법률이 처분적 법률로서 특정한 집단 또는 제한된 사람들을 대상으로 하는 경우에는, 이들의 기본권을 보호할 입법자의 의무가 발생될 수 있기 때문에 사익보호성을 충분히 인정할 수 있다. 또한 입법과정시 해당 법률의 위헌성이 여론 또는 동료의원들에 의하여 지적되는 경우에는 유책성도 어렵지 않게 인정할 수 있다. 지금까지 입법상 불법에 대한 국가배상책임을 인정하는데 있어서 판례가 소극적인 태도를 견지하고 있는 주요한 이유는 무엇보다 재정적 이유에서 찾아볼 수 있다. 그런데, 우리나라의 경우 위헌결정의 효력은 장래효를 원칙으로

115) 대법원 1997. 6. 13. 선고 96다56115 판결.

116) 대법원 2008. 5. 29. 선고 2004다33469 판결. 이에 대한 평석으로는 서기석, 국회의 입법행위 또는 입법부작위로 인한 국가배상책임, 2009, 행정판례연구 XIV-2, 203면 이하.

하고, 예외적인 경우에만 소급효를 원칙으로 하기 때문에 이러한 우려는 근거가 없다고 볼 것이다. 향후 판례의 보다 전향적인 입장을 기대하여 본다.

나) 사법작용에 대한 국가배상

사법작용에 국가배상책임을 인정하는데 입법작용과 마찬가지로 적지 않은 어려움이 존재한다. 종래 재판작용에 대한 국가배상책임의 부인은 무엇보다도 법관의 신분상 독립의 이유에서 찾았다. 그러나 법관 역시 그의 재판작용에 있어서 채증법칙의 위반, 수뢰, 직권남용, 고의적 재판지연 등 불법행위를 행할 수 있으며, 이를 통하여 타인에게 손해를 가한 경우에도 단순히 신분상 독립이라는 이유로 국가배상을 부인함은 법치주의에 반한다고 할 것이다. 오늘날 학설은 재판작용에 대한 국가배상책임의 한계를 판결의 기판력에서 찾고 있다.[117] 만약에 기판력이 발생된 판결에 대하여 무제한하게 국가배상을 인정한다면, 법적 안정성과 평화의 실현을 목적으로 하는 판결의 고유한 기능은 현저하게 침해될 것이다.

지금까지 판례는 "- - - 당해 법관이 위법 또는 부당한 목적을 가지고 재판을 하는 등 법관이 그에게 부여된 권한의 취지에 명백히 어긋나게 이를 행사하였다고 인정할 만한 특별한 사정이 있어야 위법한 행위가 되어 국가배상책임이 인정된다고 할 것이다"고 판단하고 국가의 배상책임을 일반적으로 부인하였다.[118] 한편, 헌법재판소 재판관이 청구기간 내에 제기된 헌법소원심판청구 사건에서 청구기간을 오인하여 각하결정을 한 사건에서 "헌법재판소 재판관의 직무수행상 준수할 것을

117) 재판작용에 대한 국가배상책임에 대하여는 : 정하중, 법관의 재판작용에 대한 국가배상책임, 저스티스, 2003. 10. 57면 이하 ; 이일세, 법관의 불법행위와 국가배상책임, 저스티스, 1999. 3, 53면 이하.

118) 대법원 2001. 3. 9. 선고 2000다29905 판결 ; 2001. 4. 24. 선고. 2000다16114 ; 2001. 10. 12. 선고 2001다47290 판결.

요구하고 있는 기준을 현저하게 위반한 경우에 해당하여 국가배상책임을 인정하는 것이 상당하다고 하지 않을 수 없다" 판시하여 원고의 위자료청구를 인용한 바 있다.[119] 판례는 아울러 "재판에 대하여 불복절차 또는 시정절차가 마련되어 있는 경우, ―――그와 같은 시정을 구하지 아니한 사람은 원칙적으로 국가배상에 의한 권리구제를 받을 수 없다"고 판시하여 재판작용에 있어서 국가배상책임의 보충성을 인정하고 있다.[120]

이러한 판례의 입장에 대하여 두 가지 점을 언급할 필요가 있다. 판례는 재판작용에 대한 국가배상을 제한하기 위하여 위법성을 제한시킨다는 입장을 취하고 있으나, 사실상 유책성을 제한시키고 있다. 즉, 판례는 재판작용에 있어서 법관의 고의·중과실이 인정되는 경우에만 국가배상책임을 인정하고 있다고 보아야 할 것이다. 아울러 대법원은 판결과 명령·결정을 구분 없이 자신의 입장을 적용하고 있으나, 기판력을 발생하지 않는 사법행정작용에 대하여는 국가배상책임을 제한 없이 적용하는 것이 바람직 할 것이다.

5) 공무원의 대외적인 배상책임의 문제

피해자인 개인이 공무원에 대하여 직접 손해배상을 청구할 수 있는지 오래전부터 다툼이 되어 왔다. 학설에서는 이와 관련하여 ① 긍정설, ② 부정설, ③ 공무원의 고의·중과실에만 인정하는 절충설로 대립하였다. 판례 역시 입장을 바꾸어 오다가 대법원 1972. 10. 10. 선고 69다701 전원합의체 판결에서 절충설을 택하였다. 판례는 ① 공무원이 직무를 수행함에 있어 경과실로 타인에게 손해를 입힌 경우에는 직무수행상 통상 예기할 수 있는 흠이 있는 것에 불과하므로, 국가 등의 기관의 행위로

119) 대법원 2003. 7. 11. 선고 99다24218 판결.

120) 대법원 2003. 7. 11. 선고 99다24218 판결 ; 2016. 10. 13. 2014다215499 판결 ; 2023. 6. 1. 2021다202224 판결.

보아 그로 인하여 발생한 손해에 대한 배상책임도 전적으로 국가 등에만 귀속시키고, ② 공무원의 위법행위가 고의·중과실에 기한 경우에는 비록 그 행위가 그의 직무와 관련된 것이라고 하더라도 그와 같은 행위는 그 본질에 있어서 기관행위로서의 품격을 상실하여 국가 등에게 그 책임을 귀속시킬 수 없으므로 공무원 개인에게 불법행위로 인한 손해배상책임을 부담시키되, ③ 이러한 경우에도 그 행위의 외관을 객관적으로 관찰하여 공무원의 직무집행으로 보여질 때에는 피해자인 국민을 두텁게 보호하기 위하여 국가 등이 공무원 개인과 중첩적으로 배상책임을 부담하되, ④ 공무원 개인에게 구상할 수 있도록 함으로써 궁극적으로 그 책임이 공무원 개인에게 귀속되도록 하려는 것이라고 봄이 합당하다고 판시하고 있다. 이후에 판례는 일관되게 절충설을 유지하고 있다.

공무원의 피해자에 대한 직접적 손해배상책임은 국가배상법 제2조의 책임구조와 관련되어 논의되고 있다. 일반적으로 학설에서는 대위책임설은 공무원의 대외적 책임은 부인하는 반면, 자기책임설은 긍정적인 입장을 취하여 왔다. 그러나 자기책임설의 관점에서도 공무원의 대외적 책임은 부인되어진다,

대위책임설은 국가는 불법을 행할 수 없으며, 따라서 불법을 행할 수 있는 공무원만이 책임져야 하는 것을 재정적 이유로 하여 국가가 대신 책임을 진다는 이른바 국가무책임사상에서 연유되는 책임구조에 해당하는바, 오늘날 법치국가적 헌법구조와 합치되지 않는다. 위헌법률심사제도와 더불어, 기본권침해에 대하여 헌법소원을 인정하고, 명령·규칙·처분의 위법성에 대한 대법원의 최종적 심사권을 규정함으로써 국가의 불법행위능력을 명백히 전제하고 있는 우리 헌법과도 합치될 수 없음은 물론이다.[121)]

자기책임설은 국가와 개인 간의 공법상 법률관계를 전제로 하여

---

121) 정하중/김광수, 행정법개론, 18판, 2024, 526면.

공무원의 위법한 행위는 국가에 귀속되어, 국가는 자신의 의무위반에 대하여 피해자인 개인에게 직접 책임을 지는 것을 의미한다. 공법상의 법률관계에서 국민의 상대방은 항상 국가이며, 공무원과 국민 간에는 직접적으로 어떠한 법률관계가 성립하지 않는다. 공무원은 단지 국가가 국민에 대하여 갖고 있는 권리와 의무의 집행자로서만 외부에 나타나며, 그의 법적 효과는 적법하든 위법하든 모두 국가에 귀속한다. 국가는 그것이 공무원에 의하여 행하여졌다고 하더라도 자신의 법적 의무의 위반에 대하여 스스로 피해자인 국민에 대하여 직접 책임을 진다. 반면, 내부법관계에서 공무원은 국가에 대하여 자신이 부담하고 있는 직무의무를 위반한 경우에 징계책임을 지거나 고의·중과실로 손해를 발생시킨 경우에는 구상책임을 지는 것이다. 이와 같은 공법상 법률관계의 구조로부터 국가의 직접적인 책임이 인정되며, 공무원 개인의 외부적 책임은 논리적으로 부인된다.

공무원 개인의 직접적인 손해배상책임의 부인은 이러한 법이론적 측면뿐만 아니라 법정책적으로 타당하다. 현대행정에서 공무원은 그가 사인이라면 결코 할 수도 없고 하기도 원하지 않는 재산적 파급효과가 매우 큰 결정을 내리는 경우가 허다하다. 만약 공무원의 대외적 책임을 인정할 경우에는 손해배상의 두려움 때문에 직무수행의 의욕은 현저히 떨어지며, 필연적으로 업무지체를 초래하게 된다. 피해자가 지불능력이 없는 공무원을 상대로 승소판결을 받는다고 하더라도, 자신의 보복감정만을 충족시킬 뿐, 그의 권리구제에 얼마나 실질적 도움이 될지 의심스럽다. 국가배상법 제2조 제2항은 헌법에 명확하게 규정하고 있지 않은 공무원책임을 구체화 하고 있는 규정으로서 그 의미는 공무원은 단지 구상의 형태로만 책임을 질 뿐, 직접 피해자에게 책임을 지지 않음을 명확히 하고 있다고 보아야 할 것이다.[122] 판례는 공무원에 대한 구상

122) 정하중/김광수, 앞의 책, 554면.

권행사에서 "해당 공무원의 직무내용·불법행위의 상황과 손해발생에 대한 해당 공무원의 기여 정도, 평소 근무태도, 불법행위의 예방이나 손실분산에 관한 국가 또는 지방자치단체의 배려의 정도 등 제반 사정을 참작하여 손해의 공평한 분담이라는 견지에서 신의측상 상당하다고 인정하는 한도 내에서 구상권을 행사할 수 있다"고 판시하고 있다. 공무원의 고의·중과실의 경우에 배상책임을 인정하는 판례의 입장에서는 피해자의 선택에 따라 해당 공무원이 책임지는 금액은 차이가 날 수 밖에 없게 된다.

6) 영조물의 설치 · 관리의 하자로 인한 손해배상

국가배상법 제5조에 의한 손해배상책임에 있어서 배상책임의 성격은 ① 객관설, ② 주관설, ③ 절충설, ④ 위법·무과실책임설을 두고 오래전부터 다툼이 되고 있다. 대법원은 도로의 지하에 매설된 상수도관이 파열되어 유출된 물이 노면에 결빙되어 발생된 손해배상사건에서 "국가배상법 제5조 소정의 영조물의 설치·관리상의 하자로 인한 책임은 무과실책임이고 나아가 민법 제758조 소정의 공작물의 점유자의 책임과는 달리 면책사유도 규정되어 있지 않으므로, 국가 또는 지방자치단체는 영조물의 설치·관리상의 하자로 인하여 타인에게 손해를 가한 경우에 그 손해의 방지에 필요한 주의를 해태하지 아니하였다 하여 면책을 주장할 수 없다." 판단하여 무과실책임의 성격을 갖고 있다고 밝히고 있다.[123)]

아울러 판례는 거의 일관되게 국가배상법 제5조 제1항 소정의 영조물의 설치 또는 관리의 하자라 함은 영조물이 그 용도에 따라 통상 갖추어야 할 안전성을 갖추지 못한 상태에 있음을 말하는 것으로서, 위와 같은 안전성의 구비 여부를 판단함에 있어서는 설치 관리자가 그 영

123) 대법원 1994. 11. 22. 선고 94다32924 판결.

조물의 위험성에 비례하여 사회통념상 일반적으로 요구되는 정도의 '방호조치의무'를 다하였는지 여부를 그 기준으로 하고 있다.[124] 민법 758조와 같이 제5조의 책임의 근거가 되는 방호조치의무(교통안전의무)는 자신의 토지나 그의 지배영역에 공적인 교통을 허용하거나 또는 자신의 물건을 일반의 교통에 노출시킨 사람은 교통에 참여한 타인의 위험을 방지하기 위하여 필요하고도 기대가능한 조치를 취하여야 할 의무를 의미한다.[125] 행정주체가 형체적 요소를 갖춘 일정한 물건을 공용지정을 통하여 일반의 사용에 제공한 경우 또는 교통에 노출시킨 경우에는 타인에게 위험이 발생하지 않도록 안전조치를 취하여야 할 법적 의무를 부담한다. 제5조는 "영조물의 하자"가 아니라 "설치 · 관리의 하자"로 표현함으로써 제5조의 책임이 단순한 물적 책임이 아니라 행위책임이며, "하자"라는 표현은 방호조치의무의 위반, 즉 위법성을 의미하고 있다. 제5조는 제2조와 달리 공무원의 고의 · 과실을 규정하고 있지 않은바, 그의 배상책임의 성격은 위법 · 무과실 책임을 의미한다.

공물을 일반의 사용에 제공, 또는 교통에 노출시킨 행정주체가 어떤 내용과 범위까지 안전의무를 부담하는지 일률적으로 정하기 어렵다. 판례가 강조하는 바와 같이 모든 공물의 설치·관리에 있어서 완전무결한 상태를 유지할 정도의 고도의 안전성을 확보시킨다는 것은 사실상 불가능하다. 여기서 구체적으로 필요한 안전조치는 영조물의 용도, 설치장소의 현황 및 이용상황을 종합하여 개별적으로 판단하여야 할 것이다.[126] 한편, 판례는 하자의 판단에 있어서 일본 판례의 영향을 받아 "예견가능성"과 "회피가능성"이라는 주관적 표현을 사용하고 있는바, 안전조치의 "필요성"과 "기대가능성"이라는 보다 객관적인 표현을 사용

---

124) 대법원 2001. 7. 27. 선고 2000다56822 판결 ; 2000. 2. 25. 선고 99다5004 판결 ; 1986. 2. 11. 선고. 85다카2336 판결.

125) 정하중/김광수, 앞의 책, 560면.

126) 대법원 2000. 2. 25. 선고 99다5004 판결.

하는 것이 바람직할 것이다.

2. 행정상 손실보상

1) 손실보상청구권의 법적 성격

행정상의 손실보상청구권의 법적 성격에 대하여는 ① 사권설과 ② 공권설로 대립되어 왔다. 판례는 과거 개별법에서 별도의 규정을 두고 있지 않는 한 사권으로 보아 민사소송으로 다루었다. 그러나 대법원은 2006. 5. 18. 선고 2004다6207 전원합의체 판결에서 “개정 하천법 등이 하천구역으로 편입된 토지에 대하여 손실보상청구권을 규정한 것은 ――― 하천법 그 자체에 의하여 직접 사유지를 국유로 하는 이른바 입법적 수용이라는 국가의 공권력 행사로 인한 토지소유자의 손실을 보상하기 위한 것이므로 ――― 손실보상청구권은 공법상의 권리임이 분명하고, 따라서 그 손실보상을 둘러싼 쟁송은 사인 간의 분쟁을 대상으로 하는 민사소송이 아니라 공법상의 법률관계를 대상으로 하는 행정소송절차에 의하여야 할 것”으로 판시하였다. 그 이후 판례는 행정상 손실보상을 일관되게 당사자소송으로 처리하고 있다.[127)]

2) 손실보상청구권의 법적 근거

헌법은 공행정작용에 의하여 개인의 재산권이 침해되어 특별한 희생이 발생된 경우에, 이에 대하여 정당한 보상을 규정하도록 입법자에게 의무를 부과하고 있다. 그러나 공용침해(수용·사용 및 제한)의 근거법률에 보상규정을 마련하는 것은 재산권의 사회적 기속과 특별한 희생의 구별의 일반적으로 통용되는 기준의 결여로 적지 않은 경우 어려움에 부딪칠 수밖에 없다. 특히 재산권의 수용이나 사용은 그 침해 형태의

127) 대법원 2011. 10. 13. 선고 2009다43461 ; 2012. 10. 11. 선고 2010다23210 판결.

가시성과 명확성 때문에 그에 대한 보상규정을 두는 것은 용이하나, 제한의 경우에는 특별희생 판단의 어려움 때문에 현실적으로 쉽지 않은 것은 사실이다. 보상규정이 없는 경우, 그 해결방안을 두고 학설에서는 위헌무효설, 직접효력설, 수용유사적 및 수용적 침해법리에 의한 해결 등이 제시되고 있다.

가) 대법원의 입장

대법원은 제외지 보상과 관련하여 하천법 제74조를 유추적용하여 보상한 이래로 관련규정을 유추적용하여 왔다.[128] 특히 공공사업의 결과 사업지 밖에서 발생한 간접손실에 대하여도 판례는 "피해자와 사업시행자 사이에 협의가 이루어지지 아니하고 그 보상에 관한 명문의 근거 법령이 없는 경우라고 하더라도, ---그러한 손실이 발생하리라는 것을 쉽게 예견할 수 있고 그 손실의 범위도 구체적으로 이를 특정할 수 있는 경우라면, 그 손실의 보상에 관하여 공특법 및 동법시행규칙의 관련 규정 등을 유추적용할 수 있다고 해석함이 상당하다."[129]고 판단하였다. 그러나 대법원은 보상에 대한 근거규정이 없으며, 또한 유추적용할 보상규정이 없는 경우에 그 해결방안에 대하여 아직 명확한 입장을 밝히지 않고 있다. 한편, 대법원은 대한민국의 MBC 주식 강제취득사건에서 수용유사적 침해에 의한 보상에 대하여 유보적 입장을 취하였다.[130]

나) 헌법재판소의 입장

헌법재판소는 미군정청의 군정법령 제75호로 수용된 사설철도회사의 주식 및 보상청구권의 양수인에 의해 제기된 헌법소원사건에서 "우리 헌법은 제헌 이래 현재까지 일관하여 ---국가에게 명시적으로 수용 등의 경우 그 보상에 관한 입법의무를 부과하여 왔는바, 해방 후

128) 대법원 1987. 7. 21. 선고 84누126 ; 2018. 12. 27. 선고 2014두11601 판결.
129) 대법원 1999. 10. 8. 선고 99다27231 ; 2002. 11. 26. 선고 2001다44352 판결.
130) 대법원 1993. 10. 26. 선고 93다6409 판결.

사설철도회사의 전 재산을 수용하면서 --- 입법자가 전혀 아무런 입법조치를 취하지 않고 있는 것은 입법재량의 한계를 넘는 입법의무불이행으로서 보상청구권이 확정된 자의 헌법상 보장된 재산권을 침해하는 것이므로 위헌이다."고[131] 판시하면서 사실상 위헌무효설의 논리를 채택하였다.

한편, 헌법재판소는 이른바 "그린벨트판결"이라고 불리는 구 도시계획법 제21조에 대한 헌법소원사건에서[132] "개발제한구역 지정으로 인하여 토지를 종래의 목적으로도 사용할 수 없거나 또는 더 이상 법적으로 허용된 토지이용의 방법이 없기 때문에 실질적으로 토지의 사용·수익의 길이 없는 경우에는 토지소유자가 수인해야 하는 사회적 제약의 한계를 넘는 것으로 --- 아무런 보상 없이 이를 감수하도록 하고 있는 한, 비례의 원칙에 위반되어 당해 토지소유자의 재산권을 과도하게 침해하는 것으로서 헌법에 위반된다"고 헌법불합치결정을 내렸다.[133] 헌법재판소의 결정을 통하여 입법자는 향후 법률을 제정할 시 사회적 기속을 넘어 개인의 재산권을 과도하게 침해할 가능성이 있는 경우에 보상규율을 마련하지 않는 한 헌법재판소의 위헌 내지 헌법불합치 판결을 피할 수 없게 되었다. 그러나 문제는 헌법재판소가 구 도시계획법 제21조의 위헌여부를 헌법 재23조 제3항의 관점이 아니라 헌법 제23조 제1항 제2문의 관점에서 검토하여 독일의 연방헌법재판소의 자갈채취사건의 결정[134]이후에 관철된 이른바 분리이론을 채택한 점이다.[135]

---

131) 헌법재판소 1994. 12. 29. 선고 89헌마2 결정.

132) 헌법재판소 1998. 12. 24. 선고 89헌마214, 90헌바78 결정.

133) 같은 취지로는 헌법재판소 1999. 10. 21 선고 헌바 26 결정.

134) BverfG 58, 300.

135) 이에 대하여 자세히는 : 정하중, 헌법상의 재산권보장체계에 있어서 경계이론과 분리이론, 서강법학연구 5권, 2003. 5, 57면 이하 참조.

3) 사견

독일의 재산권보장체계에 있어서 가장 어려운 문제점으로 지적되어 온 것은 사회적 기속과 특별희생의 구별에 있어서 절대적 기준의 결여로 인한 보상판결의 불안정성 및 기본법 제14조 제3항의 불가분조항[136]과 관련하여 사전에 보상규정을 마련하는데 발생되는 어려움이었다. 이에 따라 연방헌법재판소는 바이마르 공화국 시대부터 계속 확대되어 온 재산권의 수용·사용 및 제한을 포함하는 기본법 제14조 제3항의 공용수용(Enteignung) 개념을 축소하여 "의도적이고 목적지향적인 재산권의 일부 또는 전부의 박탈과정"으로 정의하였다. 아울러 연방헌법재판소는 축소된 공용수용의 개념에 포함되지는 않으나, 그럼에도 불구하고 개인에게 특별한 희생을 부과하는 재산권의 사용, 제한 등을 기본법 14조 1항 2문[137]에 귀속시켜 이른바 "보상의무가 있는 재산권의 내용규정"으로 범주화시켰다. 동시에 연방헌법재판소는 종래 연방민사법원에 의하여 주도되어 온 이른바 경계이론, 즉 "(입법자에 의하여 재산권의 내용규정으로 구체화되는) 사회적 제약을 넘어서는 재산권침해는 보상을 요하는 공용수용을 의미한다"는 이론을 배격하고, 재산권의 내용규정과 공용수용규정을 각각 별개의 범주로 분리시켰다.

그러나 재판소는 이러한 분리이론을 통하여 종래 재산권보장체계에 내재하는 문제를 제거하는데 완전히 성공하지 못하였다. 연방헌법재판소의 형식화된 공용수용 개념에 따라 입법자는 사전에 보상규율을 마

---

136) 기본법 14조 제3항 : Eine Enteignung ist nur zum Wohle der Allgemeinheit zulässig. Sie darf nur durch Gesetz oder auf Grund eines Gesetzes erfolgen, das Art und Ausmaß der Entschädigung regelt. Die Entschädigung ist unter gerechter Abwägung der Interessen der Allgemeinheit und der Beteiligten zu bestimmen.

137) 기본법 제14조 제1항 : Das Eigentum und das Erbrecht werden gewährleistet. Inhalt und Schranken werden durch die Gesetze bestimmt.

련하는 데 거의 어려움이 없게 되어 불가분조항으로부터 발생되는 어려움을 제거할 수 있었다. 그러나 재산권의 과도한 침해를 발생하는 사용이나 제한은 이제 기본법 제14조 제1항 제2문의 이른바 "보상의무가 있는 재산권의 내용규정"에 귀속하게 되었으며, 입법자는 내용규정의 위헌성을 피하기 위하여 보상규율을 두어야만 한다, 여기서 비례의 원칙에 위배되는 과도한 재산권의 침해에 해당하기 때문에 보상규율이 필요한지 여부에 대하여 실무와 학설은 다시 사회적 제약과 특별희생의 구별기준, 즉 경계이론에 따라 판단하고 있다. 이는 종래 공용수용규정에 존재하였던 문제점들이 다시 내용규정에 옮겨진 데 불과하다. 다만, 기본법 제14조 제1항 제2문에서 요구되는 보상규율은 "보상의 종류와 범위"에 대한 규정까지 요구하는 불가분조항의 엄격성이 완화되고 있다는 점에 있어서 차이가 있을 뿐이다.

이러한 분리이론이 우리의 재산권보장체계에 수용될 수 있는지 문제가 되고 있다. 우리 헌법 제23조 제3항은 공용침해의 개념을 "재산권의 수용·사용 또는 제한"으로 명시하여, 사회적 기속을 넘어서는 모든 재산권침해를 의미하고 있는바, 이는 처음부터 연방헌법재판소의 형식화된 공용수용의 개념적 구성을 불가능하게 하고 있다. 또한 전통적인 경계이론의 취약성, 즉 사회적 제약과 특별희생의 한계설정의 어려움은 분리이론도 완전히 극복하지 못하는바, 이는 공평부담의 개념, 즉 평등과 불평등의 구별에 내재하고 있는 본질적 문제라고 볼 것이다.

이에 따라 우리 헌법재판소는 구 도시계획법 제21조와 제4조의 위헌여부를 재산권의 내용규정 헌법 제23조 제1항 제2문이 아니라, 제23조 제3항에 따라 판단하여야 했다. 입법자는 사회적 제약과 특별희생의 전통적인 구별기준에 따라 자신이 제정하는 법률에 의하여 특별한 희생이 발생될 것을 예견할 수 있는 경우에는 정당한 보상을 내용으로 하는 보상규정을 마련하여야 하며, 만일 그러하지 못한 경우에는 당해 법률은 위헌·무효가 될 것이다.[138)]

3. 행정소송

1) 취소소송

가) 취소소송의 대상

판례는 처분의 개념을 지속적으로 확대하여 왔다. 다음에서는 대표적인 판례들을 살펴보기로 한다.

a) 처분적 법규

판례는 “조례가 집행행위의 개입 없이도 그 자체로서 직접 국민의 구체적인 권리의무나 법적 이익에 영향을 미치는 등의 법률상 효과를 발생하는 경우 그 조례는 항고소송의 대상이 되는 행정처분에 해당한다”고 판시하여 처분적 조례[139)] 및 처분적 고시[140)]에 대하여 처분성을 인정하고 있다. 여기서 처분적 법규는 법규의 형식을 취하고 있으나 개별적·구체적 규율 또는 일반처분으로서 실질적으로 처분의 성격을 갖고 있는 법규를 의미한다. 처분적 법규와 구별되어야 하는 것은 집행적 법규이다. 집행적 법규는 일반적·추상적 규율임에도 불구하고 집행행위의 매개 없이 개인의 권리와 의무를 직접 규율하는 법규범으로서 처분

---

138) 이러한 예견가능성 기준을 적용할 시 입법자는 대부분의 간접손실에 대하여도 보상규정을 둘 수 있다(예 : 지하도공사로 인한 인접 상점에 대한 보상 ; 공유수면매립 공사로 인한 수산물공판장에 대한 보상). 다만, 재산상의 특별한 희생이 발생할지 예견하기 어려운 한계적인 경우에는 “이 법률에 근거한 행정작용에 의하여 사회적 제약이 넘는 재산상 손실이 발생될 경우에는 정당한 보상을 지급한다. 보상기준은 토지보상법을 준용한다.”는 방식의 이른바 구제적 보상규율을 두는 방안을 생각할 수 있다.

139) 대법원 1996. 9. 20. 선고 95누8003 판결(두밀분교폐지조례)

140) 대법원 2006. 9. 22. 선고 2003무23(요양급여인정기준) ; 2006. 9. 22. 선고 2005두2506(약제상한금액고시) ; 2008. 6. 12. 선고 2007두1767 판결(도로구역변경고시).

의 성격을 갖고 있지 않은바(예: 당구장업소에 대하여 18세 미만의 청소년의 출입을 금하는 법규명령[141]) 직접적 규범통제가 도입되지 않은 현행법상 헌법소원의 대상이 될 뿐이다.[142]

b) 공부의 등재 및 기재사항변경 행위

종래 가옥대장·임야대장·토지대장 등 공부의 등재행위 또는 기재사항변경행위 등은 원고의 권리관계에 변동이 없다는 이유로 처분성이 부인되었으나.[143] 대법원은 2004. 4. 22. 선고 2003두9015 전원합의체 판결에서 "지목은 ― ― ― 토지소유자의 실체적 권리관계에 밀접하게 관련되어 있으므로 지목변경신청 반려행위는 국민의 권리관계에 영향을 미치는 것으로서 항고소송의 대상이 되는 행정처분에 해당한다"고 판시하였다.[144]

c) 경고(警告)

경고에는 개인의 권리 및 의무에 규율적 성격을 갖는 경고와 단순히 위험상황을 알리는 경고가 있다. 반복 또는 계속되는 개인의 위법행위에 대하여 제재에 앞서 행하는 사전경고(제적처분에 대한 경고; 대집행에 대한 계고)는 규율적 성격을 갖기 때문에 처분에 해당하나, 단순히 위험상황을 알리는 경고(전염성 질병의 경고, 폭우경고 등)은 규율적 성격을 갖지 않는 사실행위에 지나지 않는다. 판례는 지방공무원징계양정에 관한 규칙에 근거한 불문경고[145] 및 공정거래위원회의 경고의결의[146] 처분성을 긍정하였다.

---

141) 헌재 1993. 5. 13. 92헌마80 결정.

142) 정하중/김광수, 행정법개론, 131면.

143) 대법원 1980. 2. 26. 선고 79누439 판결 : 1985. 3. 12. 선고 84누681 판결 ; 1991. 2. 12. 선고 90누7005 판결 ; 1993. 6. 11. 선고 93누3745 판결, 1995. 12. 5. 선고 94누4295 판결.

144) 대법원 2009. 2. 12. 선고 2007두17359 판결(건축물대장기재신청의 반려처분의 처분성 인정)

145) 대법원 2002. 7. 26. 선고 2001두3532 판결.

146) 대법원 2013. 12. 26. 선고 2011두4930 판결.

d) 거부처분

판례는 “거부행위가 행정처분이 된다고 하기 위하여는 국민이 행정청에 대하여 그 신청에 따른 행정행위를 하여 줄 것을 요구할 수 있는 법규상 또는 조리상의 권리가 있어야 한다”[147]는 입장을 취하고 있다. 행정행위를 요구할 법규상 또는 조리상 권리를 요구하는 판례의 입장에 대하여는 대상적격과 원고적격의 구별을 간과하는 입장,[148] 또는 본안을 선취하는 입장[149]이라고 비판을 받아왔다. 이에 대하여 대법원은 1996. 6. 11. 선고 95누12460 판결에서 “신청권의 존부는 구체적 사건에서 신청인이 누구인가를 고려하지 않고 관계 법규의 해석에 의하여 일반 국민에게 그러한 신청권을 인정하고 있는가를 살펴 추상적으로 결정되는 것이고, 신청인이 그 신청에 따른 단순한 응답을 받을 권리를 넘어서 신청의 인용이라는 만족적 결과를 얻을 권리를 의미하는 것은 아니다. 따라서 국민이 어떤 신청을 한 경우에 그 신청의 근거가 된 조항의 해석상 행정발동에 대한 개인의 신청권을 인정하고 있다고 보여지면 그 거부행위는 항고소송의 대상이 되는 처분으로 보아야 할 것이고, 구체적으로 그 신청이 인용될 수 있는가 하는 점은 본안에서 판단하여야 할 사항인 것이다.”라고 판시하면서 판례의 입장을 밝히고 있다. 그러나 실제로 그 신청이 인용될 수 있는가는 본안에서 판단할 문제라고 한다면, 추상적 응답요구권은 여전히 원고적격에 속한 것으로 판단되어야 한다.[150] 신청권을 긍정하여 처분성을 긍정한 판례를 분석하여 보

---

147) 대법원 2014. 7. 10. 선고 2012두22966 ; 2009. 9. 10. 선고 2007두20638 판결.

148) 김남진, 행정법 I, 838면.

149) 홍준형, 행정구제법, 544면.

150) 비교법적으로 독일의 경우 원고적격과 본안에서의 이중심사를 방지하기 위하여 위법한 처분 또는 부작위에 의한 권리침해의 가능성이 인정된다면 원고적격이 긍정되고(이른바 가능성이론), 반면 위법한 처분 또는 부작위에 의하여 권리침해가 있는지 여부는 본안의 심사대상이 된다. Kopp/Schenke, VwGO, § 42. Rdn. 59.

면, 추가적으로 원고적격이 충족되고 있는지 검토한 판례는 거의 발견할 수가 없다. 결과적으로 판례는 대상적격과 원고적격을 함께 결합하여 검토하고 있는 것으로 보아야 할 것이다.

판례는 점차로 신청권의 인정범위를 확대시켜 나갔다. 판례는 검사임용거부처분취소사건에서 재량권의 한계 일탈이나 남용이 없는 적법한 응답신청권[151]을 인정하였고, 2004. 4. 22. 선고 2000두7735 전원합의체 판결에서 임용기간이 만료된 국·공립대학의 조교수의 재임용 여부에 관하여 공정한 심사를 요구할 법규상 또는 조리상 신청권을 인정하여 종래 처분성을 부인한 판례를 변경하였다. 또한 국토이용 및 개발계획의 변경신청권을 부인하였던 과거의 입장을 바꾸어 일정한 경우에는 계획변경신청권을 인정하고 있다. 판례는 폐기물처리사업의 적정통보를 받은 자의 계획변경신청권,[152] 도시계획시설결정에 이해관계가 있는 주민의 도시시설계획의 입안 내지 변경을 요구할 수 있는 신청권.[153] 그리고 산업단지 안의 토지소유자로서 산업단지개발계획에 적합한 시설을 설치하여 입주하려는 자에게 계획변경을 요청할 수 있는 신청권을 인정하였다.[154]

e) 권력적 사실행위

권력적 사실행위는 ① 처분을 집행하거나 처분과 결합하여 행하여지는 경우가 있거나, ② 행정처분의 준비단계로서 행하여지거나 처분과 결합됨이 없이 독립적으로 행하여지는 경우가 있다(예 : 불법감시). 판례는 세무조사에 있어서 세무조사결정,[155] 병역의무 기피자의 공표에 있어서 병무청장의 공개결정을[156] 행정처분으로 판단하여 권력적 사실행

151) 대법원 1991. 2. 12. 선고 90누5825 판결.
152) 대법원 2003. 9. 23 선고 2001두10936 판결.
153) 대법원 2015 3. 26. 2014두42742 ; 2015. 3. 26. 선고 2014두42742 판결.
154) 대법원 2017 . 8. 29. 선고 2016두44186 판결.
155) 대법원 2011. 2. 11. 선고 2009두 23917 판결.
156) 대법원 2019. 6. 27. 선고 2018두49130 판결.

위가 행정결정을 집행하거나 결합하여 행하여지는 경우에는 권리보호의 필요의 관점에서 행정결정의 처분성을 인정하였다,

반면, 권력적 사실행위가 처분과 결합되지 않고 독립적으로 행하여지는 경우에 아직 처분성은 인정한 판례는 발견되지 않으며, 오히려 헌법소원의 대상이 되어왔다. 헌법재판소는 폐기물처리사업자에 대한 부여군수의 감사에 대하여 ”이 사건 권력적 사실행위로서 감사는 행정처분의 준비단계로서 행하여지거나 처분과 결합된 바 없다. 그렇다면, 이 사건 감사는 행정소송의 대상이 되는 행정행위로 볼 수 없어 법원에 의한 권리구제절차를 밟을 것을 기대하는 것이 곤란하므로 보충성의 원칙의 예외로서 소원의 제기가 가능하다“[157]고 결정하였다. 입법론적으로 행정처분과 독립적으로 행하여지는 권력적 사실행위에 대하여는 행정소송법에 금지 또는 이행소송을 도입하는 것이 바람직할 것이다.

나) 원고적격

원고적격 역시 대상적격과 마찬가지로 지속적으로 확대되어 왔다. 보호규범이론에 따라 판례는 행정소송법 제12조 전단의 법률상 이익을 “법률상 이익이라 함은 당해 처분의 근거 법률에 의하여 보호되는 직접적이고 구체적인 이익이 있는 경우를 가리키며, 간접적이거나 사실적·경제적 이해관계를 가지는 데 불과한 경우는 포함되지 아니한다.”고 판시하였다.[158] 대법원은 행정처분에 있어서 불이익처분의 상대방은 직접 개인적 이익의 침해를 받은 자로서 원고적격이 인정된다고 판단하여[159] 이른바 상대방이론에 따라 불이익처분의 상대방에게 원고적격을 인정하였다.

한편 판례는 “행정처분의 직접 상대방이 아닌 제3자라도 당해처분

157) 헌재 2003. 12. 18. 선고 2001 헌마754 결정.

158) 대법원 2018 5. 15. 선고 2014두 42506 ; 2001. 9. 28. 선고. 99두8565 ; 1994. 4. 12. 선고 93누24247; 1992.9.1. 선고 92누5805 ; 1971. 3. 23. 선고 70누164 판결.

159) 1995. 8. 22. 선고 94누8129 판결.

의 근거법률에 의하여 보호되는 직접적이고 구체적인 이익이 있는 경우에는 원고적격이 인정된다"고[160] 판시하여 인접주민이 연탄공장설치허가를 다툰 사건[161]이래로 수많은 인인소송, 경원자소송, 경업자소송들에서 제3자에게 원고적격을 인정하여 왔다. 그런데 문제는 제3자효 행정행위의 원고적격과 관련하여 입법자가 근거법률을 불충분하게 규정한다든지 또는 아예 근거법률을 규정하지 않는 경우가 간혹 발생한다는 점에서 발생되고 있다. 이와 관련하여 대법원은 주택건설사업계획승인처분에 대한 인인소송에서 당해 처분의 근거법규를 관련법규로 확대하여 오늘날 다극적 법률관계에서 발생되고 있는 원고적격 문제의 해결을 시도하고 있다.[162] 한편, 판례는 "쓰레기소각장입지지역결정고시취소청구 사건"[163], "새만금개발사업을 위한 공유수면매립면허 및 사업시행인가에 대한 취소청구 사건"[164] 및 "김해시장의 공장설립승인처분에 대한 취소청구 사건"[165] 등에서 ① 행정처분의 근거 법규 또는 관련 법규에 영향권의 범위가 구체적으로 규정되어 있는 경우에는, 그 영향권 내의 주민들에 대하여는 특단의 사정이 없는 한 환경상 이익에 대한 침해 또는 침해 우려가 있는 것으로 사실상 추정되어 원고적격이 인정되며, ② 그 영향권 밖의 주민들은 당해 처분으로 인하여 그 처분 전과 비교하여 수인한도를 넘는 환경피해를 받거나 받을 우려가 있음을 증명하여야만 원고적격이 인정된다고 판시하여[166] 원고적격이 인정될 수 있는 범위를 한층 확대시키고 있다. 다만, 판례는 영향권 밖의 주민들에게도 원

160) 대법원 1995. 8. 22. 선고 94누8129 판결.
161) 대법원 1975. 5. 13. 선고 73누96 판결
162) 대법원 2004. 8. 16. 선고 2003두2175 판결. 한편, 헌법재판소는 납세병마개 지정처분 사건에서 제3자의 원고적격과 관련하여 헌법상의 기본권으로서 경쟁의 자유를 보충적으로 적용하여 헌법소원을 각하하였다(1998. 4. 30. 97헌마141 결정).
163) 대법원 2005. 3. 11. 선고 2003두13489 판결.
164) 대법원 2006. 3. 16. 선고 2006두330 전원합의체 판결.
165) 대법원 2010. 4. 15. 선고 2007두200716127 판결.
166) 대법원 2010. 4. 15. 선고 2007두200716127 판결.

고적격이 인정될 여지를 부여함과 동시에 증명책임을 부과하고 있다는 점에서 비판을 받고 있다.[167] 생각건대, 원고적격 유무가 직권조사사항이라는 점에 비추어 "수인한도를 넘는 환경피해를 받거나 받을 우려"에 대한 증명문제를 직권탐지주의에 의하여 해결하는 것이 바람직할 것이다.

3) 협의의 소의 이익

행정소송법 제12조 제2문은 처분등의 실효된 경우에 권리보호의 필요에 대하여 규정하고 있다. 과거 판례는 제12조 제2문의 "법률상 이익"의 개념을 제12조 제1문의 법률상 이익의 개념과 동일하게 파악하여 처분의 근거법률에 의하여 보호되는 직접적이고 구체적인 이익을 의미하며, 따라서 간접적이거나 사실상이나 경제적 이익을 갖는데 불과한 경우는 이에 해당하지 않는다는 입장을 취하여 왔다.[168] 그러나 근래 판례는 상당한 변화를 보이고 있다.

판례는 영업정지처분 등 제재적 처분의 기간이 경과되어 효력이 소멸된 경우에 제재적 처분의 기준이 법률이나 시행령으로 정해진 경우에는 가중적 제재처분에 의한 법적 지위의 위험이나 불안의 이유에서 법률상 이익을 인정한 반면,[169] 시행규칙으로 정해진 경우에는 처분기준은 행정규칙의 성격을 갖는다는 이유로 소의 이익을 부정하였다.[170] 그러나 대법원은 2006. 6. 22 선고 2003두1648 전원합의체 판결에서 "제재적 행정처분의 가중사유나 전제요건에 관한 규정이 법령이 아니라 규칙의 형식으로 되어 있다고 하더라도, 그러한 규칙이 법령에 근거를

---

167) 김연태 환경행정소송상 소송요건의 문제점과 한계 – 원고적격을 중심으로 – 안암법학 제35호 2011. 1, 54면 ; 홍준형, 행정판례 30년의 회고와 전망 - 행정판례연구 19집 2호, 525면.

168) 대법원 1997. 7. 11. 선고 96누7397 ; 1995. 7. 14. 선고 95누4087 판결.

169) 대법원 2000. 3. 25. 선고 2004두14106 ; 2000. 4. 21. 98두10080 ; 98두13997판결

170) 대법원 1995 . 10. 17. 선고. 94누14148 ; 1988. 3. 22. 87누1230 판결.

두고 있는 이상 관할 행정청이나 담당공무원은 이를 준수할 의무가 있으므로 이들이 그 규칙에 정해진 바에 따라 행정작용을 할 것이 당연히 예견되고, ― ― ― 그 결과 선행처분을 받은 상대방이 그 처분의 존재로 인하여 장래에 받을 불이익은 구체적이고 현실적인 것이므로, 선행처분의 취소소송을 통하여 그 불이익을 제거할 필요가 있다."고 판시하여 과거의 입장을 바꾸고 협의의 소의 이익을 인정하였다.

또한 대법원은 지방의회의원 제명처분취소사건에서 "제명의결 취소소송 계속중 임기가 만료되어 지방의회 의원으로서의 지위를 회복할 수는 없다 할지라도, 그 취소로 인하여 최소한 제명의결시부터 임기만료일까지의 기간에 대해 월정수당의 지급을 구할 수 있는 등 여전히 그 제명의결의 취소를 구할 법률상 이익은 남아 있다고 보아야 한다."[171] 고 판단하였다. 생각건대 여기서 월정수당의 지급을 구할 수 있다는 관점에서뿐만 아니라, 명예회복의 관점에서도 소의 이익을 인정하는 것이 바람직하다고 생각된다.

한편, 판례는 종래 학교법인의 이사의 임기가 만료된 경우에 임원취임승인취소처분의 취소를 구하는 소는 법률상 이익이 없다고 판시하여 왔다.[172] 그러나 대법원은 2007. 7. 19. 선고 2006두19297 전원합의체 판결에서 "제소 당시에는 권리보호의 이익을 갖추었는데 제소 후 취소대상 행정처분이 기간의 경과 등으로 그 효과가 소멸한 때, 동일한 소송 당사자 사이에서 동일한 사유로 위법한 처분이 반복될 위험성이 있어 행정처분의 위법성 확인 내지 불분명한 법률문제에 대한 해명이 필요하다고 판단되는 경우 ― ― ― 행정의 적법성 확보와 그에 대한 사법통제, 국민의 권리구제의 확대 등의 측면에서 여전히 그 처분의 취소

171) 대법원 2009. 1. 30. 선고 2007두13487 판결. 공무원의 해임처분 취소사건에서 동일한 취지로 소의 이익을 인정한 판례로는 대법원 2012. 2. 23. 선고 2011두5001 판결.

172) 대법원 1999. 6. 11. 선고 96누10614 ; 2003. 10. 24. 선고 2003두5877 판결.

를 구할 법률상 이익이 있다."고 판시하였다. 아울러 대법원은 2020. 12. 24. 선고 2020다30450 판결에서는 "그 행정처분과 동일한 사유로 위법한 처분이 반복될 위험성이 있는 경우란 불분명한 법률문제에 대한 해명이 필요한 상황에 대한 대표적인 예시일 뿐이며, 반드시 '해당 사건의 동일한 소송 당사자 사이에서' 반복될 위험이 있는 경우만을 의미하는 것은 아니다"고 판시하고 있는바, 이는 행정소송법 제12조 제2단의 "법률상 이익"의 개념이 전단의 "법률상 이익"의 개념과 달리 "위법확인의 이익"으로 전환함을 의미한다. 여기서 위법확인의 이익은 독일의 이른바 계속확인소송의 위법확인의 정당한 이익과 같이 법으로 보호하는 이익뿐만 아니라, 경제적 이익은 물론 보호가치가 있는 정신적 이익도 포함한다고 볼 것이다. 특히 반복되는 위험의 방지나 명예회복의 필요 등이 이러한 이익의 전형적인 경우에 해당된다.[173] .

그러나 인·허가처분의 취소나 철회에 대하여 취소소송을 제기한 경우에 당해 처분의 효력기간이 도과한 경우에는 판례는 일관되게 소의 이익을 부인하여 왔다.[174] 여기서도 판결의 기판력이 이후의 국가배상청구권 행사에서 갖는 의미를 고려하여, 취소나 철회처분의 위법확인의 이익을 인정하는 것이 바람직할 것이다.

2) 무효확인소송 및 부작위위법확인소송

가) 무효확인소송의 보충성문제

과거 판례는 민사소송의 일반원칙인 형성소송 및 이행소송에 대한 확인소송의 보충성의 원칙에 따라 행정처분의 무효를 전제로 한 이행소송 등과 같은 구체적인 구제수단이 있는 경우에는 무효확인소송의 소의

---

173) 정하중, 행정소송법 제12조 후단의 의미와 독일 행정소송법상의 계속확인소송, 저스티스, 2008.10, 269면 이하.

174) 대법원 1993. 7. 27. 선고 93누3899 ; 1991. 7. 23. 선고 90누6651 ; 1985. 5. 28. 선고 85누32 판결.

이익을 부정하여 왔다. 이에 따라 무효인 행정처분의 집행이 종료된 경우에는 부당이득반환청구의 소 등을 청구하여 직접 이러한 위법상태를 제거하는 길이 열려있는 이상 그 행정처분에 대하여 무효확인을 구하는 것은 종국적인 분쟁 해결을 위한 필요하고도 적절한 수단이라고 할 수 없어 소의 이익이 없다고 판시하여 왔다.[175] 그러나 이러한 입장은 타당하게도 대법원 2008. 3. 20. 선고 2007두6342 전원합의체 판결에 의하여 변경되었다. 대법원은 ① 행정소송법은 무효확인소송을 항고소송의 일종으로 규정하고 있고, ② 처분 등을 취소하는 확정판결의 기속력 및 행정청의 재처분 의무에 관한 행정소송법 제30조를 무효확인소송에도 준용하고 있으므로 무효확인판결 자체만으로도 실효성을 확보할 수 있으며, ③ 행정처분의 근거 법률에 의하여 보호되는 직접적이고 구체적인 이익이 있는 경우에는 행정소송법 제35조에 규정된 '무효확인을 구할 법률상 이익'이 있다고 판단하고 무효확인소송의 보충성이 요구되는 것은 아니라는 입장을 취하였다. 이로써 1984년 행정소송법 개정 이래 논란이 되었던 무효등확인소송의 보충성 문제는 종결되었다.

2) 부작위위법확인소송의 판결의 기속력

부작위위법확인소송에 있어서 인용판결이 있을 때 행정청은 판결의 취지에 따라 이전의 신청에 대한 처분을 하도록 처분의무를 부과하고 그 위반에 대하여 간접강제를 인정하고 있다(법 30조 2항·34조·38조2항). 여기서 처분의무의 내용이 문제가 되고 있다. 행정소송법은 부작위를 "행정청이 일정한 처분을 하여야 할 의무가 있음에도 불구하고 이를 하지 아니하는 것"으로 정의하고 있는바, 이에 따라 부작위위법확인확인소송의 확정판결에 의하여 행정청이 기속받게 되는 일정한 처분의 내

175) 대법원 2001. 9. 18 선고 99두11752 ; 2006. 5. 12. 선고 2004두14717 ; 1976. 2. 10. 선고 74누159 전원합의체 판결. 이에 대한 비판은 이상규, 신행정법론(상), 828면.

용이 무엇이냐에 관하여 소극설[176]과 적극설[177]로 다툼이 되고 있다.

판례는 "부작위위법확인의 소는 --- 부작위의 위법을 확인함으로써 행정청의 응답을 신속하게 하여 부작위 내지 무응답이라고 하는 소극적인 위법상태를 제거하는 것을 목적으로 하는 것이고, 나아가 그 인용 판결의 기속력에 의하여 행정청으로 하여금 적극적이든 소극적이든 어떤 처분을 하도록 강제한 다음, 그에 대하여 불복이 있을 경우 그 처분을 다투게 함으로써 최종적으로는 당사자의 권리와 이익을 보호하려는 제도"[178]라고 판시하여 소극설의 입장을 취하고 있다.

그러나 부작위위법확인소송에 있어서 실제로 신청된 처분의 발급에 대한 실체적 요건의 충족 여부에 대한 심사없이 부작위의 위법성을 판단한다는 것은 사실상 매우 곤란할 것이다. 행정소송법 제30조 제2항이 "행정청이 판결의 취지에 따라 이전의 신청에 대한 처분을 하여야 한다."고 규정하고 있는 바와 같이, 행정청은 스스로의 자유로운 판단에 따라 신청을 인용하거나 거부하는 결정을 할 수 없고, 판결이유(요건사실의 인정과 판단)에서 인용처분을 하는 것이 타당하다는 것이 밝혀지면, 판결이유에 대하여 행정청을 구속하는 효력을 인정하여 인용처분을 하여야 할 것이다. 소극설은 처분의 발급여부 및 발급될 처분의 내용을 전적으로 행정청의 재량에 맡기는 입장으로서 이는 행정실체법의 구조에 현저히 반할 뿐만 아니라, 원고가 행정청의 거부처분에 불복하는 경우에는 이중의 소송부담을 갖게 되어 소송경제 및 원고의 권리구제에 거의 도움이 되지 못한다. 이는 분명 국민의 효과적인 권리구제를 보장하고 있는 헌법 제27조 제1항의 취지에도 반하는 것이다.

---

176) 김동희/최계영, 행정법 I, 791면 ; 박윤흔 /정형근, 최신행정법강의(상), 882면.
177) 김도창, 일반행정법론(상), 762면 ; 홍준형, 행정구제법, 723면 이하.
178) 대법원 2002. 6. 28. 2000두4750 ; 1990. 9. 25. 선고 89누4758 판결.

3) 당사자소송

1984년 행정소송법 개정에 따라 당사자소송이 행정소송의 한 유형으로 인정됨에 따라 당사자소송에 대한 판례들도 점진적으로 증가되기 시작하였다. 행정소송법 제3조 제2호는 "행정청의 처분등을 원인으로 하는 법률관계에 관한 소송 그 밖에 공법상의 법률관계에 관한 소송으로서 그 법률관계의 한쪽 당사자를 피고로 하는 소송"으로 규정하고 있는바, 당사자소송은 실질적 당사자소송과 형식적 당사자소송으로 구분되고 있다.

실질적 당사자소송의 유형으로서 ① 공법상의 신분·지위 등의 확인소송, ② 공법상 금전지급청구소송, ③ 공법상 계약에 관한 소송, ④ 결과제거청구소송 등이 있다.

가) 공법상의 신분·지위 등의 확인소송

판례는 국가유공자로서 보상 등 예우를 받는 데에 필요한 훈격의 확인을 구하는 소송,[179] 재개발조합의 조합원의 자격의 확인을 구하는 소송,[180] 고용보험 및 산재보험에서 보험료 납부의무 부존재의 확인을 구하는 소송,[181] 국가등 과세주체가 납세의무자를 상대로 제기한 조세채권존재확인의 소송[182]을 공법상 당사자소송의 대상으로 하고 있다.

나) 공법상 금전지급청구소송

손실보상청구권, 공무원연금청구권, 보조금지급청구권 및 각종 사회보장관계법률의 급부청구권에 있어서 이들이 행정청의 지급결정의 매개 없이 법률의 규정에 의하여 직접 발생하는 경우에는 당사자소송의 대상이 된다. 공법상 금전지급청구소송을 당사자소송으로 다룬 판례들

179) 대법원 1990. 10. 23. 선고 90누4440 판결.
180) 대법원 1996. 2. 15. 선고 94다31235 판결.
181) 대법원 2016. 10. 13. 선고 2016다221658 판결.
182) 대법원 2020. 3. 2. 선고 2017주41771 판결.

로는 ① 광주민주화운동관련자보상법에 의거한 유족들의 보상청구소송,[183] ② 석탄가격안정지원금의 지급청구소송,[184] ③ 하천구역 편입토지에 대한 손실보상청구소송,[185] ④ 미지급 퇴직연금의 지급청구소송,[186] ⑤ 주거용 건축물 세입자의 주거이전비 보상청구소송[187] 등이 있다.

다수설은[188] 부당이득반환청구의 소송도 당사자소송의 대상이 되어야 한다는 입장을 취하고 있으나 판례는 여전히 민사소송으로 다루고 있다. 그러나 근래 부분적인 변화가 나타나고 있는바, 판례는 국가나 지방자치단체의 보조사업자에 대한 보조금반환청구는 공법상 권리관계의 일방 당사자를 상대로 하여 공법상 의무이행을 구하는 청구로서 당사자소송의 대상이 된다고 판단하였다.[189] 대법원 2013. 3. 21. 2011다95564 전원합의체 판결은 "납세의무자에 대한 국가의 부가가치세 환급세액 지급의무는 ――― 정의와 공평의 관념에서 수익자와 손실자 사이의 재산상태 조정을 위해 인정되는 부당이득 반환의무가 아니라 부가가치세법령에 의하여 그 존부나 범위가 구체적으로 확정되고 조세 정책적 관점에서 특별히 인정되는 공법상 의무라고 봄이 타당하다"고 판시하면서 납세의무자의 부가가치세 환급세액 지급청구는 당사자소송으로 다루어야 한다고 판시하였다.

다) 공법상 계약에 관한 소송

판례는 "공법상 계약의 한쪽 당사자가 다른 당사자를 상대로 효력을 다투거나 이행을 청구하는 소송은 공법상의 법률관계에 관한 분쟁이

183) 대법원 1992. 12. 24. 선고 92누3335 판결.
184) 대법원 1997. 5. 30. 선고 95다28960 판결.
185) 대법원 2006. 5. 16. 선고 2004다6207판결.
186) 대법원 2004. 7. 8. 선고 2004두244 판결.
187) 대법원 2008. 5. 29. 선고 2007다8129 판결
188) 김도창, 일반행정법(상) 288면; 정하중/김광수, 행정법개론, 616면 ; 김남진/김연태. 행정법Ⅰ, 764면.
189) 대법원 2012. 3. 15. 선고 2011다17328 : 2011. 6. 9. 선고 2011다2951 판결.

므로 분쟁의 실질이 공법상 권리·의무의 존부·범위에 관한 다툼이 아니라 손해배상액의 구체적인 산정방법·금액에 국한되는 등의 특별한 사정이 없는 한 공법상 당사자소송으로 제기하여야 한다"는 입장을 취하고 있다.[190] 판례는 공중보건의 및 지방전문직공무원의 채용계약 해지에 대하여 당사자소송으로 다루어야 한다고 판시하였다[191].

라) 공법상 결과제거청구권

공행정작용에 의하여 위법한 상태가 초래된 경우, 침해 이전의 상태 또는 이와 동가치적인 상태로 회복시켜 줄 것을 요구하는 결과제거청구권은 당사자소송에 의하여 실현된다. 판례는 취소판결의 기속력으로서 결과제거의무를 인정하고 있는바,[192] 처분청이 이러한 결과제거의무를 이행하지 않는 경우에는 이행소송으로서 당사자소송을 제기할 수 있을 것이다.

4) 가구제

가) 집행정지제도

행정소송법은 행정처분의 취소 또는 무효확인을 구하는 소송을 제기하더라도 행정처분의 효력이나 절차의 속행에 영향을 주지 않는다는 집행부정지원칙을 택하고 있다(법 23조 1항, 제38조 제1항). 다만, 행정소송법 제23조 제2항은 처분등으로 인하여 생길 회복하기 어려운 손해를 예방하기 위하여 긴급한 필요가 있다고 인정할 때에는 법원은 처분등의 효력의 정지를 결정할 수 있다고 규정하고 있다. 판례는 "회복하기 어려운 손해"를 "특별한 사정이 없는 한 금전으로 보상할 수 없는 손해로

---

190) 대법원 2021. 2. 4 선고 2019다277133 판결.
191) 대법원 1996. 5. 31. 선고 95누10617(공중보건의 채용계약의 해지) ; 1995. 12. 22. 선고 95누4636(서울시 무용단원의 해촉) ; 1993. 9. 14. 92누4611(지방전문직공무원 채용계약의 해지).
192) 대법원 2020. 4. 9. 선고 2019두49953 판결.

서 금전보상이 불가능한 경우 내지는 금전보상으로는 사회관념상 행정처분을 받은 당사자가 참고 견딜 수 없거나 참고 견디기가 현저히 곤란한 경우의 유형, 무형의 손해"[193]로 일관되게 판시하고 있다. 여기서 처분의 성질과 태양 및 내용, 처분상대방이 입는 손해의 성질·내용 및 정도, 원상회복·금전배상의 방법 및 난이 등은 물론 본안청구의 승소가능성 정도 등을 종합적으로 고려하여 구체적·개별적으로 판단하고 있다. 근래에는 사업계속불능 및 경영상의 위기의 초래 여부를 고려하여 과징금납부명령 등 재산상 손해에 대하여도 집행정지결정을 하고 있다.[194]

나) 가처분

일설은 행정소송법의 해석상 가처분을 배제하는 특별한 규정이 없기 때문에 항고소송에서 실효성 있는 권리보호를 위하여 행정소송법 제8조 제2항에 따라 가처분에 대한 민사집행법의 규정이 준용되어야 한다고 주장한다.[195] 그러나 다수설과 판례는 행정소송법 제23조 제2항은 가구제에 관한 민사집행법상의 가처분을 배제하는 특별규정이기 때문에 제8조 2항이 준용될 수 없다는 입장이다.[196] 궁극적으로는 행정소송법에 의무이행소송과 더불어 가처분제도를 도입하여야 할 것이다.

한편, 판례는 당사자소송에 민사집행법의 가처분에 관한 규정을 준용하고 있다. 대법원 2015. 8. 21. 2015무26 결정은 주택재건축정비사업조합을 상대로 관리처분계획안에 대한 조합 총회결의의 효력을 다투는 소송은 당사자소송의 대상이 된다고 판시하고 "당사자소송에 대하여는 행정소송법 제23조 제2항의 집행정지에 관한 규정이 준용되지 아니하

193) 대법원 2011. 4. 21. 자 2010무111 전원합의체 결정 ; 2004. 5. 17. 자 2004무6 ; 1992. 8. 7. 선고 92두30 판결.

194) 대법원 2004. 5. 17. 자 2004무6 ; 2004. 5. 12. 자 2003무41 ; 대법원 2004. 5. 17 자 2004무6 ; 2001. 10. 10. 자 2001무29 결정.

195) 김남진/김연태, 행정법 I, 943면.

196) 대법원 1980. 12. 22. 자 80두5 ; 1961 11. 20 자 4292 행항 2 ; 박윤흔/정형근, 최신행정법강의(상), 830면 ; 서원우, 현대행정법론(상), 842면.

므로(행정소송법 제44조 제1항), 이를 본안으로 하는 가처분에 대하여는 행정소송법 제8조 제2항에 따라 민사집행법상 가처분에 관한 규정이 준용되어야 한다."고 판단하였다.

Ⅵ. 요약 및 결어

지난 40년은 "민주적 법치국가의 정착시대"로 표현될 수 있다. 행정판례의 발전이 우리나라의 민주주의와 법치주의 실현에 중심적 역할을 하였다. 그 동안 많은 전원합의체 판결들이 내려져 종전의 판례들을 변경하였고, 많은 분야에서 새로운 판례들이 나왔다. 이들은 법치행정을 확고히 하고 국민의 권리를 신장시킨 판례들이다.

통치행위의 범주는 현저하게 축소되었다. 비례의 원칙, 신뢰보호의 원칙, 부당결부금지의 원칙 등 행정법의 일반원칙은 내용과 요건이 구체화되어 개별사건에 적용되었다. 법률유보와 관련하여 본질사항유보설은 헌법재판소와 대법원의 판례에 수용되어 구체화 되고 있다. 행정규칙에 있어서 자기구속의 법리도 판례에 의하여 채택되어 개인의 권리구제를 확대하였다. 법령보충규칙은 법규명령과 동일한 입법절차를 거쳐야 할 뿐 아니라 엄격한 규범통제에 예속되어야 할 것이다. 처분개념과 관련하여 판례는 실체법상의 처분의 개념과 쟁송법상 처분의 개념을 체계화 하였다. 한편 판례는 실체법상의 처분의 경우 흠의 승계를 부인하는 반면, 쟁송법상의 처분의 경우에는 흠의 승계를 긍정하여 전통적 흠의 승계이론을 수정하였다.

최근 유력설은 재량행위와 기속행위의 중간개념으로서 새로운 의미의 기속재량행위의 개념을 제시하고 있다. 유력설의 입장은 타당하나 입법적인 뒷받침이 있어야 한다. 입법자는 침익적 처분도 불명확하게 규정하고 있을 뿐 아니라, 수익적 행정처분도 재량성 여부에 대하여 불분명하게 규정하고 있다. 이는 결과적으로 기속행위 재량행위의 구별을 판례에 전적으로 맡기는 것으로 권력분립원칙에 위배된다.

계획법규는 설정된 목표를 실현시키기 위한 수단의 조합과 선택에 있어서 행정청에게 폭넓은 형성의 자유를 부여하고 있다. 계획재량의 행사에 있어서 공익과 사익의 정당한 형량을 중심으로 하자를 판단하고 있다. 대법원은 1996년 판결이래로 형량명령의 법리를 수용하고 이에 위배된 행정계획을 위법하다고 판시하고 있다.

판례는 종래 계획변경청구권은 물론, 계획변경신청을 거부하는 행정청의 의사표시에 대하여 처분성 자체를 인정하지 않았으나, 근래 일정한 경우에는 계획변경신청권을 인정하여 전향적 입장을 취하고 있다. 판례는 행정처분의 종류에 불문하고 절차상의 하자있는 행정처분을 내용상의 하자있는 행정처분과 마찬가지로 취소할 수 있다는 입장을 취하여 왔다. 사견으로 ① 절차상 하자가 중대·명백하지 않고 처분이 실체법적으로 적법한 경우에는, ② 소송절차를 중지하여 처분청에게 절차상 하자를 치유할 기회를 부여하되, ③ 절차상 하자에 대한 제재는 소송비용의 측면에서 반영시키는 것도 하나의 방안이 될 수 있다고 본다.

국가배상의 주체와 관련하여 최근 판례는 "공법인이라고 하더라도 국가로부터 위탁받은 공행정사무를 집행하는 과정에서 공법인의 임직원이나 피용인이 고의 또는 과실로 법령을 위반하여 타인에게 손해를 입힌 경우에는, 행정주체의 지위에서 배상책임을 부담하여야 한다"고 판단하였다. 공공단체의 국가배상책임을 인정하기 시작한 중요한 판례로 보아야 할 것이다.

판례는 국가배상법 제2조 제1항 단서의 이중배상금지 원칙은 국가배상청구에 앞서 다른 보상금을 먼저 지급받은 때에 적용되지만, 이와 반대로 국가배상을 먼저 받은 뒤 보상금을 받을 때에는 적용되지 않는다는 입장을 취하여 이중배상금지의 원칙의 적용을 제한하였다.

국가배상법 제2조의 과실과 관련하여 판례는 집회해산의 과정에서 발생된 손해배상 및 긴급조치 제9호의 적용·집행과정에서 광범위한 다수 공무원이 관여한 일련의 국가작용에 의한 손해배상에서 가해공무원의 특정화를 포기하고 있다. 과실의 객관화는 향후 모든 행정영역에 확대되어야 할 것이다. 판례는 공무원에 대하여 고의·중과실에만 손해배상책임을 인정하고 있다. 그러나 국가배상법 제2조 제2항은 공무원책임을 구체화 하고 있는 규정으로서, 공무원은 단지 구상의 형태로만 책임을 질 뿐, 직접 피해자에게 책임을 지지 않음을 명확히 하고 있다고 보아야 한다.

판례는 과거 개별법에서 별도의 규정을 두고 있지 않는 한 행정상의 손실보상청구권을 사권으로 보아 민사소송으로 다루었으나, 하천구역으로 편입된 토지에 대한 손실보상사건에 대한 전원합의체 판결 이후, 일관되게 당사자소송으로 처리하고 있다. 재산권의 공용침해에 대하여 보상규정이 없는 경우 판례는 관련 보상규정을 유추적용하여 왔다. 헌법재판소는 사회적 제약을 넘어서는 공용침해에 대하여 보상규정을 두지 않는 경우에 근거법률은 헌법에 합치되지 않는다고 판단하고 있다. 그러나 헌법제판소에 의하여 채택된 분리이론은 우리 재산권보장체계와 배치된다고 볼 것이다.

판례는 처분의 개념을 지속적으로 확대시켜 왔다. 판례는 행정청의 거부행위에 있어서 점차로 신청권의 인정범위를 넓혀 거부처분을 확대시켜 나갔다. 한편, 세무조사결정, 병무청장의 병역기피자 공개결정 등 권력적 사실행위가 행정결정을 집행하거나 결합하여 행하여지는 경우에는 권리보호의 필요의 관점에서 처분성을 인정하고 있다.

원고적격은 대상적격과 마찬가지로 지속적으로 확대되어 왔다. 판례는 제3자에게 근거법률뿐만 아니라 관련법률에 의하여 보호되는 직접적이고 구체적인 이익이 있는 경우에는 원고적격을 인정하고 있다. 소의 이익도 현저히 넓게 판단되고 있다. 판례는 제소 당시에는 권리보호의 이익을 갖추었는데 제소 후 행정처분이 기간의 경과 등으로 그 효과가 소멸한 때, 동일한 사유로 위법한 처분이 반복될 위험성이 있어 행정처분의 위법성 확인 내지 불분명한 법률문제에 대한 해명이 필요하다고 판단되는 경우 소의 이익을 인정하고 있다. 이는 사실상 행정소송법 제12조 제2단의 “법률상 이익”의 개념을 “위법확인의 이익”으로 전환을 의미한다.

과거 판례는 행정처분의 무효를 전제로 한 이행소송 등과 같은 구체적인 구제수단이 있는 경우에는 무효확인소송의 소의 이익을 부정하여 왔으나 이러한 입장은 대법원 2008. 3. 20. 전원합의체 판결에 의하여 변경되었다. 부작위위법확인소송에 있어서 인용판결이 있을 때에 기속력의 범위를 두고 판례는 소극설의 입장을 취하고 있으나, 향후 적극설의 입장으로 변화를 기대한다. 근래 행정판례의 두드러진 경향의 하나로 당사자소송의 증가를 들 수 있다. 이는 현대국가의 성격이 점차 ‘고권적 국가’로부터 ‘협력적 국가’로 변화되고 있음을 고려할 때, 매우 바람직 한 현상으로 볼 수 있다.

지난 40년의 판례의 변화를 회고하여 보면, 입법자와 법학자, 그리고 법실무가의 관계를 생각하게 된다. 이들은 상호 불가분의 역할관계에 있다. 법학자들은 현행법의 해석과 판례의 분석을 통하여 학설과 도그마틱을 발전시킨다. 법실무가들은 이들을 수용하여 구체적 사건을 해결하면서 판례를 형성한다. 입법자는 축적된 학설과 판례를 참조하여 법률을 제정한다. 다시금 법학자들은 제정법을 해석하고 판례를 분석하여 학설을 가일층 발전시키고 도그마틱을 가다듬는다, 이러한 선순환 관계가 우리의 행정판례를 꽃피우게 하였다. 2021. 3.에 제정된 행정기본법 역시 그동안 축적된 학설과 판례의 산물로 볼 수 있다.

현재 우리 행정법학계가 당면한 가장 중요한 과제는 아마도 행정소송법의 개정일 것이다, 1984년 개정된 행정소송법은 비록 구 행정소송법의 내용을 일신하였으나, 여러 관점에서 결함과 취약점을 갖고 있다. 지금까지 세차례의 개정작업들이 있었지만,[197] 아직까지도 결실을 맺지 못하고 있다. 행정소송법 개정은 더 이상 지체되서는 안 되며, 현대적 법치국가에 걸맞은 행정소송법으로 변모되어야 한다. 다음 과제는 행정기본법과 행정절차법의 통합법의 제정이다. 행정법총칙을 성문화한 행정기본법 제정은 우리 행정법사에 기념비적 사건에 해당하지만 아직 진행형이다. 일부 조문상의 문제들뿐만 아니라 행정절차법과의 체계적인 관점에서도 문제점을 갖고 있다. 행정소송법이 올바로 개정되고 행정기본법과 행정절차법의 통합법이 성공적으로 실현된다면 우리 행정법학은 새로운 차원으로 발전될 것이다.

197) 참고 2004 대법원 행정소송법 개정안, 2007년 법무부 행정소송법 개정안 및 2012년 법무부 행정소송법 개정안.

참고문헌

Ⅰ. 국내문헌

1. 단행본

강구철, 행정법Ⅰ, 1998, 형설출판사
김도창, 일반행정법론(상), 1993, 청운사
김동희/최계영, 행정법Ⅰ, 2021, 박영사
김남진/김연태, 행정법Ⅰ, 2022, 법문사
김중권, 행정법, 2023.
박균성, 행정법강의, 2022, 박영사
박윤흔/정형근, 최신행정법강의(상), 2009, 박영사
석종현, 일반행정법(상), 2015, 삼영사
이상규, 신행정법론(상), 1994, 법문사
정남철, 현대행정법의 작용형식, 2016
정하중/김광수, 행정법개론, 2023, 법문사
홍정선, 행정기본법 해설서, 2021
홍준형, 행정법, 2017, 법문사
홍준형, 행정구제법, 2001, 한울

2. 논문

권수철, 인·허가의제제도의 법적 성격과 사후감독에 관한 소고, 법제, 2002. 7. 7면 이하.
김연태 환경행정소송상 소송요건의 문제점과 한계– 원고적격을 중심으로 – 안암법학 제35호
2011. 1, 54면 이하.
김용섭, 행정재량론의 재검토, 경희법학 제36권 제1호, 2001, 66면 이하.
김유환, 행정기본법과 행정절차법의 관계정립의 기본방향, 행정법연구 27

호, 2024. 9, 219면 이하.

김은영, 행정기본법상 인허가의제제도의 개정방향 검토, 한국행정법학회 제55회 학술대회자료집, 2023, 36면 이하.

김해룡, 도시계획변경청구권의 성립요건, 행정판례연구 4집, 1999, 105면 이하.

박균성, 행정판례 30년의 회고와 전망, 행정판례연구 19집 제2호, 2014, 375면 이하.

서기석, 국회의 입법행위 또는 입법부작위로 인한 국가배상책임, 2009, 행정판례연구 14집 2호, 203면 이하.

선정원, 행정행위의 흠의 승계, 행정판례평선, 2016, 315면 이하.

신봉기, 하자있는형량행정계획에 대한 사법심사, 행정판례연구 5집, 2000, 107면 이하.

이경호, 신국가배상법의 문제점, 법조, 1967. 6, 1면 이하.

이승훈, 절차적 하자의 독자적 위법성에 관한 재검토, 행정법학, 26호, 2024, 302면 이하.

이일세, 법관의 불법행위와 국가배상책임, 저스티스, 1999. 3, 53면 이하.

이일세, 인허가의제에 있어 취소·철회와 행정쟁송, 행정법학 제25호, 2023. 9. 89면 이하.

임성훈, 행정기본법 하에서 인허가의제의 운용방안, 법학연구 32권 2호, 2021. 12, 78면 이하.

정남철, 도시계획결정과 형량명령, 행정판례평선, 2011, 188면 이하.

정하중, 국가배상을 받은 군인이 추가로 국가유공자 보상금을 받을 수 있는지 여부, 법조 2018. 2, 623면 이하.

정하중, 법관의 재판작용에 대한 국가배상책임, 저스티스, 2003. 10. 57면 이하.

정하중, 헌법상의 재산권보장체계에 있어서 경계이론과 분리이론, 서강법학연구 5권, 2003. 5, 57면 이하.

정하중, 행정법에 있어서 재량과 판단여지 그리고 사법심사의 한계, 공법연구, 제23집 제3호, 1995. 141면 이하.

정하중, 행정소송법 제12조 후단의 의미와 독일 행정소송법상의 계속확인소송, 저스티스, 2008.10, 269면 이하.

최계영, 하자의 승계와 쟁송법적 처분, 행정판례연구, 2022, 27권 1집, 63면 이하.

홍준형, 계획변경청구권과 계획변경신청권, 행정판례연구 17집 1호 53면 이하.

홍준형, 행정판례 30년의 회고와 전망 - 행정판례연구 19집 2호, 2014, 487면 이하.

Ⅱ. 외국문헌

Kopp/Schenke, VwGO, 16. Aufl., 2009.

N. Luhmann, Öffentlich–rechtliche Entschädigung rechtspolitisch betrachtet, 1965.

R. Wahl, Die Aufgabenabhängigkeit von Verwaltung und Verwaltungsrecht, in: Reform des allgemeinen Verwaltungsrechts, 1993, S. 198 ff.

국문초록

지난 40년은 "민주적 법치국가의 정착시대"로 표현될 수 있다. 여기서 행정판례의 발전이 우리나라의 민주주의와 법치주의 실현에 중요한 역할을 하였다. 그 기간 동안 행정판례는 질적으로 크게 성숙하고 양적으로도 비약적으로 증가하였다. 무엇보다 국민의 권리의식의 향상이 이에 대한 중요한 원인으로 볼 수 있지만 법적 제도적 뒷받침이 결정적인 배경이 되었다. 우선, 1984. 12. 15. 행정소송법 개정을 들 수 있다. 개정법은 비록 오늘날 여러 가지 흠결과 시대적 낙후성으로 비판을 받고 있지만, 구 행정소송법에 비하여 획기적으로 개선된 법률이었으며 행정판례의 발전을 위한 기본적 토양을 제공하였다. 다음으로는 제6공화국 헌법에 따라 1988년 9. 1. 발족된 헌법재판소의 역할을 들 수 있다. 헌법재판소는 헌법에 반하는 법률과 공권력 행사에 대하여 과감하게 위헌결정을 함으로써 헌법의 규범적 효력을 확고히 하였을 뿐만 아니라, 이 땅에 민주적 법치국가가 뿌리를 내리는데 큰 기여를 하였다. 헌법재판소의 결정들은 공법학과 행정판례의 발전에 심대한 영향을 미쳤다. 행정소송법은 1994. 7. 27.에 개정된 바, 비록 부분적이기는 하나 내용상으로는 중요한 개정에 해당되었다. 개정법은 행정소송을 3심제로 하고, 제1심을 행정법원으로 하였다. 또한 전심절차를 원칙적으로 임의적 절차로 하고, 취소소송의 제소기간을 확대하였다. 이 개정을 통하여 행정소송의 전문화가 이루어지고 시민의 접근성이 향상 되었다. 우리나라의 민주주의와 법치주의 발전에 또 하나의 중요한 계기를 마련한 것은 행정절차법과 공공기관의 정보공개에 관한 법률의 제정이었다. 1998. 1. 1. 부터 시행된 이들 법률들에 의하여 시민의 행정참여가 확대되고, 알권리가 실현되었으며, 행정의 투명성이 제고되었다. 이들 법률들의 적용을 통하여 행정판례는 질적으로 더욱 심화되고 양적으로 풍부하여졌다. 이 글은 행정법통칙, 행정작용법, 행정절차, 행정구제 부분으로 나누어 지난날의 주요 판례들을 고찰하고 향후 방향을 제시하는 것을 목적으로 하고 있다.

주제어: 법률유보, 법규명령, 행정규칙, 행정행위, 행정계획, 행정절차, 국가배상, 손실보상, 행정소송

Abstract

Der Rückblick auf die vergangenen vierzig-jährigen Verwaltungsrechtsprechung. Der gesuchte Weg zu dem demokratischen Rechtsstaat.

Chung, Ha-Joong*

Die vergangenen vierzig Jahre können als die Siedlungzeit der demokratischen Rechtsstaat bezeichnet werden. Hierbei hat die Entwicklung der Verwaltungsrechtsprechung die wichtige Rolle für die Verwirklichung der Demokratie und des Prinzips des Rechtsstaates gespielt. Während dieser Zeit hat die Verwaltungsrechtsprechung qualitive sehr ausgereift und quantitativ dramatisch angesteigt. Vor allem können wir die Verbesserung des Bewußtseins der Bevölkerung für Rechte als die wichtige Ursache ansehen. Gleichzeitig hat die rechtliche und institutionelle Unterstützung die entscheidende Rolle gespielt.

Zunächt können wir die Reform des Verwaltungsprozeßrecht vom 15. Dez. 1984 nennen. Obwohl das Reformgesetz heutzutage wegen der verschiedenen Mängeln und Rückständen kritiziert worden ist, ist es die Grundlage der Entwicklung der Verwaltungsrechtsprechung geworden.

Zweitens ist die Errichtung des Vefafssungsgerichts die wichtige Ursache für die Entwicklung der Verwaltungsrechtsprechung geworden. Verfassungsgericht hat die Gesetze und die öffentliche Gewälten ohne Verzögerung als verfassungswidrig verurteilt, wenn sie gegen die

* Emeritus Professor, Law School of Sogang University

Verfassung verstößen sind. Es hat die normativen Kraft der Verfassung verfestigt und einen großen Beitrag zu der Errichtung des demokratischen Rechtsstaates geleistet. Die Urteile des Verfassungsgerichts haben die tiefgreifende Einflüsse auf die Wissenschaft des öffentlichen Rechts und Verwaltungsrechtsprechung ausgeübt.

Das Verwaltungsprozeßgesetz wurde am 27. 7. 1994 noch einmal teilweise geändert. Trotz der Veränderung der kleinen Teil, hat die Änderung die große Bedeutung. Verwaltungsprozeß wurde als dreistufesystem gebildet. 0bligatorisches Verwaltungsvorverfahren wurde als optionales Verfahren geändert. Klagefrist der Anfechtungsklage wurde deutlich verlängert. Durch diese Veränderungen ist das Verwaltungsprozeß sich spezialisiert und die Zugänglichkeit der Bürger verbessert worden. Schließlich hat die Geltendmachung des Verwaltungsverfahrensgesetzes und des Informationsgesetzes vom 1. 1. 1998 die Teilnahme der Bürger und die Transparenz der Verwaltung erhöht und die Verwaltungsrechtsprechung reichlich gemacht.

Dieser Aufsatz hat den Zweck, die vergangenen Verwaltungrechtsprechung im Bezug auf allgemeinen Rechtsgrundsätze der Verwaltung, das Verwaltungshandeln, das Verwaltungsverfahren, und das Verwaltungsrechtsschutz zu analysieren und zukünftige Richtungslinie zu zeigen.

Keywords: Gesetzesvorbehalt, Rechtsverordnung, Verwaltungsvorschrift, Verwaltungsakt, Verwaltungsplanung. Verwaltungsverfahren, Amtshaftung, öffentliche-rechtliche Entschädigung, Verwaltungsprozeß

行政立法

최근 미연방대법원의 행정입법등에 대한 변화된 위헌 심사기준과 그 함의(含意) (성중탁)

최근 미연방대법원의 행정입법등에 대한 변화된 위헌심사기준과 그 함의(含意)*

-셰브론원칙의 공식 파기와 그 파장-

성중탁**

Ⅰ. 서론

최근 선고된 미국 연방대법원 판결 중 행정법 분야로 미국은 물론 우리나라를 비롯하여 전세계적으로 가장 주목해 할 판결이 선고되었다. 바로 '행정청 존중원칙'(Chevron Doctrine)의 파기를 공식 선언한 Loper Bright Enterprises v. Raimondo 판결(2024)이 그것이다. 왜 연방대법원은 40년 동안 이어져 온 행정청 존중원칙을 파기했고 그것이 문제되는 이유는 무엇일까? 이 판결이 나오게 된 배경에는 트럼프 대통령 집권 당시 선임된 보수적 색채가 짙은[1)] 연방대법원 대법관 구성이 결정적

* 이 논문은 2024학년도 경북대학교 연구년 교수 연구비에 의하여 연구되었음.

** 경북대학교 법학전문대학원 교수, 법학박사, 변호사

1) 미국 연방대법원은 트럼프 전 대통령 당시 3명의 보수 대법관을 임명하며 형성된 6:3의 보수 우위 구도를 바탕으로 많은 논란이 되는 판결을 선고하고 있다. 로 대

영향이 컸으며, 사실상 위 판결 이전에도 미연방대법원은 셰브론원칙을 파기하고자 하는 움직임을 보인 바 있는데 Kisor v. Wilkie 판결(588 U.S. 2400, 2019)과 West Virginia v. EPA 판결(2022)[2]이 바로 그것이다. 미연방대법원은 그동안 1984년 셰브론 판결을 계기로 확립한 행정청 존중원칙(Chevron Doctrine)에 따라 의회가 제정 또는 개정한 법률의 내용이 모호하거나 불명확한 상태에서 이루어진 연방행정청 또는 독립규제위원회등의 행정입법(rule-making)이나 행정처분(adjudication)에 대해서는 가능한 완화된 사법심사를 통하여 정부의 권한을 존중하는 오랜 사법적 관행과 판례를 유지하고 있었다. 그런데, 이러한 셰브론 원칙은 내용이 모호한 법령에 대한 행정청 스스로의 해석이 의회의 입법권을 침해하고, 행정부의 행위를 감시해야 하는 연방법원이 사법권을 스스로 포기한다는 점에서 권력분립원칙에 반한다는 이유로 비판을 받기도 하였다. 셰브론원칙 파기를 치밀하게 준비한 일련의 판결들에서 연방대법원은, 행정청이 법집행 과정의 일환으로 상위 법률에 근거하여 행정입법을 만드는 경우, (상위법률에 대한 해석권을 포함하여) 그 허용범위는 어디까지인지에 대한 심사척도로서 '행정청 존중원칙'을 폐기하고,[3] 이른

웨이드 판결을 파기하고 여성의 임신중지권을 헌법상 기본권이 아니라고 한 돕스 판결을 비롯하여 총기규제, 종교의 자유, 환경보호 등 여러 이슈에 관해 보수 일변도의 판결을 쏟아냈던 2021-22년 수준까지는 아니지만, 이번 '셰브론 원칙'을 파기한 판결 역시 또 하나의 주요 사건이라고 해도 과언이 아니다. 현재 미연방대법원 대법관 9인의 구성은 3명만이 진보 성향의 대법관으로 분류된다. 압도적 보수 우위 구도를 바탕으로, 연방대법원의 '보수의 진격'이 계속되고 있다.

2) 이 판결은 사실상 셰브론원칙을 파기한 판결로 2024. 6. 8. 미연방대법원이 셰브론 원칙을 '공식적으로 폐기'한 Loper Bright Enterprises v. Raimondo 판결이 나오기 전까지 미국에서 법률해석과 정부운영에 큰 영향력을 미칠 판결로 주목받은 바 있다. 미국 정치 전문 매체 〈폴리티코〉는 이 사건을 보도하면서 '연방대법원이 바이든 대통령과 미래의 대통령들에게 큰 족쇄를 채웠다'는 제목을 붙이기도 했다. (https://www.politico.com/news/2024/06/28/supreme-court-chevron-biden-presidents-00165234)

3) 셰브론원칙은 2000년대 이후로 숱한 도전을 받아왔고, 서서히 연방대법원 판결문에서도 자취를 감춰 왔다. 보수성향 대법관들은 대표적인 잘못된 원칙으로 맹렬한

바 '중요문제원칙'[4](Major question Doctrine) 법리를 적용하였다. 이러한 '중요문제'원칙은 우리에게 결코 낯선 이론이 아니다. 바로 우리 대법원과 헌법재판소도 널리 받아들이고 있는 위임입법의 한계(限界)나 가부(可否)와 관련하여, 포괄위임입법금지원칙과 의회유보원칙 및 그 위반 여부를 심사하는 기준 내지 척도로써 '명확성원칙', '예측가능성', '중요사항(본질사항)유보'(본질성설)가 바로 그것이다. 아래에서는 미연방대법원이 셰브론 원칙을 파기하는 과정을 주요 판결을 통해 살펴보는 한편, 셰브론 원칙 폐기로 인한 파장과 그에 대한 검토 등을 통해 앞으로 미칠 전망을 살펴보고자 한다.

Ⅱ. 최근 미연방대법원의 행정입법 해석 관련 주요 판례

1. 미연방대법원 West Virginia v. EPA 판결(2022)

가. 사실관계

미국 연방의회가 제정한 「청정대기법(Clean Air Act)[5]」은 미연방 환

비판을 가할 때면 꼭 셰브론 원칙을 그 예로 들었고, 반대로 진보성향 대법관들도 보수성향 대법관들이 얼마나 여기에 과민 반응을 보일지 잘 아는 만큼 웬만하면 이 원칙을 언급하지 않게 되었던 것이다.

4) 행정기관의 해석에 대한 '법원의 존중의 예외'라는 의미에서 2000년 초반까지 이 원칙을 'Major Questions Exception'이라고 지칭하는 논문도 있었지만, 최근 2020년대 이후 일련의 미연방대법원 판결을 통해 'Major Question Doctrine'은 하나의 주요 원칙으로서 자리를 잡았으므로 이하 본문에서는 '중요문제원칙'이란 용어를 주로 사용하기로 한다.

5) 미국의 「청정대기법」(미국법전 제42편 제85장)은 1955년 7월 14일 제정되었다. 이 법은 고정·이동배출원의 오염물질 배출을 규제하기 위한 연방법률로, 미국 대기질 기준(National Ambient Air Quality Standards, NAAQS)을 비롯하여 미국의 연간 재생연료기준 등을 설정할 권한을 미국환경보호청에 부여하고 있다. 환경보호청에

경보호청으로 하여금 대기오염원이 배출하는 유해물질의 기준치(상한선) 설정 및 그러한 기준치를 달성하기 위한 최적의 배출량 감소 시스템(best system of emission reduction; BSER) 설정을 포함한 각종 환경 규제를 하도록 규율하고 있다.[6] 이에 근거하여 2015년 환경보호청은 미국 내 화력발전소로 하여금 발전량을 크게 감축하고, 나아가 화석연료에서 신재생에너지로의 광범위한 연료전환을 사실상 강제하는 것을 내용으로 하는 청정발전계획(CPP, Clean Power Plan)을 공포하였다. 그러자 에너지 기업 및 관련 단체들을 중심으로 "청정대기법은 환경보호청(Environmental Protection Agency, EPA)에게 단지 배출량 규제권(감소시스템)에 관해서만 위임했을 뿐인데, 환경보호청이 배출량 규제권을 넘어 '발전 연료에너지 전환'이라는 거대 규모의 정책까지 광범위하게 일방적으로 결정한 것은 지나친 월권에 해당한다."는 불만이 터져 나왔고, 위 청정발전계획이 공포되자 관계기업들은 위 계획의 무효를 주장하는 소송을 제기하였다. 그런데 그 직후인 2016년 오바마 행정부에서 트럼프 행정부로의 정권교체가 이뤄지고 그로 인해 환경정책 기조가 크게 변하

따르면 미국은 이 법 시행으로 1990년~2020년 사이 대기오염 농도가 감소하는 성과를 거두었다.(법제처, 세계법제정보, file:///C:/Users/user/Downloads/%EB%AF%B8%EA%B5%AD_%EC%B2%AD%EC%A0%95%EB%8C%80%EA%B8%B0%EB%B2%95_%EC%9A%94%EC%95%BD%EB%B3%B8.pdf)

6) 청정대기법 제111조는 신규 또는 변경된 오염배출원에 대한 배출량 규제에 초점을 맞추고 있지만, 이 규정은 기존 배출원에서 발생하는 특정한 오염물질 또한 규제하도록 한다. 특히 법 제111조 제d항에 따르면 환경보호청이 특정 오염물질의 배출을 다루는 신규 배출원 기준을 정한 경우, '미국 대기질 기준' 정책과 '유해 대기오염물질' 정책에서 기존 배출원에서 발생하는 동일한 오염물질의 배출을 규제하고 있지 않은 경우에 한하여, 환경보호청은 기존 배출원에서 발생하는 해당 오염물질의 배출을 규제하여야 한다. 따라서 법 제111조 제d항은 환경보호청의 다른 권한하에서 규율되지 않았던 유해한 배출을 규율할 수 있도록 하는 "보완 조항(gap filler)" 역할을 한다. 법 제111조 제d항에 따르면 주(州)가 아니라 환경보호청이 궁극적으로 달성해야 하는 오염물질 감소량을 결정한다. 하지만 해당 조항의 부수적인 성격(ancillary nature)으로 인해 환경보호청은 1970년 법률이 제정된 이래로 이 조항을 거의 이용하지 않아 왔다.

면서 2019년 마침내 환경보호청은 청정발전계획을 폐기하였고, 사태는 새로운 국면으로 진입한다. 트럼프 행정부 산하 환경보호청은 2018년 청정발전계획보다 훨씬 낮은 강도의 환경 규제인 적절한 청정에너지 계획(Affordable CleanEnergy; ACE)을 공포하였고, 그것이 너무나도 불충분한 규제라고 주장하는 환경단체들이 이번에는 환경보호청을 상대로 위 ACE 공포 및 기존 청정발전계획 폐지에 대해 이의를 제기하는 소송을 제기한 것이다.[7] 그리고 환경 규제를 적극적으로 반대하던 웨스트버지니아주를 비롯한 많은 주(州)가 피고 연방 환경보호청 측에 보조참가 하였다. 위 사건 1심과 항소심에서는 연방 환경보호청(그리고 소송 참가한 웨스트버지니아 주)이 패소하였다. 특히 항소심법원은 청정발전계획의 폐기와 관련하여 환경보호청이 의회의 입법의도를 지나치게 좁게 해석한 잘못이 있다고 보았다. 즉, "의회는 환경 규제에 관해 환경보호청에 포괄적 위임을 한 것이고, 환경보호청은 이러한 위임을 바탕으로 '청정발전계획' 같은 광범위한 연료전환정책을 추진하는 것이 충분히 가능함에도, 스스로의 권한을 축소 해석하여 청정발전계획을 폐지하였으니 이는 잘못이다."는 것이다. 그런데 이 항소심 판결 직후 2020년, 트럼프 행정부에서 바이든 행정부로 다시 정권교체가 이루어지며 상황은 다시 한번 반전된다. 바이든 행정부 산하 환경보호청은 다시 청정발전계획 복원에 적극적이었고, 이에 웨스트버지니아주는 환경보호청을 상대로 미연방대법원에 상고를 감행하기에 이르렀다.

---

7) 온실가스 규제를 골자로 하는 청정발전계획(Clean Power Plan)은 오바마 행정부시절 발표되어 2030년까지 온실가스를 32%까지 감축하려는 목표를 가지고 있었다. 환경보호청은 이를 통해 각 주에서 달성해야 하는 최종 탄소 배출량과 이에 도달하기 위한 방식을 정했다. 하지만 트럼프 행정부가 집권하면서 이 정책의 시행은 정지되었고, 바이든 대통령이 다시 행정부의 수반이 되며 새롭게 시행될 예정이었다. 하지만 석탄 화력발전 의존도가 높은 웨스트버지니아 주를 비롯하여 18개의 주 정부와 다양한 이해관계인들이 이 정책과 관련하여 환경보호청을 상대로 소송을 제기했다.

나. 판결 요지

(1) 쟁점

미연방대법원이 2022. 6. 30. 선고한 위 사건에서 연방대법원은 "행정기관은 의회로부터 "명확히" 그러한 권한(재량권)을 부여받지 않은 이상 그러한 "중요한 문제"에 대한 임의로 결정할 권한이 없다"고 처음으로 판시[8]하였다. 연방의회가 제정한 청정대기법에서 그러한 명확한 위임규정을 찾지 못한 연방대법원은 EPA의 이산화탄소 배출 규제가 너무 과도하다고 판단 것이다. 즉, 미연방 환경보호청이 제정한 청정발전계획은 모법률의 위임범위를 벗어나 위법하고, 따라서 효력이 없다는 것이다. 연방대법원의 위 판결은 기후변화에 맞서 싸우려는 미국 바이든 행정부에 즉각 영향을 미치고 있으며, 특히 연방대법원에서 새로 승인된 행정입법에 대한 위헌심사기준으로서 '중요문제원칙'은 행정국가를 최소화하는 방식으로 권력분립을 재조정하려는 연방대법원의 의지를 반영하였다는 점에서 큰 반향을 불러일으켰다. 연방대법원이 위와 같이 판시한 주요 결정 요지는 다음과 같다.

(2) 다수의견

로버츠 대법원장이 집필하고 다른 5명의 대법관이 동조한 다수의견은 이른바, '중요문제원칙'(Major Question Doctrine)을 내세워 환경보호청이 제정한 청정발전계획이 「청정대기법」의 위임을 넘은 위헌적 행정입법이라고 판시하였다. 즉, 다수의견은 환경보호청이 당초 공포한 청정발전계획(Clean Power Plan) 규칙이 전국에 걸쳐 막대한 사회경제적 파급효를 초래하는 연료전환정책을 강제하고 있음에 주목하여 해당 규

8) 이른바 "화석에너지를 이용한 발전에서 청정에너지를 이용한 발전으로의 세대 전환"은 그 접근 방식이 엄청난 경제적, 정치적 중요성을 지닌 "중요한 문제"를 나타낸다고 보았고 이는 관련 행정청이 임의로 결정해서는 아니되고 의회가 직접 법률로 규율해야 된다고 본 것이다.

칙이 '중요문제'를 규율하고 있다고 판단하였다. 반면, 청정발전계획 규칙의 모(母)법률인 「청정대기법」은 환경보호청에게 오직 '배출량 감소시스템 설정'에 관해서만 위임했을 뿐, 친환경 에너지 연료로의 전환 등 중요문제까지 위임했다고 볼 만한 증거가 충분히 제시되지 않았으므로 청정발전계획은 「청정대기법」의 위임범위를 넘은 위헌적 행정입법이다. 이때 문제는 행정기관의 행위에 권한을 부여하는 명백한 의회의 위임이 필요한 경우에 해당하기 위한 요건이 무엇인지이고, 이는 전체적인 법체계 안에서 의회가 정부 행정기관으로 하여금 명시적으로 위임한 근거규정을 찾아야 하는데, 여기서 "간접적이거나 생략된 조문(추상적이고 모호한 규정)"은 위임의 근거 법규가 될 수 없다. 이 사건에서 문제가 된 환경보호청이 만든 행정규칙에 해당하는 청정발전계획은 중요문제에 해당하여 모법에 의회의 명시적인 권한위임이 필요한데, 모법인 청정대기법에는 의회가 환경보호청에 대해 그러한 규제 권한을 특별히 위임한 조항을 찾을 수 없다. 그와 같은 이유로 환경보호청은 이 사건 국가적인 전력 공급의 획기적 변화를 가져오는 중요한 정책을 추진함에 있어 어떠한 직접적 법적 근거도 인용하지 못한 채, 대신 청정대기법의 모호하고 그동안 전혀 인용되지 않은 조항에 전적으로 의존하고 있다.

결국, 중요문제에 해당하는 경우 관련 법률에서 행정권력 행사의 일환으로서 행정입법 제정에 대한 명시적인 위임이 있었다는 점을 행정청이 스스로 입증하여야 하는데 이 사건 피고인 환경보호청은 그 입증을 다하지 못하였다. 즉, 청정대기법 제111조{청정에너지(Affordable Clean Energy; ACE)}가 환경보호청에 발전에너지 연료의 전환을 초래하는 탄소배출 상한 정책을 시행할 권한을 위임했다는 환경보호청의 주장을 입증하기 위해서는 환경보호청 스스로 중요문제원칙에 따라 이러한 규제를 허용하는 명백한 의회의 위임근거(법규정)의 존재를 증명해야 한다. 그런데, 환경보호청이 재판과정에서 내세운 것은 충분히 증명된 최적의 배출량 감소시스템의 적용을 반영한 일정 수준의 배출상한제를 시행할 수 있는 환경보호청의 권한에 관한 것일 뿐 연방의회가 환경보호청에게 발전에너지 연료의 전환까지 초래하는 정책을 추진하는 것을 입법 당시에 충분히 의도하였다는 것에 관한 명시적 근거를 찾아내지 못했다. 그럼에도 불구하고, 환경보호청은 청정대기법 제111조 제d항[9] 등을 근거로 "연방의회가 에너지 연료 정책 문제에 대해 직접적으로 행정청에 위임하고자 하는 의사를 실제로 밝혔고, 주된 대기오염원인 화석연료를 폐기하고 신재생 친환경 원료로 에너지원을 일대 전환하도록 환경보호청에 위임하였다."라고 자의적으로 확장해석하여 법률의 위임범위를 벗어난 이 사건 청정발전계획(Clean Power Plan)을 만들고 말았다.

---

9) Sec. 111(d)(1) The Administrator shall prescribe regulations which shall establish a procedure similar to that provided by section 110 under which each State shall submit to the Administrator a plan which (A) establishes standards of performance for any existing source for any air pollutant (i) for which air quality criteria have not been issued or which is not included on a list published under section 108(a) øor emitted from a source category which is regulated under section 112¿ øor 112(b)¿ 1 but (ii) to which a standard of performance under this section would apply if such existing source were a new source, and (B) provides for the implementation and enforcement of such standards of performance. Regulations of the Administrator under this paragraph shall permit the State in applying a standard of performance to any particular source under a plan submitted under this paragraph to take into consideration, among other factors, the remaining useful life of the existing source to which such standard applies.

(2) The Administrator shall have the same authority—

(A) to prescribe a plan for a State in cases where the State fails to submit a satisfactory plan as he would have under section 110(c) in the case of failure to submit an implementation plan, and

(B) to enforce the provisions of such plan in cases where the State fails to enforce them as he would have under sections 113 and 114 with respect to an implementation plan. In promulgating a standard of performance under a plan prescribed under this paragraph, the Administrator shall take into consideration, among other factors, remaining useful lives of the sources in the category of sources to which such standard applies.

무엇보다, 환경보호청은 이 사건 이전까지 의회가 자신에게 이러한 막대한 권한을 부여하도록 하였다고 관련 청정계획법 조문을 해석한 적이 한 번도 없었으며, 그와 같은 법개정을 의회에 요구한 적도 없다. 연방의회가 문제를 해결하는 것이 더뎌 보일 때, 행정부가 그들 스스로 관련 행정입법 제정을 통해 문제를 해결하려고 하는 것은 자연스러운 현상일 수 있지만, 연방헌법은 분명 정부 행정기관이 국민의 대표인 의회에 의해 만들어진 법률의 대체재로 행정입법 권력(pen－and－phone regulations)을 마음대로 사용하도록 허용하고 있지는 않다. 일반적으로 행정부가 행하는 행정행위의 근거 법률을 만들어 그 권한의 행사 범위를 제한하는 것은 입법부의 고유한 영역인 것이다.[10]

더 나아가, 다수의견은 소수의견에 대해서도 반박하였다. 즉, 행정청 존중원칙을 고집하는 소수의견은, 연방행정절차법(Administrative Procedure Act/APA) 제706조[11]에 정면으로 위반되는 해석론임을 지적한 것이다. 이 규정은 "행정청의 행위에 대한 심사를 행하는 법원은 문제

---

10) *Fletcher v. Peck*, 6 Cranch 87, 136 (1810).

11) 5 U.S.C.A. §706
행정입법이 제소된 경우 심사 법원은 위헌, 위법을 결정하는 데 필요한 모든 관련 법률 문제를 검토하고, 헌법과 법률 규정을 해석하며, 행정행위 용어의 의미나 적용가능성을 심사한다. 심사법원은 문제가 된 행정입법과 관련하여, 다음의 경우에 모든 기록 내지 당사자가 인용한 부분을 심사하고, 사법절차 이전 단계에서의 오류에 대해서도 적절히 고려하여야 한다. 즉, (1) 해당 행정입법이 불법적으로 행정행위를 보류(부작위)하거나, 비합리적으로 지연된 행정행위를 강제하는 경우, (2) 해당 행정입법이 아래 각호와 같은 경우에 해당하는 경우 행정행위, 행정청의 판정(결정)을 위법하다고 판결하고 무효로 한다.
(A) 자의적이거나 전단적이거나 재량을 남용했거나 법률에 합치되지 않는 경우
(B) 헌법적 권리, 권한, 특권, 면책조항에 반하는 경우
(C) 법률상 관할, 권한 또는 한계를 넘거나 법률상 권리에 미치지 않는 경우
(D) 법률에 의해 요구되는 절차를 준수하지 않는 경우
(E) 제556조와 제557조의 대상이 되는 사건이나 법률에 따른 행정기관의 청문을 검토할 때 실질적 증거에 의해 뒷받침되지 않는 경우
(F) 사실관계가 심사법원에 의해 전면적으로 재검토될 만큼 보장되지 않는 경우

되는 '모든 관련되는 법적 쟁점(all relevant questions of law)'에 대하여 검토하여야 하며, 만약 행정청의 행위가 헌법과 법률에 반하는 경우에는 이를 위헌, 위법으로 판결하여야 한다."고 규정하고 있다. 그러므로 법원 입장에서 행정청의 해석이 최적이 아님에도 불구하고, 이를 행정청 존중이라는 원칙에 매몰시키는 것은 연방행정절차법 제706조가 규정하는 '모든 관련되는 법적 쟁점에 대하여 검토하여야 한다'는 내용을 위반하는 것이다.

또한, 미국헌법 제3조에 의하면 미국의 사법권은 연방대법원과 하급 연방법원에 귀속한다고 규정하고 있으므로 행정청 존중원칙은 위 헌법 제3조에도 위반된다고 보았다. 다시 말한다면 행정청 존중원칙은 법관 자신의 독립적이고 중립적인 판단을 지양하고, 행정청이 말하는 것을 그대로 법으로 승인할 것을 요구하는 것에 해당하는바, 그렇게 되면 법관은 행정청이 법률해석에 오류를 범하는 경우에도 그에 따르도록 스스로를 맞추는 방식으로 사법권을 (지나치게 소극적으로) 행사하라는 강요에 굴복하는 결과가 되고 만다고 지적하였다.

결국, 이 사건 청정발전계획을 통해 화석연료 사용을 통한 전력 공급으로부터 단절되는 국가적으로 큰 변화를 강제하는 수준으로 이산화탄소 배출량의 상한을 정하는 것은 오늘날의 환경오염 위기상황에 대비한 합리적 해결책일 수도 있지만, 그럼에도 연방의회가 환경보호청에게 청정대기법 제111조 제d항의 환경오염 규제 체계를 스스로 만들 명시적인 권한을 주었다고 보기는 어렵다. 이러한 규모와 결과를 초래하는 결정을 내릴 권한은 연방의회 자체 또는 연방의회로부터 명백한 위임을 받아야만 가능하다고 볼 수 있다. 이에 이 사건을 워싱턴 D. C. 항소법원의 판결을 파기하고, 사건은 법정의견에 따라 심리되도록 환송한다.

(3) 소수의견

반면, 케이건 대법관이 집필하고 다른 2명의 대법관이 동조한 소수의견은, 2011년 판결에서 이미 연방대법원은 연방의회가 법 제111조에서 환경보호청에 "발전소에서 발생하는 이산화탄소배출량을 규제할지에 관한 결정과 그 방식에 관한 결정"을 할 모든 권한을 환경보호청에 위임했다고 확인한 점을 강조하였다.[12] 즉, 모(母)법률의 위임범위 및 내용이 다소 모호할지라도 의회가 행정청의 전문성을 고려하여 사회경제적으로 중요한 문제에까지 폭넓은 위임을 했다고 볼 수 있는 경우가 있으며, 본 사안의 경우가 그러하므로 설령 환경보호청의 이 사건 청정발전계획(Clean Power Plan)이 거대한 파급효를 가져온다 한들 이를 위임범위를 넘은 위헌적 행정입법으로 볼 수 없다. 이 사건에서 문제가 된 청정대기법은 중요한 공공정책 사안을 다루기 위해 설계된 중요한 법률로, 연방의회가 입법취지에서도 밝히고 있듯이 이 법의 목표는 모든 형태로 대기오염과의 전쟁을 가속화하고, 확장하고, 강화시키는 것이다. 특히, 이 사건 청정발전계획의 근거가 된 청정대기법 제111조 제d항의 '신규 배출원 이행기준'은 환경보호청에게 대기오염의 심각한 원인이 되는 고정 배출원들로부터의 배출을 규제할 모든 수단을 마련토록 위임하고 있어, 환경보호청이 기존 발전소의 모든 대기오염물질 배출을 자유롭게 규제하도록 보장하고 있다. 특히 연방의회는 환경보호청이 배출량 한도를 설정하는 방법을 정하는 데 많은 재량을 주기 위해 –주변의 제약을 정해 두긴 했지만– 분명하게 '넓은 의미의 단어'를 사용했다. 법정의견과는 반대로, '넓은 의미의 용어'는 '모호한 용어'와는 분명 같지 않다. 넓은 의미의 단어는 포괄적이고, 폭넓고, 광범위한 반면, '모호한' 용어는 불분명하고, 애매하고, 막연하다. 따라서 환경보호청이 청정발전계획에서 그 근거가 된 청정대기법 제111조 상의 '시스템'이라는 용어의 '일반적인 의미'가 "배출량을 감소시키기 위해 함께 작동하는 방식들에 관한 규제권한의 모음(집합체)"이라고 해석한 것은 응당 옳다고

12) *American Elec. Power Co., Inc. v. Connecticut*, 564 U.S. 410, 426 (2011).

할 것이며, 그런 의미에서 화석연료의 배출량 상한 제한으로 사실상 친환경 에너지로의 일대 전환을 초래한다고 하여 위임 범위를 벗어난 것으로 볼 수도 없다. 이러한 연료 전환 정책은 법 제111조의 의미가 "배출량 감소시스템"이라는 전통적인 해석에도 명백히 부합하는 것이다.

이처럼, 이번에 문제가 된 환경청의 청정발전계획은 명백히 환경보호청의 업무 영역에 속하고, 상위법인 청정대기법의 모든 조항과 완벽하게 들어맞는다. 이 계획이 국가 공공정책의 중요한 사안을 다룬다는 점은 이 점을 뒤집을 근거가 되지 못한다. 오히려, 청정대기법 제정 당시 연방의회의 당초 입법취지는 "환경에 관한 전문 행정기관인 환경보호청이 이러한 업무를 폭넓게 수행하길 원했다"고 봄이 상당하다. 법정의견이 언급하는 것처럼, 법규정의 문언은 맥락에 따라 전체적인 법규정의 구조상 위치에 맞도록 해석되어야 한다. 즉, 행정입법이 의회가 제정한 법률에서 정한 위임의 범위를 벗어났는지 여부를 판단할 때, 법원은 해당 법조항에서 규정된 위임범위에 포함된다고 주장하는 행정청의 행위가 당해 법률의 체계 및 그 법체계가 함축하고 있는 다양한 측면과 합치하는지 여부를 평가해야 한다. 특히 정부기관의 행위가 의회가 당초 기대했던 위임범위를 넘는지 여부를 결정하기 위해서는, (다른 잠재적인 관련 요소들 중에서) 해당 법규정의 성격과 문제가 된 관련 정부 행정기관의 행정행위의 성격, 그리고 그 둘의 관계성을 잘 평가해야 한다.[13] 결국 이 사건 청정대기법 제111조를 가장 자연스럽게 해석하면, 환경보호청에 청정발전계획을 수립할 권한, 즉 에너지 연료 전환정책으로서 이산화탄소를 대량으로 배출하는 발전소에 대한 규제 권한(최적의 배출량 감소범위 결정권한)을 환경보호청에 부여하고 있으며, 배출량 감소기준과 시스템을 만들고 그에 따라 평가하는 것 역시 환경보호청이 당연히 할 수 있는 영역이라고 보아야 한다.

---

13) *Barnhart v. Walton*, 535 U.S. 212, 222 (2002).

다. 검토

연방대법원은 청정발전계획이라는 환경보호청의 규제를 무효화하는 이번 판결을 내렸다. 청정발전계획은 말 그대로 발전소가 사용하는 연료 가운데 석탄 등 화석연료를 줄이고 이를 풍력이나 태양 등 깨끗한 재생에너지나 가스로 전환하도록 유도하는 규칙으로서, 환경을 강조하는 민주당 바이든 정부 산하 환경보호청이 청정발전계획을 만들자마자 보수 색채가 짙은 연방대법원이 재빨리 이 계획의 실행에 족쇄를 채운 것이다. 연방대법원은 이른바, 그림자 회의(shadow docket, 구두변론을 건너뛰고, 판결문을 전부 다 공개하지 않아도 되는 일종의 비공개 판결)를 통해 청정발전계획이 실제로 법적 효력을 갖지 못하게 쇄기를 박았다. 연방대법원 다수의견의 핵심은 청정발전계획이 "의회가 환경보호청에게 합리적으로 위임했다고 볼 만한 수준을 뛰어넘는 훨씬 더 중대한 권한을 환경보호청이 임의로 행사한 셈"이라고 해석한 것이다. 청정발전계획은 발효된 적이 없고, 미국은 그동안 특별한 규제 없이도 온실가스 배출을 지속적으로 줄이고 있었던 만큼 해당 규제가 전혀 급진적이지 않았다고 보는 것이 합리적이지만,[14] 연방대법원은 그 대신 청정발전계획이 미국의 정치, 경제적으로 파급력이 매우 큰 "중요한 문제"에 해당하고, 이러한 경우 반드시 상위법에 근거가 있어야 한다는 결론을 미리 내려놓고, 거기에 맞춰 일련의 근거를 나열한 듯한 인상을 준다. 우리는 연방대법원이 이번 판결에서 환경보호청의 규제 법령(청정발전계획)이 "중요문제"

---

14) 사실 이 사건 판결 직전 이미 미국은 온실가스 배출을 환경보호청이 정한 기한 내에 목표로 한 양만큼 줄어들었다고 한다. 이로써, 당초 환경보호청의 의지대로 온실가스를 규제했다가는 미국 경제에 재앙이 올 거라고 엄포를 놓던 규제 반대론자들은 할 말이 없게 되었다. 무엇보다, 연방대법원은 위 환경보호청의 규제가 발효되기도 전에 무효로 만들었지만, 실제로 일어난 일을 보면 해당 정정발전계획이 담고 있는 규제는 전혀 극단적이지 않았고, 충분히 시행할 만한 정책이었다는 것이 미 정부 당국자의 의견이다(이정민, "美 대법원 「셰브런 원칙」파기 결정에 따른 미국 경제 정책 영향", KOTRA 경제통상 리포트, 2024. 7. 8.자 보고서).

를 다루고 있다고 본 것에 특히 주목해야 한다. 의회가 만든 법률에 아주 분명한 위임 근거조항이 명시돼 있을 때만 정부 행정기관이 "중요문제"를 다룰 수 있는데 청정대기법은 그러한 명시적인 위임 근거가 없다는 것이다.

사실 이 사건에 앞서 이전의 여러 판결에서 연방대법원은 환경보호청이 청정대기법을 토대로 온실가스 규제를 집행하는 것이 타당하다고 판결했었다.[15] 그러나 트럼프 대통령이 임명한 다수의 보수적인 대법관들은, 이 사건에서 연방의회가 환경보호청 같은 정부 부처나 산하 행정기관에 정치, 경제적으로 중대한 파급력이 큰 문제를 다룰 권한을 막연하게 (추상적으로) 위임해선 안 된다고 말을 바꾼 것이다. 즉, 의회가 법안의 취지와 집행주체, 규제범위 등을 법률에 상세히 적시하지 않는 한 정부 행정기관은 "중요문제"를 하위 행정입법을 통해 다룰 권한이 없다고 못박은 것이다. 그동안 의회는 정부기관이 집행할 규제에 관한 법안을 일부러 포괄적인 용어로 사용(포괄위임)한 측면이 있었는데, 이는 행정청으로 하여금 장차 새롭게 등장할 다양한 문제에 맞서 적절히 새로운 해법을 찾아낼 수 있도록 충분한 재량권을 주기 위함이었다. 그러나 이번 판결로 인해 앞으로는 의회가 국가적으로 중요한 정책에 관한 법 제정 과정에서 추상적이고 포괄적인 용어를 사용하여 행정부에 일임했다가는 바로 위헌으로 결정될 수도 있게 되었다. 또한 이번 판결로 당장 환경보호청은 청정대기법에 따라 화석연료를 사용하는 발전소를 규제하는 데 필요한 권한과 자율성을 잃게 되었다. 문제는 이번 판결의 영향이 청정대기법에 그치지 않는다는 데 있다. 결과적으로 오바마 행정부와 트럼프 집권 4년의 공백 후 그의 뒤를 이은 바이든 행정부에서 적극적으로 추진한 친환경 정책들은 연방대법원의 판결로 제동이 걸리게 되었고,[16] 무엇보다, 이 판결을 통해 그동안 미연방대법원의 예

15) *American Elec. Power Co., Inc. v. Connecticut*, 564 U.S. 410, 426 (2011) 등.

16) Shay Dvoretzky, "West Virginia v. EPA: Implications for Climate Change and

외적 법리에 불과했던 '중요문제원칙'이 행정입법 등 행정청의 행정행위에 대한 위헌성을 심사하는 중요 척도로 등극하게 됨으로써 향후 수많은 행정부의 중요정책들이 연방대법원에서 위헌판결을 받을 위기에 내몰릴 수 있게 될 것으로 관측된다.[17)]

2. 미연방대법원 Loper Bright Enterprises v. Raimondo 판결(2024)

가. 셰브론원칙의 공식 파기 선언

위 2022년 9월 30일 웨스트버지니아 주 대 환경보호청 사건에서 연방대법원이 「청정대기법」의 명시적 위임을 받지 않고 제정된 환경보호청의 행정입법에 대해 위헌결정을 내린 이후 2년도 채 지나지 않아 미연방대법원은 세브론 원칙을 결국 공식적으로 파기하기에 이르렀다. 즉, 미연방대법원은 2024년 6월 28일 로퍼 브라이트 엔터프라이즈 대 라이몬도(Loper Bright Enterprises v. Raimondo) 사건에서 6대 3으로 종전의 셰브론 판결을 뒤집고 정확히 40년 만에 셰브론 독트린을 공식적으로 폐기한 것이다. 대법관들은 6 대 3의 표결로 1984년 셰브론 대 천연자원보호위원회(Chevron v. Natural Resources Defense Council) 사건의 기념비적인 판결을 폐기했는데, 당시 이 셰브론 판결은 셰브론 독트린(Chevron doctrine)으로 알려진 교리를 낳았다. 셰브론 독트린에 따르면, 의회가 분쟁의 중심에 있는 문제를 직접 다루지 않은 경우, 법원은 합당한 범위 내에서 해당 기관의 법령해석을 지지해야 했다. 40여 년 전 대법원이 셰브론 사건에 대한 판결을 처음 내렸을 때, 이 판결이 특별히 중요한 것으로 간주된 것은 아니었지만 얼마 지나지 않아 이 판결은

Beyond", Skadden, Arps, Slate, Meagher & Flom LLP and Affiliates, 2022. 9. 21.

17) Carrie Campbell Severino, "Resurgence of the Structural Constitution", NATIONAL RIVIEW, 2024. 8. 14.

연방 행정법에 관한 가장 중요한 판결이 되었으며, 연방법원에서 18,000번 이상 인용되기도 하였다.

배기가스 규제를 완화한 레이건대통령 시대 환경보호청(Environmental Protection Agency)의 대기오염방지법(Clean Air Act)에 대한 해석을 지지한 셰브론 판결은 당시 보수주의자들에게도 대체로 환영받았지만, 이 판결의 인용이 늘어날수록 "행정기관이 아니라 법원이 의회가 만든 법의 의미를 정확히 해석하고 그에 따라 결정해야 한다."고 주장하는 행정국가 축소론자들의 주요 표적이 되기에 이른다. 셰브론원칙은 행정기관으로 하여금 침묵하거나 모호한 법령 문구를 해석하는 데 있어 광범위한 재량권을 부여하였는데, 이는 관료들에게 사실상 무제한의 규제권한을 부여했고, 그로 인해 기업들은 물론 재향군인, 사회보장 수급자, 이민자를 포함한 사회적 소수자들에게도 피해를 주고 있다는 비판이 제기된 것이다.[18] 그런 움직임들이 축적이 되면서 결국 2024년 위 로퍼 사건에서 다수 대법관들은 "셰브론원칙이 근본적으로 잘못된 것이며, 법원은 행정기관의 입장에 따르지 않고 독자적으로 법률을 해석해야 한다."고 선언하며 셰브론원칙을 공식 파기하기에 이르렀다. 위 사건에서 엘레나 케이건, 소니아 소토마요르, 케탄지 브라운 잭슨 대법관 등 3인은 반대의견을 냈는데 특히 케이건 대법관은 위 판결이 장차 미국 법조계에 매우 나쁜 충격을 가져올 것이라며 강하게 비판했다.

나. 사건 개요

사건의 발단은 미연방해양수산청(National Marine Fisheries Service)이 만든 어업규칙이다. 이 규칙에 따라 해양수산청은 청어잡이 원양업체에 하루 약 710달러를 납부하도록 강제하였는데, 위 비용은 어획량에 대한 데이터를 수집하고 남획을 모니터링하기 위해 배에 동반 탑승한 정부

---

18) Carrie Campbell Severino, "Resurgence of the Structural Constitution", NATIONAL RIVIEW, 2024. 8. 14.

임명 감독관이 받는 수당으로 사용되었다. 그런데 원양업체들은 자금 부족으로 인해 2023년부터 위 비용 납부를 중단하기에 이르렀다. 수산자원 보호를 목적으로 설립된 연방해양수산청은 관계법률을 근거로 원양어선들이 수자원을 남획하는 행위를 막기 위해 원양어선에 정부가 임명한 감독관 승선을 의무화하고, 원양어선 선주가 해당 감독관의 일당 710달러를 부담하게 하는 규칙을 만들었는데, 선주들이 이를 거부하며, '선주로 하여금 감독관의 일당 710달러를 대납하도록 한 연방해양수산청규칙이 관계법에 위반된다'고 소송을 제기한 것이다. 1심과 2심은 위 소송을 기각했지만, 미연방대법원은 이를 뒤집어 미국 수정헌법과 연방행정절차법상 법률에 대한 해석은 법원의 고유권한이며 특정 행정규칙이 상위 법률에 위반되는지 여부는 사법부가 심도있게 판단해야 한다고 판시하였다.

다. 판결 요지

(1) 다수의견

법정의견은, 법원이 "특정한 특이 사건(이른바, 중요 사건)"에서는 의회가 제정한 법률상의 폭넓은 위임조항이 정부 행정기관의 행위에 합법적인 권한을 무제한 부여한다는 점에 대해 '부정적인 입장'에서 출발해야 한다고 보고, 이러한 관점을 '중요문제원칙'이라고 명명하고, 이는 그동안의 미연방대법원 판례법 등에 명백히 근거가 있는 위헌심사기준(원칙)이라고 보았다. 즉, 미연방대법원은 미국 헌법과 연방행정절차법 등에도 법률해석은 법원의 고유권한이며 행정규칙이 법률에 맞는지 여부는 최종적으로 사법부가 판단해야 한다고 보았다.

다수의견은 1984년도 셰브론 판결이 정부 행정기관이 따라야 할 절차와 법원이 해당기관의 조치를 검토하도록 지시하는 연방행정절차법에 정면으로 위배된다고 판시했다. 즉 연방행정절차법은 법원으로 하여금 법원의 판단에 따라 법적 문제를 결정하도록 지시하고 있으며, 그에 따라 행장기관의 자의적인 법해석은 헌법에 대한 행정기관의 해석과 마찬가지로 원칙적으로 존중받을 자격이 없다는 점을 분명히 하고 있다고 지적하였다. 특히 다수의견은 법률의 모호성이 무엇을 의미하는지를 결정하는 데 있어 법원보다는 관련 행정기관이 더 적합하다는 피고 측의 주장을 정면으로 반박하며, 이러한 모호성이 행정기관의 고유한 전문 분야에 속하는 기술적 또는 과학적 질문과 관련되어 있더라도 당초 입법자의 의도는 행정기관이 아닌 법원이 최종 기술적인 법적 문제를 판단(법해석) 하기를 원한다고 강조했다. 그러면서 "셰브론 원칙은 더 이상 현실적으로 실행 불가능한 것"으로 단정했는데, 그 이유는 특정 법률이 실제로 모호한 것인지 아닌지를 행정기관이 판단하는 것 자체가 쉽지 않기 때문이라고 보았다. 그런 연유로 미연방대법원은 2010년대 이후 이 원칙을 조금씩 약화시키면서 사실상 위 원칙을 폐기하기 위한 수순을 서서히 밟아왔다고 주장했다. 특히, 다수의견에 동조한 클래런스 토머스(Clarence Thomas) 대법관은 "셰브론 독트린이 연방행정절차법 뿐만 아니라 수정헌법이 명시하고 있는 입법부, 사법부, 행정부 간의 삼권분립원칙에도 위배된다."고 강조했다. 그는 셰브론 독트린은 그동안 판사들로 하여금 그들이 중립적이고 독립적인 입장에서 판단을 내리기 위해 반드시 필요한 헌법상의 고유한 권한인 법해석 권한을 포기할 것을 종용하여 왔으며, 이를 통해 의회가 법률에서 부여하지 않은 권한까지도 행정부처가 지나치게 광범위하게 재량적으로 행사할 수 있도록 무책임하게 허용해 왔다고 비판했다. 마찬가지로, 다수의견에 동조한 닐 고서치(Neil Gorsuch) 대법관 역시 "이 판결 이후로 연방대법원은 건국 이래 연방법원을 이끌어 온 법해석의 주인공으로 행정부 공무원이 아닌 판사들로 되돌려 놓는다."고 선언하며, 오늘의 결정이 의미하는 바는, 앞으로 연방대법원이 셰브론 원칙을 도입한 1984년 이전으로 돌아가 처음 법원이 설립된 이래 해왔던 것과 똑같이, 즉 행정부에 일방적으로 유리한 체계적 편견 없이 모든 사건과 논란을 중립적 시각에서 독자적으로 해결하게 될 것이라는 점을 강조했다.

(2) 소수의견

케이건 대법관을 비롯한 3인의 대법관들은 셰브론 독트린을 무효화하기로 한 이 결정에 대해 지난 2022년 West Virginia v. EPA 판결과 마찬가지로 더욱 날카롭게 비판했다. 소수의견은, 일반적으로 의회는 모호성과 여지를 남기는 다양한 규제입법을 제정하는 경우가 많은데, 이런 경우 관련 전문가인 행정기관(행정부처)이 이를 합리적으로 재량껏 해석하는 것이 국민의 이익을 위해 오히려 합당하다고 지적하며, 법원(사법부)으로서는 그 규칙들의 가능한 해석 중 어느 것이 우선되어야 하는지만을 결정하면 그만이다. 그 이유는 정부 기관이 그러한 결정을 내릴 수 있는 기술적, 과학적 전문 지식을 더 많이 보유하고 있기 때문이다.

법정의견은, 법원이 "특정 특이한 사건(중요 사건)"에서는 의회가 제정한 법률상의 폭넓은 위임조항이 정부 행정기관의 행위에 합법적인 권한을 부여한다는 것에 대해 '부정적인 입장'에서 출발해야 한다고 주장하며, 이러한 관점을 '중요문제원칙'이라고 명명하고, 이 원칙은 그동안의 연방대법원 판례법에 근거가 있다고 주장한다. 과연 근거가 있는지를 살펴보면, 그동안의 관련 선례에서 연방대법원은 의회가 만든 법률에서 폭넓은 위임을 규정한 조문이 있는 경우 법원으로서는 다른 규정처럼 법률의 전반적인 맥락에 따라, 그리고 약간의 상식을 통해 해석하여야 한다고 판시하는데 그칠 뿐 중요문제인지 아닌지에 따라 행정기관의 해석권한을 달리 본 적이 없다. 즉, 그동안의 연방대법원 선례들은, 정부기관의 행위가 법률에 근거(위임 문언에 합치)하더라도 두 가지 이유를 들어 정부기관의 행위를 위법하다고 보아 왔다. 첫 번째로, 정부 행정기관이 전통적인 법률의 위임 틀(범위)에서 훨씬 벗어나는 행위를 하여 행정기관 고유의 전문성이나 경험에 대한 주장만으로는 정당화 할 수 없는 경우이다. 두 번째는, 해당 행정행위가 허용된다면 연방의회의 더 큰 계획(관계법률)과 마찰을 일으키거나, 심지어 사회적 혼란을 야기하게 되는 경우이다.[19] 나아가, 우리(소수의견 3인 대법관)가 이해한 바로는, 연방의회는 그동안 이미 정부 행정기관이 특별한 전문성을 가지고 있지 않은 중요한 사안에 대해서는 그 결정권한을 정부 행정기관에 위임하지 않아 왔다. 따라서, 해당 정부 행정기관의 통상적인 행위영역과 주어진 위임권한의 행사가 명백히 어긋났을 때 비로소, 법원은 연방의회가 그 정도의 위임을 의도했는지에 대한 질문을 할 이유를 갖게 된다. 법정의견은 이러한 기본적이고도 합리적인 원칙을 명백히 위반하였다.

무엇보다, 의회가 법률을 통해 모든 일을 하는 것은 비합리적이고 불가능하다. 모든 시대에서, 특히 복잡하고, 전문화되고, 다양해지는 현대 사회에서는 훨씬 더 입법부는 폭넓은 일반적인 지시를 통해 행정부

19) *FDA v. Brown & Williamson Tobacco Corp.*, 529 U.S. 120, 133 (2000). 이는 스키드모어(Skidmore) 기준을 적용한 판례로 보여지는데, 주지하다시피 미연방대법원의 태도는 1984년 셰브론판결에 의해 큰 변화를 겪게 되는바 위 FDA판결을 비롯하여, United States v. Mead(2001) 사건 등에서 셰브론판결에 의한 기준이 적용되기 어려운 경우 법원은 Skidmore v. Swift & Co(1944) 사건에서 제시되었던 기준에 따라 행정청의 해석을 수용할 수 있다고 본다. 즉 스키드모어 판결에서, 연방대법원은 행정기관의 해석이 공무를 수행하는 과정에서 이루어진 점, 특정 사건에서 판사가 판단하는 경우보다 행정기관의 판단이 전문화된 지식과 경험, 폭넓은 조사와 정보에 기반하는 점 등 때문에 행정기관의 해석이 어느 정도 존중을 받을 만하다고 판시하였다. 이때 행정기관의 해석을 존중하는 정도(weight)는 이를 위해 고려한 증거의 철저함, 논증의 유효성, 이전 또는 이후의 해석과의 일관성, 그리고 설득력을 부여하는 모든 요소들에 의해 결정된다고 보았다. 이러한 스키드모어 기준은 셰브론기준과 비교했을 때 '약한 존중'(weak deference)이라고 불린다. 쉐브론기준이 행정청의 해석에 대한 '강한 존중'(strong deferenc)원칙을 나타내는 것과 대비한 것이다. 스키드모어 기준에 따르면 법원은 일정한 요건 하에서 행정기관의 해석에 더 무게(정당성 부여)를 두는바, 행정기관의 해석이 증거에 의한 판단이고, 그 논증이 합리적이고 일관성 있으며 설득력 있는 경우 행정기관의 해석을 최대한 존중한다. 행정기관의 해석을 존중한다는 측면에서 존중(defrence) 기준이지만, 일정한 요건이 충족된 경우 비로소 존중을 부여한다는 측면에서 약한 존중에 해당하는 것이다(신유리, "미국 행정법상 입법적 규칙과 비입법적 규칙의 구별에 관한 연구", 서울대학교 법학석사 학위논문, 2017. 2., 60-62면).

에 권한을 위임할 수밖에 없는 상황이고, 그렇지 않고서 오히려 의회의 본연의 역할을 수행할 수 없는 상황이다. 이처럼 소수의견은, 셰브론원칙이 지난 40십년 동안 미국 법률시스템에 깊이 뿌리를 내려온 점을 강조했다. 즉, 셰브론원칙은 그동안 수천, 수만 건의 판결에 적용되어 왔는데 이는 현재 미국 행정부의 기본 시스템의 일부가 되었고, 행정부는 그동안 위 원칙에 따라 미국의 공기와 물을 깨끗하게 유지하고, 식품과 의약품을 안전하게 유지하고, 금융 시장을 정직하게 유지하는 등 모든 종류의 규제가 적절히 이루어지도록 노력하고 있었다. 그런데, 법정 다수의견이 이러한 셰브론원칙을 전격 파기함으로써 미국의 법 체계(system)에 (나쁜) 큰 충격을 일으킬 것이 자명해졌다.

마지막으로, 소수의견은 셰브론 원칙을 파기하는 것이 행정기관의 해석에 대한 법원의 사법적 검토를 보다 명확히 하여 국민의 권익 구제에도 부합하게 될 것이라는 다수의견의 주장에 대해서도 다음과 같이 반박했다. 즉, 셰브론원칙을 파기함으로써 법원이 단숨에 모든 규제법의 의미와 관련된 해석 다툼에 있어 독점적 권한을 부여받게 되는데 이는 결코 바람직한 사법시스템에 해당하지 않는다. 오늘 결정으로 전국의 개별 판사들은 문제가 된 법령을 가장 잘 해석하여 옳은 결정을 내려야 하는 부담을 더 크게 지게 되었는데 오히려 이는 큰 혼란을 야기할 수 있다. 관련 업무를 수십년 동안 해온 관련 행정기관 공무원들에 비해 전문성이 턱없이 부족한 판사들이 복잡하고 기술적인 문제에 적용되는 법의 의미에 대해 오히려 더 일관성 없거나 모순되는 결론을 내리게 되어 사회적 혼란이 야기될 것이 확실하다.

3. 소결

정부기관, 행정청 등이 상위 법률에 근거하여 행정입법을 제정하거나, 법령에 따르는 해석과 일정한 처분을 할 경우 그에 대한 법원의 통제(사법심사) 과정에서 법원이 행정입법과 행정청의 해석과 그 결정을 어느 정도로 고려(존중)하여 위헌심사를 할 것인가는 오늘날 권력분립이 보편화된 법치국가가 당면한 주요 문제라고 할 수 있다. 그런 이유로 판례법 국가로서 '선례구속의 원칙'이 적용되는 미국에서 '행정청 존중'이라는 원칙하에 확립된 'Auer Deference'와 'Chevron Deference'에 이르기까지 관련 선례의 유지 여부에 대한 다수의견과 소수의견 간의 논쟁은 미국은 물론 우리나라 행정법학에도 유의미한 논의를 불러일으키고 있는 것이다. 이른바 텍스트주의(Textualism)를 자처하는 미국의 보수 법학자들은 헌법상 엄격한 권력분립원칙과 연방행정절차법 등을 근거로 이제는 법원이 텍스트에도 등장하지 않는 행정청 존중이라는 행정부 우위형 행정국가의 맹목적 추종에서 벗어나 헌법과 법률에 따르는 본연의 역할과 의무를 적극적으로 해야 한다고 일찍이 주문한 바 있다.[20] 이러한 현상은 시장주의와 작은 정부를 지향하는 미국의 보수진영이 그동안 연방대법원을 지속적으로 압박하였던 산물이기도 하다.[21] 1930년대 대공황 때 내놓은 연방정부의 뉴딜정책은 여러 대통령 행정명령과 행정기관의 규칙들로 구성되어 있었는데 이것이 큰 성공을 거둔 이후 연방행정부는 환경, 노동, 교육 등 국가 운영의 전 분야에서 정부정책을

20) Michael Sebring, "The Major Rules Doctrine: How Justice Brett Kavanaugh's Novel Doctrine Can Bridge the Gap Between the Chevron and Nondelegation Doctrines" 12 N.Y.U. J.L.& Liberty 189 (2018).

21) 이와 관련하여, 김성수 교수는 2020년 4월 게재한 칼럼에서 "미연방대법원 Kisor v. Wilkie 사건(2019년 6월 26일 선고된 Kisor v. Wilkie 사건에서 미연방대법원은 대법관 5대4로 간신히 '행정청 존중의 원칙'(Chevron Doctrine)을 유지하였다.)에 대한 평석에서, 향후 연방대법원이 Auer Deference나 Chevron Deference를 유지하기 위해서는 존중(Deference)이라는 용어를 포기하여야 할지도 모른다. 이제 연방대법원 다수의견과 소수의견은 소송당사자는 물론 미국 법조계와 학계 그리고 국민들에게 행정청 존중 독트린의 존속과 결별이라는 기로에서 얼마나 설득력 있는 해법을 제시할 수 있는가에 따라 그들의 운명이 결정될 것이다."라며 연방대법원의 판례 변화를 사전에 정확히 감지하여 주목을 끌었다(김성수, "기로에 선 행정청 존중원칙", 법률신문, 2020. 4. 2.자 칼럼).

실현하는 수단으로 대통령의 행정명령이나 각종 행정규칙에 크게 의존하게 되면서 행정부의 권한과 영향력이 막강해졌다. 그에 대한 반작용으로 작은 정부를 지향하는 보수진영에서는 지속적인 우려의 목소리가 있었고, 그 와중에 트럼프 대통령 집권 동안 연방대법원의 구성이 보수진영 우세로 재편되면서 우편향의 판결이 잇달아 나온 최종 정점이 바로 이번 셰브론원칙의 파기라고 볼 수 있다.

무엇보다, 미연방대법원은 이번 결정 이전에도 다른 일련의 판결을 통해 국가적으로 중요한 사안에 대해서 법률로 행정기관에 권한을 명시적으로 위임할 때만 행정기관이 독자적인 권한 행사를 할 수 있다고 판단해온 바 있다. 이처럼 셰브론 원칙을 종식시킴으로써 연방대법원은 명목상으로는 헌법이 명시한 삼권분립원칙을 보장하고, 지나치게 남용되어 왔던 행정기관의 과도한 법해석권과 법집행권을 막을 수 있게 되었다고 자평하고 있다. 또한, 앞으로 판사들은 행정청에 대한 존중 없이, 충실하고 공정하며 독립적으로 법을 해석할 책임이 있다고 선언하며 이것은 개인의 자유와 헌법의 승리라고 강조했다. 미국헌법과 연방행정절차법의 규정 자체만을 놓고 보면 다수의견이 텍스트의 해석에 보다 부합하는 측면이 있기 때문에 보수적 대법관들은 향후에도 공세적인 입장을 늦추지 않을 것으로 예상된다. 이제 미국은 셰브론원칙 폐기로 인해 정치, 경제적으로 중대한 파급력이 있는 문제를 다루는 정부 부처나 행정기관은 거의 예외 없이 법원의 촘촘한 심사를 받게 되었다.[22] 아래에서 미연방대법원의 행정입법에 대한 심사기준과 관련된 논의를 좀 더 상세히 살펴보고자 한다.

22) Foley and Lardner, “The Supreme Court Changes Basic Tenets of Administrative Law - Complicating the Environmental Protection Agency’s Ability to Address New Challenges”, 2024. 7. 16.자 칼럼)

Ⅲ. 미국 연방대법원의 행정입법 등에 대한 위헌심사 기준의 변화 과정

1. 행정청 존중의 원칙(Chevron Doctrine)

가. 도입 배경

이른바, 미국 청정수법(Clean Water Act)은 애초에 1948년에 연방수질오염규제법(Federal Water Pollution Control Act)으로 제정되었고, 1972년 동법의 전면 개정과 확대를 통해 현재의 청정수법의 형태를 갖추게 되었다. 미국의 수자원의 보전을 목적으로 연방행정청에 수질오염을 통제할 권한을 부여하는 청정수법은 연방행정청으로 하여금 수자원 인근의 공장 준설과 충전재의 배출을 규제하는 프로그램을 설치, 운영하도록 하였는데, 규제 대상이 되는 오염물 배출 지역을 법에서 '항행 가능한 수역(navigable waters)'으로 두었기에, '항행 가능한 수역'을 어떻게 해석해야 할 것인가에 대해 논쟁이 발생하였다. 청정수법에서는 '항행 가능한 수역'을 '미국 내 수역'으로만 둘 뿐 더 자세한 사항을 규정하지 않았기에 결국 행정청이 제정하는 시행규칙에서 그 범위를 명확히 해야 하는 상황이 발생한 것이다. 행정청이 법률을 해석하여 제정하는 시행규칙은 그간 행정부의 정치적 변화 및 사회적 흐름에 따라 변화해 왔으나, 행정청이 행정부의 입장이나 사회적 이슈에 따라 지나치게 자의적으로 법을 해석하고 규칙을 임의로 제정할 수 없도록 시행규칙의 제정과 적용이 사법심사의 대상이 되도록 하였다. 그런데, 이때 법원이 행정청의 법해석과 규칙 제정에 대해 사법심사를 수행함에 있어서 행정청의 법률해석을 어느 정도로, 어떤 기준에 따라 존중할 수 있는가, 또는 존중해야만 하는가의 문제에 또다시 직면하게 되었고 그 때 나온 이론이 바로 행정청 존중의 원칙이다. 이처럼 법원이 행정청의 법률해석을 존중할 기준과 정도의 척도가 된 것이 바로 미국 행정법에 있어 가장 중요한 원칙인 "행정청에 대한 사법부의 존중 원칙(Chevron Doctrine)"인 바, 행정청존중원칙의 적용 정도와 적용 범위 또한 그간 개개 사안에 따라 달라져 왔다.[23)]

나. 주요 내용

1984년 셰브론 사건의 대법원 판결문에서 스티븐스 대법관은 "모호한 법률조항을 주무부처인 행정청이 합리적으로 해석했다고 판단되는 경우 주무 행정부처의 법해석을 가능한 그대로 받아들인다"는 내용의 셰브론원칙(Chevron Doctrine)을 제시했다.[24)] 위 판결에서 스티븐스 대법관은 위 사건에서 문제가 된 청정대기법(Clean Air Act) 규정상 '점오염원'을 공장 단위로 확대 해석하는 환경청의 시행규칙이 위헌인가를 판단하기 위해 2단계 분석법을 제시하였다. 그 첫 단계는 의회가 입법과정에서 쟁점 사항에 대해 직접적으로 법규정에 언급함으로써 입법 의도를 명확히 밝히고 있는지 여부를 판단하여, 의회의 위임 의도가 명확히 드러나는 경우 그 의도대로 따라야 한다고 보았다. 그런데, 만약 쟁점 사항에 대해 입법자의 의도가 명확하지 않은 것으로 판단될 경우, 분석의 두 번째 단계로 넘어가는데, 이때 법원은 쟁점 사항에 대해 명확하지 않은 법조항을 행정청이 해석함에 있어 법의 합리적인 해석에 기반한 것인가를 살펴야 한다. 결국 모호한 법률의 해석에 있어 입법자의 의도가 명확하지 않은 경우 법원이 해석의 주체가 되기보다 행정청의 해석이 법률에 합리적인 근거를 두고 있는지 여부만 살펴 행정청의

---

23) 정하명, "미국 행정법상 행정부의 법률해석에 관한 사법심사의 범위", 「공법학연구」 제8권제2호, 한국비교공법학회, 2007., 95면 이하.

24) 셰브론사건은 지난 40년 동안 미국 연방대법원 판결 중 가장 영향력 있고 가장 많이 인용된 판결 중 하나로 꼽을 수 있다. 위 사건에서 연방대법원은, 연방 정부기관이 업무와 관련된(즉 그 기관이 집행해야 하는) 연방 법률의 문구를 합당하게 해석했는지 여부를 법원에서 판단할 때 어떤 기준에 의거해야 하는지에 대한 규칙을 확립했다. 셰브론 판결에 따르면, 정부 기관이 법률 문구를 재해석할 재량권을 가진다고 법원이 인정할 수 있는 경우는 그 법률 문구가 모호할 때뿐이다.

판단을 최대한 존중하는 것으로 하자는 원칙을 제시한 것이다.[25]

다. 셰브론 원칙이 가지는 함의

셰브론원칙(Chevron deference)의 법리는, 쉽게 말해 특정 법률이 다양하고 애매하게 해석될 소지가 있으면 그에 관한 관련 행정부처의 의견을 가능한 존중하라는 것이다. 좀 더 극단적으로 말하면, 행정부에 행정입법권은 물론이고, 사실상 법률에 버금가는 입법권한을 합법적으로 부여한 것이라고도 표현할 수 있다. 이로써 결과적으로 행정부의 권력이 비대해 지는데 크게 일조하였다. 즉, 셰브론원칙은 다음과 같은 점에서 미국은 물론 세계 행정법 이론에 많은 영향을 미쳤다고 볼 수 있다. 우선, 위 원칙은 행정법규의 해석과 그로 인한 실질적인 행정집행에 있어서 행정부와 법원 사이의 힘의 균형을 현저하게 행정부 쪽으로 옮겨 놓았다. 또한 행정부 내부에서도 법률가의 영향력이 줄어들고, 법률 이외 다른 영역에서의 전문적인 지식을 가진 공무원들의 영향력이 늘어나게 되었다. 위 사건 이전에는 연방항소법원들이 법률의 문언에 모호함이 있는 경우 '무엇이 법인가'를 결정하는 주된 역할을 하고 있었음에 비해, 위 원칙 확립된 이후에는 그 역할의 실질적인 부분이 행정부에 의해서 이루어지게 된 것이다. 이는 한 국가의 행정작용의 주된 의사결정과정에 법률가들보다는 각 분야의 전문가들(experts)이 보다 적극적인 역할을 할 수 있도록 하는 상황의 변화를 가져온 것으로 평가된다. 이러한 과정을 통해서 그동안 지배적인 영향력을 행사하고 있었던 형식주의 법학(legal formalism)을 극복하고, 빠르게 변화하고 과학기술 의존성이 강한 행정법분야에 있어 행정법규의 해석과 집행의 과정이 형식적

25) 황의관, "미국사법부의 행정청 법률해석에 대한 사법적 존중에 관한 연구 - Chevron 독트린과 그 적용범위를 중심으로 -", 「미국헌법연구」 제24권제1호, 미국헌법학회, 2013., 163면; 김은주, "미국 행정법에 있어서 Chevron 판결의 현대적 의의", 「공법연구」 제37집제3호, 한국공법학회, 2009., 77면.

인 법이론이나 입법연혁에 관한 논쟁에 의존하기보다는 과학적 근거에 바탕을 둔 전문가적인 판단이 우선하는 시대가 열리게 된 것이다.[26)]

다만, 그에 대한 반작용도 시간이 갈수록 커졌다. 즉 모호한 법률 조항의 해석을 행정청이 맡고, 법원은 단지 행정청의 해석을 존중하기만 하게 되면, 법률은 의회가 제정하고, 법의 해석은 법원이 한다는 헌법의 기본원리에 위배되며, 삼권분립(separation of powers)에도 정면으로 배치된다는 주장이 나오기 시작하면서 위기를 맞게 된 것이다.[27)]

2. 중요문제원칙(Major question Doctrine)

가. 의의

중요문제원칙이란 행정청의 행정입법이 법률의 위임범위를 넘어 월권인지 여부를 판단하는 법리 중 하나로, 쉽게 말해 행정청의 행정입법이 '사회경제적 파급효가 큰 중요문제(Major Question)'에 관해 규율하기 위해서는 반드시 의회가 만든 법률의 명시적 위임을 받아야 한다는 원칙을 의미한다. 즉, 중요문제에 관해 이러한 명시적인 위임이 없다면 입법자가 행정청으로 하여금 중요문제를 다룰 권한을 부여했다고 볼 수 없으므로 행정청은 중요문제를 규율할 수 없다는 논리로 귀결이 된다.[28)] 만약 법률이 행정청에 행정입법 권한을 부여하고는 있으나 그러

---

26) 허성욱, "행정재량에 대한 사법심사기준에 관한 소고 — 미국 행정법상 셰브론 원칙(Chevron Doctrine)과 해석규범(Canon)의 기능과 상호관계를 중심으로 —", 공법연구, 한국공법학회, 2013. 2., 538면.

27) 이혜진, "셰브론원칙의 수정으로서의 중요문제원칙(Major Questions Doctrine) – 행정기관의 법해석에 대한 미연방대법원의 존중 변화 –", 공법학연구, 한국비교공법학회, 2020, 260면.

28) 그동안의 연방대법원 선례는 다른 접근법을 필요로 하는 –"정부기관이 주장하는 권한의 역사와 범위," 그리고 "그 주장의 환경적·정치적 중요성"이 연방의회가 해당 권한을 부여했다고 결론내리기 주저하게 하는 근거를 제공하는– 특별한 사례가 있다는 것을 알려준다.(FDA v. *Brown & Williamson Tobacco Corp.*, 529 U.S. 120, 159–160 (2000).)

한 권한 부여의 범위나 내용이 명확하지 않고 모호한 수준에 불과하다면 행정청은 결코 사회경제적 파급효가 큰 사항에 관해 규율할 수 없고, 파급효가 작은 사항에 관해서만 규율할 수 있을 뿐인 것이다. 이처럼 중요문제원칙 법리가 보장하는 것은, 만일 행정기관이 국민 다수의 주요 일상의 삶과 자유(기본권)를 규제하려고 한다면, 적어도 행정기관은 그 규제권한이 연방의회로부터의 명시적인 권한위임에 근거한 것이라는 점을 입증하여야 한다는 점에서, 중요문제원칙은 위임금지법리와도 긴밀히 연관되어 있다. 실제로, 지난 수십 년 동안 미국 법원은 위임금지법리를 중요문제원칙에 적용하는 하나의 논거로서 원용해 왔다. 예를 들어, Industrial Union Dept., AFL-CIO v. American Petroleum Institute, 448 U.S. 607, 645 (1980)과 National Federation of Independent Business v. OSHA, 595 U.S. (2022)이 대표적이다. 위 두 사건에서 연방대법원은 중요문제원칙과 위임금지원칙 모두 권력분립원칙을 보호하고, 미국민의 삶을 규율하는 어떤 새로운 법이든 연방헌법이 요구하는 엄격한 민주적 절차에 따르도록 하기 위해 고안된 것이라고 판시하였다. 특히 위임금지의 법리는 연방의회가 자신의 입법권을 선출되지 않은 행정부 공무원들에게 함부로 위임하지 못하게 함으로써 민주적 책임성을 보장한다는 의미도 가진다.[29]

나. 적용 범위

앞서 설시한 West Virginia v. Environmental Protection Agency(2022) 사건과 Loper Bright Enterprises v. Raimondo(2024) 사건에서, 연방대법원은 중요문제원칙이 적용되는 경우를 다음과 같이 열거

29) National Federation of Independent Business v. OSHA, 595 U. S. (2022) (이인호, 오수정. "미국 연방행정부의 백신접종명령에 대한 연방대법원의 집행정지결정과 시사점 – National Federation of Independent Business v. OSHA (2022) 결정 분석 –", 미국헌법연구 제33권 제3호, 미국헌법학회, 2022. 12., 99면~101에서 재인용)

하였다.[30] 먼저, 정부기관이 중대한 '정치적 쟁점'에 대한 사안을 해결하거나 '진지하고 심오한 국가적 논쟁'을 끝내기 위해 법률에 대한 해석권한(행정입법 제정권한 포함)을 주장할 때, 중요문제원칙이 적용된다고 보았다. 다음으로, 정부 정책이 '미국 경제의 중요한 부분'을 규제하거나 '사인이나 사적 단체에 의한 수십억 달러 규모의 막대한 재정적 지출'을 요하는 경우에도 명백한 의회의 위임이 요구된다고 보았다. 마지막으로, 정부행정기관이 '특정 법률에서 규정하고 있는 당해 법률의 핵심을 침탈'하려고 할 경우에도 중요문제원칙이 적용된다고 밝혔다.

결과적으로, 중요문제원칙이 적용되는지 여부를 판단하기 위해 법원은 국민의 대표인 연방의회가 행정청에게 그들이 주장하는 실질적 권한을 부여했다는 점을 보여주는 명백한 증거가 있는지를 살펴보아야 한다. 이때 문제는 행정청에게 정당한 권한을 부여하는 의회의 명백한 위임이 있는지 없는지를 판단하기 위한 구체적인 요건이 무엇인가인데, 미연방대법원은 이에 대해 다음과 같이 밝히고 있다. 먼저, 법원은 전체적인 법체계 안에서 정부 행정기관의 행정입법제정이나 행정행위가 기반을 둔(근거한) 관련 법규정을 찾아보아야 한다.[31] 이때 "직접적인 근거가 아닌 간접적이거나 생략된 법규정(조항)"은 명백한 권한 위임이 될 수 없다. 두 번째로, 법원은 정부기관이 다루고자 하는 정책과 관련해 당해 정책의 근거가 된 법규의 연혁과 입법취지를 조사해, 연방의회가 해당 법제정과 문제가 된 정부의 특정 정책과의 연계성이 거의 없거나 모호하다면, 의회가 행정부에게 관련 규제권한을 특별히 위임했을 가능성은 거의 없다고 보았다.[32] 세 번째로, 법원은 정부기관이 과거에 특

30) 이는 *Gonzales v. Oregon*, 546 U.S. 243, 267−268 (2006); *Utility Air Regulatory Group v. EPA*, 573 U.S. 302, 324 (2014); *King v. Burwell*, 576 U.S. 473, 485 (2015); *FDA v. Brown & Williamson Tobacco Corp.*, 529 U.S. 120, 160 (2000) 사건 등 그동안 연방대법원이 중요문제원칙을 적용한 사례를 정리한 것이다.

31) *FDA v. Brown & Williamson Tobacco Corp.*, 529 U.S. 120, 160 (2000).

32) *Spector v. Norwegian Cruise Line Ltd.*, 545 U.S. 119, 139 (2005) (다수의견).

정한 행정행위를 하면서 적용한 관련 근거규정을 해석했던 사례들을 조사해 만약 특정 법규정의 제정 및 그와 "동시에 적용(contemporaneous)한 법해석인 경우" 및 특정 법규정에 대하여 오랫동안 관행적으로 이어져 온 행정부의 법해석(행정입법제정, 행정행위등)이 있다면, 정부기관의 행위에 대한 중요한 근거 규정으로서 인정받을 자격이 있다. 다만, 정부기관이 이전에 "행하지 않았거나 해석하지 않은 권한"을 특정사안에 들어 새롭게 그 근거 법조항으로서 발견했다고 주장한다면, 그 주장은 통상적으로 배척될 여지가 크다.[33] 네 번째로, 정부기관의 논란이 되는 행정작용과 의회가 법률로써 행정부에 위임한 임무·기술 사이에 상당한 괴리가 있다면 정부기관의 법해석 권한을 부정하는 입장에 힘이 실릴 것이다.

다. 중요문제원칙이 가지는 함의

중요문제원칙은 헌법상 권력분립을 보호하기 위해 작동한다.[34] 미연방 헌법 제1조에서 국민은 모든 연방 입법 권한을 연방의회에 부여했다.[35] Marshall 전 대법원장이 1825년 언급했던 것처럼, 이것은 연방의회가 행정부에 "일반조항 하에서 구체적인 세부내용을 채우는 기능을 하도록" 부여했더라도, "중요한 문제들은 전적으로 입법부에 의해 법률로 규정되어야 한다."라는 것을 의미한다.[36] 연방헌법은 입법 권한을 국민의 선출된 대표자에게 부여함으로써 모든 권한이 국민으로부터 유래할 뿐만 아니라, 그 권한을 위임받은 사람들이 계속해서 국민의 눈치를 살피고 의존하도록 보장하려 한 것이다. 그 후 1980년 미연방대법원

33) *Utility Air Regulatory Group v. EPA*, 573 U.S. 302, 324 (2014).

34) 이는 뒤에서 다루는 바와 같이 '중요문제원칙'이 해석 여지에 따라 동전의 양면처럼 권력분립원칙에 부합하는 것처럼 해석되거나, 또는 위배되는 것처럼 해석될 수 있는 부분이 있다.

35) 미연방헌법 전문, 연방헌법 제1조.

36) *Wayman v. Southard*, 10 Wheat. 1, 42-43 (1825).

은 의회가 명시적인 입법 권한의 위임 없이 막연하고 추상적인 행정입법 권한을 행정부에 부여하였다고 당연히 전제하는 것은 합리적이지 않다고 판결했다.[37] 이후, 연방대법원은 "법령의 문언을 해석하여, 특히 법에 명시된 위임조항이 위헌으로 판단될 가능성이 있는 경우 이를 가능한 좁고, 엄격하게 해석하여야 한다"고 판시하여, 중요문제원칙을 간헐적이긴 하지만 지속적으로 적용하여 왔다.[38] 즉 연방대법원은 입법부 견제 차원 차원에서 법률해석을 함에 있어 '명확성 원칙', '엄격해석의 원칙'을 적용하는 것과 마찬가지로, 행정부의 권한(주로 규제권한)에 대한 견제로서 행정부가 행정입법제정이나 행정행위 등 다양한 행정권을 행사함에 있어 헌법적 경계를 함부로 위반하지 않도록 하기 위해 '중요문제원칙'을 적용하여 왔던 것이다.[39]

3. 미연방대법원의 위헌심사기준으로서 '행정청 존중원칙'(Chevron Doctrine)의 파기 및 '중요문제원칙'(Major question Doctrine)의 등장

가. 행정청 존중원칙의 쇠퇴

법을 집행하는 담당 행정청에서 관련 규칙을 제정할 경우 폭넓은

37) *Industrial Union Dept., AFL-CIO v. American Petroleum Institute*, 448 U.S. 607, 645 (다수의견).

38) 법원의 중요한 의무 중 하나는 의회가 제정한 법률이 위헌심사 대상이 되었을 때, 그 법이 헌법에 따라 적용되도록 보장하는 것이다. 이 의무를 충족하기 위해 법원은 그동안 "엄격해석원칙(Doctrine of Strict Interpretation) 내지 명확성원칙(clear-statement rule)" 등을 발전시켜 왔다. 이 원칙은 의회가 만든 법률이 그 결과를 달성하려는 의도를 명확히 밝히지 않는 한 행정부나 사법부(법원)는 특정 결과를 가져올 방식으로 해당 법률에 대한 해석을 임의로 하여서는 아니된다는 것을 전제하고 있다.(*Mistretta v. United States*, 488 U.S. 361, 373 n. 7 (1989); NFIB v. OSHA, 142 S.Ct. 661 (2022))

39) West Virginia v. Environmental Protection Agency (2022) 사건에서 다수의견에 동조한 Gorsuch 대법관 보충의견

법해석 권한이 있음을 인정하는 셰브론 원칙이 환경 행정분야인 청정대기법에서 시작되었듯 전문적인 지식이 필요한 영역에 있어서는 여전히 행정청 존중원칙은 중요하다고 볼 수 있다. 이러한 행정청 존중원칙은 전문 분야에서 의회가 신속하고 명료하게 특정 법률을 제정할 수 없는 한계를 인정하는 한편, 관계 행정청의 전문가가 해당 전문 분야의 판단을 보다 정확히 내릴 수 있음을 인정하는 것에서 출발하여 효율적 국정 운영의 바탕으로 자리매김 하였던 것이다. 하지만 사법부가 해야 할 법해석을 행정부에 전적으로 맡기고 행정청의 행위에 대한 헌법적 통제를 약하게 한다는 지적과 함께 입법부는 물론 로스쿨 교수 등 법이론가들의 비판까지 더해지면서 셰브론원칙은 점차 그 입지가 약화되기 시작하였다.[40] 즉, 미연방대법원은 이미 2000년대 초반부터 경제적, 환경 문제가 중대한 경우 셰브론원칙이 적용되지 않는 '중요문제 이론'을 도입하여 왔다. 결국 어떤 법률도 그 목적을 이루기 위한 비용이 허용할 수 있는 범위를 넘어서는 경우에는 목적을 지속적으로 추구할 수 없기 때문이며, 같은 이유로 2001년 SWANCC 사건과 2006년 Rapanos 사건 등에서 대법원은 셰브론원칙에서 허용하는 행정청의 해석에 대한 존중을

40) 셰브론 원칙에 대한 비판적 견해는 다음과 같은 점을 지적한다. 첫째, 셰브론 원칙이 미 행정소송 시스템의 주요한 약점이라는 것이다. 즉 셰브론 존중은 청구인의 승소 가능성을 용인할 수 없을 만큼 현저히 떨어지게 하며, 행정국가가 행하는 억압적 행정작용을 확인 및 감시해야 한다는 공정성에 관한 관념을 약화시키고 권력분립에 따른 장점을 깨닫지 못하게 한다. 둘째 셰브론 원칙은 의회가 제정한 법률의 의미가 모호하거나 불명확한 경우 법원으로 하여금 행정청의 법률 해석을 존중하여 판단토록 하므로 권력분립원칙 위반 가능성을 항시 내포할 뿐만 아니라, 아우어 존중(Auer Deference)의 경우 그 문제가 더욱 심각하다. 이는 아우어 존중이 판사에게 그 행정청이 스스로 집행하는 법률에 관한 법 해석에 판단의 무게를 싣도록 강제하기 때문이다. 아우어 원칙은 이렇게 행정청에 의해 입법·해석·시행되는 법령을 용인함으로써 권력분립원칙에 위배됨을 제시함은 물론, 행정국가의 권력 작용이 개인에게 불리하게 행사되었을 때 그 권력을 민주주의 국가의 시민이 가지는 권력에 대한 주장권에 기반하여 주장할 수 있는 개인의 기본권을 침해한다.(Troy C. Fuhriman, "Chevron and Auer Deference from the Standpoint of Republican Theory", 경희법학 55권 4호, 경희대 법학연구소, 2020. 12., 122면 이하)

인정하지 않고, 행정청이 상위법을 임으로 해석하여 만든 하위 시행규칙이 위헌, 위법하다고 판시하였던 것이다.[41)]

나. 행정청 존중원칙의 파기

결국, 미연방대법원은 West Virginia v. Environmental Protection Agency(2022) 사건과 Loper Bright Enterprises v. Raimondo(2024) 사건[42)]을 계기로 행정입법 제정 등 행정부에게 폭넓은 법해석권 즉, 형성재량권을 인정하는 셰브론원칙을 파기하기에 이르렀다. 그동안, 행정부의 재량권을 제한하는 예외 사례로만 인식되던 것이 이제는 연방대법원은 물론 미국의 많은 학자들에 의하여 '중요문제원칙' 내지 '중대한 질문원칙'(Major Question(s) Doctrine)이라고 이름 붙여져 기존의 셰브론 원칙을 대체하기에 이른 것이다. 이는, 정치, 경제, 사회, 문화적으로 중요한 법규에 관한 행정기관의 해석에 대해서는 법원이 더 이상 존중하지 않는다는 셰브론원칙의 명백한 수정이자 파기에 해당한다. 특히, 2024. 6. 28. 선고된 Loper Bright Enterprises v. Raimondo 사건에서는 연방대법원은 사법부가 모호한 법률 조문에 대한 해석 권한을 행정부로부터 회수한다고 천명하였다. 이 사건에서 로버츠 대법원장은 다수의견으로 "법원은 정부 기관이 법률의 틀 안에서 합리적으로 행정권을 행사하는지를 독립적으로 판단할 의무가 있다며 행정절차법에 따라 사법부가 특

41) Michael Sebring, "Major Question Objections", note, 129 Harv. L. Rev. 2191 (2016). (이혜진, 전게논문, 271면에서 재인용)

42) 연방대법원은 2024년 6월 28일 로퍼 브라이트 엔터프라이즈 대 러먼도(Loper Bright Enterprises v. Raimondo) 사건 판결을 통해 1984년의 셰브론 대 천연자원보호협회(Chevron v. Natural Resources Defense Council, Inc.) 판결을 파기했다. 이 판결에서 인정된 '셰브론 원칙'은 의회가 제정한 법률이 그 구체적 해석에 관한 의도를 직접적으로 명시하지 않은 경우, 이를 집행하는 정부기관이 합리적인 범위 내에서 해당 법률을 해석·적용하면, 법원은 그 해석을 존중해야 한다는 것이다. 법원이 행정기관의 합리적 법률 해석을 존중해야 한다는 의미에서 'Chevron deference' 즉 '셰브론 존중(예우)' 혹은 '셰브론 자제'로 불리기도 한다.

정 법률의 취지와 원칙을 해석함으로써 행정부의 자의적 법률 집행을 견제해야 한다."고 밝히고 있다. 이는 마땅히 행정부의 전문성과 견해를 존중하되, 불분명한 법률조항의 해석과 집행의 적절성 판단은 사법부 소관이 돼야 한다고 천명한 것이다.[43] 그동안 법원은 셰브론 원칙에 따라 특정 법률 조문이 불분명(ambiguous)하다고 인정되면, 소관 정부 기관 해석을 존중(deference)하여 판결해 왔으나, 이번 결정에 따라 법원이 행정소송에서 법률의 입법취지를 해석하여 정부 행정집행의 합리성 여부를 직접 판단하게 되었다. 그로 말미암아 향후 연방정부는 정치적으로 민감한 행정규제 수립에 어려움을 겪을 것으로 예상되며 특히 민주당이 주도하는 에너지, 환경, 보건 정책에 대한 제동이 불가피하게 되었다. 나아가 연방의회는 그동안 각종 전문 법안 수립 시 현실적인 이유(전문성 부족, 여야 합의 실패)로 세세한 규정은 행정부가 만들 수 있도록 여지를 남겼으나, 셰브런 독트린 폐기로 인해 각종 법률 제정과정에서 세부 규정을 최대한 구체적으로 성문화해야 하는 부담이 가중(예산, 전문 인력확충 등)될 처지에 처해졌다. 이러한 미국 연방대법원의 행정입법에 대한 위헌심사기준의 변화는 분명 우리나라에도 특별한 시사점을 주고 있다. 특히 중요문제원칙과 관련하여 우리의 포괄위임입법금지원칙과 의회유보원칙 등에 위헌심사기준으로서 명확성원칙, 예측가능성, 중요사항(본질사항)유보설 등에 대한 보다 심도 있는 검토와 분석이 요구되는 것이다.

43) 그에 반해 진보 성향 대법관은 소수의견에서 민의로 선출되지 않는 판사의 자의적인 판단으로 정부의 행정권을 침해해서는 안 된다고 주장하며, 고도의 전문성과 정책 판단이 필요한 규제 법률 해석의 전권을 사법부가 독점하는 것을 비판함과 동시에 향후 각종 정부 정책 추진에 장애가 발생할 것에 대한 심각한 우려를 표명하였다(Loper Bright Enterprises v. Raimondo (2024)).

다. 중요문제원칙(Major question Doctrine)이 가지는 문제점

(1) 문제의 제기

행정입법에 대한 새로운 위헌심사기준으로서 중요문제원칙을 적용하여 법원이 "중요한 문제"인지 아닌지만 감독하며 정부 기관의 권한과 재량을 억누르는 데만 집중한다면, 행정부가 국가를 효율적으로 통치하는 일은 훨씬 더 어려워질 것이다. 또한 얼핏 보면 정부 행정기관이 법에 명시하지 않은 부분에서 재량권을 발휘하지 못하게 하면 입법부인 의회의 힘이 강해질 것 같지만, 실상은 그 반대일 수도 있다. 왜냐하면, 의회는 지금껏 새로운 과학적 발견과 기술이 등장할 때 이를 먼저 스스로 직접 파악하고 이해한 다음 관련 법률을 만들기보다는 전문성을 갖춘 행정기관이 먼저 사안을 파악해 자율적으로 규제를 시행하도록 한 다음 그 규제에 대해 문제점이 발견될 경우 이를 시정하는 방향으로 진행해 왔다. 그렇게 하는 것이 중요한 문제에 늦지 않게 해법을 찾는 가장 효율적인 방법이었던 것이다. 미연방대법원에서 다뤄진 청정대기법이나 코로나19 관련 방역대책의 근거법도 그런 원칙 아래 행정청에서 먼저 규제를 집행하고 난 뒤 그 경험을 보완해 다듬어진 법들이다. 그런데 갑자기 40년 가까이 확립된 '행정청 존중원칙'을 뒤집고, 법원이 '중요문제'라는 모호한 기준을 들고 나와 정부 행정기관의 규제 행사 권한을 판단하겠다고 나선 것이다. 이번 판결로 인해 연방대법원은 의회에 더 많은 권한을 쥐여 준 게 아니라, 무거운 짐을 떠넘긴 셈이 된 것이다.[44] 앞으로 의회는 중요한 규제 관련 법률들을 제정할 때마다 법원

44) 게다가 연방대법원은 셰브론원칙을 파기하면서 문제가 된 청정대기법 등이 제정된 지 꽤 시간이 흘러 현재의 상황과 맞지 않는 측면이 있다고 강조했지만, 미연방대법원이 내세운 중요문제원칙은 그와 마찬가지로 갓 제정된 법들에도 얼마든지 적용이 되어 부작용이 초래될 수 있다. 실제로 2012년 연방의회가 오바마케어로 불리는 건강보험개혁법(ACA, Affordable Care Act)을 통과시켰을 때 대법원은 곧바로 국세청(IRS)이 새 법안에 따라 보험료를 징수하는 게 옳은지를 "중요문제" 원칙에

의 "중요문제" 원칙에 어긋나지 않는지를 미리 검토하여야 하는 수고를 떠안을 수밖에 없게 되었다. 동시에 보수적인 대법관들의 까다로운 기준에 부합할 만큼 보다 명확하게, 최대한 구체적으로 행정기관의 권한을 명시해야 하는 것도 전문성이 떨어지는 의회에게는 또 다른 부담이 될 것이다.

(2) 권력분립원칙과의 관계 문제

이 상황에서 의회가 신경써야 하는 근본적인 문제가 또 있다. 중요문제원칙의 바탕에는 이른바 "권력분립원칙(separation of powers principles)"이라는 더 근본적인 관계설정 문제가 도사리고 있는 것이다. 이번 셰브론원칙 파기에 동조한 다수의 보수 대법관들은 대부분 이를 명확히 언급하지 않았지만, 닐 고서치 대법관이 쓴 보충의견에는 이 원칙이 분명히 언급돼 있다. 즉, 법원이 "중요 문제"인지, 아닌지를 따지는 이유는 바로 헌법이 의회에 인정한 권력을 행정부에 함부로 위임해서는 안된다는 '입법권 위임금지'(non delegation) 원칙 때문이다. 헌법이 의회에 입법권한을 부여한 이유는 의회가 직접 법률을 제정하라고 한 것이지 다른 개인이나 집단에 그 권한을 위임해도 좋다고 한 것이 아니라는 것이다.

문제는 미국헌법에 법을 제정하는 권한인 입법권(legislative power)이 정확히 무엇인지 규정되어 있지 않다는 점이다. 반대로 행정권(executive power)이나 사법권(judicial power)에 관한 규정은 미국헌법 조문에 명시돼 있다. 그런데 '입법권 위임금지' 원칙을 적용하려면 입법권을 정부가 행사하는 다른 권력과 구분할 수 있어야 한다. 그래서 보수성향 판사들은 사안의 중대성에 집중했다. 즉, 행정부가 행하는 정책의 중요성을 토대로 그 근거인 법률을 제정하는 입법권에 대해 좀 더 명확히 헌법에 규정할 필요가 있다는 의견을 최근 일련의 연방대법원 판결

따라 판단했다.(National Federation of Independent Business v. Sebelius (2012))

에 꾸준히 써온 것이다. 이는 “중요문제” 원칙에 깔린 원전주의(原典主意)를 일반법률이 아닌 헌법에까지 확대 적용하려고 하는 시도로 보여진다. 연방대법원의 이런 논리를 좀 더 급진적으로 해석하면, 법원은 이제 법을 해석하고 다듬는 정도가 아니라, 법원이 ‘중요한 문제’라고 보는 사안에 관해 의회가 분명한 언어로 법을 제정하지 않을 경우 그 이유 하나만으로도 해당 법 전체를 무력화 해버릴 수 있게 되었다. 결과적으로 위 웨스트버지니아 판결이나 로퍼 판결은 행정부뿐만 아니라 의회의 권한도 상당히 축소하는 판결이 되고 만 것이다. 이는 권력분립원칙 관점에서도 결코 타당하지 않다고 볼 수 있다.

결국, 이번 연방대법원의 셰브론원칙 파기결정으로 인해 이미 결정돼 시행 중인 연방정부의 행정규제는 “중요문제” 원칙에 따라 재검토될 처지에 처했고, 새로 시행하려는 행정규제들 역시 여러모로 위축될 수밖에 없게 되었다.[45] 이와 관련하여, 전문가들은 특히 증권거래위원회(SEC, Securities and Exchange Commission)와 연방에너지규제위원회(FERC, Federal Energy Regulatory Commission)가 기후변화와 관련해 시행하려던 규제들은 행정입법 절차를 밟기도 전에 이미 폐기된 거나 마찬가지로 보고 있다. 무엇보다, 정부 행정기관이 어떤 규제를 세울 때 해당 사안이 보수 대법관들의 눈에 얼마나 중대한 사안으로 비칠지에 관한 막연

45) 이번 연방대법원 판결은 곧바로 하급심 법원에서 인용되고 있다. 텍사스주 법무장관이 국토안보부의 불법체류청소년 추방유예제도(DACA, Deferred Action for Childhood Arrivals) 프로그램과 핵폐기물 규제위원회(NRC, Nuclear Regulatory Commission)가 텍사스주에 핵폐기물 처리 시설을 짓기로 한 결정의 부당성을 지적하면서 웨스트버지니아 판결을 인용한 것이 일례이다. 위 사건에서 연방항소법원은 2023. 8. 26. “원자력에너지법(AEA)이 원자로와 거리가 떨어진 곳에 사용후핵연료 저장소 건설을 허가할 권한을 NRC에 부여하지 않았다.”고 판결했다. 또 핵폐기물정책법(NWPA)은 영구 저장 해법을 우선하도록 하고 핵폐기물의 임시 저장은 원자로나 연방정부 부지에서만 허용하기 때문에 NRC의 임시 저장시설 허가가 이 법과 상충한다고 보았다.
(https://www.keei.re.kr/board.es?mid=a10202010000&bid=0007&tag=&act=view&list_no=48770)

한 추측에 의존해 일을 처리해야 한다는 점도 큰 문제로 지적이 된다. 정부 행정기관들은 중요한 규제와 관련해 행정입법을 만들어 집행할 때마다 점점 더 큰 법률적 불확실성을 안고 일을 처리해야 하는 상황에 처한 것이다. 한 나라가 직면한 어떤 문제를 해결할 좋은 아이디어가 떠올랐을 때 입법부든 행정부든 다른 누군가의 눈치만 봐야 한다면 그 정부는 제대로 일을 할 수 없을 것이다. 그런데 미국 연방대법원이 전면에 내세운 중요문제원칙으로 인해 앞으로 미국 의회와 정부는 중요 정책적 사안 시행에 앞서 사법부의 눈치를 살피게 될 가능성이 커졌다. 이는 삼권분립원칙에도 반할 소지가 있는 것이다.[46)]

Ⅳ. 행정입법등에 대한 위헌심사기준 및 그에 관한 검토

1. '중요문제원칙' 내지 '본질성이론' 및 그 한계

셰브론원칙을 우리나라의 논의로 가져오면, 입법권의 위임입법 한계론에 관한 문제로 귀결될 수 있다. 현행 우리 헌법은 제75조와 제95조에서 행정입법을 규정하고 있는데, 이 규정은 행정입법의 근거이자 한계로 작용한다. 즉, 제75조의 "구체적으로 범위를 정하여 위임"하라는 포괄위임입법금지원칙을 선언하고 있는데, 이에 대해 우리 대법원과 헌법재판소는 "법률의 위임 근거조항과 다른 규정들을 유기적, 체계적으로 검토하여 위임의 구체성과 명확성 여부를 판단해야 한다는 입장으로 누구든지 법률을 통하여 위임입법으로 정할 사항의 대강을 예측할

46) 다만, 이에 대해서는 MQD가 주로 정권 교체기 정책(행정해석)변화에 따른 혼란(어느 정부의 해석을 존중하여야 하는가)에 의해 나온 것이라는 점에서 순수하게 법리의 문제라기보다 사실적 문제에 불과하다는 견해도 있다(이혜진, 전게논문, 277면).

수 있으면 족하다."고 본다.[47] 즉, 당해 법률 규정만으로 행정집행이 원활히 되지 않는 상황이라면 행정입법 위임이 다소 모호한 경우라 하더라도 행정입법을 통하여 법률을 합리적으로 보충할 수 있는 것으로 보아야 하고, 그렇게 보충된 행정입법은 가능한 존중되어야 할 것으로 보고 있는 것이다.

이처럼 미연방대법원의 행정입법에 대한 위헌심사기준으로서 중요문제원칙은 우리나라에서의 위임입법의 한계 논의로서 포괄위임금지원칙, 명확성원칙과 그 연장선에 있는 위임입법의 가부에 관한 논의로서 의회유보원칙 등과 관계가 깊다고 볼 수 있다. 전통적으로 의회유보란 의회가 자신에게 부여된 입법권을 직접 행사하는 것을 말하고, 행정유보란 입법기능에 관한 한 의회가 자신의 입법권을 행정부에 넘겨주는 것, 즉 위임입법을 의미하는 것으로 이해할 수 있다.[48] 나아가, 포괄위임금지원칙 위반 여부를 판단하는 기준으로서 명확성원칙('행정부에 입법을 위임하는 수권법률의 명확성' 즉, 위임의 구체성·명확성·예측가능성)이 존재하고, 의회유보원칙 위반 여부를 판단하는 기준으로 과거 독일 연방헌법재판소에서 확립된 본질성이론이 있다. 본질성이론이란 "법치국가 원

47) 포괄위임금지원칙 위반 여부에 관해서는 예측가능성이라는 일정한 심사기준이 형성되어 있으나 어떠한 사안이 포괄위임금지원칙에 저촉되는지 여부는 사안별로 개별적·구체적으로 판단하여야 한다. 우리 헌법재판소는 "위임입법은 구체적이고 명확하여야 하며 위임의 내용이 예측가능하게 규정되어야 하지만 이러한 예측가능성의 유무는 당해 특정조항 하나만을 가지고 판단할 것은 아니고 관련 법조항 전체를 유기적·체계적으로 종합 판단하여야 하며 또한 이는 각 대상법률의 성질에 따라 구체적·개별적으로 검토하여야 하되 원칙적으로 법률의 수권에 의거한 명령의 내용이 어떠한 것이 될 것인가는 수권법률의 내용으로부터 예측가능하여야 한다." 고 판시하여 예측가능성을 포괄위임금지원칙의 심사 기준으로 제시하고 있지만 여전히 부족함이 존재한다(홍완식, 김승태, "헌법재판소의 결정을 통해 본 포괄위임입법금지 원칙 – 입법적 시사점을 중심으로 –, 입법학연구 제17집 제1호, 한국입법학회, 2020. 2., 79–81면).

48) 김지영, "법률유보의 비교법적 고찰", 한양법학, 한양대 법학연구소, 2023. 60면 이하; 조태제, "법률의 유보원칙–본질성이론에 근거한 의회유보를 중심으로–", 한양법학, 제1집, 한양대법학연구소, 2면 이하에서 요약 정리.

리와 민주주의 원리에 의하면 본질적인 부분에 대한 결정은 입법자 스스로가 행하여야지 행정권에 위임할 수 없다"는 것이다. 이에 의하면 국가 정책의 중요하고 본질적인 부분에 대한 결정은 의회가 법률로 반드시 규율해야 한다.[49)]

나아가, 의회유보원칙에 대한 심사기준으로서 본질성이론에서 말하는 본질적인 것이란 무엇인가에 대해서는 "어떤 결정이 국가공동체 질서유지를 위해 일반적이고 정치적인 파괴력이 있는 또는 명백하고도 일반적인 중요성이 있는지"가 기준으로 제시되기도 한다. 이는 미연방 대법원이 셰브론원칙을 파기한 이번 판결에서 강조한 '중요문제'와도 연결되는 것으로 본질성의 의미를 중요 정치적인 논쟁으로 이해하는 견해라든지 공동체 사회 전체 이익의 중요성을 강조하는 견해와도 같은 맥락이다. 이에 대해, 과거 독일 연방행정재판소는 라틴어교육사건에서 전통적인 학교 교육체제의 구조를 조직상 또는 내용상 본질적으로 변경시키는 "교육 및 학교 정책상의 근본 결정들은 일반적인 중요성이 있어 의회가 법률에 그 대강을 규율하여야 한다."는 관념을 도출해 냈고, 그 후 원자력발전소사건에서도 "원자력발전소 건설과 같은 국가사회 공동

49) 이와 관련하여, 독일연방헌법재판소는 1958년 3월 5일 매상세법 관련 사건에서 "독일기본법 제80조 제1항 제2호의 규정은 생활영역의 질서유지에 결정적인 사항들은 입법자 스스로가 반드시 법률에 규율할 것을 강제한다"라고 판시하면서 "조세 조항을 규정하면서 그 본질적인 사항을 조세당국에게 양도한 법률은 법치국가 원리에 반한다"라고 판시하였는데 이것이 본질성이론의 시초라고 본다. 그후 1972년 5월 9일의 "전문의(專門醫)" 결정에서 직업선택에 관한 규정은 입법자에게 적어도 기본적으로 유보되어야 한다고 판시하였는바, 신분형성적 규범은 본질적인 것으로서 형식적 법률로 규율하여야 한다는 것이다. 이후 본질적인 결정은 입법자 스스로 행하여야 한다는 본질성이론은 널리 받아들여져 하나의 관용적 표현이 되었다. 그 후 성교육에 관한 판결에서 처음으로 본질성 척도를 기본권 관련성과 결합시켰다. 즉 "어떠한 조치가 본질적인지는---우선 일반적으로는 기본권을 기준으로 한다. 이 경우에 기본권의 보호가 중요한 관점이 된다---.기본권에 관련된 영역에 있어서는 따라서 '본질적'이란 대개 '기본권의 실현을 위하여 본질적'임을 의미한다"라고 판시하였다.(조정찬, "의회유보와 행정유보", 법제논단, 법제처, 2010. 12, 64면)

체 내에서 극단의 갈등요소가 존재하는 근본적인 결정은 전적으로 입법자인 의회의 몫이며, 입법자는 침해라는 특징과는 무관하게 기본적인 규범영역에서, 특히 기본권 실현의 영역에서 국가 전체적인 규율의 필요성을 감안하여 그 본질적인 결정을 법률에 스스로 결정해야 한다."고 판시하여 본질성이론(중요사항유보)을 확립하였다.[50)]

그런데, 문제는 본질사항유보설의 본거지인 독일에서도 이에 대해 '내용이 비어있는 공식'(leerformel), '법 이론상의 파산선고'(einerechts dogmatische Bankrotterklaerung) 등의 비판이 제기되어 왔고, 우리나라에서도, "본질적인 것과 비본질적인 것의 구분이 사실상 불가능하다.", "의회유보의 규율범위가 불필요하게 지나치게 확대됨으로써 오히려 의회가 제대로 기능을 수행할 수 없게 될 위험이 있다." 등의 비판이 제기된 바 있다.[51)] 이처럼 독일과 우리나라에서 도입하고 있는 본질성이론은 물론 미연방대법원에서 최근 새롭게 도입한 중요문제원칙의 주된 난제는 '무엇이 중요한 문제에 해당하는가?'라는 점이다. 이와 관련하여, 일단 국민의 주요 기본권 실현과 그 제한에 관한 사항은 중요한 문제에 해당한다고 할 것이나, 그 나머지 것은 의회가 스스로 결정할 수밖에 없어 그 중요성의 정도를 판단하기가 모호하다는 난점이 있다. 이러한 난점을 해결하고자 중요사항유보론에서는 "매우 중요한 사항"에 대하여는 모든 사항을 법률로써만 배타적으로 정하여야 하고, "보다 덜 중요한 사항"은 행정부에도 입법권이 위임될 수 있고, "중요하지 않은 사항"은 법률의 근거를 요하지 않는다고 보자는 나름의 원칙을 확립하고 있지만, 그럼에도 불구하고 그 위헌 여부에 대한 최종 판단을 사법부가 독점하는 현실에서는 결과적으로 사법부가 권력의 최정점에 서게 되는

50) 그러나 동 재판소는 이 결정에서 의회유보를 단지 규범적 규율에서만 승인하고 '정치적 중요성'이란 의회유보의 근거가 아니라 전통적인 법규유보의 근거가 될 뿐이라고 했다. 이처럼 정치적 중요성이란 기준은 아직 확립되었다고 보기는 어려운 단계에 놓여 있다.

51) 한수웅, 헌법학, 법문사, 2021, 255면.

결과를 가져올 수밖에 없는 구조가 되고 만다. “중요문제”나 “중요사항유보(본질성이론)” 원칙이 강조될수록 의회와 정부는 중요 사안마다 사법부의 눈치를 볼 수밖에 없는 것이다.

2. 행정유보의 범위와 한계

가. 행정유보의 범위

행정유보란 권력분립적 관점에서 일반적으로 의회나 법원의 관여를 허용하지 않는 고유한 행정영역을 행정부에 유보하는 것을 의미한다.[52] 행정유보론은 독일에서 1980년대에 입법의 홍수 내지 범람 현상에 대한 우려와 부작용이 제기되면서 의회의 부담경감을 위해 전문적이고 탄력적인 현대 행정영역에서 신속하고 탄력적으로 대응코자 행정부에게 독자적인 법정립권을 부여하자는 논의가 등장하면서 나온 이론이라고 보는 것이 대체적인 견해이다.[53] 이처럼 행정유보론은 법률유보론의 확장에 따른 법률의 과잉화 현상, 의회유보이론의 전개와 관련하여 본질성이론에 대한 반동으로 나왔다고 볼 수 있다.[54] 즉, 의회유보론 역시 헌법규정에 의하여 각 국가기관은 다른 국가기관에 대하여 핵심영역을 침범할 수 없다고 보며 그 한도에서 권한의 배타성 원칙이 적용된다고 본다.[55] 이때 행정의 핵심영역이 무엇인지를 구체적으로 적시하기

---

52) 행정유보의 정의에 관해서는 학설상 논의가 분분하며, 그 중 배타적 행정유보와 허용적 행정유보로 나누는 견해도 있는데, 배타적 행정유보란 행정입법을 만들 때 행정부만이 만들 수 있다는 것이고, 허용적 행정유보란 행정입법을 만들 때 행정부가 만들지만 국회도 관여할 수 있다는 의미이다.

53) 김향기, “법률의 유보와 행정규칙”, 현대공법논총(변재옥박사 화갑기념), 1994, 576면; 서원우, “행정유보론의 문제점”, 고시연구, 고시연구사, 1986. 8. 9면 이하.

54) 박영도, “의회유보·행정유보의 의미와 입법적 시사점”, 법제논단, 한국법제연구원, 2010. 12., 90면.

55) vgl, F.E.Schnapp, in : von Munch, Grundgesetz Kommentar, Bd.1, Art.20 Rn.34.(박영도, 전게논문, 91면에서 재인용)

는 쉽지 않지만 대체로 헌법이 보장하는 행정권의 존립 및 그 기능을 수행하기 위하여 본질적으로 필요한 기능이라고 하면서 조직권, 업무처리권, 인사권을 들기도 한다.[56] 그 중 행정청의 업무처리권에 관하여 보면 국민의 자유나 권리를 침해하고 의무를 부과하는 사항의 시행을 위하여서는 법률의 수권이 필요하지만, 모든 행정에 일일이 법적 근거를 요하는 것은 아니라고 본다. 또한, 행정이란 헌법 및 법령에 규정된 국가의 방향이나 정책의 구체적 실현이라는 점에서 행정 본래의 업무를 실현시키기 위하여 자주적 입법으로서 행정입법제정권을 포함한 업무처리권을 갖는다고 보고 이것 또한 행정권의 핵심영역으로서 의회가 존중할 필요가 있다고 보는 것이다. 그 근저에는 의회가 감당할 수 없는 전문 행정영역에 대하여는 부득이 해당 전문가인 행정부가 스스로 이를 정하도록 할 수밖에 없다는 의회유보론의 한계 문제도 도사리고 있다.[57]

나. 의회유보의 견지에서 본 행정유보의 한계

결국, 의회유보와 행정유보가 충돌하는 경우는 의회가 제정하는 법률에서만 정할 수 있는 사항과 행정부에 넘겨주어도 될 사항의 구별문제로서 위임입법의 범위 내지 한계 설정 문제라고 할 수 있다. 오늘날은 급변하는 4차산업 혁명시대에 발맞추어 행정의 역할이 비약적으로 증대하고 행정현상도 복잡, 다양성을 띠게 되었으며 무엇보다 과학기술의 발달로 이를 규율하는 법규도 더욱 강한 전문성을 띄게 되었다. 이러한 입법환경의 변화는 자연스레 입법에 있어서도 행정부의 역할 증대를 가져왔다. 입법에서의 행정부의 역할 증대는 대통령제 국가에서조차 행정부가 중요 법률안의 입법을 주도하는 경향을 보임과 동시에 법률 자체로서는 도저히 감당할 수 없는 부분을 떼어내어 행정부의 권한으로

---

56) 이명구, 전게논문, 68면.

57) 조정찬, 전게논문, 93면 이하.

나누어주는 위임입법의 증가를 가져왔다. 그러나 의회가 본연의 입법기능을 행정부에 무제한 넘겨줄 경우 권력분립원칙이 무너지게 된다.[58] 행정입법의 증대 필요성이 커질수록 반작용으로 의회입법의 본연의 기능을 확보하기 위한 노력도 수반되어야 한다. 그런 측면에서 중요사항유보설 내지 미연방의회가 이번 판결에서 강조하고 있는 중요문제원칙은 그와 같은 절박함에서 나온 의회와 행정부의 역할 분담 기준(경계설정)에 해당한다고 볼 수 있다.

3. 행정청의 탄력적 법해석권한 인정의 필요성

오늘날, 첨단 과학기술 영역과 같이 최신 식견에 의거한 종합적 판단에 의하지 않을 수 없는 전문분야에서는 기술발전에 부합하는 적극적이고, 능동적인 규율이 필요하여 관계 행정청의 전문적 판단이 존중되어야 하는 경우가 많다. 즉 전문적이고 항상적으로 활동하는 행정부가 의회보다 기술의 진보나 사회경제적 환경 변화에 유연하고 신속하게 대응하는 것이 가능하기 때문에 행정청의 전문가적 재량권을 인정하고, 행정부에게 광범위한 법률 해석권한과 행정입법 제정권한을 부여하되, 그 통제는 법원에 의한 사후적 통제 내지 사전 행정절차로 행함이 상당하는 견해가 지지를 받고 있는 것이다. 물론 이에 대해서는 행정의 전문기술적 재량을 지적하기 전에 우선 가능한 한 밀도 높은 법률 규정을 마련해 두어야 한다는 지적도 충분히 일리가 있다. 즉, 전문기술적 사항에 관해서는 일반적으로 정치의 영역에서 판단하기보다 전문가집단을 통해 판단하는 것이 합리적이지만, 오늘날은 의회의 입법적 판단이 최대한 존중되어야 할 뿐 아니라 일선 행정청조차도 반드시 정확하고 확실한 판단을 내릴 수 없는 문제가 많기 때문이다. 그렇다면 중요하고,

58) 성기용, "의회유보원칙에 관한 소고", 강원법학 50, 강원대법학연구소, 2017., 511면.

본질적인 사항에 관해서는 의회가 책임을 지고 결정할 필요가 있다. 전문기술성을 이유로 의회가 법률제정을 포기하거나 법률로서 충분한 규율을 쉽게 단념하는 것은 헌법상 허용되지 않는 것이다.[59] 다만, 그럼에도 불구하고 행정입법에 의한 규율이 최적의 기본권보호와 국가공동체 유지에 보다 필요한 것이라면, 입법자로서는 법률보다는 행정입법에 의한 규율형식을 선택하는 것이 보다 헌법에 합치한다고 볼 여지도 있다. 즉, 입법자로서는 법률로 정하는 것이 주어진 과제에 적합한 것일 경우에는 그에 전념해야 할 것이나, 법률로 정하는 것이 의심스러운 경우에까지 전적으로 법률로 규율하고자 하는 태도는 바람직하지 않은 것이다. 이는 사법부 역시 마찬가지로 지나친 법률의 과잉을 초래할 수 있는 정당한 범위를 넘어선 법률제정을 사법부가 의회에 만연히 요구하는 것은 헌법의 이념과 기능에도 부합하지 않는다고 할 것이다.[60]

4. 행정청 존중의 원칙은 여전히 필요한가?

미연방대법원이 1984년 당시 대법관 전원 일치로 셰브론원칙을 도입한 실질적 이유 및 이 판결이 가장 중요한 연방대법원 판결 중 하나로 꼽히며, 실제 많은 사건에서 가장 많이 인용된 판결이 된 이유를 보면, 최근 미연방대법원의 셰브론원칙 파기 선언은 쉽게 납득하기 힘든 측면이 있다. 셰브론원칙이 여전히 의미를 가지는 이유는 다음과 같다. 의회가 제정한 법률은 특정 사건에만 적용되는 것이 아니라 해당 법률이 규율 대상으로 하는 모든 사건에 일률적으로 적용되고, 현재 뿐만 아니라 장래 발생하는 사건에도 적용되는데 의회가 장래의 모든 상황을

59) 조정찬, 전게논문, 97면.

60) 규율권한의 배정에 있어서는 궁극적으로 기존의 국가기관들 중의 어느 기관이 그 정당성과 업무방식, 그 기구와 절차법에 비추어 볼 때 사안에 적정한 규율을 가장 잘 행할 수 있는가가 문제된다.

일일이 예상하여 해석의 여지가 없는 구체적이고 명확한 문언으로 법률을 만드는 것은 불가능하고, 그런 이유에서 모든 법률은 당연히 어느 정도의 추상적이고도 모호한 개념을 사용할 수밖에 없다. 특히 경제, 환경, 보건, 금융, 안전 등 전문적이고 기술적인 규제행정법 영역에서 행정부가 규제권한을 발동하는 경우 그런 특성이 도드라진다.[61]

이러한 법리는 우리나라에서도 마찬가지로 적용된다. 우리 대법원도 행정영역에서 행정기관의 재량을 폭넓게 인정하고, 법원이 가능하면 이를 존중해야 한다는 법리를 인정하고 있다. 이와 관련하여 대표적으로 "행정청의 광범위한 재량과 자율적인 정책 판단에 맡겨진 사항과 관련하여 행정청이 설정한 심사기준이 상위법령에 위배된다거나 객관적으로 불합리하다고 평가할 만한 특별한 사정이 없는 이상, 법원은 이를 존중하여야 한다."라는 원칙을 밝힌 판결이 있으며,[62] 또한 행정청의 정책 판단에 맡겨진 심사기준과 관련하여서도, "법원은 해당 심사기준의 해석에 관한 독자적인 결론을 도출하지 않은 채로 그 기준에 대한 행정청의 해석이 객관적인 합리성을 결여하여 재량권을 일탈·남용하였는지 여부만을 심사하여야 하고, 행정청의 심사기준에 대한 법원의 독자적인 해석을 근거로 그에 관한 행정청의 판단이 위법하다고 쉽사리

61) 예컨대 환경 보호를 목적으로 하는 법률에 의회가 모든 오염물질을 일일이 열거하는 방식으로 법률을 제정하는 것은 불가능하다. 법률에는 '오염원'이라고 규정하고, 실제로 '오염원'에 어떤 물질이 포함되는지는 해당 영역의 전문가인 행정기관에 맡기면 된다. 예컨대 법률 제정 당시에는 A, B, C 물질만 오염원으로 밝혀졌다 하더라도, 사회 변화나 과학적 발견에 따라 D 물질의 유해성이 입증되면 이를 행정기관의 판단과 해석에 따라 바로 '오염원'으로 규제할 수 있는 것이다. D 물질이 환경오염과 전혀 관계가 없거나 명백하게 의회가 법률을 제정한 목적에 반하지 않는 이상 법원은 행정기관의 그런 해석을 존중해야 한다는 것이 셰브론 원칙이다. 만약 위 사례에서, 예컨대 연방환경청은 D 물질을 오염원으로 규제했는데 법원이 이를 뒤집고 'D 물질은 오염원이 아니다'라고 판결할 수 있다면, 이는 단순히 '오염원'의 의미에 관한 법률 해석 문제가 아니라 법원이 의회나 행정부를 대신하여 '기업이 D 물질은 배출해도 된다'는 정책 판단을 내리는 것이 된다.

62) 대법원 2021. 2. 4. 선고 2020두48772 판결.

단정하여서는 아니 된다."라고 판결하기도 하였다.[63]

결국, 법률의 해석과 법집행 과정에서 행정기관의 재량의 여지를 지나치게 축소하고 법원이 독자적 판단으로 이를 결정할 수 있도록 하면, 그 결과물로서 행정기관이 행한 각종 행정행위를 법원이 사후적으로 무효로 만들 여지가 크게 확대된다. 법률해석은 당연히 법원의 고유 권한이라고 생각할 수 있지만, 실제로 행정규제 관련 법령에서 셰브론 원칙이 파기되면 법원이 법률해석이라는 이름으로 사실상 행정부의 모든 정책 결정에 개입하여야 하는 결과를 가져오게 되는 것이다. 셰브론 원칙 파기 반대의견을 대표 집필한 엘레나 케이건 대법관이 "이번 판결은 법률 체계에 거대한 충격을 가져올 것이다"라는 의견을 밝힌 것은 바로 이런 의미다. 오바마 정부 시절 금융소비자보호청을 출범시키는데 지대한 역할을 한 엘리자베스 워런 상원의원(민주당, 매사추세츠) 역시 이번 판결에 대해 "부자와 영향력 있는 사람들을 위한 극우의 권력 탈취이자 소비자, 노동자, 안전과 환경을 희생하고 기업의 이익을 추구하기 위한 극단적 법관들의 판결"이라고 강력한 언어로 비판한 것은 이유가 있다.

Ⅴ. 결론

행정입법 등에 대한 심사기준으로서 40년간 미국에서 막대한 영향을 끼친 셰브론원칙을 전격 폐기한 이번 판결은 법률해석의 원칙에 관한 것이기 때문에 당장 미국 사회에 큰 변화를 주지는 않을 것이다. 그보다는 앞으로 벌어질 여러 큰 분쟁을 위한 전장(戰場)을 연 판결이라고 보는 것이 정확하다.[64] 이번 판결로 인해 앞으로 의회는 위임입법을 더

63) 대법원 2019. 1. 10. 선고 2017두43319 판결.

64) 일례로 이민자의 나라 미국에서 매번 첨예하게 논란이 되고 있는 이민법의 경우,

욱 촘촘하게 만들려고 노력할 것이고, 행정청 역시 더욱 명확한 행정입법을 마련하여 관련 규제를 시도할 것이다. 특히, 앞으로 행정청은 본인의 정책(법해석)에 설득력을 얻기 위하여 더 많은 입증책임과 설명책임을 지게 되었다는 점은 자명하며. 반대로 규제 대상에 해당하는 기업 등 경제계에서는 이번 판결을 계기로 그동안의 여러 행정규제에 대해 소송 등을 제기할 것으로 예상된다. 이번 판결 이후 실질적으로 가장 큰 우려가 제기되는 영역은 환경보호와 가상자산 규제 영역이다. 세계를 선도하는 경제대국 미국의 환경규제는 전세계적 기후변화 대응에 큰 영향을 미치게 된다. 또한 규제당국이 따라가기 힘들 정도로 빠르게 변화하는 영역인 가상화폐 자산의 경우, 미국의 규제당국이 손을 놓으면 우리나라를 비롯하여 다른 나라들이 적시에 대응하기란 역부족인 것이 현실이다. 우리나라 행정부처와 법률가들이 셰브론원칙 폐기로 인한 여파가 미국 행정부의 법집행 과정에서 어떤 영향을 미칠 것인지 유심히 지켜봐야 할 이유가 여기에 있다. 최근 미연방대법원이 보이는 행보는 소위 '진격의 보수'라고 해도 과언이 아닌데, 그 여파가 정부기관의 '좋은 규제', '필요한 규제'에 까지 악영향을 미치지 않을까 우려되는 점도 있다. 무엇보다, 우리 행정법 체계에서도 전문성이 요구되는 분야에 대해서는 광범위한 행정유보를 허용하고 있는 경우가 많다. 특히, 우리 법률에 '공익', '중대한 사유', '공공', '현저한 곤란', '공공의 필요성', '공공질서' 등의 불확정 개념이 다수 사용되고 있는 상황에서, 이 같은 법문언의 불명확성과 모호함은 행정청으로 하여금 그가 가진 전문성을 바탕으로 해당 법령을 재량껏 해석하고, 법집행까지 하도록 널리 허용하고 있다고 보아도 무방하다. 그런 이유로 그동안 우리 법원은 행정청의 행

법이 모호할 때는 행정기관의 해석이 합리적이면 법원이 행정기관의 해석에 따른다는 셰브론 독트린의 폐지로 이민 규정의 위법을 따지는 소송을 크게 늘 것으로 보인다. 법률 개정이 필요한데도 의회에서 합의가 되지 않아서 법률 개정작업이 거의 미뤄지지 않는 것이 이민법이다. 자연히 대통령이 행정명령이나 규칙으로 정책 목표를 추진한 사례가 많기 때문이다.

정입법 제정에 대해 형식적 위법성을 가리는데 집중하여 가능한 합헌 또는 적법하다는 결론을 내리는 경우가 많았다. 이에 대해서는 법원이 실질적인 공익적 판단을 제대로 하지 못한다는 비판도 있지만, 행정청이 특정 법률의 해석에 있어 유연함을 가지고, 그 해석 결과도 합리적이라면, 이는 행정부의 정책적 판단을 사법부가 존중한 결과임을 인정하고, 더 나아가 사법부의 적극적인 위헌, 위법 판단을 유보하는 것이 더욱 공익에 부합하는 결과를 가져올 수 있음을 알기 때문이다.[65] 그러나 미국에서 40년 만에 셰브론 원칙이 폐기된 것을 감안한다면, 앞으로 우리 행정청에도 일부 변화가 예상된다. 즉 행정청으로서는 행정청이 추진하는 주요 정책(법해석)에 대해 설득력을 얻기 위하여 보다 많은 입증책임과 설명책임을 지게 될 가능성이 커지게 된 것이다. 또한 법원 입장에서도 변화가 예상되는데, 법원으로서는 행정청이 그가 속한 분야에서 고유의 정책적 판단을 하고, 전문영역에서 기술적이고 전문적인 지식에 기반한 올바른 해석을 하도록 행정청의 해석을 존중은 하되, 행정청의 판단을 언제라도 적절히 견제할 수 있는 제도적 장치를 구비해 두어야 한다. 그러한 제도적 장치로서 명확성, 예측가능성, 중요사항유보, 본질성이론 등에 대한 보다 체계적인 검토와 정치한 판단기준의 확립이 필요할 것이다.[66] 그러한 심사기준과 관련하여 미연방대법원이 도

---

65) 최지현, "미국 행정청에 대한 사법부의 존중 원칙의 검토 – 청정수법 규칙 제정을 중심으로", 법제연구 제57호, 한국법제연구원, 2019. 20면.

66) 일례로 입법자인 국회가 입법위임에 있어서 기대되는 헌법적 역할과 기능을 적절히 수행하였는지 여부를 판단기준으로 도입해야 한다는 논의도 주목된다. 즉, 그동안 우리의 입법체계에서 처벌법규나 조세법규 등의 입법분야에서 지나치게 입법권을 행정부에 넓게 위임하고 있는지에 관한 성찰이 필요하다고 보고, 법원이나 헌법재판소도 이러한 점에 보다 주목하여 포괄위임금지원칙이나 의회유보원칙을 적용하여야 한다는 주장이다. 입법자는 항상 올바른 입법 및 합헌적인 입법 형성을 위하여 노력하여야 하고, 이를 위해 법원과 헌재의 위헌법률심사기준에 주목하여야 하고, 가능한 법률유보원칙(의회유보원칙)에 충실하게 포괄적 위임입법이 되지 않도록 유의하여야 한다는 것이다.(홍완식, 김승태, 전게논문, 197면)

입한 스키드모어기준,[67] 중요문제원칙이나 독일과 우리나라에서 도입하고 있는 본질성이론의 구체화, 규범화 작업에 대해서는 이 글에서 지면 관계상 모두 소개하지 못하고 후속 연구에서 다시 다루기로 한다.

---

67) 각주 19)에서도 언급한 스키드모어기준이 지금 현재 중요한 이유는, 중요문제원칙(MQD)은 행정부의 법해석에 제한을 가하기 위하여 미연방대법원이 고안한 것으로, 주로 경제나 사회에 큰 영향을 미치는 정부의 중요 정책에 대한 심사기준으로 작용되므로, 그에 비해 비교적 덜 중요하지만 모호하고 전문 기술적인 문제가 많은 일상 다수의 규제영역에서는 그 적용에 한계가 있을 수 있다. 즉, 셰브론원칙이 폐기되었다고 해서 MQD가 모든 행정법 해석 상황에 적용될 수 있는 보편적인 기준이 되기보다는, 중요한 정책적 결정에서는 MQD가, 그리고 일반적인 법해석이나 전문, 기술적인 문제에서는 스키드모어(Skidmore)기준이 상호보완적인 심사기준으로 활용될 가능성이 크다고 할 것이다.

참고문헌

김민호, "재량행위의 통제에 관한 미국의 최근판례분석", 성균관법학 제16권 제3호, 성균관대학교 법학연구소, 2004.

김용섭, "텔레비전 방송수신료에 관한 행정법적 논의", 행정법이론과 판례평석, 박영사, 2020. 2.

김은주, "미국 행정법에 있어서 Chevron 판결의 현대적 의의", 「공법연구」 제37집 제3호, 한국공법학회, 2009.

김성수, "기로에선 행정청 존중원칙", 법률신문, 2020. 4. 2.자 칼럼

김지영, "법률유보의 비교법적 고찰", 한양법학, 한양대 법학연구소, 2023.

김향기, "법률의 유보와 행정규칙", 현대공법논총(변재옥박사 화갑기념), 1994, 576면; 서원우, "행정유보론의 문제점", 고시연구, 고시연구사, 1986. 8.

박영도, "의회유보·행정유보의 의미와 입법적 시사점", 법제논단, 한국법제연구원, 2010. 12.,

송동수, "중요사항유보설과 의회유보와의 관계", 토지공법연구, 한국토지공법학회, 2006. 12.

성기용, "의회유보원칙에 관한 소고", 강원법학 50, 강원대법학연구소, 2017.

유진식, "법률유보원칙의 실제와 개선방안 — 「자유 · 재산의 침해」에서 「법률의 규율밀도」로 —:, 공법연구 44권 2호, 한국공법학회, 2015. 12.

이동수, "미국 행정법상 행정기관의 입법적 및 사법적 기능", 토지공법연구, 한구토지공법학회, 2009.

이부하, "헌법유보와 법률유보", 공법연구 36권 3호, 한국공법학회, 2008.

이인호, 오수정. "미국 연방행정부의 백신접종명령에 대한 연방대법원의 집행정지결정과 시사점 – National Federation of Independent

Business v. OSHA (2022) 결정 분석 -", 미국헌법연구 제33권 제3호, 미국헌법학회, 2022. 12.

이정민, "美 대법원 셰브런 원칙 파기 결정에 따른 미국 경제 정책 영향", KOTRA 경제통상 리포트, 2024. 7. 8.자 보고서.

이혜진, "셰브론원칙의 수정으로서의 중요문제원칙(Major Questions Doctrine) - 행정기관의 법해석에 대한 미연방대법원의 존중 변화 -", 공법학연구, 한국비교공법학회, 2020.

임혜현, "넷플릭스 사건과 셰브론 원칙 소고", 법학논고, 경북대학교 법학연구원, 2021, 7.

정하명, "미국 행정법상 행정부의 법률해석에 관한 사법심사의 범위", 「공법학연구」 제8권제2호, 한국비교공법학회, 2007.

조태제, "법률의 유보원칙-본질성이론에 근거한 의회유보를 중심으로-", 한양법학, 제1집, 한양대법학연구소, 2004.

최지현, "미국 행정청에 대한 사법부의 존중 원칙의 검토-청정수법 규칙 제정을 중심으로", 법제연구 제57호, 한국법제연구원, 2019.

허성욱, "행정재량에 대한 사법심사기준에 관한 소고 — 미국 행정법상 셰브론 원칙(Chevron Doctrine)과 해석규범(Canon)의 기능과 상호관계를 중심으로 —", 공법연구, 한국공법학회, 2013. 2.

홍완식, 김승태, "헌법재판소의 결정을 통해 본 포괄위임입법금지 원칙 - 입법적 시사점을 중심으로 -, 입법학연구 제17집 제1호, 한국입법학회, 2020. 2.

황의관, "미국사법부의 행정청 법률해석에 대한 사법적 존중에 관한 연구 - Chevron 독트린과 그 적용범위를 중심으로 -", 미국헌법연구, 미국헌법학회, 2013.

Carrie Campbell Severino, "Resurgence of the Structural Constitution", NATIONAL RIVIEW, 2024. 8. 14.

Foley and Lardner, "The Supreme Court Changes Basic Tenets of Administrative Law - Complicating the Environmental Protection Agency's Ability to Address New Challenges", 2024. 7. 16.

Michael Sebring, "Major Question Objections", note, 129 Harv. L. Rev. 2191 (2016).

Michael Sebring, "The Major Rules Doctrine: How Justice Brett Kavanaugh's Novel Doctrine Can Bridge the Gap Between the Chevron and Nondelegation Doctrines" 12 N.Y.U. J.L.& Liberty 189 (2018).

Shay Dvoretzky, "West Virginia v. EPA: Implications for Climate Change and Beyond", Skadden, Arps, Slate, Meagher & Flom LLP and Affiliates, 2022. 9. 21.

Troy C. Fuhriman, "Chevron and Auer Deference from the Standpoint of Republican Theory", 경희법학 55권 4호, 경희대 법학연구소, 2020. 12.

국문초록

최근 미연방대법원에서 미국은 물론 우리나라에서도 상당히 주목해야 할 판결이 선고되었다. 바로 1984년 셰브론사건을 통해 확립된 행정청 존중원칙(Chevron Doctrine)의 파기를 공식적으로 선언한 Loper Bright Enterprises v. Raimondo 판결(2024)이 그것이다. 그동안 미국에서 셰브론원칙의 확장은 법률에 대한 행정청의 해석이 의회의 입법권을 침해하고, 더 나아가 행정청의 행위를 감시해야 하는 법원으로 하여금 사법권 행사를 지나치게 자제하도록 하였다는 점에서 권력분립원칙에 반한다는 비판이 제기되곤 하였다. 이에 셰브론원칙 파기를 십수년간에 걸쳐 준비한 미연방대법원은, 행정청이 특정 법률에 근거한 행정입법을 만들거나 행정행위를 할 경우 그 해석권한을 어디까지 허용할 것인지에 대한 심사척도로서 '행정청 존중원칙'을 폐기하고, 이른바 '중요문제원칙'(Major question Doctrine) 법리를 내세우기에 이르렀다. '중요문제원칙'이란 행정부가 국가나 사회, 경제적으로 중요한 정책에 관한 행정행위를 할 경우 반드시 의회의 명시적인 위임(법적 근거)이 있어야 한다는 의미로, 이것은 앞으로 행정부의 주요 규제정책에서 재량권이 상당히 축소된다는 것을 의미한다. 한편, 이러한 중요문제원칙은 우리에게도 낯선 이론은 아니다. 바로 우리 대법원과 헌법재판소에서 받아들이고 있는 위임입법의 가부(可否)나 한계에 관한 논의로서 의회유보, 포괄위임입법금지, 명확성원칙과 그 심사기준으로서 '중요사항유보'(본질성설)와 예측가능성의 존재 등이 바로 그것이다. 미국의 규제행정법 영역에서 40년 만에 셰브론원칙이 폐기된 것을 감안한다면, 앞으로 우리 법원이나 헌법재판소 역시 행정청의 행정입법 제정과 다양한 행정작용에 대해 보다 촘촘한 심사기준을 확립할 필요가 있다. 행정청이 그가 속한 분야에서 고유의 정책적 판단을 할 수 있고, 고유의 영역에서 기술적이고 전문적인 지식에 기반한 올바른 행정작용을 하도록 행정청의 권한을 존중하되, 행정부의 행위에 대해 언제라도 적절히 견제할 수 있는 제도적 장치를 함께 구비해 두어야 하는 것이다. 그러한 제도적 장치로서 현재 통용되고 있는 법규의 명확성, 예측가능성, 본질성이론 등에 대한 보다 체계적인 검토와 정치한 판단기준의 마련이 필요하다고 할 것이고, 이는 미연방대법원도 마찬가지로 도대체 '중요한 문제'가 무엇이고, 또한 이를 심사하는 기준은 구체적으로 무엇인지에 대해 보다 명확히 확립해야 할 것이다.

주제어: 셰브론원칙의 파기, 중요문제원칙, 의회유보(본질사항유보), 행정유보(행정부의 법해석권), 권력분립

Abstract

Implications and Prospects of the Recent Changes in the Constitutional Review Standards of the U.S. Supreme Court on Administrative Legislation*

Sung, Joong-Tak**

Recently, the U.S. Supreme Court handed down a decision that deserves considerable attention not only in the U.S. but also in Korea. It is the Loper Bright Enterprises v. Raimondo decision (2024), which declared the abolition of the Chevron Doctrine, which was established through the 1984 Chevron decision. The expansion of the agency deference doctrine has been criticized as being against the principle of separation of powers in that the interpretation of laws by the agency infringes on the legislative power of the Congress, and furthermore, it causes the courts, which are supposed to monitor the actions of the agency, to be excessively restrained in exercising their judicial power. In response, the U.S. Supreme Court, which meticulously prepared for the abolition of the Chevron Doctrine over several years, abolished the "agent deference doctrine" as a standard of review for determining how far the agency's interpretation authority will be allowed when making administrative legislation or performing administrative actions based on a specific law, and introduced the so-called "major question doctrine" or

* This Research was supported by Kyungpook National University Research Fund, 2024.

** Prof., Lawyer, JD Kyungpook National University Law School "major question doctrine." The 'principle of important issues' means that administrative legislation on policies important to the nation, society, or economy must have an explicit mandate from the National Assembly, that is, a legal basis. This principle of 'important issues' or 'important questions' is not an unfamiliar theory to us. It is the principle of parliamentary reservation established by the German Federal Constitutional Court and accepted by our Supreme Court and Constitutional Court, and the standard for examining violations thereof, namely 'reservation of important matters' or 'reservation of essential matters' (theory of essentiality). Considering that the Chevron principle was abolished in the United States after 40 years, our courts and Constitutional Court should not stop at simply supporting various administrative actions such as the enactment of administrative legislation by administrative agencies. We should respect the authority of administrative agencies to make their own policy judgments in their respective fields and create sound administrative legislation based on technical and professional knowledge in their own areas, but we should also have institutional devices that can appropriately check the actions of the executive branch at any time. As such institutional devices, it would be necessary to systematically review and establish political standards for the currently used theory of reservation of important matters or theory of essentiality, and this would be the same problem for the US Supreme Court.

Keywords: Abolition of the Chevron Doctrine, Major Question Doctrine, Skidmore Doctrine, Congressional Reservation (essentiality theory), Executive Reservation, Separation of Powers

투고일 2024. 11. 23.
심사일 2024. 12. 22.
게재확정일 2024. 12. 27.

行政節次 및 情報公開

정보공개법상 공공기관 범위와 입법형성권의 한계
(박호경)

정보공개법상 공공기관 범위와 입법형성권의 한계

박호경*

헌법재판소 2023. 3. 23. 선고 2018헌바385 결정에 대한 평석

1. 대상결정의 경과

가. 사건의 경과

보조참가인 A는 고시생 모임의 대표이며 사법시험 준비생이라고

---

* 법무법인 지평, 서울대학교 법학대학원 박사과정

밝히면서, 2016. 7. 10. 국립대학법인 서울대학교 총장(이하 '**청구인**')에 대하여 「공공기관의 정보공개에 관한 법률」(이하 '**정보공개법**')에 근거하여 '법전원이 2012년부터 2016년까지 보유하고 있는 입학자들의 정성평가와 정량평가 실질반영 방법 및 비율에 관한 모든 정보'의 공개를 청구하였다. 청구인은 '이 사건 대상정보의 공개는 학생선발업무의 공정성을 해할 우려가 있고, 2017년도부터 실질반영 비율을 공개할 것임을 안내하며' 정보공개법 제9조 제1항 제5호에 해당한다는 이유로 비공개 결정을 하였다.

그러나 A는 2016. 7. 24. 중앙행정심판위원회에 대하여 행정심판을 청구하였고, 중앙행정심판위원회는 2016. 12. 23. 청구인에 대하여 위 정보의 공개를 명하는 취지의 인용재결처분을 하였다. 그리고 정보공개가 지연되자 위 위원회는 2017. 3. 14. 위 처분의 이행을 명하는 내용의 정보공개인용재결 이행결정처분(이하 '**이 사건 처분들**')을 하였고, 이에 대하여 청구인은 2017. 4. 10. 이 사건 처분들의 취소를 구하는 이 사건 소를 제기하였다.

나. 행정법원의 판결

서울행정법원은 행정심판법 제49조 제1항의 기속력을 근거로 아래와 같은 이유에서 원고적격이 없다고 판단하였다(서울행정법원 2018. 8. 17. 선고 2017구합61126 판결).

- 행정심판법 제49조 제1항에 따라 해당 행정심판의 피청구인인 원고 총장을 기속하므로, 원고 총장은 위 재결에 기속되어 재결의 취지에 따라 참가인에게 이 사건 정보를 공개할 의무를 부담하므로, 이 사건 결정에 불복하여 행정소송을 제기할 수 없다. 이 사건 소는 원고적격이 없는 자가 제기한 것에 해당한다.
- 정보공개법은 제2조 제3호 가목, 같은 법 시행령 제2조 제1호에

서 유아교육법, 초중등교육법, 고등교육법 또는 그 밖의 다른 법률에 따라 설치된 학교가 공공기관에 해당하는 것으로 규정하면서, 제19조 제1항에서 공공기관에 대하여 정보의 공개를 청구한 자가 그 공개 여부에 관한 공공기관의 결정에 대하여 불복이 있는 때에는 행정심판법에서 정하는 바에 따라 행정심판을 청구할 수 있다고 규정하고 있다.

- 서울대학교가 행정심판법에 정하는 행정청의 지위를 가지지 않더라도, 정보공개법에 따라 청구된 행정심판에서의 재결의 기속력은 피청구인에게 미친다. 정보공개법상 정보공개 의무기관을 정하는 것은 입법자의 입법형성권에 속하는 것으로서 정보공개의 목적, 교육의 공공성, 교육기관에 대한 국가의 재정지원 및 보조 등을 고려하면 고등교육기관인 서울대학교를 정보공개법에서 공공기관에 포함시킨 것이 입법형성의 재량 범위를 일탈하였다고 볼 수 없다.

청구인은 위헌법률심판제청도 함께 진행하였는데, 서울행정법원은 기각결정을 하였으며(서울행정법원 2018. 8. 16.자 2017아12901 결정), 이에 대하여 청구인은 행정심판법(2010. 1. 25. 법률 제9968호로 개정된 것) 제49조 제1항의 위헌확인을 구하는 헌법소원심판 청구를 하였다.

2. 대상 결정의 요지 및 논의의 쟁점

가. 대상 결정의 요지

청구인의 헌법소원심판 청구에 대하여, 헌법재판소의 의견은 4인의 합헌의견, 2인의 별개의견, 3인의 위헌의견으로 나뉘었는데 대상 결정의 요지는 다음과 같다(헌재 2023. 3. 23. 선고 2018헌바385 결정).

[4인의 합헌의견]

(1) 학교가 보유관리하는 정보는 국가기관이나 지방자치단체 등이 보유관리하는 정보와 마찬가지로 국민의 알 권리의 대상이 되는 공적 정보에 해당하므로 이에 대하여 정당한 이해관계가 있는 자는 그 공개를 요구할 수 있다. 서울대학교가 정보공개법에 따라 정보공개의무를 부담하는 것은 국민의 알 권리에 포함되는 정보공개청구권을 보호 내지 실현하기 위한 것으로서, 서울대학교가 정보공개의무를 부담하는 경우에 있어서는 국민의 알 권리를 보호 내지 실현시킬 의무를 부담하는 기본권 수범자의 지위에 있다고 보아야 한다. 서울대학교가 기본권의 수범자로 기능하면서 그 대표자가 행정심판의 피청구인이 된 경우에 적용되는 심판대상조항의 위헌성을 다투는 이 사건에서 서울대학교는 기본권의 주체가 된다고 할 수 없으므로, 청구인의 재판청구권 침해 주장은 더 나아가 살필 필요 없이 이유 없다(헌재 2014. 6. 26. 선고 2013헌바122 결정, 헌재 2022. 7. 21. 선고 2019헌바543 결정 등 참조).

(2) 정보공개법상 공공기관의 정보비공개결정에 대한 행정심판 인용재결의 기속력에 관하여 정하는 심판대상조항의 의미와 목적 등을 고려할 때, 국가 내지 지방자치단체인 공공기관과 서울대학교가 본질적으로 다른 집단이라고 보기 어려우므로, 청구인의 이 부분 주장도 이유 없다.

[2인의 별개의견]

(1) 국립대학법인이 비공개 대상 정보에 해당한다는 이유로 한 정보비공개결정은 대학의 자율권 행사의 일환으로 볼 수 있으므로, 서울

대학교의 총장인 청구인은 대학의 자율권과 관련된 분쟁에 있어 재판청구권의 주체가 될 수 있다.

(2) 국립대학법인과 정보공개청구인은 정보공개 여부에 있어 서로 대등한 지위에 있다고 볼 수 없고, 정보공개청구권은 국민 개개인이 국립대학법인을 상대로 교육 관련 권리행사의 바탕이 되는 정보를 취득할 수 있는 가장 현실적이고도 직접적인 수단이다. 그런데 국립대학법인의 교육관련 정보에 대한 국민의 알 권리가 적시에 보장되지 않는다면, 이를 둘러싸고 발생하는 분쟁에서 국민은 적정한 권리구제를 받지 못할 가능성이 높다. 이와 같은 사정에 국립대학법인이 갖는 사회적 책무를 고려하면, 입법자는 정보공개와 관련한 공공기관의 결정을 다투는 행정심판에서 이루어진 인용재결이 행정심판의 피청구인인 국립대학법인을 기속한다고 규정하는 것이 가능하다.

[3인의 반대의견]

(1) 서울대학교는 공법인적 성격을 지니고 있기는 하지만 연구, 교수, 시험, 학사관리 등에 있어서는 대학의 지위에서 헌법상 자율권을 보장받게 되는바, 서울대학교가 이러한 자율권을 행사하는 경우에 있어서는 기본권의 주체가 될 수 있다고 할 것이다(헌재 2015. 7. 30. 선고 2014헌가7 결정 참조). 공개청구된 특정 정보를 공개할 경우 연구, 시험업무 등에 현저한 지장이 발생할 수 있다는 대학의 자율적 판단에 반하여 행정심판 인용재결에 의해 강제로 정보공개가 이루어질 경우 그 자율권에 제한이 발생하게 된다.

(2) 입법자가 공공복리 등 필요한 범위에서 이러한 행정심판 인용재결에 대한 국립대학법인의 재판청구권을 일부 제한할 수도 있겠으나, 그러한 경우에도 권리구제를 위한 법원에의 접근을 완전히 배제하는 것은 이를 정당화할 특별한 사정이 없는 한 허용되지 아니한다. 국립대학

법인이 자율권 행사의 일환으로 한 정보비공개결정은 행정청이 아닌 독립된 대학의 지위에서 이루어진 것이므로 이에 대한 행정심판의 통제가 행정청 내부의 의사결정이나 자기통제의 일환이라 볼 수는 없는바, 이는 행정심판의 통상적인 피청구인과 명백히 구분되는 점이다. 국립대학법인이 공교육에 관한 사회적 책무를 지닌다 하더라도, 이러한 요소는 교육관련 정보를 비공개할 것인지 또는 어느 범위까지 공개할 것인지 여부를 판단함에 있어 고려될 수 있는 사정이라 할 것이지, 이를 넘어 정보공개 여부에 관한 분쟁에 있어 대학의 자율권의 주체인 서울대학교가 자신의 기본권을 보장받기 위해 법원에 접근할 기회까지 완전히 봉쇄하는 것을 정당화하는 사유가 될 수는 없다.

나. 논의의 쟁점

본 사안에서 쟁점이 되는 기관은 '정보공개법 제2조 제3호 라.목(그 밖에 대통령령으로 정하는 기관)'으로서, 동법 시행령에 의하면 유아교육법에 따른 유치원, 사립중고등학교, 사립대학교 등이 정보공개법에 따른 정보공개의무를 부담하며, 일반 민간기업이더라도 보조금 연간 5천만원을 지급받을 경우 정보공개의무를 부담한다.

과거 헌법재판소는 지방자치단체가 제기한 행정심판법 제49조 제1항에 대한 위헌소원에서 합헌 결정을 한 바 있으며, 위 결정에서는 일치된 의견으로 결정하였으나 본 사안에서는 헌법재판관의 의견이 대립하였다는 점에서 주목할 가치고 있다. 특히 정보공개법이 행정심판법 제49조 제1항과 연계될 경우, 고등교육법에 따른 학교, 사회복지법인, 일반 기업 등 사인으로 볼 주 있는 주체에도 행정심판법 제49조 제1항이 확장적으로 적용되는 결과를 가져온다. 세부적인 논의에 앞서 전제사실 내지 문제상황으로서 주류적 견해에 따른 세 가지 법리를 정리할 필요가 있다.

① 정보공개청구는 누구나 제기할 수 있는 객관화된 절차이며, 정보공개의 대상이 되는 공공기관에는 '그 밖에 대통령령으로 정하는 기관'이 포함된다(정보공개법 제2조 제3호 라.목).

② 정보공개법 제19조에 따라 비공개 결정을 받는 청구인은 행정심판을 제기할 수 있고, 행정심판위원회는 취소재결 내지 의무이행재결을 할 수 있다.

③ 비공개 결정에 대한 행정심판에서 인용재결 내지 의무이행재결이 있을 경우, 행정심판의 기속력에 따라 피청구인에게 행정소송을 제기할 원고적격이 존재하지 않는다.

위 세 가지 법리를 종합할 경우, '정보공개법 제2조 제3호 라.목'은 결과적으로 행정소송을 제기할 재판청구권에 영향을 미치는 결과를 초래할 수 있다. 그와 같은 제한이 헌법상 정당화될 수 있는지 여부가 대상 결정에서 다루어졌다. 그렇다면 정보공개제도의 기능, 행정심판 기속력의 근거를 토대로 '정보공개법 제2조 제3호 라.목'과 관련하여 '대통령령으로 정하는 기관'의 허용 범위와 관련하여 재판청구권 및 신속한 알권리 측면에서 입법론적 기준을 논의할 필요가 있을 것이다(이러한 논의는 66개에 달하는 다른 특별행정심판 절차에서도 유사하게 검토될 수 있을 것으로 전망한다).[1)]

1) 가령, 특별행정심판절차인 교원소청심사의 경우에도, 아래 규정에 따라 '공공단체'를 제외하고 행정소송을 제기할 수 있다고 정하고 있어서, 행정소송의 원고적격과 관련하여 '공공단체'의 범위가 쟁점이 되고 있다.
교원의 지위 향상 및 교육활동 보호를 위한 특별법 제10조(소청심사 결정 등)? 제1항에 따른 심사위원회의 결정에 대하여 교원, 「사립학교법」 제2조에 따른 학교법인 또는 사립학교 경영자 등 당사자(공공단체는 제외한다)는 그 결정서를 송달받은 날부터 30일 이내에 「행정소송법」으로 정하는 바에 따라 소송을 제기할 수 있다.

3. 정보공개청구 제도와 공개의무 주체 및 정보

가. 정보공개청구 제도의 의미와 기능

정보공개제도는 정부와 국민 간에 자유로운 정보의 흐름(free-flow of information)을 보장한다는 원칙에 기초를 두고(Mehra, 1986; Cooper, 1986), 공공기관이 보유 관리하고 있는 정보에 대한 국민의 공개청구 및 공공기관의 공개의무에 관하여 필요한 사항을 정함으로써 국민의 알권리를 보장하고 국정에 대한 국민의 참여와 국정운영의 투명성을 확보하고자 하는 것이다.[2)]

정보공개 제도의 기능은 크게 네 가지로 설명할 수 있다.[3)] 첫째, 정보공개제도는 국민의 알권리 보장을 목적으로 하며, 이를 통하여 인간존엄과 민주정치 실현을 목적으로 한다. 둘째, 정부는 사회문제에 관련된 정보를 누구보다도 다수 보유하고 있으므로 국정에 대한 국민의 참여를 실질적으로 보장하기 위한 목적을 가진다. 셋째, 공공기관이 보유한 정보에 대한 자유로운 접근을 통하여 행정의 투명성을 확보하고, 이를 통한 국민의 신뢰를 확보하기 위한 목적을 가진다. 넷째, 국민이 직면하고 있는 환경, 교통, 소비자, 안전 등 각종 사회문제에 처하여 자신의 권익을 보호할 수 있도록 하는 목적을 가진다. 위와 같은 기능들은 정보공개제도의 공공기관 범위와 관련하여 이익형량의 요소가 될 것이다.

2) 김승태, 정보공개제도의 성과와 한계, 한국공공관리학보 제23권 제4호(2009. 12.), 122면

3) 권형준, 정보공개제도(情報公開制度)에 관한 고찰(考察), 법학논총 제23권 제2호(2011. 2.), 19면 이하를 요약한 것이다.

나. 공개주체의 관점에서 비교법적 검토

1966년 제정된 미국의 '정보자유법(the Freedom of Information Act)'의 경우, 연방독립규제위원회를 포함한 연방정부 소속 행정기관이 정보공개의 대상기관이다(5 U.S.C. 552(f)(1)).[4] 대통령과 그 측근에 대하여는 적용대상에서 제외되는데, 이들에 대해서는 대통령기록물법에 의한다. 연방 최고법원은 행정기관의 기록이 되기 위해서는 행정기관이 그 문서를 작성하거나 수령할 것 그리고 공개청구 당시 직무상 정당한 권한에 따라서 그 기록을 가지고 있을 것 등의 두 가지의 요건을 제시하고 있다.[5]

1999년 제정된 일본의 '행정기관이 보유한 정보공개에 관한 법(行政機関の保有する情報の公開に関する法律)'은 우리나라처럼 모든 공공기관을 포함하는 것이 아니라 중앙행정기관만을 적용대상으로 하며 국회와 법원은 제외되어 있다(제2조 제1호). 일본의 경우, 정보 공개의 대상기관과 관련하여 일본의 행정기관이 보유하는 정보공개에 관한 법률은 기본적으로 그 적용범위를 제2조 제1항 소정의 '행정기관'에 한정하고 있다.[6] 일본은 정보공개법에 공개대상이 되는 행정문서에 관한 정의를 자

---

4) (f) For purposes of this section, the term— (1) "agency" as defined in section 551(1) of this title includes any executive department, military department, Government corporation, Government controlled corporation, or other establishment in the executive branch of the Government (including the Executive Office of the President), or any independent regulatory agency;

5) 김승태, 정부3.0. 정책수단으로서의 정보공개제도 평가, 유럽헌법연구 제16호(2014. 2.), 613면

6) 第二条 この法律において「行政機関」とは´ 次に掲げる機關をいう°
一 法律の規定に基づき内閣に置かれる機関(内閣府を除く°)及び内閣の所轄の下に置かれる機関
二. 内閣府´ 宮内庁並びに内閣府設置法（平成十一年法律第八十九号）第四十九条第一項及び第二項に規定する機関(これらの機関のうち第四号の政令で定める機関が置かれる機関にあっては´ 当該政令で定める機関を除く°)

세하게 규정하고 있다. 동 문서에는 관보, 백서, 신문, 잡지, 서적, 그 밖의 불특정 다수에 판매할 목적으로 발행한 것과 정령으로 규정하는 공문서와 그 밖의 기관에 있어서 정령으로 규정하는 것에 의하여 역사적 혹은 문화적 자료 또는 학술 연구용 자료로써 특별관리가 되는 것은 포함되지 않는다. 도서관이나 박물관 또는 기록물 관리 기관을 통하여 접근가능한 정보는 정보공개법 적용을 배제하고 있다.[7] 위 법률과 별도로 '독립행정법인 등의 정보공개에 관한 법률'을 별도로 두고 있으며, 각종 독립행정법인 및 국립대학법인이 포함되어 있다. 위 법률에 의하더라도 국회와 법원은 정보공개 기관에서 제외되어 있다.

2005년 제정된 독일 정보자유법(Informationsfreiheitsgesetz)의 경우 청구의 상대방은 연방행정청이다(제1조 제1항 제1문).[8] 그 밖의 다른 연방기관(예컨대 연방하원의장, 연방대통령, 연방법원)과 연방시설(예컨대 연방은행 등)은 공법상의 직무를 수행하는 한도에서 정보공개의무를 진다(연방정보자유법 제1조 제1항 제2문). 독일에 있어서도 공적 목적에 기여하는 모든 기록정보를 그 대상으로 하고 있는데 그 구체적 범위는 판례에 맡기고 있다. 행정과정상 본질적인 부분이 아닌 초안이나 메모 등은 대상에서 제외하고 있다.[9] 개별 법령에 따른 공개절차도 존재한다. 연방행정절차법 제29조에서 문서열람권(Recht auf Akteneinsicht)을 부여하고 있

三. 国家行政組織法(昭和二十三年法律第百二十号)第三条第二項に規定する機関(第五号の政令で定める機関が置かれる機関にあっては゛当該政令で定める機関を除く゜)

7) 김승태, 위 논문 613면

8) 1. Jeder hat nach Maßgabe dieses Gesetzes gegenüber den Behörden des Bundes einen Anspruch auf Zugang zu amtlichen Informationen. Für sonstige Bundesorgane und-einrichtungen gilt dieses Gesetz, soweit sie öffentlich-rechtliche Verwaltungsaufgaben wahrnehmen. Einer Behörde im Sinne dieser Vorschrift steht eine natürliche Person oder juristische Person des Privatrechts gleich, soweit eine Behörde sich dieser Person zur Erfüllung ihrer öffentlich-rechtlichen Aufgaben bedient.

9) 김승태, 위 논문 613면

으며, 행정청은 관계인이 자기의 법적이익의 주장 또는 방어를 위하여 알 필요가 있는 한, 절차와 관련된 문서의 열람을 여기에서 허용하여야 한다. 한편 계획확정절차 계획에서 청문행정청의 발의에 의하며 사업계획이 영향을 미칠 것이 예상되는 지방조직에서 1개월간 열람에 제공되어야 하는데, 이도 정보공개의무 중 하나로 볼 수 있다(동법 제73조 제3항 제1문).[10]

다. 정보공개청구 공개대상 및 공개정보

정보공개법에 따라 국민의 공개청구에 대하여 정보공개 의무를 지는 '공공기관'이라 함은 국가기관, 지방자치단체, 정부투자기관관리법 제2조의 규정에 의한 정부투자기관과 그 밖에 대통령령이 정한 기관을 말한다.[11] 공공기관의 범위를 정하는 취지와 관련하여, 오늘날 공공기관은 정부의 직간접적 출연 내지 자금지원에 의하여 설립된 기관으로서 공공적 성격이 강하며, 국가기관 내지 지방자치단체의 사무의 위임 내지 위탁으로 행정적 보유정보를 행정기관에 못지 아니하게 보유하고 있으므로 정보공개법은 공개의 의무를 부과하고 있다. 법원도 행정기관이 아닌 기관에까지 정보공개의무를 부과하는 근거로서, 그 기관이 "공동체전체의 이익에 중요한 역할이나 기능을 수행"하기 때문임을 근거로 삼았다.[12] 그래서 주로 행정기관, 연방기관으로 공개의무기관을 한정하고 있는 미국, 일본, 독일 등 다른 입법례와 차이를 발견할 수 있다.

또한 공개대상 정보는 '공공기관이 직무상 작성 또는 취득하여 관리하고 있는 문서'로 정하고 있으므로(제2조 제1호), 공공기관이 작성한 문서이면 공개대상이 되며, 일본과 같이 공개대상 정보를 구체적으로

---

10) 김세주, 독일의 정보공개제도와 환경정보법, 동아법학 제26호(1999. 12.), 5면
11) 정보공개법 제2조 제3호
12) 대법원 2006. 8. 24. 선고 2004두2783 판결; 2010. 4. 29. 선고 2008두5643 판결

유형화하고 있지 아니하며, 독일과 같이 '공적목적에 기여하는 기록정보'와 같이 공개대상이 되는 정보의 특성에 대하여도 별도로 제한하고 있지 않다. 대신 비공개 사유 8개를 규정함으로써 정보공개 범위를 정하고 있다(제9조).

우리 정보공개법은 1996년 세계에서 13번째, 아시아에서 최초로 정보공개제도를 도입하였다. 앞서 본 바와 같이 미국은 1966년 조기 도입한 국가들 중 하나인 반면, 일본은 1999년, 독일은 2005년 제정되어 우리 정보공개법 제정 이후이다. 이처럼 우리는 정보공개제도를 선진적으로 도입하여 장기간 운영하고 있으므로, 우리의 정보공개제도가 다른 국가의 예를 고려하여 그 범위를 축소하거나 수정되어야 한다는 취지는 아니다. 다만, 미국, 일본, 독일의 사례를 볼 때, 주로 전통적인 행정기관에게 정보공개의무를 부과하고 있으며, 우리와 같은 정도로 공개의무를 부담하는 기관의 범위를 포괄적 위임입법의 형태로 정하는 입법 사례는 찾아보기 어렵다는 점을 우선 지적하고자 한다.

공공기관의 정보공개에 관한 결정에 대하여 불복이 있거나 정보공개청구 후 20일이 경과하도록 정보공개결정이 없는 때에는 청구인은 「행정심판법」에서 정하는 바에 따라 행정심판을 청구할 수 있다(제19조). 이와 함께 청구인은 행정소송도 제기할 수 있는데, 행정심판을 먼저 제기하여야 하는 것은 아닌 임의적 전치주의를 택하고 있으므로 청구인은 행정심판과 행정소송 중에서 선택하거나(제20조) 실무적으로 행정심판과 행정소송을 병행하여 진행하기도 한다.

이처럼 정보공개법은 정보공개 결정에 대한 독자적인 불복절차를 두는 것이 아니라, 행정심판 내지 행정소송 절차에 따라 불복이 진행되므로 정보공개법과 행정심판법의 연계가 발생하게 된다. 이에 정보공개법과 연계되는 행정심판법을 함께 검토한다.

4. 행정심판 재결의 기속력과 기능상 근거

가. 행정심판 피청구인 범위

행정심판법상 행정청은 행정에 관한 의사를 결정하여 표시하는 국가 또는 지방자치단체의 기관, 그 밖에 법령 또는 자치법규에 따라 행정권한을 가지고 있거나 위탁을 받은 공공단체나 그 기관 또는 사인(私人)을 말한다(행정심판법 제2조 제4호).[13]

지방자치단체가 아닌 공공단체 및 공무수탁사인의 경우, 모든 행위가 처분이 되는 것은 아니며 관계법령에 의하여 국가 또는 지방자치단체의 사무를 위임받아 행하는 행위만이 처분이 될 수 있다. 일반적인 행정심판의 경우, '행정청'의 지위가 인정되더라도 행정청의 행위의 '처분성'이 모두 인정되는 것은 아니다. 국세징수법에 의해 공매권한을 위임 받은 성업공사에 대하여 행정소송의 피고적격을 긍정하였고,[14] 대한주택공사가 시행한 택지개발사업 및 이주대책에 관한 처분에 대하여 행정처분성을 인정한 사례가 있는 반면,[15] 마사회의 기수 면허 취소에 대하여, 상대방의 권리를 제한하는 행위라 하더라도 행정청 또는 그 소속기관이나 권한을 위임 받은 공공단체 등의 행위가 처분권한을 위임 받은 공공단체의 행위가 아니라는 이유로 처분성을 부정한 바 있다.[16]

13) 행정청의 정의와 관련하여 행정소송법은 행정청에 대해 적극적 정의 규정을 두고 있지는 아니하지만, "행정청에는 법령에 의하여 행정권한의 위임 또는 위탁을 받은 행정기관, 공공단체 및 그 기관 또는 사인이 포함된다."고 정하고 있으며(행정소송법 제2조 제2항), 행정절차법은 "행정청이라 함은 행정에 관한 의사를 결정하여 외부에 표시하는 국가 또는 지방자치단체의 기관 기타 법령 또는 자치법규에 의하여 행정권한을 가지고 있거나 위임 또는 위탁받은 공공단체나 그 기관 또는 사인을 말한다."고 하여 행정심판법과 거의 유사하게 정의하고 있다(행정절차법 제2조 제1호).

14) 대법원 1989. 10. 13. 선고 89누1933판결

15) 대법원 1992. 11. 27. 선고 92누3618 판결

16) 대법원 2008. 1. 31. 선고 2005두8269 판결

이와 같은 점에서 행정심판의 피신청인 적격과 관련하여 정보공개법에 따른 행정심판은 차이가 존재한다. 정보공개법상 공공기관의 비공개결정에 대한 행정심판의 경우, ① 행정심판법이 본래 전제하고 있는 행정청이 아니라 사립학교, 비영리법인, 사회복지법인, 보조금을 받는 단체와 같은 사인에 대해서도 이루어지고 ② 처분성 인정 여부를 따로 심사하지 아니하고 비공개결정에 대해 바로 절차가 개시된다.

강학상의 행정청에 해당하지 않음에도, 공공기관의 정보공개에 관한 결정이 있게 되면, 해당 기관은 강학상의 행정청으로 전환되는 것인지, 혹은 해당 기관의 종전 성격은 유지되는 것인지에 대한 명확한 규정은 존재하지 아니한다. 그럼에도 공공기관의 정보공개결정이 존재하면, 해당 결정의 행정처분으로서의 성격을 심사하지 아니한 채 행정심판의 대상이 되며, 해당 공공기관은 행정심판의 피신청인 적격이 부여되게 된다.

다른 한편, 청구인의 관점에서 정보공개 청구는 누구라도 청구할 수 있기 때문에, 청구인과 청구된 정보 사이의 관계는 정보공개청구권의 성립과 범위에 영향이 없다. 오로지 대상정보의 성격만이 정보공개청구권의 성립과 범위를 좌우한다.[17] 청구인은 자신의 지위, 이해관계, 목적, 동기에 관하여 설명하거나 증명할 필요가 없다. 정보공개 제도 자체만 놓고 보면 이는 행정의 투명성과 책임성을 제고하기 위해 보장되는 제도이지만, 개개의 정보공개청구가 이러한 목적에 부합할 필요가 없다. 이와 같이 청구인에 대하여 처분의 취소 또는 변경을 구할 법률상 이익이 필요하지 않는다는 점에서, 행정심판법 제13조의 적용을 받지 않고 정보공개와 관련한 분쟁은 객관적 절차로서의 형태를 가지게 된다. 이에 대한 통제방법으로 실제로는 해당 정보를 취득 또는 활용할 의사가 전혀 없이 정보공개 제도를 이용하여 사회통념상 용인될 수 없

17) 최계영, 정보공개청구권의 남용, 행정판례연구(2015), 53면

는 부당한 이득을 얻으려 하거나, 오로지 공공기관의 담당공무원을 괴롭힐 목적으로 정보공개청구를 하는 경우처럼 권리의 남용에 해당하는 것이 명백한 경우에는 정보공개청구권의 행사를 통제하지만, 이는 매우 예외적인 사안에 적용될 것이다.[18]

나. 기속력(羈束力)과 불복가능성

청구인이 정보비공개 결정에 대한 행정심판을 제기하여, 심판청구를 인용하는 재결이 있게 될 경우, '피청구인과 그 밖의 관계 행정청을 기속(羈束)'하게 된다.

이와 같은 기속력의 효력과 관련하여, 재결의 기속력에 대한 해석이 논리필연적으로 피청구인의 불복가능성 제한으로 이어지는 것은 아니라는 견해가 있다. 예컨대 舊 행정심판법(2010. 1. 25. 법률 제9968호로 전부개정되기 전의 것) 제37조 제1항은 인용재결과 기각재결을 구분하지 않고 재결의 기속력을 규정하였다. 이와 같은 근거에서 재결의 기속력은 행정청에게 '실체적' 의무를 부과하는 것이지 재결을 다툴 수 없는 '소송법적' 효력으로까지 해석될 수 없다고 본다. 행정심판의 경우는 재결의 정당성을 담보할 수 있는 '확정'에 대한 고려 없이 재결이라는 이유만으로 취소판결의 기속력과 동일한 효력을 인정하고 있는바, 이는 재결의 실효성 확보라는 정책적 이유만으로 정당화하기 어렵다는 견해가 있다.[19] 즉, 재결은 행정소송법상 명문으로 소송의 대상으로 인정되는 반면(행정소송법 제2조 제1항, 제19조), 재결의 기속력으로 인해 행정청이 불복할 수 없다는 것은 해석론에 불과하다는 의견이다.

그러나 대상 결정이 전제하는 것과 같이 주류적 판결례는 '재결 자

18) 대법원 2014. 12. 24. 선고 2014두9349 판결
19) 조성규, 행정심판 재결의 기속력과 피청구인인 행정청의 불복가능성, 행정법연구 제54호(2018. 8.), 149면

체에 대한 위법이 없는 한' 대상 사안과 동일하게 피청구인은 재결에 기속되어 재결의 취지에 따라 정보를 공개할 의무를 부담하므로, 인용재결에 불복하여 행정소송을 제기할 수 없으며, 행정소송의 원고적격을 가질 수 없다고 보고 있다.[20] 정보공개법 제2조 제3호 마.목의 '그 밖에 대통령령으로 정하는 기관'은 행정기관으로 볼 수 없는 기관이 다수를 차지하고 있는데, 본 사안과 같이 이와 같은 기관에 대하여 기속력이 그대로 적용될 수 있는지 쟁점이 될 수 있다. 이에 대한 논의를 위하여 행정심판의 기능 분석을 통하여 기속력을 적용할 기능적 필요성의 강도에 대하여 검토한다.

다. 행정심판 및 재결의 기능

행정심판의 기능은 권리구제적 요소와 자기통제적 요소로 설명되고 있다.[21]

1) 권리구제적 기능

현행법상 행정심판의 권리구제적 요소의 핵심은 '司法節次의 準用'이라는 헌법적 요청이다. 판단기관의 독립성과 공정성을 위하여 행정심판 위원회를 의결기관으로 하여 그 의결내용에 재결청이 구속되도록 하고 있다. 이와 같은 판단기관의 독립성은 근본적으로 자기 통제적 기능과 모순되는 측면이 있다. 또한 권리구제 기능을 달성하기 위하여, 행정심판법은 행정심판의 임의절차화(任意節次化)를 하였고, 행정심판의 판

20) 서울행정법원 2017. 3. 10. 선고 2016구합66810 판결; 서울행정법원 2023. 7. 7. 선고 2022구합89104 판결. 행정심판 인용재결에 인정되는 기속력을 원고적격으로 접근하는 것이 적절한지 문제가 있지만, 재판청구권이 제한된다는 점에서 결론이 동일하기 때문에 별도로 논의하지는 않는다.

21) 이하는. '박정훈, 行政審判의 機能, 행정법연구(2006년 상반기)' 중 14면의 일부를 요약한 것이다.

단기준시를 행정소송에서와 동일하게 처분시(處分時)로 보고 있다. 행정심판에서의 처분사유의 추가변경에 관해서도 행정소송에서와 같은 기준을 적용하여 추가변경을 제한하고 있다.[22] 자기통제적 기능을 중심에 둘 경우, 처분사유의 추가와 변경 범위가 확대되는 것이 체계적이겠지만, 권리구제적 기능을 강화하는데 기여하는 법리로 보아야 할 것이다.

2) 행정의 자기통제 기능

행정청의 불복가능성을 인정하지 아니하는 입장의 또 다른 논거는 행정심판이 '행정의 자기통제'적 기능을 수행한다는 점에 기초한다. 행정심판의 자기 통제적 기능을 뒷받침하는 핵심 요소는 행정심판이 본안요건으로 처분의 위법(違法)만이 아니라 부당(不當)까지 심사한다는 점이다. 법령심사제도 역시 자기통제적 요소에 해당하는 것으로 파악할 수 있다. 즉, 심판청구를 심리의 결함에 있어서 처분 또는 부작위의 근거가 되는 대통령령, 총리령, 부령, 훈령, 예규, 고시, 조례, 규칙 등이 법령에 근거가 없거나 상위법령에 위배되거나 국민에게 과도한 부담을 주는 등 현저하게 불합리하다고 인정되는 경우에는 관계행정기관에 대하여 당해 규정의 개정 등 적절한 시정조치를 요청할 수 있다(제59조). 현저한 불합리성을 심사할 수 있으며, 심사의 대상도 넓다는 점에서 강력한 자기통제적 요소로 볼 수 있다. 이와 더불어 직권탐지주의, 재결청의 의견제출권, 청구인적격의 확대 등도 자기통제적 기능을 수행하는 것으로 해석된다.

그런데 행정심판법의 7차례 개정의 결과 현재 우리나라의 행정심판제도는 '사법절차의 준용'이라는 헌법적 요청에 따라 감독적 통제 내지 자기통제를 위한 행정절차적 성격이 탈색되고 준사법적 절차를 갖는 쟁송절차적 성격을 강하게 가지게 되었다.[23]

---

22) 대법원 2014. 5. 16. 선고 2013두26118판결
23) 박정훈, 행정법 개혁의 과제, 박영사(2023) 中 '18. 행정심판제도의 발전방향', 566면.

행정심판 인용재결에 대한 불복을 제한하는 효과를 가지는 정보공개법 제2조 제3호 마.목의 '그 밖에 대통령령으로 정하는 기관'과 관련하여, 이상의 논의를 토대로 '대통령령으로 정하는 기관'의 범위 설정에 있어서의 입법론상 기준 내지 고려지점을 검토한다(이에 대한 논의는 정보공개 심사에서의 심사강도와는 무관하며, 현행법상 '대통령령으로 정하는 기관'의 행정소송 제기 가능성의 범위에 관한 것에 한정된다. 즉, 실체적으로 공개 대상이 되는 정보의 범위가 아닌 절차법상 쟁송수단 허용범위에 관한 것임을 전제로 한다).

5. 대상결정에 기초한 '대통령이 정한 기관'의 범위에 관한 입법론적 기준

가. 기본원칙 및 기본권의 관점에 기초한 입법론적 기준

(1) 기본권의 주체성에 대한 판단

(가) 기본권 주체성 인정기준

대상 결정에서도 청구인의 기본권 주체성이 쟁점이 되었으므로, 입법론적 관점에서 '그 밖에 대통령령으로 정하는 기관'이 기본권의 주체성을 보유하고 있는지가 논의의 시작이 될 것이다.

헌법은 법인의 기본권 향유능력을 인정하는 명문의 규정을 두고 있지 않지만, 본래 자연인에게 적용되는 기본권규정이라도 언론·출판의 자유, 재산권의 보장 등과 같이 성질상 법인이 누릴 수 있는 기본권은 당연히 법인에게도 적용하여야 하는 것으로 본다.[24] 그런데 국가나 국가기관 또는 국가조직의 일부나 공법인은 기본권의 '수범자(受範者)'이

24) 헌법재판소 1991. 6. 3. 선고 90헌마56 결정 등

지 기본권의 주체로서 그 '소지자'가 아니고 오히려 국민의 기본권을 보호 내지 실현해야 할 책임과 의무를 지니고 있는 지위에 있으므로 기본권의 주체가 될 수 없다.[25]

다만 공법인이나 이에 준하는 지위를 가진 자라 하더라도 공무를 수행하거나 고권적 행위를 하는 경우가 아닌 사경제 주체로서 활동하는 경우나 조직법상 국가로부터 독립한 고유 업무를 수행하는 경우 등에는 기본권의 주체가 될 수 있다. 이러한 경우에는 이들이 기본권을 보호해야 하는 국가적 기능을 담당하고 있다고 볼 수 없기 때문이다.[26]

(나) 대통령령으로 정한 기관의 기본권 주체성

현행 시행령 제2조를 기준으로 '그 밖에 대통령령으로 정하는 기관'으로 정한 기관 중 사립학교법인(1호), 지방자치단체의 출자기관 및 출연기관(3호), 특별법에 따라 설립된 특수법인(4호), 보조금을 받는 사회복지법인과 사회복지사업을 하는 비영리법인(5호), 국가나 지방지차단체로부터 연간 5천만원 이상의 보조금을 지급받는 기관 또는 단체(6호)는 국가 내지 지방자치단체와 별도의 법인격을 보유하고 있으므로, 기본권의 주체성이 쉽게 인정될 수 있을 것이다. 대통령으로 기관의 범위를 정함에 있어서, 해당 주체는 기본권을 보유하고 있으므로 기본권 제한의 관점을 적용하여 결정하여야 할 것이다. 본 사안에서는 국립대학의 기본권 주체성이 쟁점이 되고 있으므로 항을 나누어 검토한다.

(다) 국립대학의 기본권 주체성

항고소송에서 국립대학의 당사자능력은 일관되게 부인되어 왔다.[27] 다만 국립대학은 통상의 행정기관과는 달리 특정한 공적 목적을

25) 헌법재판소 1998. 3. 26. 선고 96헌마345 결정 등
26) 헌법재판소 2013. 9. 26. 선고 2012헌마271 결정
27) 서울고등법원 2009. 11. 25. 선고 2009누19672 판결; 대법원 2010. 3. 11. 선고 2009두23129 판결; 대법원 1997. 9. 26. 선고 96후825 판결; 대법원 2007. 9. 20 선고 2005두6935 판결

위해 설치운영되는 영조물이므로 이러한 영조물을 법인화시킴으로써 소위 '영조물법인'을 만드는 것이 가능한 바, 국립대학 중 서울대학교는 '국립대학법인 서울대학교 설립운영에 관한 법률'에 의하여 법인격이 부여되었고(제3조), 인천대학교도 '국립대학법인 인천대학교 설립 운영에 관한 법률'에 의하여 법인격이 부여되었으므로(제3조, 제4조), 특별법으로 법인화된 국립대학의 경우에는 항고소송에서 당사자능력이 인정될 수 있을 것이다.[28)]

또한, 헌법상 기본권 주체에 요구되는 능력인 기본권 주체성은 민법상 권리능력과 반드시 일치하는 것은 아니하므로, 기본권 주체성의 인정에 항상 완전한 권리능력이 요구되는 것은 아니다.[29)] 국립대학은 법적 형식의 관점에서 일반적으로 국가의 행정영역에 흡수되지만 그 실질적 기능에 있어서는 독자적인 생활영역을 가지는데, 이는 헌법상 학문의 자유와 대학의 자율에 의해 부여된 것이다.[30)] 이처럼 법인화되지 아니하고 강학상 영조물에 해당하는 국립대학이라고 하더라도, 헌법으로부터 기본권에 의하여 보호되는 학문의 자유 및 대학의 자율을 고유한 생활영역으로 부여 받았고, 그 특별한 영역에 있어서는 국가로부터 독립하여 대립할 수 있는 지위에 있으므로, 개인과 유사하게 공권력 행사로부터 기본권을 보호해야 하는 전형적인 위험상황에 놓이게 된다.[31)]

대상판결 다수 합헌의견은 서울대학교는 기본권의 주체가 될 수 없다고 보아 재판청구권 침해 주장을 더 나아가 살필 필요 없이 이유가 없다고 하였다. 반면, 별개의견과 반대의견은 정보비공개결정은 대학의 자율권 행사의 일환으로 볼 수 있고, 연구, 교수, 시험, 학사관리 등에

---

28) 박정훈, 국립대학 법인화의 공법적 문제 – 헌법상 실질적 법인격과 법률상 형식적 법인화의 갈등, 서울대학교 법학 제47권 제3호(2006), 432면

29) 헌법재판소, 헌법재판연구 20, 헌법재판연구원(2009), 251면

30) 박정훈, 위 논문 432면

31) 승이도, 국립대학의 대학 자율권 주체성 및 헌법소원심판 청구인능력 연구, 저스티스 통권 155호(2016. 8.), 395면

있어서는 대학의 지위에서 헌법상 자율권을 보장받게 되는바, 이러한 자율권을 행사하는 경우에는 기본권의 주체가 될 수 있다고 판단하였다. 서울대학교는 별도의 법인화를 하여 행정소송의 원고적격을 부여할 수 있으므로 기본권의 주체로 볼 수 있다. 법인화가 되지 않았더라도 헌법상 실질적 기능에 있어서는 독자적인 생활영역을 가지고, 이는 헌법상 학문의 자유와 대학의 자율에 토대한 것이므로 기본권의 주체로 볼 수 있다.

이상의 점을 종합할 때 정보공개법이 정한 공공기관 중 '대통령이 정한 기관'의 범위를 정함에 있어서 헌법상 기본원리와 기본권 제한의 관점이 적용되어야 할 것이다.

(2) 의회유보의 원칙 및 포괄위임금지 원칙

정보공개법 제2조 제3호 마.목의 '그 밖에 대통령령으로 정하는 기관'이 기본권의 주체가 된다고 할 때, 행정심판의 기속력으로 인하여 재판청구권을 포함한 기본권의 제한을 받게 된다. 그렇다면 위 기관의 입법에 있어서, 입법원칙으로서 법률유보의 원칙이 적용되며, 행정작용이 행해짐에 있어서 국회가 제정한 형식적 법률이나 법률의 위임에 의한 법규명령 등 법적 근거가 요구된다. 특히 헌법적 차원에서는 의회유보 원칙에 따라 기본권 제한에 있어서 법률의 근거를 요할 것이다. 이와 함께 기본권을 제한하는 법률은 명확성을 가져야 할 것이다.

현행과 같이 정보공개법 제2조 제3호 마.목의 '그 밖에 대통령령으로 정하는 기관'을 정함에 있어서, 해당기관이 기본권의 주체일 경우 법률유보의 원칙에 따라 중요한 사항은 법률에 정하여 위임이 이루어져야 할 것이다. 따라서 현재와 같이 공공기관의 유형과 대강의 원칙을 정하지 아니한 채 포괄적으로 위임하는 형태는 헌법적 관점에 부합하지 않을 것으로 해석된다.

(3) 재판청구권과 신속한 알권리의 형량

(가) 재판청구권 입법형성권의 한계

본 사안에서 정보공개 청구인의 기본권 제한은 알권리 전반의 제한이 아니라, '신속한' 알권리의 제한일 것이다. '대통령령으로 정하는 기관'의 재판청구권이 제한되지 않더라도, 청구인은 행정소송을 통하여 알권리를 충족할 수 있을 것이기 때문이다.

헌법 제27조 제1항은 모든 국민은 헌법과 법률이 정한 법관에 의하여 법률에 의한 재판을 받을 권리를 가진다고 규정하여 재판청구권을 보장하고 있다. 재판청구권은 사실관계와 법률관계에 관하여 최소한 한 번의 재판을 받을 기회가 제공될 것을 국가에게 요구할 수 있는 절차적 기본권을 뜻한다.[32] 재판청구권은 법적 분쟁의 해결을 가능하게 하는 적어도 한 번의 권리구제절차가 개설될 것을 요청할 뿐 아니라, 그를 넘어서 소송절차의 형성에 있어서 실효성 있는 권리보호를 제공하기 위하여 그에 필요한 절차적 요건을 갖출 것을 요청한다. 비록 재판절차가 국민에게 개설되어 있다 하더라도, 절차적 규정들에 의하여 법원에의 접근이 합리적인 이유로 정당화될 수 없는 방법으로 어렵게 된다면, 재판청구권은 사실상 형해화될 수 있으므로, 바로 여기에 입법형성권의 한계가 있다.[33]

(나) 청구인의 신속한 알권리와 '대통령령으로 정하는 기관'의 이익

정보공개법은 국민의 알 권리만을 일방적으로 보장하는 것이 아니라, 알 권리와 충돌하는 권익과 형량하여, 정보공개 여부 및 그 범위를 결정하도록 하고 있다. "국민의 생명·신체 및 재산"(정보공개법 제9조 제1항 제3호), "업무의 공정한 수행이나 연구·개발"(같은 항 제5호), "사생활

32) 헌법재판소 1997. 12. 24. 선고 96헌마172 결정
33) 헌법재판소 1992. 6. 26. 선고 90헌바25 결정 등 참조

의 비밀과 자유"(같은 항 제6호), "경영상·영업무상 비밀"(같은 항 제7호) 등이 알권리보다 우월한 상황이라면 해당 정보는 공개하지 아니할 수 있다.

비공개를 통해 보호되는 위와 같은 이익에는 당연히 공공기관 자신의 이익도 포함된다. 정보공개를 명하는 재결에 대해 공공기관이 소송으로 다툴 수 없다면, 행정심판위원회가 정보공개법에서 보호하는 공공기관의 이익을 침해하는 결정을 하였더라도, 공공기관은 재판절차를 통한 권리구제기회를 보장받지 못한다. 정보공개법 제2조 제3호 마.목의 '그 밖에 대통령령으로 정하는 기관'의 범위를 정함에 있어서, 청구인에게 해당 기관에 대하여 '신속한 알권리'를 보장할 입법적 필요성이 있는지 검토할 필요가 있다. 행정심판이라는 사전 절차를 통하여 정보를 신속하게 공개할 입법적 필요성이 있는지를 형량하여 그 범위를 결정할 필요가 있다.

대상 결정에서 2인의 별개의견은 국립대학법인의 교육관련 정보에 대한 국민의 알 권리가 적시에 보장되지 않는다면, 이를 둘러싸고 발생하는 분쟁에서 국민은 적정한 권리구제를 받지 못할 가능성이 높다는 근거에서 입법형성권의 범위 내에 있다고 보았다. 반면, 3인의 반대의견은 서울대학교에 대하여는 대학 자율권에 속한 정보의 비공개결정에 있어 이를 취소하거나 그 공개를 명함으로써 자신의 기본권(자율권)을 제한하는 행정심판 인용재결에 대하여 법원의 판단을 받을 수 있는 기회가 보장되어야 한다고 보아 위헌의견을 개진하였다. 즉, 정보공개법의 '대통령령으로 정하는 기관'의 범위를 정합에 있어서, 알권리를 '적시에 보장'할 필요가 존재하는 기관인지 입법적으로 검토되어야 할 것이다. 신속하고 적시에 공개될 정보를 보유할 개연성이 낮은 기관에 대하여는 입법적으로 신중하게 범위를 설정하여야 할 것이다.

나. 행정심판 기능의 관점에서 입법론적 기준

(1) 권리구제 기능

정보비공개결정에 대한 행정심판의 경우, 권리구제적 요소가 약화될 수밖에 없다. 위와 같은 유형의 행정심판에서 청구인에게 법률상 이익이 요구되지 않으며, 해당 정보와 청구인의 관계성을 소명하거나 증명할 필요도 없기 때문이다. 가령, 본건 사안의 경우 사법시험을 공부하는 청구인이 법학전문대학의 선발기준에 대한 정보를 청구하는 것으로서, 청구인이 응시하고자 하는 사법시험과도 무관하여 청구인의 주관적 권리 구제와는 무관하다. 청구인이 목적으로 하는 바는 법학전문대학의 선발기준을 대외적으로 알리면서, 선발의 공정성과 관련한 주장을 하기 위한 것으로서 순수한 객관적 절차로서의 성격을 가지게 된다. 또한 A라는 정보에 대하여 특정인이 공개를 신청하였다가 비공개로 결론에 이르게 되었더라도, 다른 자가 다시 공개를 신청할 수 있다는 점을 보더라도 주관적 권리구제로서의 기능은 약화된다고 볼 것이다. 이와 같은 정보비공개 결정에 대한 행정심판의 경우, 그 객관적 절차로서의 성격으로 인하여 주관적 권리구제로서의 기능은 약화된다고 평가할 수 있다.

(2) 자기통제적 기능

정보비공개결정에 대한 행정심판의 경우, 정보공개법 제2조 제3호 마.목의 '그 밖에 대통령령으로 정하는 기관'을 자기통제의 전제인 '自己'로 포섭할 수 있는지 의문이 있다. 위 기관들은 국가 내지 지방자치단체와 독립된 법인격을 가지고 있는 경우가 대부분이며, 상위 행정기관이 일반적인 지시권을 가지고 있다고 볼 수 없다. 특히 지방자치단체는 행정심판의 인용재결에서 헌법소송 중 기관소송을 제기할 수 있다고 보고 있다. 그런데 기관소송은 국가기관 상호간, 국가기관과 지방자치단체 간 및 지방자치단체 상호간의 '권한쟁의(權限爭議)'에 대하여만이 가능하므로, '그 밖에 대통령령으로 정하는 기관'은 기관소송을 통하여 인용재결에 불복할 수도 없다. 국가기관과의 간격에 있어서, '그 밖에 대통령령으로 정하는 기관'은 지방자치단체에 비하여 먼 간격을 가지고 있음에도 인용재결에 대한 불복가능성의 범위는 축소되거나 배제된다는 결론에 이르게 된다.

이상의 점을 볼 때, '그 밖에 대통령령으로 정하는 기관'의 정보비공개결정에 대한 행정심판에 있어서 권리구제적 요소와 자기통제적 요소의 중요성은 일반 행정심판에 비하여 약화된다고 볼 수 있다.

다. 입법 방향에 대한 모색

정보공개제도의 경우, 정보공개법과 행정심판법이 결합되어 운용되는 일종의 '복합적' 절차로 파악할 수 있는데, 시행령에 대한 포괄적인 위임 등으로 일종의 적용대상 확장범위가 광범위하게 규정된 상태로 보인다. 즉, 기본적인 구조의 안정성에 성격이 다른 여러 종류의 심리가 결합되어 있어서, 헌법재판관들의 의견도 달라지게 되는 결과를 초래한 면이 있어서, 여러 관점의 입법방향이 모색될 필요가 있다. 이러한 전제에서, 미진하지만 제도의 개선방향에 대한 3가지 모색방안을 검토하여 시론적으로 제시하여 보았다.

첫째 방안으로서, 정보공개법 상 기관에 대하여 중앙행정기관 등 전통적인 행정청과 다른 취급을 받을 수 있는 단체를 선별하여 일부는 행정심판을 제기할 수 있도록 하고 나머지 단체는 행정소송을 바로 제기하도록 하는 구조를 검토할 수 있다. 이를 위하여 행정심판을 제기할 수 있도록 하는 기관은 재판청구권의 법률유보 관점에서 법률에 규정을 두어야 할 것이다.

둘째 방안으로서, '피청구인과 그 밖에 관계 행정청'에 적용되는 기속력의 범위(행정심판법 제49조)를 조정하는 방안이다. 종전의 '피청구인인 행정청과 그 밖의 관계행정청을 기속한다'는 종전 규정에서 2010년 개정을 통하여 변경되었는데, 현재 행정심판의 '피청구인'이 되기만 하면 기속력이 적용되는 것으로 해석되고 있다. 그런데, 행정심판법 제17조에서 '처분을 한 행정청(의무이행심판의 경우에는 청구인의 신청을 받은 행정청)을 피청구인으로 하여 청구하여야 한다'는 규정과 완벽하게 정합된다고 볼 수 없다. 이는 다른 법률에서 피청구인이 행정청이 아닌 경우에도 행정심판을 거칠 수 있도록 함으로써 발생하였는데, 과거처럼 '피청구인인 행정청과 그 밖의 관계행정청'으로 정하더라도 행정심판의 실효성에 영향을 미치지 않을 것으로 예상된다.

셋째 방안으로서, 정보공개법상 기관에 대하여 별도의 독립된 법제를 마련하여 해당 기관들의 특성에 맞는 절차와 심리과정을 고안하는 방법이 있을 것이다. 위 기관들에 대한 정보공개를 통한 알권리 보장의 필요성은 다언할 필요는 없지만, 전통적인 행정기관 등에 대한 알권리 보장의 필요성과는 차이가 있을 것이다. 기관의 특성을 고려하여 보장강도와의 차이를 마련함으로써 전통적인 행정기관에 대한 국민의 알권리 보장 수준을 강화시킬 필요도 있을 것이다.

참고문헌

박정훈, 행정법 개혁의 과제, 박영사(2023)

강경근, 情報公開請求權의 制限 – 특히 프라이버시권에 關聯하여, 토지공법연구(2008년), 169면–192면

권형준, 정보공개제도(情報公開制度)에 관한 고찰(考察), 법학논총 제23권 제2호(2024. 3.), 9면–36면

김보라미, 정보공개청구에서 개인에 관한 정보의 판단 기준, 개인정보 판례백선(2022. 6.), 761면–767면

김상태, 정보공개소송(情報公開訴訟)에 있어서의 법률문제(法律問題) –정보공개청구권(情報公開請求權)의 법적(法的) 성격(性格) 및 소송유형(訴訟類型)을 중심(中心)으로, 법학논고 제24권 제3호(2007. 8.), 385면–402면

김세주, 독일의 정보공개제도와 환경정보법, 동아법학 제26호(2019. 5.), 1면–26면

김승태, 정보공개제도의 성과와 한계, 한국공공관리학보 제23권 제4호(2009. 12.), 119면–147면

김승태, 정부3.0 정책수단으로서의 정보공개제도 평가, 유럽헌법연구 16호(2014. 12.), 597면–641면

김용섭, 裁決의 羈束力과 主觀的 範圍를 둘러싼 論議, 인권과 정의(2006. 2.), 209면–225면

김창도, 정보공개제도의 실태와 개선방안, 한국정책분석평가학회 추계학술대회(2018년), 53면–76면

류기진, 행정정보공개제도 활성화에 관한 실증적 연구, 정책개발연구 제3권 제1호(2003. 5.), 103면–135면

문재완, 정보공개청구에 관한 헌법재판소 판례 분석, 세계헌법연구 23권 3호(2017년), 87면–114면

박정훈, 行政審判法의 構造와 機能, 행정법연구(2004년 하반기), 241면－272면

박정훈, 行政審判의 機能, 행정법연구(2006년 상반기), 1면－14면

박정훈, 국립대학 법인화의 공법적 문제 － 헌법상 실질적 법인격과 법률상 형식적 법인화의 갈등, 서울대학교 법학 제47권 제3호(2006년), 432면

설계경, 행정정보공개제도(行政情報公開制度)에 관한 고찰(考察), 외법논집 제19집(2005. 8.), 277면－303면

승이도, 국립대학의 대학 자율권 주체성 및 헌법소원심판 청구인능력 연구, 저스티스 통권 155호(2016. 8.), 381면－460면

안동인, 英國의 行政審判制度 改革에 관한 小考, 공법연구 제38집 제1호 제2권(2009년 10월), 237면－263면

여경수, 행정심판상 공공정보공개 청구사건에 관한 고찰, 영남법학 제41집 (2015.12.), 173면－194면

윤광석 외, 실무적 관점에서의 정보공개제도 분석 문제점과 대안을 중심으로, 한국행정연구 제26권 제3호(2017년), 99면－129면

이상천, 공공기관의 정보공개에 관한 법률 제9조 제1항 제1호의 법체계적 정합성, 인하대학교 법학연구 제13호(2010. 8.), 343－374면

정형근, 개정 행정심판법의 주요쟁점에 관한 검토, 행정법연구 제27호 (2010. 8.), 127면－151면

조성규, 행정심판 재결의 기속력과 피청구인인 행정청의 불복가능성, 행정법연구 54호(2018. 8.), 143면－169면

최계영, 정보공개청구권의 남용, 행정판례연구(2015), 41면－79면

국문초록

공공기관의 정보공개에 관한 법률 제2조 3호 마목은 대통령령이 정한 '공공기관'에 대하여 정보공개의 의무를 부과하고 있다. 공공기관이 정보공개 거부결정을 할 경우, 신청인은 그 거부결정에 대하여 행정심판을 제기할 수 있으며, 행정심판의 인용결정이 있는 경우 행정심판법 제49조 제1항이 적용된다. 행정심판에서 인용결정이 있을 경우 피신청인은 행정심판위원회의 결정에 구속되며 행정소송을 제기할 수 없다는 판결들이 존재한다. 그런데 현행 대통령령에 의하면, 공공기관에는 전통적인 행정기관이 아닌 유아교육법상의 교육기관, 복지단체, 보조금을 지급받는 민간기업 등이 포함되어 있으며, 이는 헌법이 정한 재판청구권의 한계와 결부된다. 대상 결정(헌법재판소 2023. 3. 23. 선고 2018헌바385 결정)은 그와 같은 전제에서 재판관들이 재판청구권의 한계에 대하여 서로 다른 의견을 나타내었다는 점에서 의미가 있다. 국립대학의 정보공개거부결정에 대하여 행정심판위원회는 공개결정을 하였으며, 국립대학이 행정소송을 제기하였으나 행정법원은 기속력을 근거로 각하결정을 하였다. 이와 같은 재판청구권의 제한에 대하여 재판관들은 다른 의견을 제시한 사안이다. 행정심판법 제49조 제1항이 정한 행정청에 대한 기속력은 행정심판이 가지는 권리구제적 기능과 행정의 자기통제 기능에 기초하고 있는데, 현행 정보공개 제도의 경우 신청인의 개별적이거나 주관적 이익과 무관하게 공개를 신청할 수 있는 객관적 절차로서 기능하고 있다. 그렇다면 행정의 자기통제의 관점에서 현행 법령이 정한 공공기관 범위의 한계에 대한 검토가 필요하다. 재판청구권의 제한을 받는 공공기관의 범위와 관련하여, 헌법이 정한 기본원칙과 기본권의 관점에서 법률유보의 원칙이 적용되어야 하며, 기본권(재판청구권과 신속한 알권리) 사이의 형량하에서 공공기관의 범위가 결정되어야 한다. 또한 행정심판의 기능인 권리구제적 기능과 행정의 자기통제의 관점에서, '자기' 통제로 볼 수 없는 주체에 대하여는 행정심판의 기속력을 배제하여 재판청구권을 보장하는 입법 방향을 모색할 필요가 있다.

주제어: 행정심판법 제49조, 인용재결, 기속력, 정보공개법, 알권리, 재판청구권, 공공기관, 입법형성권

Abstract

The scope of public institutions and Limitatiodns of Legislative Formation Power under the Information Disclosure Act

Hokyoung Park*

Article 2 of the Information Disclosure Act imposes an obligation to disclose information to 'public institutions' prescribed by the Presidential Decree. If a public institution decides to refuse to disclose information, the applicant may file an administrative trial on the decision to reject it, and Article 49 (1) of the Administrative Appeals Act applies if there is a decision to cite an administrative trial. In the event of a decision to cite in an administrative trial, there are judgments that the respondent is bound by the decision of the Administrative Appeals Committee and cannot file an administrative lawsuit. According to the current presidential decree, public institutions include educational institutions under the Early Childhood Education Act, welfare organizations, and subsidized private enterprises, which are not traditional administrative institutions, and it is connected to the limits of the right to trial under the Constitution. The recent Constitutional Court case decision No. 2018 Heonba 385(hereafter the 'Decision') is meaningful in that The Constitutional Court Justices expressed different opinions on the limitations of the right to trial under

* JIPYONG LLC

such a premise. The National University decided not to disclose the information, but the decision was canceled in an administrative trial. The National University filed an administrative appeal, but the Administrative Court decided to dismiss it based on Binding force. The Constitutional Court Justices presented a different opinion on such restriction of the right to request a trial. The binding force on the administrative agency prescribed in Article 49 (1) of the Administrative Appeals Act is based on the rights remedy function and the self－control function of the administration and the current information disclosure system and it functions as an objective procedure to apply for disclosure regardless of the individual or subjective interests of the applicant. Therefore, it is necessary to review the limitations of the scope of public institutions set by the Information Disclosure Act and Presidential Decree from the perspective of administrative self－control. Regarding the scope of public institutions subject to the restriction of the right to request a trial, the legislative formation power should be applied from the perspective of the basic principles and basic rights set by the Constitution. The scope should be decided on the fair comparison of interests between the right to trial and the right to know. In addition, it is necessary to seek a legislative direction to guarantee the right to trial by excluding the binding power of the administrative trial for subjects that cannot be viewed as 'self' control in terms of the function of the administrative trial.

Keywords: the Administrative Appeals Act Article 49, ruling recognizing an appeal, binding force, the Information Disclosure Act, right to trial, right to know, public institutions, legislative formation power

투고일 2024. 11. 22.
심사일 2024. 12. 22.
게재확정일 2024. 12. 27.

行政의 實效性 確保手段

제재처분과 위반행위 (박정훈)

공동개설 의료기관에서 일부 개설자의 자격정지에 따른 의료업 금지의 효력 범위 (정의석)

제재처분과 위반행위

— 행위귀속과 귀책사유의 구별 —

박정훈*

대법원 2020. 5. 14. 선고 2019두63515 판결 [영업정지처분취소]

[사안의 개요]

원고는 강원 정선군 소재 사업장에서 「폐기물관리법」에 따라 허가를 받고 폐기물처리업(종합재활용업)을 영위하고 있었는데, 관할행정청(정선군수)은 2019. 1. 9. 원고가 ① 동법 시행규칙 [별표 4의3] 51－01－08 '그 밖의 폐수처리오니'(汚泥, sludge)로 '부숙토'(腐熟土)를 만들어 '양평녹화 주식회사'와 '유한회사 관동녹화'에 판매하여 위 업체들로 하여금 — 위 폐수처리오니를 재활용하여 생산하는 것이 허용되지 않는 — '비탈면 녹화토'(綠化土)(R－6－2)를 제조하게 하였고(제1처분사유), ② 약 20회에 걸쳐 변경허가 없이 허가받지 않은 공정오니를 처리

* 서울대학교 명예교수, 법학박사(Dr. jur), 변호사

** 본고는 2024. 9. 20. 행정판례연구회 제399차 월례발표회 발표문을 수정·보완한 것이다.

하였으며(제2처분사유), ③ 단가, 계약금액, 폐기물의 종류, 수량, 처리방법, 운반 및 처리장소, 계약기간 만료일 등을 기재하지 않은 계약서를 작성하는 등 폐기물처리 위·수탁에 관한 계약서를 부실하게 작성하였다(제3처분사유)는 이유로 동법 제13조 제1항, 제13조의2, 제25조 제9항 및 제11항에 의거하여 원고에 대하여 영업정지 3개월의 처분을 하였다. 이에 불복하여 원고는 제1처분사유 및 제3처분사유의 각 부존재 및 제2처분사유에 대한 비례원칙 위반을 주장하면서 취소소송을 제기하였다.[1]

[제1심판결] (원고패소)

제1심판결(춘천지방법원 2019. 6. 4. 선고 2019구합50159 판결)은 원고의 주장을 모두 배척하고 청구를 기각하였다. 본고의 쟁점인 제1처분사유에 관해 다음과 같이 판시하였다.[2]

> "원고는 … '그 밖의 폐수처리오니'에 속하는 폐기물을 … 이용하여 부숙토를 생산하였다. 원고는 … 네 차례에 걸쳐 양평녹화에 부숙토를 공급하였고, 양평녹화는 이를 이용하여 비탈면 녹화토를 생산하였다(양평녹화는 녹화토만을 생산하는 업체이다). 이러한 사실관계와 … 사정을 종합하면, 원고는 <u>'그 밖의 폐수처리오니'에 속하는 폐기물로 부숙토를 만든 후, 이를 이용하여</u> 매립시설 복토재 또는 토지개량제를 생산하지 않고 <u>비탈길 녹화토를 제조하는 양평녹화에 공급함으로써</u> 「폐기물관리법」 및 같은 법 시행규칙을 위반하였다고 인정된다."[3](밑줄 필자, 이하 동일)

---

1) 본고의 쟁점은 제1처분사유에 관한 것이므로, 이하 제3처분사유와 비례원칙 부분은 생략한다.
2) 재판장 판사 성지호, 판사 이주일, 판사 오에스더
3) 다른 업체인 관동녹화에 대해서도 동일한 판시를 하였으나, 이 부분은 생략한다.

[원심판결](원고승소)

원심판결(서울고등법원 춘천재판부 2019. 11. 27. 선고 2019누786 판결)은 원고의 주장을 제2, 3처분사유에 관해 제1심과 동일하게 배척하였으나, 제1처분사유에 관해서는 다음과 같이 위법으로 판단하였다.[4)]

가. 관련 법리

(1) 폐기물관리법 … 에 의하면, 폐기물을 재활용하는 사람은 폐기물의 종류별 재활용 가능 유형에 해당하는 유형으로 재활용해야 하고, '그 밖의 폐수처리오니'(51－1－8, 이하 '폐수처리오니'라 한다)에 속하는 폐기물은 '생물학적 처리과정을 거쳐 부숙토나 지렁이 분변토를 만들어 매립시설 복토재 또는 토양개량제를 생산하는 유형'(R－6－1)으로 재활용할 수는 있으나, '비탈면 녹화토(절토·성토 공사 등으로 발생한 비탈면의 낙석방지, 생태복원 또는 녹화에 사용하는 인공토양을 말한다)를 생산하는 유형'(R－6－2)으로 재활용할 수는 없다.

(2) … 그런데 어떤 물건의 생산자가 사전에 생산물의 사용용도를 설정하였다고 하더라도, 생산물을 구입한 제3자가 이를 그러한 용도로 사용할지 여부는 원칙적으로 그 구입자의 의사에 달려 있다. 따라서 법령에서 생산자에게 어떤 원료로 특정한 용도의 생산물만을 생산할 의무를 부과하고 있다고 하더라도, 법령에서 '구입자의 사용' 행위를 '생산자의 생산' 행위와 동일한 것으로 간주한다거나, 생산자가 파악한 구입자의 사용용도가 자신이 설정한 것과 다른 경우 그러한 구입자에게 생산물을 판매하지 아니할 의무를 부과하는 별도의 규정이 존재하지 않는 이상, 어떤 생산물을 구입한 사람이 이를 생산자가 설정한 사용용도와 다른 용도로 사용하였고 구입자가 그러한 용도로 사용할 것이라는 점을

4) 재판장 판사 김복형, 판사 양승우, 판사 이건희

생산자가 알고 있었다고 하더라도, 그것만으로 생산자가 법령이 부과한 '특정한 용도의 생산물을 생산할 의무'를 위반하였다고 보기 어렵다.

그러므로 폐기물제조업자가 폐수처리오니에 속하는 폐기물을 재활용하여 생물학적 처리과정을 거쳐 부숙토를 만들었고 그러한 부숙토가 별도의 제조·가공 등의 과정을 거치지 않고 곧바로 매립시설 복토재 또는 토양개량제로 활용될 수 있는 이상 그 생산물은 '생물학적 처리과정을 거쳐 부숙토를 만들어 매립시설 복토재 또는 토양개량제를 생산'한 결과물에 해당하는 것으로 보아야 하고, 어떤 사람이 이를 매립시설 복토재 또는 토양개량제로 사용하지 않고 다른 용도로 사용하였다고 하여 이제 폐수처리업자가 생산한 동일한 물건이 매립시설 복토재 또는 토양개량제에 해당하지 않게 된다고는 볼 수 없다.

나) 이 사건에 관한 판단

(1) … 원고는 늦어도 2018. 3. 23.부터 폐수처리오니에 속하는 폐기물을 입고하였고 이를 이용하여 부숙토를 생산한 사실, 원고는 … 양평녹화에 '법면'(비탈면의 낙석방지 및 녹화를 위한 공사) 용도로 … 부숙토를 공급한 사실, 양평녹화는 녹화토를 생산(R-6-2)할 수 있는 업체이고, 실제로 법면 녹화작업을 위한 시드스프레이 기계를 갖추고 있는 등 원고로부터 공급받은 부숙토를 원료로 활용하여 비탈면 녹화토를 생산한 것으로 보이는 사실… 은 인정된다. (2) 그러나 … ① 원고가 생산하여 판매한 부숙토에는 상품명이 '○○○ 조경토', 사용용도가 '정원, 공원, 임야, 도로절개지, 개간지 등 토지개량제'로 기재되어 있는 점, ② 원고는 이 사건 처분의 처분사유가 된 기간 동안 앞서 본 양평녹화 …를 제외하고는 조경용도로 사용할 것을 예정하고 있는 업체들에 부숙토를 판매한 점, … 등을 종합하면, 앞서 본 바와 같은 사실관계만으로는 원고가 폐수처리오니에 속하는 폐기물로 생물학적 처리과정을 거쳐 부숙토를 만들어 매립시설 복토재 또는 토양개량제를 생산하지 않고 다른

유형으로 재활용하였다는 사실을 인정하기에 부족하고 달리 이를 인정할 증거가 없다.

[대상판결] (원고패소)

상고심인 대상판결(대법원 2020. 5. 14. 선고 2019두63515 판결)은 다음과 같이 제1처분사유에 관한 피고의 상고이유(제1점)를 받아들여 파기환송하였다.[5)][6)]

"폐기물처리업자가 폐수처리오니에 생물학적 처리과정을 거쳐 일단 매립시설 복토재 또는 토양개량제로 사용할 수 있는 부숙토를 생산하였다고 하더라도 이를 다시 제3자에게 제공하여 그로 하여금 부숙토를 원료로 폐수처리오니의 재활용 용도로 허용되지 않은 생산 품목인 비탈면 녹화토를 최종적으로 생산하게 하였다면, 이것 역시 폐기물처리업자가 폐기물관리법령이 정한 재활용 기준을 위반한 것이라고 보아야 한다. 그 구체적인 이유는 다음과 같다.

(1) '침익적 행정처분 근거 규정 엄격해석의 원칙'이란 단순히 행정실무상의 필요나 입법정책적 필요만을 이유로 문언의 가능한 범위를 벗어나 처분상대방에게 불리한 방향으로 확장해석하거나 유추해석해서는 아니 된다는 것이지(…), 처분상대방에게 불리한 내용의 법령해석은 일

5) 대법관 김재형(재판장), 민유숙, 이동원(주심), 노태악

6) 그 밖에 상고이유 제3점은, 원심이 제1처분사유가 위법임을 전제로, 피고는 적법한 제2, 제3 각 처분사유만을 고려한 새로운 처분의 종류 및 정도를 결정하여야 함에도 불구하고, 모든 처분사유가 모두 적법함을 전제로 이 사건 처분(영업정지 3개월)을 한 것은 재량권 일탈·남용으로 위법하다고 판시하고 이 사건 처분 전체를 취소한 것에 대한 것이다. 대상판결은 이 사건에서 피고는 각 처분사유마다 영업정지 1개월씩 총 영업정지 3개월로 정한 것인데, "행정청이 여러 개의 위반행위에 대하여 하나의 제재처분을 하였으나, 위반행위별로 제재처분의 내용을 구분하는 것이 가능하고 여러 개의 위반행위 중 일부의 위반행위에 대한 제재처분 부분만이 위법하다면, 법원은 제재처분 중 위법성이 인정되는 부분만 취소하여야 하고 제재처분 전부를 취소하여서는 아니 된다."고 하면서 이 부분에 대해서도 법리오해라고 판시하였다. 본고의 쟁점이 아니므로 이하 이에 관해 생략한다.

체 허용되지 않는다는 취지가 아니다. 문언의 가능한 범위 내라면 체계적 해석과 목적론적 해석은 허용된다(대법원 2018. 11. 29. 선고 2018두48601 판결 등 참조). (2) 폐기물관리법은 폐기물의 발생을 최대한 억제하고 발생한 폐기물을 친환경적으로 처리함으로써 환경보전과 국민생활의 질적 향상에 이바지하는 것을 목적으로 한다(제1조). 따라서 폐기물의 재활용 허용 기준도 이러한 입법 목적에 부합하도록 해석하여야 한다. (3) 폐기물처리업자가 폐수처리오니에 생물학적 처리과정을 거쳐 매립시설 복토재 또는 토양개량제로 사용할 수 있는 '부숙토'를 생산한 다음 이를 제3자에게 제공하여 그로 하여금 이를 원료로 하여 '비탈면 녹화토'를 생산하게 한 경우 '부숙토'가 폐기물관계법령상 허용되는 폐수처리오니의 재활용 생산 품목에 해당한다는 이유만으로 해당 폐기물처리업자가 폐수처리오니의 재활용 기준을 준수한 것으로 보게 된다면 폐수처리오니로 '비탈면 녹화토'를 생산하는 것을 효과적으로 방지하기가 어렵게 된다. (4) 폐기물관리법 제36조 제1항 제4호 … 시행규칙 제58조 제1항 제3호 (다)목 … 이 사건 고시 제9조 제2호, 제7조 제1항 [별표 5] … 이러한 규정들과 서식은 폐기물처리업자가 폐수처리오니로 부숙토를 생산한 이후에도 그 부숙토가 최종적으로 적법한 용도, 즉 매립시설 복토 또는 토양개량 용도로 사용되도록 주의를 기울여야 함을 전제로 한다.

(5) 행정법규 위반에 대한 제재처분은 행정목적의 달성을 위하여 행정법규 위반이라는 객관적 사실에 착안하여 가하는 제재이므로, 반드시 현실적인 행위자가 아니라도 법령상 책임자로 규정된 자에게 부과되고, 특별한 사정이 없는 한 위반자에게 고의나 과실이 없더라도 부과할 수 있다(대법원 2017. 5. 11. 선고 2014두8773 판결 등 참조). 따라서 폐기물처리업자가 자신이 생산한 부숙토를 폐기물관리법령이 허용하지 않는 방식으로 직접 사용한 경우에만 폐기물관리법령에서 정한 재활용 기준 위반에 해당하는 것이 아니라, 그 부숙토를 제3자에게 제공하여 그로

하여금 폐기물관리법령이 허용하지 않는 방식으로 사용하게 하는 경우에도 폐기물관리법령에서 정한 재활용 기준 위반에 해당한다고 보아야 한다(대법원 1998. 9. 8. 선고 97도2214 판결, 대법원 2020. 2. 6. 선고 2019두43474 판결 등 참조). 다만, 폐기물처리업자가 자신이 생산한 부숙토를 제3자에게 제공하면서 그가 그 부숙토를 폐기물관리법령이 허용하지 않는 방식으로 사용하리라는 점을 예견하거나 결과 발생을 회피하기 어렵다고 인정할 만한 특별한 사정이 있어 <u>폐기물처리업자의 의무위반을 탓할 수 없는 정당한 사유가 있는 경우에는 폐기물처리업자에 대하여 제재처분을 할 수 없다고 보아야 한다</u>(대법원 2017. 4. 26. 선고 2016두46175 판결 등 참조). 여기에서 '의무위반을 탓할 수 없는 정당한 사유'가 있는지를 판단할 때에는 폐기물처리업자 본인이나 그 대표자의 주관적인 인식을 기준으로 하는 것이 아니라, 그의 가족, 대리인, 피용인 등과 같이 본인에게 책임을 객관적으로 귀속시킬 수 있는 관계자 모두를 기준으로 판단하여야 한다(대법원 2016. 7. 27. 선고 2016두36079 판결 등 참조)."

Ⅰ. 문제의 소재

이 사건의 쟁점은 폐기물처리업자인 원고가 폐기물(폐수처리汚泥)로 만든 부숙토(腐熟土)를 — 법령상 부숙토의 재활용 생산이 금지되어 있는 — 비탈면 녹화토(綠化土)를 제조하는 다른 업체에게 공급한 것을 이유로 '제재처분'을 할 수 있는가(㉠)이다. 바꾸어 말해, 폐기물처리업자는 법령상 부숙토를 사용하여 비탈면 녹화토를 생산하지 아니할 의무가 있는데, 비탈면 녹화토를 스스로 생산하지 않고 이를 생산하는 다른 업체에게 공급하여 생산하도록 한 경우에도 위 '의무를 위반'한 것인가(㉡), 다시 말해, 원고의 이러한 부숙토 공급 및 다른 업체의 비탈면 녹화토 생산을 원고 자신의 비탈면 녹화토 생산 '행위'로 볼 수 있는가(㉢)

이다. 마지막으로, 위 ㉠, ㉡, ㉢ 모두를 긍정하면, 이에 대한 책임근거 내지 귀책사유는 어디에서 찾을 수 있는가(㉣)를 추가할 수 있다.

이와 같이 대상판결은 제재처분(㉠)과 그 요건으로서 '의무위반'(㉡), 그리고 그 의무위반의 '행위귀속'(㉢)과 '귀책사유'(㉣)를 논의할 수 있는 좋은 판례로서, 말하자면, 이에 관한 '법학과 실무의 소통(이해와 존중), 평가(비판과 자성) 및 혁신(비교와 검증)'[7]의 소중한 기회가 될 수 있다.

Ⅱ. 제재처분과 위반행위

1. 형사법 원리의 참조

유럽 근대국가에서 국가권력의 남용을 방지하기 위한 개혁이 형사법 영역에서 먼저 이루어지고 발전되었다. 형벌이 역사적으로 국가권력의 극단적인, 그러면서도 가장 흔한 발동 형태이었기 때문이다. 헌법상 적법절차, 고문금지, 진술거부권, 영장제도, 변호인의 조력을 받을 권리, 자백의 증거능력 제한, 죄형법정주의, 이중처벌금지 등이 그 예이다. 행정법은 국가의 — 형벌의 부과 및 집행과는 다른 — 행정작용의 법적 근거를 마련하면서 동시에 행정작용을 통제하기 위한 법 영역으로서, 형사법보다 나중에 성립하였다. 행정법의 규율대상인 행정작용 중 ① 사실행위, ② 명령행위(의무부과·권리제한), ③ 규칙제정행위(행정입법)는 '적극적 공익실현'이라는, 형사법과는 다른 행정법의 특성이 인정될 수 있으나, ④ 행정법상 의무 위반에 대한 '제재처분'은 '범죄에 대한 형벌

---

7) 졸고, 행정법에 있어 판례의 의의와 기능, 『행정판례의 이론적 조명』(蘭松會 편) 2024, 3-27면(졸저, 행정법 개혁의 과제, 2023, 247-274면; 졸고, 『행정법학』 창간호, 2011, 35-69면) 참조.

부과'라는 형사법과 본질적·구조적으로 동일하다. 오히려 제재처분이 형벌보다 개인과 기업에 대한 처벌 효과가 더 큰 경우가 적지 않고, 그 남용 가능성도 상존한다. 따라서 제재처분에 대하여 오늘날, 말하자면, 역사적으로 제2의 '형사법적 개혁'이 절실히 요구되고, 제재처분에 관한 논의에서 형사법 원리와 법리를 참조하지 않으면 아니 된다.[8] 오늘날 행정법학의 중차대한 시대적 사명 중의 하나이다!

2. 제재처분의 개념

제재처분의 '형사법적 개혁'의 출발점은 '제재처분'의 개념을 올바르게 정립하는 데에 있다. 다른 성격의 행정작용들과 혼동함으로써 '제재' 내지 '벌'의 의미를 희석시켜서는 아니 되기 때문이다. 이는 특히 진술거부권, 이중처벌금지 등 헌법상 형사법 원리의 적용 문제와 관련하여 중요한 의미를 갖는다.

(1) 가장 먼저, 제재처분은 「행정기본법」 제2조 제5호 단서에서 명시하고 있는 바와 같이, 동법 제30조 제1항 각호의 행정상 강제, 즉 행정대집행, 이행강제금의 부과, 직접강제, 강제징수 및 즉시강제와 구별되어야 한다. 특히 이러한 행정상 강제에는 '행정의 효율성'이 강조되기 때문이다.

(2) 또한 시정명령도 제외되어야 한다. 「행정기본법」에서 제재처분을 '당사자에게 의무를 부과하거나 권익을 제한하는 처분'(제2조 제5호 본문)으로 정의하고 있어, 시정명령도 이에 해당하고, 따라서 제재처분의 근거법률의 명확성과 재량고려사항에 관한 동법 제22조 제1항 및 제2항이 시정명령에 적용된다. 그러나 이론적으로 보면, 시정명령은 공정

8) 대표적으로 George Dellis, Droit péal et Droit administratif, Paris 1997; 최근 문헌으로 이은상, 행정제재처분에 대한 형사법리의 시사점과 한계, 『행정법연구』 제74호, 2024, 95-128면 참조.

거래법상 행위 중지, 주식 처분, 임원 해임, 영업 양도 등 시정조치 명령과 같이, '위법상태 제거 및 적법상태 회복'이라는 장래 지향적인 목적을 갖는 것에 반하여, 제재처분은 과거의 의무위반에 대응한 '제재' 내지 '벌' 또는 '害惡의 부과'라는 과거 회고적인 성격을 갖는다. 시정명령을 제재처분에 포함시키게 되면, 위법상태의 제거를 통한 적극적 공익실현이라는 요소가 혼입되어, 제재처분의 이론적 규명을 어렵게 한다. 이러한 관점에서 시정명령을 일응 '행정기본법상 부진정 제재처분'으로 칭하고 이하의 논의에서 제외한다.[9]

(3) 또한 위험방지 및 위해제거를 위한 경찰조치도 제재처분과 구별되어야 한다. 이러한 경찰조치는 의무위반이 아니라 '위험'과 '위해'에 초점을 맞추고 그 방지와 제거를 위한 장래 지향적 조치이기 때문이다. 역사적으로 제재처분과 경찰조치가 같은 '경찰'기관에 의해 시작되었으나, 이는 조직적 의미에서 '행정'이라는 동일한 범주에 속했었다는 의미에 불과하고, 그 법적 성격은 본질적으로 다르다. 프랑스 행정법에서 제재처분에 관한 논의는 제재처분을 경찰조치와 구별하는 데에서 시작한다.[10]

(4) 가장 중요한 것으로, 허가의 원래적 위법에 의거한 '직권취소'와 사후적 위법 기타 중대한 사정변경에 의거한 '철회'가 — 그 원래적 위법 또는 사정변경이 어느 정도 상대방의 의무위반과 관련되어 있는

---

9) 「행정기본법」 제23조는 제척기간 적용을 받는 제재처분의 하나로 "영업소 폐쇄와 정지를 갈음하는 과징금"을 규정하고 있어 '불법이득의 환수'를 목적으로 하는 과징금은 제외하는 것으로 보인다. 동법상의 제척기간 적용 여부의 문제는 별론으로, 이론적으로는 현행법상 대부분의 과징금이 불법이득의 환수에 그치지 않고 '제재' 내지 '벌'의 기능을 갖고 있으므로 과징금 액수 중 불법이득 환수를 초과하는 부분은 '제재처분'의 개념에 포섭되어야 한다.

10) 이에 관하여 이현수, 프랑스의 행정제재법리와 그 시사점, 『세계헌법연구』 제25권 제1호, 2019, 77- 108면 (83-85면); 송시강, 프랑스법상 행정제재에 관한 연구, 『행정법연구』 제69호, 2022, 1-42면 (6-8면); 라기원, 프랑스 행정법상 제재처분에 관한 연구, 서울대학교 법학박사논문, 2023, 26면 이하 참조.

경우에도 — 제재처분 개념에서 제외되어야 한다. 직권취소와 철회를 정당화하는 근본적인 이유가 의무위반이 아니라 원래적 위법 또는 사정변경이기 때문이다.[11] 이러한 직권취소·철회와 제재처분의 구별은 '필요적 취소 조항'의 합헌성 문제와 관련하여 다음과 같이 중요한 의미를 갖는다.

먼저 직권취소와 관련하여, '거짓이나 그 밖의 부정한 방법으로' 허가를 받았음을 이유로 하는 필요적 취소 조항에 관해, 당해 허가 요건이 결여되었음에도 그 부정한 방법을 통해 허가를 받을 수 있었던 경우와 그 부정한 방법이 당해 허가 요건과 무관하였던 경우를 구별하여야 한다. 전자는 '원래적 위법'에 의한 직권취소에 해당하기 때문에 그 '필요적 취소'가 합헌으로 판단된다.[12] 반면에, 후자는 진정한 제재처분으로서, 위반의 다양한 형태와 정도에도 불구하고 획일적으로 극단적 제재(허가취소)가 규정되었다는 이유로 위헌으로 판단되어야 한다.

다음으로 철회와 관련하여, 예컨대 측량업자가 측량업 등록 이후 등록기준에 미달하게 된 경우 등록의 필요적 취소, 건설업 등록기준 중 자본금기준에 미달하여 영업정지처분을 받았던 건설업자가 3년 안에 다시 동일한 자본금기준에 미달한 경우 건설업 등록의 필요적 말소 등은 — 요건의 사후 탈락으로 인한 — 사후적 위법에 의거한 철회에 해

---

11) 따라서 「행정기본법」 제23조에서 제척기간의 적용을 받는 제재처분으로 '인허가의 취소·철회'를 규정하고 있으나, 상술하는 바와 같이 원래적 위법에 의한 직권취소와 사후적 위법 등 중대한 사정변경에 의한 철회는 이론적 개념인 '제재처분'에서 제외되어야 하고, 만일 양자가 포함된다면 이 또한 '행정기본법상 부진정 제재처분'이라고 보아야 한다.

12) 헌법재판소 2003. 6. 26. 2001헌바31 결정(주택건설촉진법 제39조의2 제1항 단서 중 제1호 부분); 헌법재판소 2006. 12. 28. 2005헌바87 결정(여객자동차운수사업법 제76조 제1항 단서, 제4호). 특히 최근 헌법재판소 2020. 6. 25. 선고 2019헌가9·10(병합) 결정에서는 도로교통법 제93조 제1항 단서, 제8호에서 부정취득한 당해 운전면허에 대한 부분에 대해서는 합헌으로, 그 이외의 운전면허에 대한 부분은 피해의 최소성과 법익의 균형성 원칙에 반하는 것으로 위헌으로 판단되었다.

당하므로 그 필요적 취소 조항은 합헌으로 판단된다.[13] 그러나 사후적 위법을 야기하지 않는 여타의 의무위반에 대하여 필요적 취소(철회)를 규정하게 되면, 이는 진정한 제재처분에 해당하고 따라서 헌법상 비례원칙의 엄격한 적용을 받기 때문에, 위헌 판단을 면하기 어려울 것이다.

(5) 독일에서는 20세기 전반까지 '행정에 의한 처벌'이 광범위하게 인정되어 특히 나치시대에 남용되었다가, 그 후 이에 대한 반성으로, 행정법상 제재는 원칙적으로 행정형벌과 행정질서벌에 한정된다. 그리하여 의무위반을 이유로 일정 기간 영업을 하지 못하도록 행정조치는 사업자의 신뢰성 상실 및 회복이라는 '사정변경'에 대한 대응조치(금지명령 및 재허용결정)로 파악된다. 그러나 그러한 행정조치가 근본적으로 의무위반에서 비롯된 것이므로, 이러한 관념적인 '의제'를 버리고 솔직하게, 행정에 의한 처벌, 즉 제재처분으로 파악하고 — 프랑스와 같이 — 그에 대한 통제 법리를 발전시키는 것이 보다 현실적이고 효과적인 방법이다.[14]

(6) 요컨대, '진정' 제재처분은 행정상 강제, 시정명령, 경찰조치, 직권취소와 철회, 사정변경에 대한 대응조치와 달리, 과거의 의무위반 행위에 대하여 과거 회고적으로 부과되는 '제재' 내지 '벌'이다. 전형적으로 허가취소, 등록말소, 영업소폐쇄, 영업·사업정지, 과징금, 가산세

---

13) 헌법재판소 2020. 12. 23. 선고 2018헌바458 결정(「측량·수로조사 및 지적에 관한 법률」 제52조 제1항 단서 제4호 본문); 헌법재판소 2021. 7. 15. 선고 2019헌바230 결정(「건설산업기본법 제83조 단서 중 제3호의3 가운데 제10조 제2호에 관한 부분) 참조.

14) 자세한 내용은 졸고, 취소판결의 반복금지효 : 이중위험금지, 그리고 기판력과 기속력 및 소송물, 『행정판례연구』 제23집 제1호, 2018, 75-107면 (86-88면) 참조. 참고로 스위스에서는 최근 '행정제재' 관념을 정면으로 인정하고 책임원칙 등 형사법적 원리의 적용 문제가 강조되고 있다. 대포적으로 Isabelle Häner & Bernhard Waldmann (Hg.), Verwaltungsstrafrecht und sanktionierendes Verwaltungsrecht, 2010; Marcel Ogg, Die verwaltungsrechtlichen Sanktionen und ihre Rechtsgrundlagen, 2002.

등이 이에 해당한다. 최근 '벌'의 내용이 확대되어 위반사실의 공표, 공급거부, 관허사업의 제한, 입찰참가자격제한, 연구비지급제한, 은행거래제한, 공직취업제한(병역법 제76조 제1항) 등에 이르고 있다. 위반사실의 공표는 시정명령과 달리, 장래를 향한 공익실현 목적은 거의 없고 위반자에 대한 '벌'이 핵심이므로 제재처분에 해당한다.

3. 제재처분의 요건으로서 '위반행위'

제재처분의 '형사법적 개혁'의 출발이 제재처분의 개념을 명확하게 하는 것이라면, 그 개혁의 본격적인 단계는 제재처분의 요건으로서 '위반행위'라는 개념을 설정하는 것이다. 역사적으로 당초 '형벌'이 먼저 존재했었지만, 근대 형법 이론은 그 형벌의 근거로 ― 존재론적인 '죄악'이 아니라 인간의 행위인 ― '범죄'에 초점을 맞추어 그 輕重에 따른 형벌을 주장함으로써 개혁을 이루었다.[15] 행정법에서도 그동안 '제재처분'을 중심으로 하던 논의에서 벗어나, 이제 그 요건으로서 '위반행위' 개념을 상정하여 여기에 초점을 맞추어야 한다. 「행정기본법」에서도 제재처분의 대상으로 '위반행위'라는 용어를 사용하고 있다(제22조 및 제23조). 그리하여 형사법상 죄형법정주의에 비견되는 '위반행위와 제재처분의 법정주의'의 관점 하에서, 범죄의 성립요건(구성요건·위법성·책임성)과 공범·罪數에 대응하는 '위반행위' 이론을 체계적으로 세울 필요가 있다. 그 試論의 하나로서, 본고에서는 대상판결과 관련하여 위반행위의 행위귀속과 귀책사유(고의·과실)를 고찰하기로 한다.

15) Cesare Beccaria, Dei delitti e delle pene, 1764 (베카리아의 범죄와 형벌 : 법은 누구를 위해 존재하는가, 김용준 역, 2022, 특히 41면 이하의 '범죄와 형벌의 비례' 부분) 참조.

Ⅲ. 위반행위의 행위귀속

1. 행위

범죄론에 상응하는 '위반행위론'을 세우는 첫 걸음은 '행위' 개념을 정립하는 것이다. 범죄의 첫 번째 성립요건이 구성요건인데, 그 구성요건의 첫 단계가 '행위'이기 때문이다. 인간의 어떠한 — 자연적·사회적 의미의 — '행태'를 법적·규범적 의미의 '행위'로 볼 것인가? 이 문제에 대해서는 형법 영역에서 자연적·인과적 행위론, 목적적 행위론, 사회적 행위론, 인격적 행위론 등이 주장되었는데, 私見에 의하면, 행정법 영역의 위반행위론에 가장 적합한 것은 '사회적 행위론'으로 보인다. 즉, 베르너 마이호퍼에 의하면, 형법상 행위(Handlung)란 "객관적으로 예견가능한 사회적 결과로 지향된 일체의 객관적으로 지배가능한 행태(Verhalten)"[16]라고 한다.

행정법상 위반행위는 제재규범 이전에 명문의 '행위의무' 규범을 전제로 하는데, 그 행위의무의 주체는 해당 법률이 규율하는 영업자, 사업자, 운전자 등이다. 문제는 이러한 법규상 의무주체 자신이 아닌, 종업원·피용인 등 제3자의 행위를 어디까지 그 의무주체의 행위로 볼 것인가에 있다. 이 문제에 답하는 데 사회적 행위론에서 말하는 '객관적 예견 가능성'과 '객관적 지배 가능성'이라는 지표가 유용하다.

---

16) „jedes objektiv beherrschbare Verhalten mit Richtung auf einen objektiv voraussehbaren sozialen Erfolg". Werner Maihofer, Festschrift für Eberhardt Schmidt zum 70. Geburtstag 1961 S.178. Roxin/Greco, Strafrecht. Allgemeiner Teil: Band I. 5.Aufl., 2020, §8 Rn.27 (S.346)에서 재인용.

2. 행위귀속

(1) 일반적 행위귀속

법규상 의무주체로 규정된 것은 거의 대부분 당해 법규의 규율대상(영업자, 사업자 등)에 한정된다. 대표적으로, 식품위생법 제75조 제1항에 의하면, “영업자가 다음 각 호의 어느 하나에 해당하는 경우” 관할행정청은 영업허가 취소 또는 영업정지 등을 할 수 있다고 한다. 동 제13호는 동법 제44조 제2항을 위반한 경우를 규정하고 있고, 동 제2항 제4호는 “청소년에게 주류(酒類)를 제공하는 행위”라고 규정하고 있다. 여기에서 영업자 본인의 행위가 아니더라도 영업자가 ‘객관적으로 지배가능’한 종업원, 피용인, 지배인, 대리인 등 제3자의 행위로써 청소년에게 酒類가 제공된 경우에도 ‘객관적으로 예견 가능’한, 영업자의 행위로 보게 된다. 이것이 바로 사회적 행위론에 의거한 ‘행위귀속’이다. 행정법상 위반행위의 행위귀속에 있어 일반적인 유형은 이와 같이 당해 법규의 규율대상인 영업자·사업자 등이 의무주체이지만 그 행위지배와 예견가능 범위 내의 종업원·대리인 등 제3자의 실제적 행위도 그 의무주체의 행위로 귀속되는 형태이다.

(2) 행위귀속의 특별유형

상술한 일반적 행위귀속의 특징을 분명히 밝히기 위하여 현행법상 그와 다른 특별유형들을 살펴보고 그 차이점들을 확인하고자 한다.

1) 첫 번째 특별유형은 상술한 일반적 행위귀속을 전제로, 사업자·영업자가 종업원·대리인·지배인 등 실제행위자의 위반행위를 방지하기 위해 상당한 주의와 감독을 게을리 하지 않은 경우에 제재처분을 하지 않는다고 규정하는 것이다(특1유형). 유의할 것은 이러한 경우에 대리인 등의 행위의 사업자에 대한 행위귀속이 탈락하는 것이지, 사업자의 귀책사유가 부정되는 것은 아니라는 점이다. 자기책임 원칙에 따라

행위귀속이 부분적으로 제한되는 것이다.

> 국가계약법 시행령 제76조(부정당업자의 입찰참가자격 제한) ③ 각 중앙관서의 장은 다음 각 호의 어느 하나에 해당하는 자(이하 "부정당업자"라 한다)에 대해서는 즉시 1개월 이상 2년 이하의 범위에서 입찰참가자격을 제한해야 한다. 다만, 부정당업자의 대리인, 지배인 또는 그 밖의 사용인이 법 제27조제1항 각 호의 어느 하나에 해당하는 행위를 하여 입찰참가자격 제한 사유가 발생한 경우로서 부정당업자가 대리인, 지배인 또는 그 밖의 사용인의 그 행위를 방지하기 위해 상당한 주의와 감독을 게을리하지 않은 경우에는 부정당업자에 대한 입찰참가자격을 제한하지 않는다.

> 건설산업기본법 제82조의2(부정한 청탁에 의한 재물 등의 취득 및 제공에 대한 영업정지 등) ① 국토교통부장관은 건설사업자가 제38조의2를 위반하여 부정한 청탁을 받고 재물 또는 재산상의 이익을 취득하거나 부정한 청탁을 하면서 재물 또는 재산상의 이익을 제공한 경우에는 대통령령으로 정하는 바에 따라 1년의 범위에서 기간을 정하여 영업정지를 명하거나 영업정지에 갈음하여 10억원 이하의 과징금을 부과할 수 있다.
> ④ 제1항부터 제3항까지의 처분은 법인 또는 개인이 그 위반행위를 방지하기 위하여 해당 업무에 관하여 상당한 주의와 감독을 게을리 하지 아니한 경우에는 부과하지 아니한다.

> 학원의 설립 · 운영 및 과외교습에 관한 법률 제17조(행정처분) ① 교육감은 학원이 다음 각 호의 어느 하나에 해당하면 그 등록을 말소하거나 1년 이내의 기간을 정하여 교습과정의 전부 또는 일부에 대한 교습의 정지를 명할 수 있다. 다만, 제1호에 해당하는 경우에는 그 등록을 말소하여야 한다.
> 12. 학습자에 대한 「아동복지법」 제3조제7호에 따른 아동학대 행위가 확인된 경우. 다만, 학원설립·운영자가 아동학대 행위를 방지하기 위하여 상당한 주의와 감독을 게을리 하지 아니한 경우는 제외한다.

2) 두 번째 유형은 사업자·영업자 이외에 실제행위자를 명시하고 그의 위반행위를 이유로 영업자에 대하여 제재처분을 할 수 있도록 규

정한 다음, 위 특1유형과 같은 면제규정도 추가하는 형태이다(특2유형). 이는 실제행위자(유치원 교직원, 대리운전자, 택시운송종사자)의 업무적 독자성으로 인해, 거꾸로 말해, 그 행위지배 가능성이 적음으로 말미암아 당연히는 — 일반유형으로서 — 사업자에 대한 행위귀속이 인정되기 어렵기 때문에 명문의 규정으로 추가적 행위귀속을 규정한 것이다.

> 유아교육법 제32조(유치원의 폐쇄 등) ① 관할청은 유치원이 다음 각 호의 어느 하나에 해당하여 정상적인 교육과정 운영이 불가능한 경우에는 1년 이내의 운영정지를 명하거나 폐쇄를 명할 수 있다.
> 2의3. 교직원 등 원장 또는 설립·경영자의 관리·감독 하에 있는 자가 「아동복지법」 제3조 제7호에 따른 아동학대 행위를 한 경우. 다만, 원장 또는 설립·경영자가 교직원 등의 아동학대 행위를 방지하기 위하여 상당한 주의와 감독을 게을리 하지 아니한 경우는 제외한다.

> 택시운송사업의 발전에 관한 법률 제18조(택시운송사업면허의 취소 등) ① 국토교통부장관은 택시운송사업자가 다음 각 호의 어느 하나에 해당하면 택시운송사업면허를 취소하거나 6개월 이내의 기간을 정하여 사업의 전부 또는 일부를 정지하도록 명하거나 … 할 수 있다.
> 3. 국토교통부령으로 정하는 바에 따라 개인택시운송사업자를 대리하여 운전하는 자가 제16조 제1항을 위반하여 이 법에 따른 처분을 받은 경우. 다만, 택시운송사업자가 그 위반행위를 방지하기 위하여 해당 업무에 관하여 상당한 주의와 감독을 게을리 하지 아니한 경우에는 그러하지 아니하다.
> 4. 택시운송사업자가 채용한 택시운수종사자가 제16조 제1항을 위반하여 이 법에 따른 처분을 받은 경우. 다만, 택시운송사업자가 그 위반행위를 방지하기 위하여 해당 업무에 관하여 상당한 주의와 감독을 게을리 하지 아니한 경우에는 그러하지 아니하다.

3) 세 번째 유형은 직원·대리인 등 실제행위자의 위반행위를 영업자·계약자의 행위로 간주하면서 위 특1유형의 면제규정을 추가하는 것이다(특3유형). 여기서는 위 특2유형에 비해 실제행위자(영유아 보육교직

원, 계약체결 대리인)의 업무적 독자성이 보다 강하여 사업자의 행위지배 가능성이 더욱 적다. 따라서 아예 실제행위자의 위반행위를 사업자의 위반행위로 간주하는 명문의 규정을 둠으로써 행위귀속을 의제하는 것이다.

> 영유아보육법 제45조(어린이집의 폐쇄 등) ① 보건복지부장관, 시·도지사 및 시장·군수·구청장은 어린이집을 설치·운영하는 자(이하 이 조에서 "설치·운영자"라 한다)가 다음 각 호의 어느 하나에 해당하면 1년 이내의 어린이집 운영정지를 명하거나 어린이집의 폐쇄를 명할 수 있다. 이 경우 보육교직원 등 설치·운영자의 관리·감독 하에 있는 자가 제4호 또는 제5호나목에 해당하는 행위를 한 경우에는 설치·운영자가 한 행위로 본다(설치·운영자가 그 행위를 방지하기 위하여 상당한 주의와 감독을 게을리하지 아니한 경우에는 그러하지 아니하다).
> 4. 「아동복지법」 제3조 제7호에 따른 아동학대 행위를 한 경우
> 5. 다음 각 목의 어느 하나에 해당하여 영유아가 사망하거나 신체에 보건복지부령으로 정하는 중상해를 입은 경우
>   나. 「도로교통법」 제53조 제3항부터 제5항까지의 규정에 따른 영유아의 하차 여부 확인에 관한 의무를 준수하지 아니한 경우
>
> 전기통신사업법 제50조(금지행위) ① 전기통신사업자(…)는 공정한 경쟁 또는 이용자의 이익을 해치거나 해칠 우려가 있는 다음 각 호의 어느 하나에 해당하는 행위(이하 "금지행위"라 한다)를 … 하여서는 아니 된다.
> 5. 이용약관(…)과 다르게 전기통신서비스를 제공하거나 전기통신이용자의 이익을 현저히 해치는 방식으로 전기통신서비스를 제공하는 행위
> 5의2. 전기통신사업자가 이용자에게 전기통신서비스의 이용요금, 약정 조건, 요금할인 등의 중요한 사항을 설명 또는 고지하지 아니하거나 거짓으로 설명 또는 고지하는 행위
>
> ② 전기통신사업자와의 협정에 따라 전기통신사업자와 이용자 간의 계약체결(체결된 계약 내용을 변경하는 것을 포함한다) 등을 대리하는 자가 제1항 제5호 및 제5호의2의 행위를 한 경우에 그 행위에 대하여 제52조 제1항과 제53조를 적용할 때에는 전기통신사업자가 그 행위를 한 것으로 본다. 다만, 전기통신사업자가 그 행위를 방지하기 위하여 상당한 주의

를 한 경우에는 그러하지 아니하다.

4) 마지막 네 번째 유형은 실제행위자의 행위를 매개로 하지 않고 사업자의 그 실제행위자의 '선임·감독상의 주의의무 위반' 행위를 제재처분의 근거로 규정하는 형태이다(특4유형). 여기서는 실제행위자의 행위에 의한 행위귀속이 명문으로 부정되어 있다. 현행법상 유일한 예가 「항공안전법」인데, 항공종사자(조종사, 관제사, 정비사 등)의 위반행위로 항공기사고가 발생한 경우 그것만으로 항공운송사업자에게 제재처분을 할 수 없고, 그 항공기사고가 사업자 자신의 고의 또는 중대한 과실에 의하여 또는 항공종사자의 선임·감독에 관하여 상당한 주의의무를 게을리 함으로써 발생된 경우에만 제재처분을 하도록 규정하고 있다. 이는 실제행위자의 고도의 전문성과 업무적 독자성에 기인한 것이다.

항공안전법 제91조(항공운송사업자의 운항증명 취소 등) ① 국토교통부장관은 운항증명을 받은 항공운송사업자가 다음 각 호의 어느 하나에 해당하는 경우에는 운항증명을 취소하거나 6개월 이내의 기간을 정하여 항공기 운항의 정지를 명할 수 있다. (이하 생략)

48. 고의 또는 중대한 과실에 의하여 또는 항공종사자의 선임·감독에 관하여 상당한 주의의무를 게을리 하여 항공기사고 또는 항공기준사고를 발생시킨 경우

제86조(항공교통업무증명의 취소 등) ① 국토교통부장관은 항공교통업무증명을 받은 자가 다음 각 호의 어느 하나에 해당하는 경우에는 항공교통업무증명을 취소하거나 6개월 이내의 기간을 정하여 항공교통업무 제공의 정지를 명할 수 있다. (이하 생략)

7. 고의 또는 중대한 과실로 항공기사고를 발생시키거나 소속 항공종사자에 대하여 관리·감독하는 상당한 주의의무를 게을리 하여 항공기사고가 발생한 경우

제98조(정비조직인증의 취소 등) ① 국토교통부장관은 정비조직인증을 받은 자가 다음 각 호의 어느 하나에 해당하는 경우에는 정비조직인증을 취소하거나 6개월 이내의 기간을 정하여 그 효력의 정지를 명할 수 있다.

(이하 생략)

4. 고의 또는 중대한 과실에 의하거나 항공종사자에 대한 관리·감독에 관하여 상당한 주의의무를 게을리 함으로써 항공기사고가 발생한 경우

3. 대상판결 및 그 외 판례에서의 일반적 행위귀속

(1) 대상판결에서는 원고가 부숙토를 비탈면 녹화토 제조업체에게 판매하고(x) 그 제조업체가 비탈면 녹화토를 생산(y)한 일련의 행태들이 '원고의 비탈면 녹화토 생산 행위'로 귀속되었다. 명문의 규정 없이도, 행위지배 가능성과 결과예견 가능성에 의거하여, 일반적 행위귀속이 인정된 것이다. (x)는 귀속상황이고 (y)는 실제행위이다. 반면에, 원심판결은 이러한 일반적 행위귀속을 부정하고 — 구입자의 사용 행위를 폐기물처리업자(원고)의 생산 행위와 동일한 것으로 간주하거나 폐기물처리업자가 파악한 구입자의 사용용도가 자신이 설정한 것과 다른 경우 그러한 구입자에게 생산물을 판매하지 아니할 의무를 부과하는 별도의 규정이 존재하지 않는 이상, 원고의 부숙토 판매 행위 및 구입자의 녹화토 생산 행위만으로 원고의 의무위반행위가 있었다고 볼 수 없다고 판단한 점에서 — 상술한 특별유형, 그 중에서도 특3유형 또는 특4유형의 행위귀속을 요구한 것으로 보인다.

대상판결이 제시한 폐기물의 재활용 허용 기준의 체계적 해석과 목적론적 해석 및 폐수처리오니의 재활용 실태에 비추어, 이 사건에서 일반적 행위귀속으로서 원고의 위반행위를 인정한 것에 충분히 수긍이 가고 찬성할 수 있다. 대상판결이 인용한 다음 2개의 판례는, 비록 제재처분이 아니라 형사책임[a]과 조치명령[b]에 관한 것이지만, 일반적 행위귀속을 정면으로 인정하고 있다.

[a] 대법원 1998. 9. 8. 선고 97도2214 판결(폐기물관리법위반)

법 제60조 제1호는 법 제12조를 위반하여 폐기물을 처리한 자를 처벌하도

록 규정하고 있고, 위 조항에서 '폐기물을 처리한 자'에는 다른 사람으로 하여금 폐기물을 처리하게 한 경우도 포함된다. 따라서 피고인들이 물류센터 및 대리점을 통하여 소비자에게 신제품을 판매하면서 수거한 냉장고, 세탁기 등의 폐가전제품을 무허가 폐가전제품처리업체를 경영하는 박명복, 강영태로 하여금 분쇄, 소각 등의 방법으로 중간처리하게 하였다면, 피고인들은 법 제60조 제1호를 위반한 것이 된다.

[b] 대법원 2020. 2. 6. 선고 2019두43474 판결(조치명령처분취소)

원고가 직접 이 사건 토사를 매립한 것은 아니지만, 성토업자들로 하여금 이 사건 토사를 원고의 사업장 밖으로 반출하여 이 사건 토지에 매립하게 한 이상, 폐기물관리법 제48조 제1항 제1호에서 조치명령의 상대방으로 정한 '폐기물을 처리한 자'에 해당한다고 보아야 한다.

(2) 대상판결 이외에도 제재처분의 위반행위에 관하여 이러한 일반적 행위귀속을 인정한 다수의 판례가 확인된다. 시간 순으로 정리하면 다음과 같다.

[1] 대법원 2003. 9. 2. 선고 2002두5177 판결(건설업등록말소처분)

소외 1은 원고 회사의 직원으로 일하면서 원고 회사로부터 보수를 받는 한편, 이사라는 직함의 사용을 허락받았고, 공사수주나 공사계약의 체결 등에 관한 포괄적 권한을 위임받아 평소 원고 회사의 인감 등을 가지고 다니면서 직접 원고 회사 명의로 계약을 체결하여 왔으며, … 원고 회사 명의의 공사관계서류를 위조하여 관할 행정청에 제출하였고, 원고 회사는 뒤늦게 이러한 사실을 알게 되었다 하더라도, 원고 회사가 소외 1의 이러한 건설산업기본법 제21조 위반행위를 방지하지 못한 이상 원고 회사로서는 소외 1의 행위에 대하여 행정책임을 질 수밖에 없고,

[2] 대법원 2012. 6. 28. 선고 2010두24371 판결(시정명령등처분취소)

[온라인 오픈마켓 사업자가 포털사이트 초기화면에 광고대행사에 의뢰하여 "본문내 삽입된 이미지"이라는 배너광고를 설치함에 따라 실제 상품내역과 배너광고 사이에 불일치가 발생하게 된 사안] "본문내 삽입된 이미지" 배너광고는 처음부터 허위의 사실을 알려 소비자를 유인하는 행위로서 전자상거래 등에서의 소비자보호에 관한 법률(이하 '전자상거래법'이라고 한다) 제21조 제1항

제1호에 해당한다고 보아야 하고, 배너광고를 직접 제작하지 않았다고 하여 광고내용이 허위임을 알지 못하였다거나 허위광고를 한 것이 정당화된다고 보기 어려우며…

[3] 대법원 2017. 5. 11. 선고 2014두8773 판결(영업정지처분취소)

원고는 자신의 직원이 채권추심과 관련하여 채무자 또는 관계인을 협박하는 것을 방지하지 못하였으므로 법령상 책임자로서 영업정지 처분의 부과대상이 되고, 특별한 사정이 없는 한 원고에게 고의나 과실이 없다고 하여 달리 볼 것은 아니다.

[4] 대법원 2020. 7. 9. 선고 2020두36472 판결(과징금부과처분무효확인)

"이 사건 숙박업소에서 청소년인 이 사건 투숙객들이 남녀 혼숙한 이상 공중위생영업자인 원고가 공중위생관리법 제11조 제1항 제8호에서 금지하는 '청소년을 남녀 혼숙하게 하는 영업행위'를 하였다고 보아야 한다. 원고의 대표자나 그 종업원 등이 이 사건 투숙객들이 청소년이라는 점을 구체적으로 인식하지 못했더라도 마찬가지이다. … 원고에게 의무 위반을 탓할 수 없는 '정당한 사유'가 있다고 볼 수도 없다. … 이 사건 숙박업소는 이른바 '무인텔'로서 평소 종업원을 배치하여 출입자의 나이를 확인하지도 않았고, 「청소년 보호법 시행령」 제27조 제1항에서 정한 설비를 갖추어 출입자의 나이를 확인하지도 않았음을 알 수 있다.

[5] 대법원 2021. 2. 25. 선고 2020두51587 판결(사업정지처분취소)

직업정보제공사업자의 준수사항을 정한 직업안정법 제25조와 그 위임에 따른 직업안정법 시행령 제28조의 입법 목적, 관련 규정들의 내용과 체계 등을 종합하면, 직업안정법 시행령 제28조 제1호에서 금지하고 있는 '구인자의 업체명(또는 성명)이 표시되어 있지 아니하여 구인자의 신원이 확실하지 아니한 구인광고를 게재한 행위'에는 구인자의 업체명(또는 성명)을 구체적으로 표시하지 않은 경우뿐만 아니라 구인자의 업체명(또는 성명)을 허위로 표시한 경우도 포함되며, 따라서 직업정보제공사업자가 직업정보제공매체에 [구인자가 작성한] 구인자의 업체명(또는 성명)이 객관적으로 허위인 구인광고를 게재한 경우에는 직업안정법 시행령 제28조 제1호에서 정한 직업정보제공사업자의 준수사항 위반에 해당하여 직업안정법 제36조 제1항 제3호에 따른 사업정지 등의 제재처분을 할 수 있다.

위 판례들을 요약하면, [1] 회사는 직원으로 하여금 이사 직함과 회사 인감을 사용하면서 공사수주나 공사계약 체결 등을 하도록 포괄적 권한을 위임한 상황(x)에서 직원이 공사 관계서류를 위조한 행위(y)는 건설업회사의 행위로 귀속되고, [2] 온라인 사업자가 광고대행사에게 광고를 의뢰한 상황(x)에서 광고대행사의 배너광고 설치 행위(y)는 온라인 사업자의 행위로 귀속되며, [3] 대부업자가 직원을 채용하고 협박 등을 방지하지 못한 상황(x)에서 직원이 채권추심과 관련하여 채무자 또는 관계인을 협박한 행위(y)는 대부업자의 행위로 귀속되고, [4] 공중위생업자가 무인텔을 설치·운영하는 상황(x)에서 청소년 남녀 혼숙이 이루어진 것(y)은 공중위생영업자의 행위로 귀속되며, [5] 직업정보제공사업자가 구인자 스스로 구인광고에 자신의 인적 사항을 기재하도록 한 상황(x)에서 구인자가 구인광고에 업체명과 성명을 허위 작성한 행위(y)는 직업정보제공사업자의 행위로 귀속된다는 것이다. 이 판례들도 대상판결과 마찬가지로 일반적 행위귀속의 관점에서, 특히 사회적 행위론에 의거하여, 그 결론에 충분히 수긍이 가고 찬성할 수 있다.

(3) 그러나 동의하기 어려운 것은 대상판결과 위 판례 5개 모두 그 논거 중 하나로 다음과 같은 일반적 법리를 거의 자구변경 없이 그대로 설시하고 있는 점이다. 즉, “행정법규 위반에 대한 제재조치는 행정목적의 달성을 위하여 행정법규 위반이라는 객관적 사실에 착안하여 가하는 제재이므로(A), 반드시 현실적인 행위자가 아니라도 법령상 책임자로 규정된 자에게 부과되고(B), 특별한 사정이 없는 한 위반자에게 고의나 과실이 없더라도 부과할 수 있다(C).”고 한다. 私見에 의하면, 위 B부분은 상술한 일반적 행위귀속에 해당하는 것으로 그 타당성을 인정할 수 있으나, A부분은 부분적인 비판과 수정이, C부분은 전면적인 비판과 극복이 필요하다.

먼저 A부분에 관하여, 제재처분이 행정법규 위반이라는 ‘객관적 사실'에서 출발하는 것은 맞지만, 그것만으로 충분하지 않고, 누구의 위반'행위'로 귀속되어야 한다. 행정법규 위반이라는 '객관적 사실'을 강조하게 되면 제재처분을 경찰조치와 혼동할 우려가 있다.[17] 경찰책임에서는 행위책임도 귀책사유(고의·과실)를 묻지 않는다. 그러나 상술한 바와 같이, 경찰조치는 위험을 방지하고 장해를 제거하는 장래 지향적인 것인 반면, 제재처분은 과거의 의무위반에 대한 '처벌'(penalty)로서, 과거 회고적인 것으로, 양자는 연혁적으로 — 조직적 의미의 '경찰' 기관 내지 질서행정기관에 의해 행해졌다는 — 공통점이 있을지 몰라도 그 법적 성질은 근본적으로 다르다. 또한 객관적 '사실'에 착안한다고 함으로 말미암아 제재처분을 수익처분의 원래적 위법을 이유로 한 직권취소와 사후적 위법을 이유로 한 철회와 혼동할 우려도 있다. 물론 위반행위의 행위귀속이 객관적·사회적으로 이루어진다는 점에서 제재처분이 행정법규 위반이라는 '객관적 사실'이 중요한 의미를 갖는다. 그러나 형법의 범죄론에 상응하는 '위반행위론'의 관점에서 보면, '사실'에만 한정하고 '행위'가 배제된다는 점에서는 타당하지 않다. 범죄의 해악이라는 사실에만 초점을 맞춘 전근대적인 형벌이론이 연상된다. 제재처분은 의무위반에 대한 '처벌'인데, 오늘날 헌법상 인간의 존엄성 및 적법절차와 자기책임 원칙 때문에, 그 처벌은 어디까지나 의무위반자의 '행위'에 대한 것이어야 한다. 따라서 의무위반이라는 객관적 사실에 한정될 수 없고, 그 의무위반을 저지른 '행위'가 중심이 되어야 한다. 이러한 관점에서 위 A부분은 '행정법규 위반에 대한 제재처분은 행정법규를 위반하는 사회적인 행위에 대하여 가하는 제재이므로'라고 수정될 것을 희망한다.

다음으로 C부분은 우선 전혀 필요하지 않다. 상술하였듯이 대상판결과 위 5개의 판례 모두 일반적 행위귀속 관점에서 충분히 설명이 가

17) 예컨대, 이상덕, 제재적 행정처분에 관한 사법심사 : 최근 대법원 판례 동향을 중심으로, 『행정법연구』 제71호, 2023, 241-284면 (248-249면) 참조.

능하고, 또한 귀속상황(x)에 대한 법령상 책임자의 고의(사실인식)와 실제행위(y)에 대한 실제행위자의 고의도 모두 인정된다.[18] 따라서 대상판결과 위 판례들은 일반적 행위귀속의 관점을 간과하고 이를 귀책사유의 문제로 잘못 파악한 나머지, 아무런 설명 없이, '위반자'에게 고의·과실이 없어도 제재처분을 할 수 있다는 논리를 펴게 된 것으로 보인다. 즉, 실제행위자의 행위가 위반자(책임자)의 행위로 귀속된다는 것을 그 위반자의 고의·과실이 필요 없다고 한 것이다. 그럼으로 말미암아 귀속상황(x)을 야기한 데 대한 책임자의 고의·과실도 필요 없고 심지어 실제행위자도 자신의 행위(y)에 대한 고의·과실이 필요 없다는 오해까지 불러일으킨다. 행위귀속의 문제와 귀책사유의 문제를 혼동하였다는 비판을 면하기 어렵다. 요컨대, 위 C부분은 불필요한 傍論(obiter dictum)에 그치지 않고, 제재처분의 법리를 그르쳐 타당하지 않은, 오해까지 불러일으키는 해로운 판례라고 할 것이다. 이에 관하여 章을 바꾸어 상론하기로 한다.

18) 대상판결에서 폐기물처리업자는 자신의 녹화토 제조업체에 대한 부숙토 판매 사실에 관해, 위 제조업체는 자신의 비탈면 녹화토 생산 사실에 관해 각 고의이었음이 명백하다. 또한 위 판례[1]에서 회사는 직원의 직함 및 인감 사용에 관해, 직원은 공사관계서류 위조에 관해, 판례[2]에서 온라인 사업자는 배너광고 의뢰에 관해, 광고대행사는 배너광고 설치에 관해, 판례[3]에서 대부업자는 직원의 채권추심 행위에 관해, 직원은 협박행위에 관해, 판례[4]에서 공중위생업자는 무인텔 운영 시스템에 관해, 판례[5]에서 직업정보제공사업자는 구인자가 구인광고에 업체명·성명을 기재한다는 사실에 관해, 구인자는 그 허위 작성에 관해, 모두 각각 고의이었음을 쉽게 알 수 있다.

Ⅳ. 위반행위의 귀책사유(고의 · 과실)

1. 대상판결 및 판례의 경향

(1) 원칙

상술한 바와 같이, 위반행위의 귀책사유에 관하여 대상판결 및 판례는 ― 우선 논의의 편의상 행정질서벌인 과태료도 포함하여 ― 검색 가능한 범위에서 살펴보면, 1970년 과태료 사건(대법원 1970. 10. 31.자 70마703 결정)을 시초로 최근 2021년 직업정보제공사업자 사건(대법원 2021. 2. 25. 선고 2020두51587 판결)까지 50년 넘게 변함없이 '특별한 규정이 없는 한, 고의나 과실을 요하지 아니한다.'고 판시하여 왔다.

이 판례들은 먼저 제재의 유형에 따라, ① 과태료,[19] ② 가산세,[20] ③ 등록취소 · 영업정지,[21] ④ 과징금[22] ⑤ 공표명령[23] 사건으로 분류할 수 있다. 또한 행위귀속 여부에 따라 ㉮ 대상판결과 같이 실제행위자의 행위가 법령상 책임자의 행위로 귀속되는 경우에 책임자의 고의·

19) 대법원 1970. 10. 31.자 70마703 결정(무역거래법상 과태료); 대법원 1979. 2. 13. 선고 78누92 판결(상수도부정사용 과태료); 대법원 1993. 11. 9. 선고 93누16345 판결(상동); 대법원 1994. 8. 26. 선고 94누6949 판결(상동); 대법원 2000. 5. 26. 선고 98두5972 판결(상동) 등.

20) 대법원 1984. 12. 26. 선고 84누323 판결(부가가치세 가산세); 대법원 1997. 5. 16. 선고 95누14602 판결(양도소득세 가산세); 대법원 1999. 12. 28. 선고 98두3532 판결(상동); 대법원 2003. 5. 16. 선고 2001두1772 판결(부가가치세 가산세) 등.

21) 대법원 2003. 9. 2. 선고 2002두5177 판결(건설업등록말소)(판례[1]); 대법원 2012. 5. 10. 선고 2012두1297 판결(관광숙박업 영업정지); 대법원 2017. 5. 11. 선고 2014두8773 판결(대부업 영업정지)(판례[3]); 대법원 2020. 5. 14. 선고 2019두63515 판결(폐기물처리업 영업정지)(대상판결); 대법원 2021. 2. 25. 선고 2020두51587 판결(직업정보제공사업 정지)(판례[5]) 등.

22) 대법원 2014. 10. 15. 선고 2013두5005 판결(여객자동차운수사업법 위반); 대법원 2020. 7. 9. 선고 2020두36472 판결(공중위생관리법위반)(판례[4]) 등.

23) 대법원 2012. 6. 28. 선고 2010두24371 판결(온라인 오픈마켓사업자 공표명령)(판례[2])

과실이 요구되지 않는다고 한 판례와 ㉯ 행위귀속이 문제되지 않는 경우, 즉 법령상 책임자 자신의 행위에 대해 제재처분이 내려진 사안에서 고의·과실이 요구되지 않는다고 한 판례로 나눌 수 있는데, 위 ①의 과태료와 ②의 가산세에 관한 판례를 제외하고는 거의 모두 위 ㉮와 같이 일반적 행위귀속이 인정되고 그 귀속상황(x)에 대한 책임자의 고의(또는 최소한 과실)와 실제행위(y)에 대한 실제행위자의 고의가 각 인정되는 될 수 있기 때문에 굳이 고의·과실이 요구되지 않는다고 판시할 필요가 없는 사안들이다. 이에 관하여 후술한다.

(2) 예외

위와 같이 원칙적으로 고의·과실이 필요 없다는 것을 전제로, 예외적으로 위반자의 의무 해태를 탓할 수 없는 정당한 사유가 경우에는 제재처분과 과태료를 부과할 수 없다는 판례들이 1976년 가산세 사건(대법원 1976. 9. 14. 선고 75누255 판결)부터 2020년 대상판결까지 계속되어 왔다.

그 중 가장 많은 사안은 가산세에 관한 것으로,[24] 세금신고 의무의 해태 또는 세금 납부의 연체와 관련하여 정당한 사유가 있었는지 여부가 문제되었는데, 정당한 사유가 인정된 판례도 적지 않았다. 결국 2007년 개정 국세기본법 시행(법률 제8139호, 2006. 12. 30., 일부개정, 시행 2007. 1. 1.)으로 '납세자가 의무를 이행하지 아니한 데에 정당한 사유가 있는 경우'에는 가산세를 부과하지 않는다는 명문의 규정(제48조 제1항)이 도입되었다.

다른 유형에 관해서도 정당한 사유가 인정되어 과태료 또는 제재

24) 대법원 1993. 5. 25. 선고 92누14816 판결(정당한 사유 인정); 대법원 2000. 8. 22. 선고 98두17685 판결(정당한 사유 인정); 대법원 2001. 1. 30. 선고 99두7876 판결(정당한 사유 불인정); 대법원 2003. 2. 14. 선고 2001두8100 판결(정당한 사유 불인정); 대법원 2006. 4. 27. 선고 2003두7620 판결(정당한 사유 불인정) 등.

처분 부과가 위법한 것으로 판단된 사례도 많았다.[25] 특기할 것은 2017년 판례[26]에서 "책임주의 원칙에 비추어 … 법령상 의무 위반을 비난할 수 없는 정당한 사유가 있는 경우까지 등록취소처분을 할 수 있는 것은 아니라고 보아야 한다."고 설시함으로써 '책임주의'를 그 근거로 명시하고 있다는 점이다. 이 사건은 사후에 등록결격사유가 발생한 때의 등록취소에 관한 것으로, 엄밀히 보면 법적 성격이 사후적 위법으로 인한 철회에 해당하지만, 그 결격사유가 간접적으로 관계인의 의무위반으로 인해 야기되었다는 점에서 제재처분으로서의 성격도 부분적으로 가지므로, 위와 같은 설시 부분은 제재처분에 관한 책임원칙 확립을 위해 示唆하는 바가 크다고 할 수 있다.

또한 간과해서는 아니 될 것은 정당한 사유의 판단 방법이다. 즉, 대상판결에 의하면, "폐기물처리업자 본인이나 그 대표자의 주관적인 인식을 기준으로 하는 것이 아니라, 그의 가족, 대리인, 피용인 등과 같이 본인에게 책임을 객관적으로 귀속시킬 수 있는 관계자 모두를 기준으로" 정당한 사유가 있는지를 판단해야 한다고 한다. 이는 필자의 관점에서 보면, 한편으로 일반적 행위귀속을 인정하기 위한 기준이 되는 동시에, 다른 한편으로 행위귀속이 인정된 다음 단계인 실제행위자와 법령상 책임자의 귀책사유를 인정하는 기준이 된다. 이에 관해 후술한다.

---

25) 대법원 2000. 5. 26. 선고 98두5972 판결(과태료, 서울특별시급수조례, 부정급수관 설치); 대법원 2002. 5. 24. 선고 2001두3952 판결(과징금, 청소년보호법, 청소년 비디오물감상실 출입); 대법원 2014. 10. 15. 선고 2013두5005 판결(과징금, 여객자동차 운수사업법, 전국운수산업노동조합의 파업으로 인한 버스 결행); 대법원 2014. 12. 24. 선고 2010두6700 판결(입찰참가자격제한, 국가계약법, 사실에 부합하지 않는 실적증명서를 제출) 등.

26) 대법원 2017. 4. 26. 선고 2016두46175 판결.

2. 비교법적 고찰

유럽인권재판소의 1984년 Öztürk 판결에서 유럽인권협약 제6조 제1항의 '공평한 재판'(fair trial)을 받을 권리 조항 중 "형사책임"(criminal charge) 부분[27]에 행정제재도 포함된다고 판시한 이후, 프랑스 등 유럽국가에서 행정제재에 관해 귀책사유, 일사부재리, 방어권 등 형사법상의 안전장치가 인정되고 있다.[28] 특히 금전제재인 영국의 fine, 프랑스의 l'amende 및 유럽연합의 fine에 대하여 원칙적으로, 물론 경쟁법 영역에서도, 귀책사유가 요구된다.[29] 미국의 금전제재인 civil penalty는 원칙적으로, 반독점, 증권, 금융, 환경 등 대부분의 경우 법원이 부과하는 것이고, 예외적으로 행정청이 부과하는 것도 있으나, 어느 것이든 명문의 법률 규정 또는 헌법상 적법절차(due process) 원칙에 의거하여 원칙적으로 귀책사유가 필요하고, 예외적으로 환경 영역 등 엄격책임이 필요한 영역에서 명문으로 귀책사유가 규정되어 있지 않은 경우 판례에 의해 귀책사유가 면제되기도 한다.[30] 독일의 Bußgeld는 행정질서벌(과태료)에 해당하는 것으로, 우리나라와 마찬가지로, 명문으로 고의·과실이 요구된다. 일본의 課徵金은 원칙적으로 귀책사유를 요구하지 않는데, 일본에서는 우리나라와 달리, 공정거래법상 課徵金은 불법이득 환수를 주된 목적으로 하여 '진정' 제재처분으로서의 성격이 약하다.[31]

---

27) 이에 관해 임성훈, 유럽인권협약 제6조의 공정한 심판(fair trial)을 받을 권리와 행정제재, 『행정법연구』 제63호, 2020, 173－201면 참조.

28) 이현수, 전게논문(각주 10); 송시강, 전게논문(각주 10); 라기원, 전게논문(각주 10) 참조.

29) 홍대식, 공정거래법상 과징금 제도의 비교법적 고찰 : EU, 독일의 개정 내용을 중심으로, 『경쟁법연구』 제14권, 2006, 216－245면 참조.

30) 정인영, 미국 행정법의 금전적 제재(Civil Penalty), 『행정법연구』 제69호, 2022, 71－133면 참조.

31) 伊永大輔, 課徵金制度 獨占禁止法の改正 : 判審決からみる法規範と實務の課題, 2020; 松本博明 編, 逐條解說 : 令和元年改正獨占禁止法 課徵金制度の見直し, 2020 참조.

3. 평가 및 발전방향

(1) 가산세에 관해서는, 신고·납부 등 세법상 의무는 납세자의 '보편적' 의무이기 때문에, 개별·구체적 의무에 대한 고의가 결여되었더라도, 그 의무 이행을 해태 또는 지체한 경우에는 원칙적으로 주의의무 위반으로 과실이 성립하는 것으로 볼 수 있다. 이러한 관점에서, 가산세에 관해 고의·과실이 필요 없다고 한 판례들을 파악할 수 있고, 그렇게 되면 정당한 사유에 관한 판례와 위 국세기본법 제48조 제1항은 그 정당한 사유로 인해 과실조차 인정되지 않는 경우라고 이해할 수 있다.

(2) 위에서 본 바와 같이, 고의·과실을 요구하지 않는 판례는 1970년 과태료 사건에서부터 시작되어 2000년까지 계속되었으나, 2007년 제정된 「질서위반행위규제법」 제7조에서 "고의 또는 과실이 없는 질서위반행위는 과태료를 부과하지 아니한다."고 규정함으로써 폐기되었다. 고의가 없더라도 최소한 과실은 필요하게 된 것인데, 형법학의 범죄론에 비추어 그 과실이 구성요건 단계에서 필요한 것인지, 아니면 책임 단계에서 비로소 필요한 것인지 라는 문제가 남는다. 형법 이론에서 먼저 책임 단계의 귀책사유로서 '책임고의·과실'이 요구되었고 현대에 이르러 비로소 구성요건의 주관적 요소로서 고의·과실이 요구되게 된 것처럼, 행정질서벌(과태료)에서도 우선 책임과실이 정착되고 구성요건 과실로 발전해야 한다고 생각한다.

(3) 이와 같이 민주화와 법치행정이 요원했던 1970년에, 과태료에 관해, 과태료 때문에 만들어졌던 '고의·과실 不要' 도그마가 이미 17년 전(2007년)에 명문의 법률로 깨어졌으므로, 이제 제재처분에 대하여도 마땅히 깨뜨려야 한다. 역사 발전의 관점에서 요청되는 개혁의 과제이다. 이미 '정당한 사유'를 통해 책임원칙이 판례에 구현되어 있고, 상술한(각주 27) 2017년 판결에서는 그것이 '책임주의'에 의거한 것임을 명시하고 있다. 그렇다면 '정당한 사유' 판례는 법원이 베푸는 은혜적 면제

가 아니라, 헌법상 적법절차 및 책임주의 원칙과 많은 법률에 명시된 '법의 일반원칙'의 구현이라고 할 것이다.

어떤 위반행위에 관해 정당한 사유가 인정된다는 것은 고의는 물론 과실도 부정된다는 것이다. 그렇다면 고의·과실을 귀책사유로 요구할 때와 차이점은 증명책임의 소재밖에 없다. 상대방에게 증명책임을 부담시키는 '정당화 사유'에서 한 단계만 발전시켜, 행정질서벌(과태료)에서와 같이, 위반행위의 성립요건으로 귀책사유(고의·과실)가 요구되어야 한다. 입법론으로, 「행정기본법」의 제재처분에 관한 규정(제22조 등)에 귀책사유를 명문화하는 것이 간명한 해결책이다.

2014년 개정 도로법(법률 제12248호, 2014. 1. 14., 전부개정, 시행 2014. 7. 15.)은 제72조 제1항에서 무허가 도로점용에 대하여 점용료의 100분의 120에 상당하는 금액을 변상금으로 징수할 수 있도록 하면서, 동조 제2항에서 "도로 점용자의 고의·과실로 인한 것이 아닌 경우에는 변상금을 징수하지 아니한다. 이 경우 … 점용료 상당액을 징수한다."는 규정을 도입하였다. 여기에서 제2항의 '점용료 상당액'은 도로점용으로 인한 부당이득의 반환으로, 고의·과실이 없더라도 부과되는 반면, 제1항의 변상금 중 점용료 상당액을 초과하는 부분(20퍼센트)은 '진정' 제재처분으로, 고의·과실이 있을 때에만 부과된다. 이는 현행법상 제재처분에 고의·과실을 요구하는 명문의 규정이라고 할 것이다.

또한 「독점규제 및 공정거래에 관한 법률 시행령」 제84조 [별표 6] 위반행위의 과징금 부과기준에 의하면, "법 제102조 제1항 각 호의 사항에 영향을 미치는 위반사업자의 고의·과실, 위반행위의 성격과 사정 등의 사유를 고려하여 나목에 따라 조정된 산정기준의 100분의 50 범위에서 공정거래위원회가 정하여 고시하는 기준에 따라 산정기준을 조정한다."고 규정하고 있다. 물론 여기에서 고의·과실 유무는 추가적인 조정기준에 불과하고 과징금 자체의 부과요건이 아니라고 볼 여지가 크지만,[32] 私見에 의하면, 위 규정은 '고의 또는 최소한 과실'을 부과요건으

로 보는 전제하에서, 그 고의의 유무와 과실의 형태를 고려한다는 의미로 이해할 수 있다.33)

나아가 「행정기본법」 제22조 제2항 제4호 및 동법 시행령 제3조 제1호는 재량적 제재처분의 경우 "위반행위자의 귀책사유 유무와 그 정도"를 고려하여야 한다고 규정하고 있다. 이에 대해서도 일반적으로 귀책사유 유무는 제재처분의 기준으로 고려될 뿐 제재처분의 부과요건은 아니라고 해석하고, 오히려 이러한 규정은 제재처분에 귀책사유가 필요 없다는 근거규정이 된다고 볼 수 있다. 그러나 이러한 해석은 그러한 판례가 확립되어 있다는 선입견에서 비롯된 것이라서, 이러한 선입견에서 벗어나 위 규정을 허심탄회하게 보면, 제재처분에 귀책사유로 고의 또는 최소한 과실이 필요하다는 전제하에, 확정적 고의, 미필적 고의, 인식 있는 과실, 인식 없는 과실 등 주관적 사정을 고려하여 제재처분의 종류와 정도를 결정하여야 한다는 의미로 해석할 수 있는 여지가 충분히 있다. 만일 '인식 없는 과실'조차 없었던 경우에는 재량이 0으로 수축하여 제재처분을 할 수 없을 것이다. 이를 형법상 범죄론의 관점에서 보면 귀책사유 부존재로 인해 책임이 조각되는 것에 상응한다. 과실의 부존재가 책임조각사유가 된다는 것은 바로 과실의 존재가 책임요건이 된다는 것을 의미한다. 이제 행정질서벌에 관한 실정법인 「질서위반행위규제법」이 고의·과실이 필요하다는 규정을 두고 있는 이상, 제재처분에 대해서도 위와 같은 인식의 전환이 가능하고 또 절실히 필요하다.

(4) 이러한 인식의 전환에서 가장 중요한 것은 대상판결을 비롯하

---

32) 예컨대, 이봉의, 공정거래법, 2022, 1293-1294면; 이동규, 공정거래 주요쟁점 및 이슈 36선, 2023, 64-66면 참조.

33) 실제로 공정거래법 위반 과징금 사건에서 고의·과실이 필요 없다고 판시한 대법원 판례는 찾을 수 없다. 또한 이봉의 교수는 각주 32)와 같이 현행법상으로 과징금 부과에 고의·과실을 묻지 않는다고 하면서도, 법치국가 원리에 따라 입법론으로 고의나 과실 등 귀책사유를 요건으로 추가할 필요가 있다고 한다(전게서 1294면).

여 그동안 제재처분에 고의·과실이 요구되지 않는다고 한 판례들이, 가산세와 과태료에 관한 것을 제외하고는, 모두 실제로는 일반적 행위귀속에 관한 것으로서, 그 귀속상황(x)과 실제행위(y)에 대하여 — 법령상 책임자와 실제행위자 각각의 — 고의가 있었던 사안이었으므로, 고의·과실이 필요 없다는 설시(위 C부분)는 결론에 영향을 미치지 않는 傍論에 불과하다는 점이다. 상술하였듯이, 가산세에 관한 판례는 납세자의 보편적 의무 위반으로 항상 과실이 추정되는 것으로 해결되고, 과태료에 관한 판례는 입법적으로 극복되었으므로, 사실상 제재처분의 요건인 위반행위의 성립에 고의·과실이 필요 없다는 판례는 없다고 할 것이다. 이러한 판례가 있다고 오해한 나머지, 실제행위자의 고의·과실이 없었던 경우에도 영업주는 제재처분을 받아야 하는 것이 '판례'이니까 '할 수 없다'고 치부(置簿)된 것이다. 귀속상황(x)과 실제행위(y)에 의거하여 일반적 행위귀속이 인정되더라도, 그것은 위반행위의 객관적 구성요건요소인 '행위'가 성립하였을 뿐, 그 다음으로 그 행위에 대한, 다시 말해, 그 귀속상황(x)과 실제행위(y)에 대한 영업주와 실제행위자 각각의 고의·과실이 필요하다. 대상판결 및 위 판례들의 사안에서 이러한 고의·과실은 존재한다. 그 고의·과실은, 위에서 과태료의 「질서위반행위규제법」에 관해 언급한 바와 같이, 처음에는 책임요소인 '책임고의'와 '책임과실'로 파악할 수 있겠지만, 앞으로 고의는 주관적 구성요건 요소인 '구성요건 고의'로 발전되고, 과실은 '구성요건 과실' 및 '책임과실'로 분화되어야 할 것이다. 구성요건 과실은 객관적인 주의의무 위반인 반면, 책임과실은 기대가능성, 위법성의 착오 등 주관적인 책임조각사유를 의미한다.

(5) 판례에 대한 위와 같은 오해 때문에 모순이 심화된 例가 최근 개정된 식품위생법[시행 2019. 6. 12.] [법률 제15943호, 2018. 12. 11., 일부개정] 제75조 제1항 단서이다. 즉, 청소년 출입, 고용, 주류제공 등 위반에 대하여 "식품접객영업자가 … 청소년의 신분증 위조·변조 또는

도용으로 식품접객영업자가 청소년인 사실을 알지 못하였거나 폭행 또는 협박으로 청소년임을 확인하지 못한 사정이 인정되는 경우에는 대통령령으로 정하는 바에 따라 해당 행정처분을 면제할 수 있다."고 규정하고, 동법 시행령 제52조 제3항은 위와 같은 사정이 인정되어 불송치 또는 불기소를 받거나 선고유예 판결을 받은 경우에는 해당 행정처분을 면제하도록 규정하고 있다.

우선, 위 규정은 '정당한 사유'에 관한 판례를 성문화한 것으로 보이는데, 시행령의 문언을 불송치·불기소 또는 선고유예의 경우로 한정한 것으로 해석하면 오히려 판례를 改惡한 것이 되므로, 정당한 사유를 예시한 것으로 해석하는 것이 타당하다. 근본적으로 위 규정의 문제는 제재처분에 관한 판례를 오해한 데 있다. 상술하였듯이, 판례의 취지는 종업원의 청소년에 대한 주류제공 등 행위를 식품접객영업자가 — 현장에 없어서 — 전혀 알지 못한 경우에도 '일반적 행위귀속'에 의하여 영업자의 '행위'로 본다는 것이지, 그 종업원이 자신의 행위에 대한 고의·과실조차 없어도 된다는 것은 아니다. 이러한 종업원의 고의·과실이 없는 경우에는 제재처분의 '면제'가 아니라, 아예 위반행위의 성립요건 — 책임요소 또는 주관적 구성요건 요소로서 — 이 결여되어 제재처분이 불가능한 것으로 보아야 한다.

(6) 이상과 같은 제재처분의 귀책사유 필요성 및 당위성에 대하여, 행정청의 조사 능력의 한계를 근거로 반론이 제기될 수 있다. 그러나 이는 근본적으로 '규범과 사실'의 문제로서, 규범이 명백한 경우에 사실상 한계를 이유로 그 규범을 파괴할 수는 없다. 한편으로 규범을 탄력적으로 파악하면서 동시에 다른 한편으로 사실을 개선·개혁하여 규범에 근접시켜야 한다. 즉, 한편으로 '고의 또는 최소한 과실'이라는 귀책사유의 증명 정도를 일정한 정도 완화하여 간접증거 내지 정황증거로써 증명이 가능하도록 하고, 다른 한편으로 현재 개발되고 있는 '인공지능'을 이러한 정황증거 수집에 활용할 것이 요청된다.

(7) 마지막으로 첨언할 것은 최소한 법률·법령에 '허위로', '거짓으로', '그 밖의 부정한 방법으로', '고의로 사실과 다르게'(의료법 제66조 제1항 제3호 등), '허위서류 제출'(국가계약법 시행령 제76조 제2항 제1호 가목 등) 등과 같이 특수한 주관적 요건이 규정된 경우에는 구성요건 요소로서 고의 또는 과실이 요구된다는 점이다. 이러한 경우에도 허위, 거짓, 부정한 방법 등에 관해 사실의 인식 또는 주의의무 위반 없이도 제재처분을 할 수 있다고 한다면, 법률 문언의 보장적 기능은 형해화된다. 이때에도 행위귀속과 귀책사유는 구별되어야 한다. 예컨대, 협력업체의 허위서류 제출을 이유로 하는 입찰참가자격제한처분의 경우에, 협력업체의 서류 제출을 계약업체의 행위로 파악할 수 있는 것은 행위귀속의 문제이고, 그렇다고 하여 계약업체의 행태(x)와 특히 협력업체의 행위(y)에 관해 귀책사유가 필요 없다는 것은 아니다. 만일 그렇다면 입찰참가자격제한처분은 순전한 '결과책임'이 되어 위헌적 제도가 될 것이다.

V. 결어

입법론으로는 원심판결에 경청할 만한 '一喝'이 있다. 앞으로 입법과정에서 일반적 행위귀속만으로 만족하지 말고 명문의 규정으로 상술한 특별유형 — 2·3·4유형 — 들을 확대 도입함으로써 행위귀속의 문제가 정책적으로 그리고 헌법적으로 검토될 것이 요망된다. 현행법상 해석론으로 위반행위(제1처분사유)가 인정된다는 대상판결의 결론에는 찬성한다. 다만, 일반적 행위귀속이 인정되고 그 귀속상황(x)과 실제행위(y)에 대한 귀책사유가 긍정되기 때문이지, 위반자에게 고의·과실이 요구되지 않기 때문은 아니다. 행위귀속과 귀책사유(책임귀속)는 구별되어야 한다. 이것이 체계적이고 인간중심적인 제재처분 이론의 출발점이다!

참고문헌

朴正勳, 협의의 행정벌과 광의의 행정벌, 『행정법의 체계와 방법론』 제8장, 2005.

朴正勳, 취소판결의 반복금지효 : 이중위험금지, 그리고 기판력과 기속력 및 소송물, 『행정판례연구』 제23집 제1호, 2018, 75-107면.

朴正勳, 행정법에 있어 판례의 의의와 기능, 『행정판례의 이론적 조명』 (蘭松會 편) 2024, 3-27면.

라기원, 프랑스 행정법상 제재처분에 관한 연구, 서울대학교 법학박사논문, 2023.

박훈민, 행정상 제재처분의 제척기간·시효와 그 법리에 관한 소고, 『서울法學』 제25권 제4호, 2018, 77-107면.

송시강, 행정제재에 관한 법제 개선 방안 : 벌칙 중심 규제의 개혁을 위한 시론, 『홍익법학』 제23권 제4호, 33-85면.

송시강, 프랑스법상 행정제재에 관한 연구, 『행정법연구』 제69호, 2022, 1-42면.

이상덕, 제재적 행정처분에 관한 사법심사 : 최근 대법원 판례 동향을 중심으로, 『행정법연구』 제71호, 2023, 241-284면.

이은상, 행정제재처분에 대한 형사법리의 시사점과 한계, 『행정법연구』 제74호, 2024, 95-128면.

이현수, 프랑스의 행정제재법리와 그 시사점, 『세계헌법연구』 제25권 제1호, 2019, 77-108면.

임성훈, 유럽인권협약 제6조의 공정한 심판(fair trial)을 받을 권리와 행정제재, 『행정법연구』 제63호, 2020, 173-201면.

장지원, 행정기본법 제22조 제1항의 해석 및 적용상 한계에 대한 법적 고찰, 『입법과 정책』 제16권 제2호, 2024, 323-350면.

정인영, 미국 행정법의 금전적 제재(Civil Penalty), 『행정법연구』 제69호,

2022, 71－133면.

정 훈, 종업원의 위법행위를 이유로 사용자에 대해 행정제재처분을 하기 위한 책임법리 – '대부업법'상 영업정지처분과 관련하여, 『공법연구』 제44권 제3호, 2016, 237－268면.

Cesare Beccaria, Dei delitti e delle pene, 1764 (베카리아의 범죄와 형벌 : 법은 누구를 위해 존재하는가, 김용준 역, 2022)

Michel Degoffe, Droit de la sanction non pénale, Paris 2000.

George Dellis, Droit péal et Droit administratif, Paris 1997.

Mattias Guyomar, Les sanctions administratives, Paris 2014.

Isabelle Häner & Bernhard Waldmann (Hg.), Verwaltungsstrafrecht und sanktionierendes Verwaltungsrecht, Zürich/Basel/Genf 2010.

Oswald Jansen (ed.), Administrative Sanctions in the European Union, Bruxelles 2013.

Marcel Ogg, Die verwaltungsrechtlichen Sanktionen und ihre Rechtsgrundlagen, Zürich/Basel/Genf 2002.

Roxin/Greco, Strafrecht. Allgemeiner Teil: Band I. 5.Aufl., München 2020.

국문초록

행정법의 규율대상인 행정작용 중 사실행위, 명령행위(의무부과·권리제한), 규칙제정행위(행정입법)는 형사법과 다른 행정법의 특성이 인정될 수 있으나, 행정법상 의무 위반에 대한 '제재처분'은 '범죄에 대한 형벌 부과'라는 형사법과 본질적·구조적으로 동일하다. 제재처분은 행정상 강제, 시정명령, 위험방지 및 위해제거를 위한 경찰조치, 허가의 '직권취소'와 '철회'와 구별되어야 한다. 근대 형법 이론이 형벌이 아니라 그 요건인 '범죄'에 초점을 맞추어 개혁을 이루었듯이, 행정제재에서도 '제재처분'에서 벗어나 '위반행위'에 초점을 맞추어, 형법상 구성요건, 위법성 및 책임성과 같이, 위반행위의 성립요건들을 검토하여야 한다.

위반행위의 첫 번째 성립요건은 행위귀속의 문제이다. 즉, 실제행위자의 행위가 법률상 의무주체인 영업자·사업자의 행위로 평가받아야 하는 것이다. 현행법상 일반적인 행위귀속은 법률상 의무주체의 '행위지배'와 '예견가능'을 근거로, 피용인, 지배인, 대리인의 행위가 의무주체의 행위로 귀속되는 것이다. 대상판결에서는 이러한 일반적 행위귀속을 전제로 위반행위를 인정한 반면, 원심판결은 일반적 행위귀속을 부정하였다. 대상판결의 결론에는 찬성할 수 있다. 제재처분의 위반행위에 관하여 일반적 행위귀속을 인정한 다수의 판례가 확인된다.

그러나 동의할 수 없는 것은 대상판결과 이러한 판례들이 모두 그 논거로 다음과 같이 설시하고 있는 점이다. 즉, "행정법규 위반에 대한 제재조치는 행정목적의 달성을 위하여 행정법규 위반이라는 객관적 사실에 착안하여 가하는 제재이므로(A), 반드시 현실적인 행위자가 아니라도 법령상 책임자로 규정된 자에게 부과되고(B), 특별한 사정이 없는 한 위반자에게 고의나 과실이 없더라도 부과할 수 있다(C)."고 한다. 위 B부분은 일반적 행위귀속에 해당하는 것으로 타당성을 인정할 수 있으나, A부분과 C부분은 비판되어야 한다. A부분에 관하여, 제재처분이 행정법규 위반이라는 '객관적 사실'에서 출발하는 것은 맞지만, 그것만으로 충분하지 않고, 누구의 위반'행위'로 귀속되어야 한다. 행정법규 위반이라는 '객관적 사실'을 강조하게 되면 제재처분을 경찰조치와 혼동할 우려가 있다. C부분은 일반적 행위귀속의 관점을 귀책사유의 문제로 잘못 파악함으로 말미암아, '위반자'에게 고의·과실이 없어도 제재처분을 할 수 있다는 논리를 편 것이다.

대법원 판례는 1970년부터 2021년까지 50년 넘게 변함없이 '특별한 규정이 없는 한, 고의나 과실을 요하지 아니한다.'고 판시하여 왔다. 가산세, 과태료, 등록취소·영업정지, 과징금 사건 등으로 분류할 수 있다. 과태료와 가산세에 관한 판례를 제외하고는, 거의 모두 일반적 행위귀속이 인정되고 그 귀속상황과 실제행위에 대한 귀책사유가 인정되는 사안들이다. 따라서 고의·과실이 요구되지 않는다는 판시는 傍論에 불과하다. 가산세에 관해서는 세법상 의무가 납세자의 '보편적' 의무이기 때문에, 개별사안에서 고의가 결여되었더라도 원칙적으로 주의의무 위반으로 과실이 성립하는 것으로 볼 수 있고, 이러한 의미에서 고의·과실이 필요 없다는 판례들을 이해할 수 있다. 과태료에 관한 판례는 1970년부터 2000년까지 계속되었으나, 이미 2007년 제정된 「질서위반행위규제법」 제7조에 의해 폐기되었으므로, 이제 제재처분에 대하여도 — 傍論에 불과하였던 — 판례가 마땅히 수정되어야 한다. 판례가 예외적으로 인정하여 온 '정당한 사유'는 헌법상 적법절차 및 책임주의 원칙의 구현이다. 상대방에게 증명책임을 부담시키는 '정당화 사유'에서 한 단계 발전시켜, 위반행위의 성립요건으로 귀책사유(고의·과실)가 요구되어야 한다. 「행정기본법」의 제재처분에 관한 규정(제22조 등)에 귀책사유를 명문화하는 것이 간명한 해결책이다. 행정청의 조사 능력의 한계를 근거로 한 반론에 대하여는, 귀책사유의 증명 정도를 일정한 정도 완화하여 정황증거로써 증명이 가능하도록 하고, 현재 개발되고 있는 '인공지능'을 이러한 정황증거 수집에 활용하는 것으로 대처할 수 있다.

결론적으로, 행위귀속과 귀책사유(책임귀속)는 구별되어야 한다. 이것이 체계적이고 인간중심적인 제재처분 이론의 출발점이다!

주제어: 제재처분, 위반행위, 행위귀속, 귀책사유(고의 또는 과실).

Zusammenfassung

Verwaltungssanktion und Verstoßtat — Unterscheidung zwischen Handlungszurechung und Verschuldensgrund —

Jeong Hoon PARK*

Die Verwaltungssanktion ist im Wesentlichen und strukturell ähnlich wie die Auferlegung einer Strafe für ein Verbrechen nach dem Strafrecht. Sie muß deshalb von dem Verwaltungszwang, der Korrekturanordnung, der polizeilichen Maßnahmen sowie der Rücknahme und Widerruf der Genehmigung unterschieden werden. Genauso wie sich das moderne Strafrecht reformiert hat, indem sie sich auf die Straftat, nicht auf die Bestrafung, konzentriert, muß man sich bezüglich der Verwaltungssanktion, statt auf den Sanktionsverfügung, auf die Verstoßtat konzentrieren und ihre Voraussetzungen, wie die Tatbestand, die Rechtswidrigkeit und die Zurechenbarkeit der Straftat, erörtern.

Die erste Voraussetzung für die Feststellung der Verstoßtat ist die Handlungszurechnung Nach geltendem Recht beruft die allgemeine Handlungszurechnung auf der Handlungskontrolle und der Vorhersehbarkeit. Das hier untersuchte Urteil hat die allgemeine Handlungzurechnung bejaht. Dieser Punkt kann zugestimmt werden. Eine Reihe von Präzedenzen hat die allgemeine Handlungzurechnung bestätigt. Kritisiert werden muß jedoch in dem Punkt, daß das Erfordernis des Verschuldensgrundes (Vorsatz oder Fahrlässigkeit) verneint wurde : die

* Professor Emeritus von Seoul National University, Dr. jur., Rechtsanwalt

Frage der Handlungszurechnung wurde als die des Verschuldensgrundes mißverstanden.

Die Rechtsprechung ist seit mehr als 50 Jahren der Meinung, daß Vorsatz oder Fahrlässigkeit nicht erforderlich für die Verwaltungssanktion sei, es sei denn, es gibt eine besondere Bestimmung. Die Rechtsprechung bezüglich Zusatzsteuer kann unter dem Aspekt der allgemeinen Pflicht der Steuerpflichtigen verstanden und zugestimmt werden. Die bezüglich des Bußgeldes wurde aber 2007 durch das Gesetz über die Ordnungswidrigkeiten abgeschafft. Daher muß nun die bezüglich der anderen Verwaltungssanktionen überwunden und angeänder werden. Das Erfordernis des Verschuldensgrundes (Vorsatz oder Fahrlässigkeit) für die Verwaltungssanktion muß, de lege ferenda, in das Verwaltungsgrundgesetz eingeführt werden. Man hat zwischen der objektiven Handlungszurechung und des subjektiven Verschuldensgrund zu unterscheiden. Dies ist der Ausgangspunkt für eine systematische und humanistische Theorie der Verwaltungssanktion!

Schlüsselwörter: Verwaltungssanktion, Verstoßtat, Handlungszurechnung, Verschuldensgrund (Vorsatz oder Fahrlässigkeit)

투고일 2024. 12. 9.
심사일 2024. 12. 22.
게재확정일 2024. 12. 27.

공동개설 의료기관에서 일부 개설자의 자격정지에 따른 의료업 금지의 효력 범위*

정의석**

대법원 2024. 5. 30. 선고 2021두58202 판결

Ⅰ. 판결 개요

1. 사건의 개요

의료인인 원고들(A, B, C, D)과 E는 공동으로 'F병원'이라는 상호의 의료기관을 개설·운영하다가 2015. 9. 10. 폐업하였는데, 그동안 E가 대표원장 겸 주개설자로 대외적 업무를 수행하였다. 원고들과 E는 폐업 다음 날인 2015. 9. 11. 국민건강보험법 제42조 제1항 제1호에 따른 요

* 이 논문은 서울대학교 법학전문대학원 학문후속세대양성센터의 연구지원을 받아 작성한 것이다.
이 논문의 심사 과정에서 소중한 의견을 주신 심사위원들께 깊은 감사를 드린다.
** 서울대학교 법학연구소 객원연구원, 법학박사, 변호사

양기관 겸 의료급여법 제9조에 따른 의료급여기관에 해당하는 'G병원'(이하 '이 사건 의료기관'이라고 한다)을 공동으로 개설·운영하였다.

E는 F병원을 공동개설하여 운영하던 중 국민건강보험공단으로부터 식대가산금 공단부담금 8,400만 원을 편취하였다는 내용의 형법 제347조 사기죄 등의 범죄사실로 공소제기되어 2016. 12. 23. 항소심에서 유죄판결(벌금 3,000만 원)을 선고받고 2017. 4. 7. 위 판결이 확정되었다.

보건복지부장관은 2018년경 'E가 2011. 12.경부터 2014. 11.경까지 F병원 대표원장으로서 진료비를 거짓 청구하여 의료법 제66조 제1항 제7호를 위반하였다.'는 이유로 E에게 2018. 8. 1.부터 2018. 10. 31.까지 3개월의 의사면허 자격정지처분을 하였다.

원고 A, B, C는 2018. 9. 4. E와 원고 D가 공동원장에서 탈퇴한 것으로 하여 이 사건 의료기관의 공동개설자를 원고 A, B, C로 변경하는 허가사항 변경신청을 하였다.

원고들은 2020. 3. 6. 피고 건강보험심사평가원(이하 '피고'라고 한다)에게 2018. 8. 1.부터 2018. 9. 3.까지의 기간(이하 '이 사건 처분기간'이라고 한다)에 대한 요양급여비용 501,134,140원 및 의료급여비용 106,569,600원 합계 607,703,740원에 대한 심사를 전산으로 청구하였다. 이에 피고는 2020. 3. 6. 'E가 의료법 제66조 제1항 제7호에 따라 이 사건 처분기간 의사 자격이 정지되었으므로 E가 공동개설자로 등록된 이 사건 의료기관은 위 기간 동안 요양급여비용, 의료급여비용을 청구할 자격이 없다.'는 이유로 원고들의 위 심사청구를 반송처리 하였다(이하 '이 사건 처분'이라고 한다). 이에 원고들은 피고를 상대로 이 사건 처분의 취소를 구하는 이 사건 소를 제기하였다.

2. 소송의 경과

(1) 제1심[1]의 판단: 청구 인용

비록 의료법 제66조 제3항이 의료기관 개설자가 관련 서류를 위조·변조하거나 속임수 등 부정한 방법으로 진료비를 거짓 청구하는 행위를 하여 자격정지처분을 받은 경우 해당 의료기관은 그 자격정지 기간 중 의료업을 할 수 없도록 제한하고 있으나, 그 의료기관도 처음에는 의료기관 개설이 허용되는 의료인에 의하여 적법하게 개설·운영된 것이다. 또한 수인이 공동으로 의료기관을 개설·운영하다가 공동개설자 중 한 명의 의사가 부정한 방법으로 진료비를 청구한 사실로 자격정지 처분을 받게 된 경우, 자격정지처분을 받은 공동개설자 중 한 명이 의료기관 공동개설자 지위에서 탈퇴하고 다른 공동개설자인 의료인들이 한 진료행위는 국민건강보험법과 의료급여법에서 정한 요양급여 및 의료급여의 기준에 미달하거나 그 기준을 초과하는 등의 다른 사정이 없는 한, 정상적인 의료기관의 개설자로서 하는 진료행위와 비교하여 질병의 치료 등을 위한 요양급여 및 의료급여로서 어떠한 질적인 차이가 있다고 볼 수 없다. 나아가, 의료법이 같은 법 제66조 제3항을 위반하여 자격정지 기간 중에 의료업을 영위한 의료인에게 면허취소의 행정제재를 가하는 대인적 성격의 규정만을 두고 있을 뿐, 해당 의료인에 대한 처벌규정을 두고 있지 않다. 그리고 의료기관 개설자가 진료비를 거짓으로 청구하여 금고 이상의 형을 받아 확정된 때에만 의료법 제64조 제1항 제8호에 따라 해당 의료기관의 1년의 범위 내에서의 업무정지 또는 개설허가 취소나 폐쇄조치를 할 수 있고, 의료법 제66조 제3항의 위반을 이유로 해당 의료기관에 대해 대물적 성격의 제재조치를 할 수는 없다. 결국 수인이 공동으로 요양기관 또는 의료급여기관을 개설하여 운

1) 서울행정법원 2021. 1. 14. 선고 2020구합59833 판결.

영하다가 자격정지처분을 받은 공동개설자 중 1인이 탈퇴한 경우에는 자격정지처분을 받은 공동개설자가 자격정지 기간에 요양급여 및 의료급여 제공에 실질적으로 관여하였는지 여부를 가지고 의료기관의 해당 급여비용 심사청구의 적정 여부를 판단하는 것이 합리적이다. 이와 달리 의료기관의 공동개설자 등록 여부 등 형식적인 사유를 가지고 그 급여비용 심사청구의 적정 여부를 판단할 것은 아니다.

(2) 원심[2]의 판단 : 항소 기각

의료법 제66조 제3항은 '의료기관'은 그 개설자가 같은 조 제1항 제7호에 따라 자격정지처분을 받은 경우 그 자격정지기간 중 의료업을 할 수 없다고 규정하고 있으나, 이는 의사면허 자격정지처분을 받은 의료기관의 개설자가 자신이 개설한 의료기관의 운영을 통하여 이익을 얻는 것을 방지함으로써 면허정지의 실효성을 보장하는 데 그 취지가 있는 것으로 보이고, 특별한 사정이 없는 이상 병원의 공동개설자들에 대하여 연대책임을 묻기 위한 규정이라고 단정할 수 없다.

(3) 대법원의 판단 : 파기 환송

의료법 제66조 제1항 제7호, 제3항 등의 규정 내용, 입법 취지 및 법문의 체계적·논리적 해석 원리 등에 의할 때, 이 사건 처분기간 동안 이 사건 의료기관은 의료법 제66조 제3항에 따라 의료업을 할 수 없기 때문에 국민건강보험법 및 의료급여법상 요양급여비용 및 의료급여비용을 청구할 수 있는 요양기관 및 의료급여기관에 해당하지 아니한다고 보아야 한다. 구체적인 이유는 다음과 같다.

1) 의료법 제64조 제1항에서 정하고 있는 의료기관 개설 허가의 취소와 의료기관 폐쇄명령, 제66조 제3항에서 정하고 있는 의료기관의

---

2) 서울고등법원 2021. 10. 6. 선고 2021누35041 판결.

의료업 금지는 다 같이 의료기관개설자가 거짓으로 진료비를 청구하여 의료법상 의무를 중대하게 위반한 경우 의료기관에 대해서 의료업을 더 이상 영위할 수 없도록 하는 제재이다. 그 제재의 수위는 의료기관 개설자의 거짓 진료비 청구행위에 대하여 금고 이상의 형이 확정되었는지를 기준으로 정해지는바, 금고 이상 형의 확정 시 그가 개설한 의료기관에 대해서 보건복지부장관 등이 의료법 제64조 제1항에 따른 개설 허가 취소처분 내지 폐쇄명령을 하게 되고, 그렇지 않고 개설자가 의료법 제66조 제1항에 의한 자격정지 처분만 받은 경우에는 의료법 제66조 제3항에 따라 자격정지 기간 동안 자동적으로 의료기관의 의료업이 금지된다.

2) 의료법 제66조 제3항은 의료기관 개설자가 제1항 제7호에 따라 자격정지 처분을 받은 경우 그 기간 중 '의료기관은 의료업을 할 수 없다'고 정함으로써 의료인의 거짓진료비 청구행위를 이유로 의료인의 자격뿐만 아니라 그가 개설한 의료기관의 의료업까지 제재의 범위에 포함시키고 있다. 이는 의료법이 의료인의 요건을 엄격히 규율하고(제2조, 제8조) 그러한 의료인이 공중 등을 위하여 의료업을 하는 곳을 의료기관으로 정함으로써(제3조 제1항) 의료업이 의료인에 의하여 개설된 의료기관을 통해서 이루어질 수밖에 없으므로, 의료기관을 기준으로 의료업 금지 사유를 정한 것이다. 또한 의료법은 제64조 제1항, 제65조 제1항에서 '의료기관'에 대한 제재처분과 '의료인'에 대한 제재처분을 명확하게 구분하고 있는바, 의료법 제66조 제3항에서 정한 사유에 해당하는지 여부는 이 조항이 규율하고 있는 제재의 대상인 '의료기관'을 기준으로 판단하여야 한다.

3) 국민건강보험법이나 의료급여법상 요양급여비용 내지 의료급여비용의 심사청구주체는 의료인이 아니라 의료기관인 요양기관 내지 의료급여기관이지만(국민건강보험법 제47조, 의료급여법 제11조), '의료기관'이란 의료인이 의료업을 영위하기 위하여 개설한 시설이므로(의료법 제3조

제1항) 그곳에서 이루어진 각종 의료행위의 법적 효과는 이를 개설·운영하는 의료기관 개설자에게 귀속된다. 의료법 제64조 제1항 제8호, 제66조 제3항에서 의료기관 개설 허가의 취소, 의료기관 폐쇄, 의료업 금지 등의 의료기관에 대한 제재의 요건을 '의료기관 개설자가 진료비를 거짓으로 청구하여 금고 이상의 형이 확정되거나 자격정지 처분을 받은 경우'라고 하여 의료기관 개설자를 기준으로 정한 것은 의료기관에서 이루어진 의료행위에 관하여 환자 등에게 진료비 청구권을 행사하는 법적 주체가 의료기관 개설자이기 때문이지, 각 조항에 따른 의료기관 개설허가의 취소, 의료기관 폐쇄, 의료업 금지 등의 효력 범위를 진료비 거짓 청구행위의 당사자인 해당 개설자에게 한정시키려는 취지가 아니다. 이는 다수의 의료인이 공동으로 의료기관을 개설한 경우에도 마찬가지이다.

4) 의료기관에서 거짓으로 진료비를 청구하여 지급받은 경우 행위자인 의료기관 개설자에 대하여 형법 제347조의 사기죄 또는 국민건강보험법 제115조 제4항 위반죄가 성립할 수 있다. 의료기관 개설자가 진료비를 거짓으로 청구하였을 때, 금고 이상의 형이 확정된 경우 의료인 결격사유에 해당하고(의료법 제8조), 그렇지 않은 경우에는 의료법 제66조 제1항 제7호에 따라 그의 면허자격을 정지할 수 있다. 이러한 의료인에 대한 제재와 별도로, 의료업에 대한 공공의 신뢰를 확보하기 위하여 의료법상 의무를 중대하게 위반한 의료기관에 대해서 의료법 제64조 제1항 제8호에 따라 의료기관 개설허가취소·폐쇄명령을 하거나 제66조 제3항에 따라 그 자격정지 기간 중 의료업을 할 수 없도록 규정한 것이다. 위 각 조항에 따른 제재의 대상이 된 의료기관은 더 이상 국민건강보험법에 의한 요양기관 및 의료급여법에 의한 의료급여기관으로 인정되는 '의료법에 따라 개설된 의료기관'에 해당한다고 할 수 없다. 이러한 제재의 필요성은 의료기관의 개설자가 1인인지 다수인지에 따라 다르지 않고, 의료법 제64조 제1항이나 제66조 제3항에서도 이를 달리 규

정하지 않고 있다.

5) 일반적으로 제재적 행정처분은 행정목적을 달성하기 위하여 행정법규 위반이라는 객관적 사실에 대하여 가하는 제재로서 반드시 현실적인 행위자가 아니라도 법령상 책임자로 규정된 자에게 부과되는 것이고, 처분의 근거 법령에서 달리 규정하거나 위반자에게 의무 위반을 탓할 수 없는 정당한 사유가 있는 등 특별한 사정이 없는 한 위반자에게 고의나 과실이 없더라도 부과할 수 있다(대법원 2020. 6. 25. 선고 2019두52980 판결 등 참조). 의료기관 개설자가 진료비를 거짓으로 청구하는 범죄행위를 하였음을 이유로 그에게 자격정지 처분이 이루어졌다면, 그가 개설한 의료기관에 대하여 의료법 제66조 제3항에 따라 의료업 금지의 효력이 바로 발생한다. 이 사건과 같이 수인이 공동으로 개설한 의료기관에서 1인의 개설자가 진료비 거짓 청구행위로 의료법 제33조 제1항의 처분을 받은 이상 그가 개설한 의료기관에 대하여 의료법 제66조 제3항을 적용하는 것이 책임주의 원칙에 위반된다거나 나머지 공동개설자의 영업의 자유에 대한 과도한 제한이라고 할 수 없다. 나머지 공동개설자들로서도 1인의 개설자가 진료비 거짓청구행위로 자격정지 처분을 받음으로 말미암아 그와 공동으로 개설한 의료기관에 대하여 의료법 제66조 제3항이 적용되리라는 점을 예측할 수 없었다고 볼 수도 없다.

Ⅱ. 쟁점의 정리

이 사건 처분은 E가 의료법 제66조 제1항 제7호에 따라 자격정지 처분을 받은 기간 동안 이 사건 의료기관이 요양급여비용 및 의료급여비용을 청구할 자격이 없다고 보아, 피고가 원고들의 급여심사청구를 반송 처리한 것이다.

이러한 요양급여비용 및 의료급여비용의 청구자격과 관련하여, 국민건강보험법과 의료급여법은 모두 '의료법에 따라 개설된 의료기관'을 통한 의료서비스 제공을 전제로 하고 있다. 국민건강보험법은 가입자와 피부양자의 질병, 부상, 출산 등에 대한 요양급여를 '의료법에 따라 개설된 의료기관'인 요양기관에서 실시하도록 하며(제41조 제1항, 제42조 제1항 제1호), 요양기관은 그 요양급여비용을 공단에 청구할 수 있다(제47조 제1항). 마찬가지로 의료급여법도 수급권자의 질병, 부상, 출산 등에 대한 의료급여를 '의료법에 따라 개설된 의료기관'인 의료급여기관에서 실시하도록 하고(제7조 제1항, 제9조 제1항), 의료급여기관은 그 의료급여비용을 시장·군수·구청장에게 청구할 수 있다(제11조 제1항).

이처럼 두 법률은 모두 의료법에 따른 적법한 의료기관일 것을 비용청구의 전제조건으로 삼고 있다. 그런데 의료법 제66조 제3항은 "의료기관은 그 개설자가 제1항 제7호에 따라 자격정지처분을 받은 경우 그 자격정지기간 중 의료업을 할 수 없다."라고 규정하고 있다. 피고는 이 규정을 근거로, E가 자격정지처분을 받은 기간 동안에는 이 사건 의료기관을 더 이상 '의료법에 따라 개설된 의료기관'으로 볼 수 없어, 원고들은 요양급여비용 등을 청구할 자격을 상실한다고 판단하였다.

이러한 피고의 판단에 대해 원심은 의료법 제66조 제3항이 의료기관 개설자가 연대책임을 지도록 하는 규정이 아니라고 보아, 이 조항이 공동개설 의료기관의 경우에는 적용되지 않는다고 판단하여 원고들의 청구를 인용하였다. 그러나 대상판결은 의료법 제66조 제3항에 따른 의료업 금지의 효력이 공동개설 의료기관 전체에 미친다고 보아 원심판결을 파기하였다.

따라서 이 사건의 핵심 쟁점은 의료법 제66조 제3항을 어떻게 해석할 것인가이다. 특히 공동개설 의료기관의 일부 개설자가 자격정지처분을 받은 경우, 의료법 제66조 제3항에 따른 의료업 금지의 효력이 해당 개설자에게만 미치는지 아니면 공동개설 의료기관 전체에 미치는지가 문제된다. 이러한 문제를 해결하기 위해서는 먼저 의료법 제66조 제

3항에 대한 문언적 검토와 함께, 의료법의 입법목적과 공동개설 의료기관의 특성을 고려한 목적론적 해석이 필요하다. 나아가 의료법 제66조 제3항에 의한 공동개설 의료기관 전체에 대한 제재가 과잉금지원칙과 책임주의 원칙에 부합하는지에 대한 헌법적 검토도 필요하다. 이를 통해 의료법 제66조 제3항의 바람직한 해석방향을 제시하고 대상판결의 타당성을 평가하고자 한다.

Ⅲ. 공동개설 의료기관에 대한 의료법 제66조 제3항의 해석

1. 침익적 행정행위 규정의 엄격해석

행정법에서는 '침익적 행정행위 규정의 엄격해석원칙(이하 '엄격해석원칙'이라 한다)'이라는 해석원칙이 적용된다. 이는 대법원이 '조세법규 엄격해석원칙'을 일반행정법 영역으로 확대하여 적용한 것이다. 대법원은 "침익적 행정행위의 근거가 되는 행정법규는 엄격하게 해석·적용하여야 하고 그 행정행위의 상대방에게 불리한 방향으로 지나치게 확장해석하거나 유추해석해서는 안 되며, 그 입법취지와 목적 등을 고려한 목적론적 해석이 전적으로 배제되는 것은 아니라고 하더라도 그 해석이 문언의 통상적인 의미를 벗어나서는 아니 된다."[3]라고 하여 이 원칙의 적용을 명시하고 있다.

엄격해석원칙은 헌법상 명확성원칙에 그 이론적 기반을 두고 있으며, 형사법 영역을 넘어 조세법과 일반 행정법 분야에서도 확고히 자리매김하였다. 대법원은 "국민의 권리를 제한하거나 새로운 의무를 부과

3) 대법원 2015. 7. 9. 선고 2015두38818 판결; 대법원 2017. 6. 29. 선고 2017두33824 판결 등.

하는 행정처분의 경우, 그 근거가 되는 법규를 해석하고 적용할 때 헌법이 요구하는 명확성의 원칙에 따라 더욱 엄격한 기준을 적용해야 한다."라고 판시하여 엄격해석원칙의 헌법적 근거와 행정제재에서의 중요성을 강조하고 있다.[4)]

대법원은 침익적 행정행위 규정의 해석에 있어 해당 규정이 명확한 경우와 불명확한 경우를 구분하여 접근하고 있다. 규정이 명확한 경우에는 문언의 객관적이고 통상적인 의미에 따라 엄격하게 해석하여야 한다고 본다. 반면 규정이 불명확한 경우에는 문언의 통상적인 범위 내에서 상대방에게 불리한 방향으로 지나치게 확대해석하거나 유추해석하지 않을 것을 전제로 하여 목적론적 해석을 할 수 있다고 한다.[5)]

이와 같이 엄격해석원칙은 침익적 행정행위 규정의 해석에 있어 원칙적으로는 문언의 엄격한 해석을 강조하면서도 문언이 불명확한 예외적인 경우에는 단순한 문자의 해석을 넘어 목적론적 해석에 의한 보완적인 접근이 가능하다는 입장이다.[6)] 이 원칙은 규정의 의미가 불명확할 경우에는 침익적 행정행위의 상대방에게 과도하게 불리한 해석을 하지 말 것을 강조하면서도, 동시에 목적론적 해석의 필요성을 인정하고 이를 일정 범위 내에서 허용하고 있다.

따라서 엄격해석원칙은 침익적 행정행위 규정의 해석에 있어서 중요한 균형추의 역할을 한다. 만약 근거 규정에 행정청의 처분 권한 여부나 그 한계가 명확하지 않음에도 행정청이 이를 상대방에게 불리한 방향으로 지나치게 해석하면 국민의 자유나 권리가 부당하게 침해될 수 있다. 즉, 행정청이 근거 규정의 모호성을 이용하여 자신의 권한을 확대

---

4) 대법원 2021. 11. 11. 선고 2021두43491 판결; 대법원 2017. 5. 31. 선고 2017두30764 판결 등.

5) 선정원, "엄격해석원칙에 관한 행정판례의 분석과 검토", 행정법연구 제73호, 행정법이론실무학회, 2024, 16면.

6) 이상덕, "제재적 행정처분에 관한 사법심사 - 최근 대상판결 판례 동향을 중심으로 -", 행정법연구 제71호, 행정법이론실무학회, 2023, 264면.

해석할 위험이 있다. 이러한 경우에는 목적론적 해석이 어느 정도 필요하다. 그러나 문언의 의미가 비교적 명백함에도 행정청이 자의적 판단으로 목적론적 해석을 남용하면 그로 인하여 국민의 권리가 또한 침해될 수 있다. 따라서 목적론적 해석은 문언의 통상적 범위 내에서라는 제한적인 범위 내에서만 허용된다.

이처럼 엄격해석원칙은 행정청의 자의적 권한 행사를 방지하면서도 법령 해석의 유연성을 확보하여 국민의 권리 보호와 행정의 효율성 사이의 균형을 도모한다. 이하에서는 이러한 엄격해석원칙에 따라 공동개설 의료기관이라는 특수한 맥락에서 의료법 제66조 제3항이 가지는 문언적 불명확성을 구체적으로 검토하고, 이를 통해 목적론적 해석의 필요성을 도출하고자 한다.

2. 공동개설 의료기관에서의 의료법 제66조 제3항의 문언적 불명확성

이 사건 처분은 원고들의 요양급여비용 및 의료급여비용 심사청구를 반송한 침익적 처분이다. 따라서 그 근거인 의료법 제66조 제3항을 해석할 때는 엄격해석원칙에 따라 이 사건의 특수성을 고려한 문언의 명확성 여부를 검토할 필요가 있다. 의료법 제66조 제3항은 “의료기관은 그 의료기관 개설자가 제1항 제7호에 따라 자격정지 처분을 받은 경우에는 그 자격정지 기간 중 의료업을 할 수 없다.”라고 규정하고 있다. 이 조항에서 사용된 용어들을 살펴보면, ‘의료기관’은 의료인이 의료업을 하는 곳을(제3조 제1항), ‘의료업’은 공중 또는 특정 다수인을 위한 의료·조산의 업을(제3조 제1항), ‘의료기관 개설자’는 의료기관을 실제로 개설한 의료인, 의료법인, 비영리법인, 국가나 지방자치단체 등을 의미한다(제33조 제2항). 이들 용어는 개별적으로는 법적 정의가 명확해 보이나, 의료기관 공동개설이라는 특수한 맥락에 적용할 경우에는 다양한 해석상 불명확성이 발생한다.

의료법 第66조 제3항을 해석할 때 가장 근본적인 문제는 핵심 용어인 '의료기관'과 '개설자'의 의미가 공동개설 상황에서 불명확하다는 점이다. 먼저 '의료기관'의 경우, 단독개설 의료기관에서는 이를 단순히 개설자의 의료행위가 이루어지는 단일한 기능적 단위로 보면 충분했으나, 공동개설 의료기관에서는 이러한 해석이 어려워진다. 예를 들어 여러 전문의가 각자의 전문분야에서 독립적으로 진료하는 경우, 의료기관을 하나의 통합된 단위로 볼 것인지 아니면 각 전문의의 진료영역이 분리된 복합체로 볼 것인지가 불명확하다. 이러한 불명확성은 실무적 차원에서도 중요한 문제를 야기하는데, 자격정지를 받은 개설자의 진료영역에 대해서만 제재할 것인지, 아니면 의료기관 전체에 대해 제재할 것인지가 불분명한 상황이 발생하기 때문이다.

'개설자' 개념의 해석에서도 불명확성이 발견된다. 현대의 의료기관 중 상당수가 복수의 의료인이 자본과 전문성을 결합하여 공동으로 개설·운영하는 형태를 취하고 있음에도, 법문상 '그 의료기관 개설자'라는 표현은 단일 개설자를 전제로 한 것으로 해석될 여지가 있다. 이러한 문언적 모호성은 중대한 해석상 문제를 야기하는데, 만약 이 규정이 단일 개설자를 전제로 한 것이라면, 이를 공동개설 의료기관에 그대로 적용하여 의료기관 전체를 제재하는 것이 타당한지의 의문이 제기되기 때문이다. 결국 의료법 第66조 제3항이 전제하고 있는 의료기관과 개설자의 개념은 공동개설 의료기관의 실제 운영형태를 명확하게 포섭하지 못하고 있는 것으로 평가된다.

문언적 해석에서 또 다른 어려움은 '의료업을 할 수 없다.'라는 표현에서 발생한다. 단독개설 의료기관의 경우 의료업의 주체와 범위가 명확하지만, 여러 의료인이 공동으로 개설한 의료기관의 경우 일부 개설자의 자격정지가 의료기관의 의료업 전체를 중단시키는 것을 의미하는지, 아니면 해당 개설자의 의료업만을 제한하는 것인지가 문언상 불명확하다. 이러한 불명확성은 현대 의료기관의 특성에서 더욱 두드러지는데, 공동개설자들이 각자의 전문영역에서 독립적인 의료행위를 수행하는 것이 일반적이기 때문이다. 예를 들어 정형외과 전문의와 신경외과 전문의가 공동으로 척추전문병원을 운영하는 경우, 정형외과 전문의가 자격정지를 받았다고 하여 신경외과 전문의의 진료행위까지 '할 수 없는 의료업'에 포함되는 것으로 해석해야 하는지 문언상 명확하지 않다.

의료법 제66조 제3항은 제재 기준과 관련하여 또 다른 문언적 불명확성을 야기한다. 이는 제재의 직접적 대상은 '의료기관' 전체임에도 제재의 실제 원인은 '일부 개설자의 자격정지'라는 점, 즉 제재의 대상과 원인 사이의 불균형에서 기인한다. 이러한 불균형은 단독개설 의료기관의 경우에는 특별한 문제가 되지 않는다. 단독개설의 경우 개설자와 의료기관이 사실상 동일시될 수 있어, 개설자에 대한 제재가 곧 의료기관에 대한 제재로 이어지는 것이 문언적 해석상 자연스럽기 때문이다.

그러나 공동개설 의료기관의 경우에는 법문에서 제재의 구체적 기준을 제시하지 않아 여러 해석상의 문제가 발생한다. 예를 들어 전체 지분의 10%만을 보유하고 실제 경영에는 거의 관여하지 않는 개설자의 자격정지와, 51% 이상의 지분을 보유하며 실질적 의사결정권을 행사하는 개설자의 자격정지를 동일하게 취급해야 하는지가 불분명하다. 또한 자격정지기간 중 의료기관의 구체적인 운영방식에 대한 법적 기준도 명문화되어 있지 않다. 자격정지를 받은 개설자를 의료기관 운영에서 완전히 배제하고 다른 개설자들만으로 운영을 계속할 수 있는지, 혹은 그 기간 중 허용되는 의료행위와 행정업무의 범위는 어디까지인지 등에 대한 명확한 기준이 법문에 존재하지 않는 것이다. 이러한 법문의 불명확성을 고려할 때, 의료법 제66조 제3항의 해석에 있어서는 문언적 해석만으로는 불충분하며 입법목적과 공동개설 의료기관의 특성을 고려한 목적론적 해석이 필요하다고 할 것이다.

3. 목적론적 해석

(1) 의료법의 입법목적

의료법의 기본 목적은 '모든 국민이 수준 높은 의료 혜택을 받을 수 있도록 국민의료에 필요한 사항을 규정함으로써 국민의 건강을 보호하고 증진'하는 것이다(제1조).[7] 여기서 중요한 점은 이 법이 단순히 의료서비스에 대한 접근성이나 가용성을 보장하는 것이 아니라, 수준 높은 의료 혜택의 제공을 통해 실질적인 국민 건강 증진을 도모한다는 점이다. 의료법은 이러한 입법목적을 달성하기 위해 다양한 제도적 장치를 마련하고 있는데, 그 중 대표적인 것이 자격정지 제도이다. 이는 단순히 의료인에 대한 제재에 그치는 것이 아니라, 의료서비스의 질을 유지하고 문제를 예방하기 위한 것이다. 구체적으로 의료법 제66조 제1항은 의료인의 품위손상행위(제1호), 의료기관 개설자격이 없는 자에게 고용되어 의료행위를 한 경우(제2호), 진단서 등의 거짓 작성(제3호), 영리목적 알선행위(제4호), 의료기사 아닌 자에게 의료기사 업무를 하게 한 경우(제6호), 진료비 거짓 청구(제7호), 경제적 이익 수수(제9호) 등 다양한 위반행위를 자격정지 사유로 규정하고 있다.[8] 특히 의료법 제66조 제3항은 진료비를 거짓으로 청구하여 자격정지를 받은 의료인(제66조 제1항 제7호)에 대해 의료기관의 의료업도 제한함으로써 자격정지 제도의 실효성을 더욱 강화하고 있다. 진료비 거짓 청구는 단순한 재산범죄의

---

7) 국민 건강 증진이 의료법의 궁극적 목적이고, 수준 높은 의료 혜택의 제공이 이를 달성하기 위한 중간적 목적이라고 할 수 있다. 이에 관하여는 홍영균, "의료법 해설 : 쟁점과 판례 중심", 군자출판사, 2017, 18면.

8) 의료법상 자격정지처분의 요건과 절차에 관하여 상세히는 하명호, "의료인에 대한 면허자격정지처분의 요건과 절차 -부당한 경제적 이익 등의 취득금지를 중심으로-", 안암법학 제49호, 안암법학회, 2016, 51-79면.

차원을 넘어서, 의료서비스에 대한 국민의 신뢰를 근본적으로 훼손하고 의료체계 전반의 건전성을 해치는 중대한 위법행위이기 때문이다.[9] 이에 입법자는 진료비 거짓 청구에 대해서는 의료기관 운영 자체를 제한하는 더욱 엄격한 제재를 통해 의료서비스에 대한 신뢰를 보호하고자 한 것이다.

그러나 이와 같은 엄격한 제재를 공동개설 의료기관에 적용할 때에는 신중한 검토가 필요하다. 현대 의료는 질환의 복잡성과 의료기술의 발전으로 인해 전문분야별 고도의 전문성과 첨단 의료장비를 필요로 하게 되었다. 이러한 의료 환경의 변화에 대응하여 여러 의료인이 전문성과 자본을 결합하여 의료기관을 공동으로 개설·운영하는 형태가 늘어나고 있으며, 이들 공동개설 의료기관은 전문의들의 협진을 통해 수준 높은 의료서비스를 제공하는 핵심적 수단이 되고 있다.[10]

이러한 상황에서 개설자 중 일부의 진료비 거짓 청구로 인한 의료업 금지는 해당 의료기관 전체의 요양급여비용 청구를 불가능하게 만들어, 위반행위와 무관한 다른 전문의들의 정상적인 의료서비스 제공까지도 심각하게 제약하게 된다. 이는 협진이 필요한 환자들의 적절한 치료를 어렵게 만들어, 결과적으로 의료법이 추구하는 '수준 높은 의료 혜택의 제공을 통한 국민 건강의 보호와 증진'이라는 입법목적의 달성을 오히려 저해하게 된다.

이러한 의료법의 입법목적과 공동개설 의료기관의 특성을 고려하

---

9) 이 사건에서도 E는 F병원에서 식대가산금 공단부담금 8,400만 원을 편취하였다는 범죄사실로 형법 제347조 사기죄가 인정되어 벌금 3,000만 원의 유죄판결이 확정되었다.

10) 현대 의료는 의료지식과 기술의 세분화·전문화로 인해 단독 진료보다는 의료팀(medical team) 형태의 진료가 일반화되고 있다. 즉, 다양한 의료 관여자들이 각자의 전문성에 기초하여 역할을 분담하고, 서로 다른 진료과목의 의사들이 협업을 통해 환자를 '협의'하여 '진료'하는 방식으로 의료서비스가 제공되고 있다. 이에 관하여 상세히는 백경희, "동일 의료기관 내에서의 분업과 협진에 대한 법적 고찰", 의료법학 제24권 제3호, 대한의료법학회, 2023, 28−42면.

여 대상판결의 논리구조를 검토해볼 필요가 있다. 대상판결은 “의료법 제64조 제1항 제8호, 제66조 제3항에서 의료기관 개설 허가의 취소, 의료기관 폐쇄, 의료업 금지 등의 의료기관에 대한 제재의 요건을 ‘의료기관 개설자가 진료비를 거짓으로 청구하여 금고 이상의 형이 확정되거나 자격정지 처분을 받은 경우’라고 하여 의료기관 개설자를 기준으로 정한 것은, 의료기관에서 이루어진 의료행위에 관하여 환자 등에게 진료비 청구권을 행사하는 법적 주체가 의료기관 개설자이기 때문이지, 각 조항에 따른 의료기관 개설허가의 취소, 의료기관 폐쇄, 의료업 금지 등의 효력 범위를 진료비 거짓 청구행위의 당사자인 해당 개설자에게 한정시키려는 취지가 아니다. 이는 다수의 의료인이 공동으로 의료기관을 개설한 경우에도 마찬가지이다.”라고 판시하였다.

대상판결은 의료법 제66조 제3항을 해석하면서 두 가지 차원을 구분하여 접근하였다. 첫 번째는 ‘누구의 위반행위를 기준으로 제재를 가할 것인가’라는 제재의 기준점 설정의 문제이고, 두 번째는 ‘그 제재가 실제로 누구에게까지 영향을 미치는가’라는 제재의 효과 범위 문제이다. 대상판결은 의료법이 ‘의료기관 개설자’를 제재의 기준점으로 삼은 것은 개설자가 진료비 청구권의 귀속 주체이기 때문이라고 설명한다.

다만 대상판결은 개설자를 제재의 판단 기준으로 삼았다고 하여 그 효과가 해당 개설자에게만 한정되는 것은 아니라고 판단하였다. 즉 의료법 제66조 제3항은 개설자의 위반행위를 기준으로 제재 여부를 판단하되, 일단 제재 사유가 발생하면 그 효과는 의료기관 전체에 미치는 것으로 해석된다는 것이다. 대상판결은 이러한 해석론이 공동개설 의료기관에도 동일하게 적용되어, 공동개설자 중 1인의 자격정지처분으로 인해 해당 의료기관 전체의 의료업이 금지되고 요양급여비용을 청구할 수 없게 된다고 보았다.

그러나 대상판결의 이와 같은 해석론에는 재고의 여지가 있다. 대상판결은 ‘의료기관 개설자’를 제재의 기준점으로 삼으면서도, 그 효과는 '의료기관 전체'에 미친다고 판단하였다. 그러나 이는 공동개설 의료기관의 특성과 의료법의 입법목적을 충분히 고려하지 못한 것으로 보인다. 공동개설 의료기관은 규모와 형태에 따라 운영방식이 다양하지만, 일반적으로 각 의료진이 전문분야별로 독립된 진료체계를 구축하여 운영한다. 예를 들어 정형외과, 내과, 영상의학과가 공존하는 병원에서는 각 진료과가 독자적인 진료지침과 운영체계를 갖추고 있다. 이러한 상황에서 특정 진료과 의사의 진료비 거짓 청구를 이유로 의료기관 전체의 의료업이 금지되고 요양급여비용 청구가 불가능해지면 위반행위와 무관한 다른 진료과의 정상적인 의료서비스 제공까지 심각하게 제약된다. 이는 의료법이 궁극적으로 추구하는 '국민의 건강을 보호하고 증진'하려는 입법목적과도 배치된다. 더욱이 이러한 해석은 마치 기업에서 일부 임원의 횡령을 이유로 회사 전체의 영업을 제한하는 것과 같은 불합리한 결과를 초래한다.

이러한 점들을 종합하면, 대상판결이 제재의 기준과 효과 범위를 별개의 문제로 구분하여 판단한 것은 타당하지 않다. 의료법 제66조 제3항은 비록 '의료기관'을 제재의 대상으로 규정하고 있으나, 공동개설 의료기관의 경우 그 제재의 실질적 범위를 자격정지를 받은 개설자의 의료행위와 운영 참여로 한정하여 해석하는 것이 타당하다.

이러한 한정적 해석은 자격정지기간 동안 해당 개설자를 의료기관 운영에서 배제하고 그의 진료과목을 일시적으로 중단하되, 다른 공동개설자들의 진료행위는 계속할 수 있도록 한다. 이처럼 위반행위자에 대한 제재의 실효성은 확보하면서도 다른 의료인들의 정당한 의료행위를 보장하는 해석만이 공동개설 의료기관의 실질과 의료법의 입법목적에 부합하는 균형적인 접근이 될 것이다.

(2) 의료기관의 현대적 특성과 공공성

법규를 해석할 때는 법이 만들어질 당시의 배경이나 문구의 뜻만

따져서는 안 되고, 현실 속에서 그 법이 이루고자 하는 객관적 목적을 제대로 실현할 수 있어야 한다.11) 즉 단순히 입법자가 처음에 무슨 생각을 했는지, 또는 그 당시 상황이 어땠는지만 살필 것이 아니라, 법이 지금 우리 사회에서 어떻게 적용되고 있는지, 또 규제 대상이 실제로 어떤 특성을 가지고 있는지도 함께 고려해야 한다.12) 의료법 제66조 제3항도 마찬가지다. 이 조항이 처음 만들어질 때13)와 비교하면 오늘날 의료기관은 조직 구조나 운영방식이 크게 바뀌었고 공공성도 더 강화되었다. 따라서 의료법 제66조 제3항의 목적론적 해석에 있어서는 이러한 점들도 함께 고려되어야 한다.

실제로 오늘날의 의료기관은 점차 세분화되고 전문화된 모습으로 발전하고 있다. 이러한 변화는 특히 공동개설 의료기관에서 잘 나타난다. 예를 들어 여러 의사가 함께 설립한 척추전문 의료기관을 살펴보면, 정형외과에서는 뼈와 근육의 문제를, 신경외과에서는 신경 관련 문제를, 영상의학과에서는 각종 검사를, 마취통증의학과에서는 수술 시 마취와 통증 치료를 각각 담당한다. 이처럼 한 환자의 치료를 위해 여러 진료과 의사들이 함께 진료하는 방식이 일반화되고 있다. 특히 의료기술이 발전하면서 한 진료과의 치료만으로는 해결이 어려운 경우가 늘어나고 있어, 여러 의사들이 서로 협력하여 진료하는 것이 더욱 중요해지고 있다.14)

11) 임미원, "법관의 법형성에 관한 일고찰 ― 〈구 조세감면규제법〉 한정위헌 결정과 관련하여 ―", 공법연구 제41집 제1호, 한국공법학회, 2012, 177-180면; 홍정선, 행정법원론(상), 제31판, 박영사, 2023, 78면.

12) 칼 라렌츠(Karl Larenz)에 의하면, 법률은 입법자가 예견할 수 없었던 변화 과정을 거쳐 새로운 문제들에 대한 답을 제시하게 되며, 이를 통해 고유한 생명력을 가지게 된다. 따라서 법해석자는 자신의 시대적 맥락 속에서 법률의 진정한 의미를 찾아야 한다. 이에 관하여 상세히는 공두현, "목적론적 해석의 합리적 재구성", 서울대학교 법학박사논문, 2024, 71-72면.

13) [시행 2003. 3. 31.] [법률 제6686호, 2002. 3. 30., 일부개정].

14) 국내 공동개설 의료기관의 현황을 살펴보면, 의료정책연구소가 2020년에 실시한 전국 의료기관 조사에서 전체 1,367개 조사대상 의료기관 중 227개(16.6%)가 공동개

이와 함께 오늘날의 의료기관 운영은 단순한 진료를 넘어 복잡한 경영 활동을 필요로 한다. 수억 원이 넘는 의료장비의 구입과 관리, 환자 기록을 관리하는 전산시스템 운영, 의료보험 청구, 직원 채용과 관리 등 전문적인 경영 능력이 필요한 분야가 늘어나고 있다. 이처럼 진료와 경영이 복잡해지면서 의료기관을 효율적으로 운영하기 위해서는 여러 전문가의 협력이 필수적이며, 의사들이 공동으로 의료기관을 운영하는 형태가 이러한 현대적 요구에 가장 잘 부응하는 방식이 되고 있다. 이러한 상황에서 한 의사의 부정행위를 이유로 의료기관 전체의 운영을 중단시키고 보험 청구를 막는 것은 지나치게 과도한 제재라고 할 수 있다.

의료서비스는 단순한 영리활동이 아닌 공공재라는 점도 중요하다.[15] 의료기관은 국민의 생명과 건강을 책임지는 공적 역할을 수행하므로 안정적이고 지속적인 운영이 필요하다. 현재 전 국민의 97% 이상이 건강보험에 가입되어 있어 의료서비스 대부분이 요양급여로 제공되며, 의료기관도 주로 요양급여비용으로 수입을 얻는다.[16] 이러한 상황에서 의료법 제66조 제3항을 위반했다는 이유로 요양급여비용 지급이 거부되면, 의료기관은 환자 진료비를 청구할 수 없게 되어 결국 문을

설 형태로 운영되고 있는 것으로 나타났다(의료정책연구소, "2020 전국의사조사", 2020, 275면). 이와 비교하여 미국의 경우, 2018년 기준으로 2-5인으로 구성된 공동개설 의료기관이 전체의 23%를 차지하여 단독개설 의료기관(17.9%)보다 더 높은 비중을 보이고 있다[의료정책연구원, "그룹진료(공동개원) 약관 개발", 2024, 12면].

15) 헌법재판소는 의료인의 의료기관 중복운영을 금지한 의료법 제33조 제8항 본문 중 '운영' 부분 및 그 벌칙조항인 제87조 제1항 제2호의 위헌 여부에 관한 결정에서, "이 사건 법률조항은 의료인으로 하여금 하나의 의료기관에서 책임 있는 의료행위를 하게 하여 의료행위의 질을 유지하고, 지나친 영리추구로 인한 의료의 공공성 훼손 및 의료서비스 수급의 불균형을 방지"하기 위한 것이라고 판시한 바 있다[헌재 2019. 8. 29. 선고 2014헌바212, 2014헌가15, 2015헌마561, 2016헌바21(병합) 전원재판부 결정].

16) 국민건강보험공단, "2022년도 건강보험 주요통계", 2023, 1면.

닫을 수밖에 없다. 이는 특히 전문병원이나 농어촌 의료기관처럼 주변에 대체할 만한 의료기관이 없는 경우에 심각한 문제가 된다. 응급환자나 중증 환자의 경우 신속한 치료가 필요한데, 근처에 다른 의료기관이 없다면 환자의 생명이 위험할 수 있다. 또한 의료기관이 문을 닫으면 의료진과 직원들의 생계가 위협받고 지역 의료체계도 흔들린다.[17] 이처럼 공동개설 의료기관이 갖는 공익적 성격을 생각할 때, 제재는 신중히 이루어져야 할 것이다.

(3) 소결

앞서 살펴본 의료법의 입법목적과 의료기관의 현대적 특성 및 공공성을 종합적으로 고려할 때, 공동개설 의료기관에서 일부 개설자가 진료비를 거짓으로 청구하여 자격정지처분을 받은 경우 의료법 제66조 제3항의 효력은 자격정지를 받은 개설자의 의료행위와 운영 참여로 한정하여 해석해야 한다. 즉, 자격정지를 받은 개설자에 대해서는 자격정지기간 동안 진료행위와 의료기관 운영 참여를 제한하고 해당 진료과목을 일시적으로 중단하되, 다른 공동개설자들의 진료행위는 계속할 수 있도록 해석하는 것이 타당하다.[18]

17) 의료취약지역은 의료수요에 제한이 있으며, 보건의료자원에 대한 접근이 곤란하고 양질의 의료이용이 충족되지 못하며 건강수준 및 건강결과가 낮은 지역을 의미한다. 우리나라는 공공보건의료에 관한 법률에 따라 의료공급이 부족한 지역을 2년 주기로 조사하여 의료취약지역을 지정하고 있는데, 2018년 기준으로 전국 시군구 중 내과 진료 취약지역 62개, 외과 진료 취약지역 88개, 소아청소년과 진료 취약지역 89개, 분만 의료서비스 취약지역 98개가 지정되어 있다. 이에 관하여는 의료정책연구소, "의료 취약지역 개념 및 지원정책 분석", 2020, 7면.

18) 다만 이와 같이 해석할 경우 몇 가지 실무적 문제들이 생길 수 있다. 예를 들어, 동일한 진료과목을 담당하는 다른 개설자가 존재할 때의 처리 방법, 자격정지를 받은 사람의 운영 참여 제한 범위(특히 병원 운영 전반에 깊이 관여하는 개설자의 경우) 등이 있다. 그러나 이러한 실무적 문제로 인해 의료기관 전체에 대한 획일적 제재가 정당화될 수는 없으며, 적정한 해결책을 모색할 필요가 있다. 구체적으로 살펴보면, 동일 진료과목의 다른 개설자에 대해서는 앞서 내린 결론에 따라 원칙

IV. 의료법 제66조 제3항에 의한 공동개설 의료기관 의료업 금지의 헌법적 검토

1. 문제의 소재

앞에서는 의료법 제66조 제3항에 대한 목적론적 해석을 통해 공동개설 의료기관의 맥락에서 이 조항의 바람직한 해석 방향을 모색해보았다. 이러한 해석론적 접근에 더하여, 이 조항을 공동개설 의료기관 전체에 대한 제재로 해석할 경우에는 헌법적 차원의 검토가 필요한 중요한 쟁점들이 제기된다. 구체적으로는 의료기관 전체의 의료업 금지와 요양급여비용 청구 제한으로 인한 기본권 제한이 과잉금지원칙에 부합하는지의 문제와, 일부 개설자의 위반행위에 대한 책임을 다른 공동개설자들에게 연대하여 부담시키는 것이 법치국가 원리에서 도출되는 책임주의 원칙에 부합하는지를 면밀히 검토할 필요가 있다. 대상판결 역시 이러한 헌법적 쟁점들을 언급하고 있어, 이에 대한 깊이 있는 논의가 필요하다.

2. 과잉금지원칙 위반 여부

의료법 제66조 제3항을 공동개설 의료기관 전체에 대한 제재로 해석할 경우, 이는 의료기관 공동개설자들의 직업수행의 자유(헌법 제15조)와 의료기관 종사자들의 근로권(헌법 제32조), 그리고 국민의 건강권[19] 등을 제한하게 된다. 따라서 이러한 해석이 헌법 제37조 제2항의

적으로 진료를 허용하는 것이 타당할 것이다. 다만, 이 경우 위반행위자와의 철저한 분리가 담보되어야 하며, 이를 위해 엄격한 관리·감독이 요구된다. 또한 자격정지를 받은 개설자와 관련해서는 의료법 제66조 제3항의 취지를 고려할 때, 해당 의료기관에 대한 모든 운영 참여가 금지되는 것으로 해석함이 합리적일 것이다.

19) 헌법상 건강권은 제10조의 인간의 존엄과 가치, 제34조 제1항의 인간다운 생활을

과잉금지원칙에 부합하는지 검토가 필요하다. 먼저 의료법 제66조 제3항의 목적의 정당성은 인정할 수 있다. 이 조항을 공동개설 의료기관 전체에 대한 제재로 해석하더라도, 진료비를 거짓 청구한 의료인을 제재하여 의료질서를 확립하고자 하는 입법목적은 여전히 유효하기 때문이다.[20]

수단의 적합성도 인정된다고 볼 여지가 크다. 수단의 적합성은 해당 수단이 입법목적 달성에 부분적으로라도 기여하면 충족되고, 반드시 최적의 수단이거나 유일한 수단일 필요는 없기 때문이다.[21] 의료기관 전체의 의료업 금지와 요양급여비용 청구 제한은 해당 의료기관에서의 진료비 거짓 청구를 원천적으로 차단할 수 있고 다른 의료기관에 대한 강력한 경고 효과도 발생시킬 수 있으므로, 의료질서 확립이라는 입법목적 달성에 기여한다고 볼 수 있다.[22]

다만 이러한 전통적인 적합성 심사 기준과는 다른 기준을 제시하

할 권리, 제35조 제1항의 건강한 환경에서 생활할 권리, 제36조 제3항의 국가의 보건의무 등에서 그 근거를 찾을 수 있다. 이에 관하여 상세히는 김주경, "헌법상 건강권의 개념 및 그 내용", 헌법판례연구 제12권, 한국헌법판례연구학회, 2011, 138-143면.

20) 다만 과잉금지원칙(비례원칙) 심사에서 목적의 정당성은 이 원칙의 구성요소라기보다는 수단과의 비교관계 심사를 위한 전제로서의 의미를 갖는다는 견해가 있다. 즉, 목적이 고정되어야 수단과의 비교관계 심사가 가능해진다는 점에서 목적을 결정하는 것은 비례원칙의 필수적인 전제요소이나, 비례원칙은 그 자체로 목적이 정당할 것을 요청하는 것까지 포함하지는 않는다는 것이다. 특히 개별 행정작용에 대한 비례원칙 심사에서는 목적의 정당성은 심사하지 않는다는 것이 실무 및 학설의 입장이라고 설명한다. 이에 관하여 상세히는 이기철, "헌법재판소는 비례의 원칙에 목적의 정당성을 포함시켜도 좋은가?", 공법연구 제35집 제1호, 한국공법학회, 2006, 377-408면; 정은영, "행정법상 비례원칙에 관한 연구", 행정법연구 제63호, 행정법이론실무학회, 2020, 207-210면.

21) 헌법재판소 2019. 9. 26. 선고 2017헌마1209 전원재판부 결정; 김하열, 헌법강의 제2판, 박영사, 2020, 284면.

22) 실무에서도 수단의 적합성 심사는 입법목적과 수단 사이의 단순한 인과관계나 합리성 여부를 검토하는 소극적 심사에 그치고 있으며, 대부분의 경우 수단의 적합성이 인정되는 경향을 보이고 있다. 정은영, 앞의 논문, 213면.

는 견해도 있다.[23] 이 견해에 따르면 적합성 원칙은 단순히 '효과적인 수단'이면 충족되는 것이 아니라, '가장 효과적인 수단'을 선택하도록 요구하는 '최대화명령'으로 이해해야 한다. 단순히 목적 달성에 부분적으로 기여하는 모든 수단을 적합하다고 보면, 적합성 원칙은 수단 선택에서 결정적 역할을 하지 못하고 실현하고자 하는 목적의 비중이 충분히 고려되지 못한다는 것이다. 이러한 관점에서 보면, 의료기관 전체의 의료업 금지와 요양급여비용청구 제한이라는 수단이 과연 '가장 효과적인 수단'으로서 '적합한 수단'인지는 의문이다.

수단이 사실적 적합성뿐만 아니라 규범적 적합성도 갖추어야 한다는 견지에서도 달리 볼 여지가 있다.[24] 헌법재판소도 제대군인가산점제 사건에서 해당 제도가 여성과 장애인에 대한 차별금지라는 우리 법체계의 기본질서에 저촉된다는 이유로 정책수단으로서의 적합성을 부정한 바 있다.[25] 마찬가지로 공동개설 의료기관의 전체 의료업 금지와 요양급여비용 청구 제한은 진료비 거짓 청구에 관여하지 않은 의료인의 진료행위까지 심각하게 제약함으로써, 결과적으로 적법하게 의료서비스를 제공하던 의료인들의 활동을 제한하여 의료법이 궁극적으로 추구하는 국민보건 향상이라는 근본 목적을 훼손하게 된다. 이는 국민의 건강권 보장이라는 헌법적 요청과도 조화되기 어렵다.

특히 전문과목별로 분업화된 현대 의료기관의 맥락에서 이러한 문

---

23) 이준일, "헌법상 비례성원칙", 공법연구 제37집 제4호, 2009, 30－31면.

24) 김학성/최희수, 헌법학원론, 전정7판, 피앤씨미디어, 2023, 284면.

25) "어떤 입법목적을 달성하기 위한 수단이 헌법이념과 이를 구체화하고 있는 전체 법체계와 저촉된다면 적정한 정책수단이라고 평가하기 어려울 것이다. 여성에대한모든형태의차별철폐에관한협약 등의 각종 국제협약, 위 헌법규정과 법률체계에 비추어 볼 때 여성과 장애인에 대한 차별금지와 보호는 이제 우리 법체계내에 확고히 정립된 기본질서라고 보아야 한다. 그런데 가산점제도는 아무런 재정적 뒷받침없이 제대군인을 지원하려 한 나머지 결과적으로 이른바 사회적 약자들의 희생을 초래하고 있으므로 우리 법체계의 기본질서와 체계부조화성을 일으키고 있다고 할 것이다."(헌법재판소 1999. 12. 23. 선고 98헌마363 전원합의체 결정).

제의 구체적 양상을 살펴볼 필요가 있다. 예를 들어 정형외과 전문의와 마취과 전문의가 공동으로 개설한 의료기관을 생각해보면, 정형외과 전문의의 진료비 거짓 청구로 인해 의료기관의 의료업이 금지되어 이와 전혀 무관한 마취과 영역까지 요양급여비용 지급이 거부된다면, 마취과 역시 전체 환자의 97% 이상을 차지하는 건강보험 가입자들에 대한 진료비를 청구할 수 없게 되어 정상적인 의료서비스 제공이 사실상 불가능해진다. 이는 수술이 필요한 환자들의 치료가 심각하게 제한되는 등 국민의 기본적 의료접근권이 침해될 수 있다. 이처럼 독립된 진료영역에서 적법하게 제공되던 필수적 의료서비스까지 제한하는 것은 의료법이 추구하는 '국민의 건강 보호와 증진'이라는 입법목적에 정면으로 배치된다는 점에서, 규범적 적합성을 결여한 수단이라고 평가될 여지가 있다.

침해의 최소성 원칙에서 보더라도 의료기관의 의료업 전체 금지와 요양급여비용 청구 제한은 정당화되기 어렵다. 진료비 거짓 청구에 대한 제재는 이보다 덜 침익적인 수단으로도 달성할 수 있기 때문이다. 특히 공동개설 의료기관은 각 전문의가 자신의 전문분야에서 독립적으로 진료하는 구조이므로, 위반행위자에 대한 진료행위 금지와 그의 진료과목에 대한 요양급여비용 청구 제한만으로도 제재의 실효성을 충분히 확보할 수 있다. 또한 의료기관의 진료비 청구 절차에 대한 감독 강화나 정기적인 외부 감사 실시 등 제도적 보완을 통해서도 유사 위반행위의 재발을 충분히 방지할 수 있다.[26] 이처럼 보다 완화된 수단들이 존재함에도 불구하고, 위반행위와 무관한 다른 의료인들의 진료행위까

26) 다만 이러한 제도적 보완은 적지 않은 행정적 부담을 수반할 수밖에 없다. 전국의 의료기관들에 대한 상시적 감독 체계를 구축하기 위해서는 상당한 행정인력과 재원이 필요하기 때문이다. 그러나 이러한 현실적 제약이 대상판결이 취한 것과 같은 공동개설 의료기관 전체에 대한 일률적 제재를 정당화할 수는 없다. 오히려 이는 행정청이 위반행위자에 대한 제재를 보다 정교하고 효과적으로 설계해야 할 필요성을 보여준다.

지 일률적으로 제한하는 것은 목적 달성을 위한 필요최소한의 제한을 명백히 초과한다.

법익의 균형성 측면에서도 공동개설 의료기관 전체에 대한 제재로 해석할 경우, 의료기관의 의료업 전체 금지와 요양급여비용 청구 제한으로 인한 불이익은 자격정지처분의 실효성 확보라는 공익을 크게 초과한다. 현대 의료환경에서 공동개설 의료기관은 각 전문분야 의료인들의 협력을 통해 양질의 의료서비스를 제공하는 핵심적 운영형태로 자리잡고 있다. 그런데 일부의 비위행위만으로 다른 공동개설자들의 헌법상 직업수행의 자유가 본질적으로 제한될 뿐 아니라, 의료서비스를 제공받기를 원하는 국민의 건강권도 심각하게 침해된다. 이러한 문제는 특히 앞서 살펴본 바와 같이 전문화된 진료과목이나 지역 특성상 대체 의료기관을 찾기 어려운 경우에 더욱 심각하다. 나아가 의료기관에 종사하는 직원들의 생계와 고용안정성이 위협받고, 해당 지역의 의료서비스 수급에도 차질이 발생하는 등 사회경제적으로도 광범위한 부작용이 예상된다. 결국 의료기관 의료업 전체 금지와 요양급여비용 청구 제한으로 인한 이러한 다면적이고 중대한 불이익은, 일부의 위반 의료인에 대한 제재의 실효성 확보라는 공익을 현저히 넘어서는 것이다.

이와 같이 공동개설 의료기관의 맥락에서 의료법 제66조 제3항을 의료기관 전체에 대한 제재로 해석하는 것은 과잉금지원칙을 위반하는 것으로 평가되며, 대상판결이 이를 과도한 제한이 아니라고 본 것은 부당하다. 따라서 의료법 제66조 제3항은 자격정지를 받은 개설자 개인에 대해서만 의료행위와 의료기관 운영 참여를 제한하고, 다른 공동개설자들의 독자적 의료행위와 운영권은 보장하는 방향으로 해석되어야 할 것이다.

2. 책임주의 원칙 위반 여부

책임주의는 '책임없는 자에게 형벌을 부과할 수 없다.'라는 형벌에 관한 기본원칙을 의미한다. 이는 형사법의 기본원리로서, 헌법상 법치국가의 원리에 내재하는 원리인 동시에, 국민 누구나 인간으로서의 존엄과 가치를 가지고 스스로의 책임에 따라 자신의 행동을 결정할 것을 보장하고 있는 헌법 제10조의 취지로부터 도출되는 원리이다.[27]

그러나 행정제재의 영역에서 책임주의 원칙은 형사법과는 다소 다른 양상으로 나타난다. 대법원은 "일반적으로 제재적 행정처분은 행정목적을 달성하기 위하여 행정법규 위반이라는 객관적 사실에 대하여 가하는 제재이므로 반드시 현실적인 행위자가 아니라도 법령상 책임자로 규정된 자에게 부과될 수 있고, 처분의 근거 법령에서 달리 규정하거나 위반자에게 의무 위반을 탓할 수 없는 정당한 사유가 있는 등 특별한 사정이 없는 한 위반자에게 고의나 과실이 없더라도 부과할 수 있다." 라고 판시하고 있다.[28] 이러한 대법원 판례의 입장은 행정제재가 의무위반이라는 객관적 사실상태의 시정과 행정목적의 실효적 달성에 초점을 맞춘다는 특수성을 반영한다.[29]

다만 이러한 행정제재의 특수성이 곧 책임주의 원칙의 완전한 배제를 의미하는 것은 아니다. 주목할 점은 위 판례가 '법령상 책임자'라

---

27) 헌법재판소 2009. 7. 30.자 2008헌가10 전원합의체 결정.

28) 대법원 2020. 6. 25. 선고 2019두52980 판결 등.

29) 다만 행정제재에 고의·과실이 필요하지 않다는 대법원의 입장에 대해서는 비판이 있다. 특히 하나의 법령위반에 대해 행정제재와 형사처벌의 근거조항을 각각 두면서 '제○조를 위반한 자'라는 동일한 문언을 사용하는 경우, 형사처벌에서는 이 문언에 고의·과실이 명시되어 있지 않더라도 이를 요구하면서 행정제재에서는 같은 문언임에도 고의·과실을 요구하지 않는 것은 동일한 문언을 서로 달리 해석하는 문제가 있다는 것이다. 또한 행정제재도 '위반행위'를 요건으로 하는 이상, 행위의 주관적 귀책사유를 전혀 고려하지 않는 것이 타당한지에 대한 의문도 제기된다고 한다. 이에 관하여 상세히는 이은상, "행정제재처분에 대한 형사법리의 시사점과 한계", 행정법연구 제74호, 행정법이론실무학회, 2024, 117-118면.

는 객관적 귀속기준을 요구하고 '정당한 사유'가 있는 경우 면책가능성을 인정하고 있다는 것이다. 이는 행정제재도 무제한적 제재가 아닌 법령상 책임자의 지위나 의무위반과 합리적 관련성이 있는 범위 내에서만 정당화될 수 있음을 보여준다.[30] 결국 행정제재의 영역에서도 책임주의 원칙이 그 고유한 특성에 맞게 실현되어야 함을 의미하는 것이다.[31]

이러한 맥락에서 공동개설 의료기관에 대한 의료법 제66조 제3항의 적용이 책임주의 원칙에 부합하는지 검토가 필요하다. 특히 쟁점이 되는 것은 일부 개설자의 자격정지로 인한 의료업 금지 효과가 다른 공동개설자들에게도 미치는 것이 행정제재에서의 '법령상 책임자' 법리에 부합하는가 하는 점이다. 이러한 문제가 제기되는 근본적 원인은 의료법 제66조 제3항이 규정하는 '법령상 책임자'의 범위가 공동개설 의료기관의 맥락에서 불명확하다는 데 있다. 즉, 공동개설의 경우 진료비를 거짓으로 청구한 개설자 외에 다른 개설자들까지도 법령상 책임을 부담해야 하는지가 명확하지 않다는 것이다.

법령상 책임자 여부가 문제된 대법원 판례들의 경향을 살펴보면,

30) 대법원은 과거에는 행정제재의 객관성과 고의·과실 불요성을 강조해왔으나, 최근에는 '의무위반을 탓할 수 없는 정당한 사유'가 있는 경우의 면책가능성도 함께 인정하는 방향으로 판례가 발전하고 있다[이러한 대법원 판례의 경향에 관하여 상세히는 이승민, "제재처분 승계에 관한 일고(一考) – 프랑스법상 행정제재 개념을 기초로 한 대법원 판례의 비판적 검토 –", 성균관법학 제35권 제1호, 성균관대학교 법학연구원, 2023, 248–249면]. 다만 이러한 면책가능성의 증명책임과 관련하여 중요한 문제가 제기되고 있다. 형사처벌에서는 법인에 대한 양벌규정 적용 시 검사가 법인의 선임감독상 주의의무 위반을 입증해야 하는 반면, 행정제재에서는 법령상 책임자가 면책사유를 입증해야 하는 정반대의 입증책임 구조가 적용되고 있기 때문이다. 이러한 상황에서 책임주의와 무죄추정의 원칙을 고려할 때, 행정제재에서도 법령상 책임자의 증명 정도를 '합리적 의심'을 일으킬 정도의 최소한의 증거 제시로 완화할 필요가 있다는 견해가 제시되고 있다[이에 관하여 상세히는 임성훈, "유럽인권협약 제6조의 공정한 심판(fair trial)을 받을 권리와 행정제재", 행정법연구 제63호, 행정법이론실무학회, 2020, 191–193면].

31) 이상덕, "행정형벌 제도의 헌법적, 실무적 문제점에 관한 고찰", 사법 통권 66호, 사법발전재단, 2023, 785면.

대법원은 주로 사용자가 피용자에 대한 지휘·감독 의무를 가지는 수직적 관계에서 법령상 책임자성을 인정해왔다. 구체적으로 살펴보면, 직원이 위법한 채권추심행위를 한 경우 대부업체가 책임을 진 사례,[32] 종업원이 성매매알선행위를 한 경우 호텔 영업자가 책임을 진 사례,[33] 직원이 허위자료를 제출한 경우 회사가 책임을 진 사례[34] 등이 있다. 그러나 공동개설 의료기관의 경우는 이와는 다른 특성을 가지는 것이 일반적이다. 공동개설자들은 전문화·분업화된 구조 하에서 각자의 전문영역에 따라 독자적으로 의료행위를 수행하고, 이들 사이에는 대법원 판례가 전제하는 것과 같은 상호 간의 지휘·감독 관계가 존재한다고 보기 어렵다. 따라서 공동개설자들은 대법원 판례가 인정해온 '법령상 책임자'의 요건을 충족한다고 보기 어렵다.

의료법의 체계를 전체적으로 살펴보더라도 공동개설 의료기관에서의 법령상 책임자 범위는 한정적으로 해석되어야 한다. 의료법은 크게 의료인에 관한 장(제2장)과 의료기관에 관한 장(제3장)으로 구분되어 있으며, 제재와 관련해서도 의료기관에 대한 업무정지나 개설허가취소(제64조)와 의료인에 대한 면허취소(제65조), 자격정지(제66조)를 명확히 구분하여 규정하고 있다. 이러한 의료법의 체계는 의료기관과 의료인에 대한 제재를 구별하여 각각의 위반행위에 대해 적절한 책임을 부과하는 것을 전제로 한다. 따라서 공동개설 의료기관의 경우, 진료비 거짓 청구와 같은 개별 의료인의 비위행위에 대해서는 해당 행위자에 대한 책임 추궁으로 충분하다. 위반행위와 실질적 관련성이 없는 다른 공동개설자들에게까지 법령상 책임자로서의 제재를 가하는 것은 의료법의 체계적 해석상 정당화되기 어렵다.

이러한 해석론과 달리, 공동개설자를 법령상 책임자로 인정할 수

32) 대법원 2017. 5. 11. 선고 2014두8773 판결.
33) 대법원 2012. 5. 10. 선고 2012두1297 판결.
34) 대법원 2015. 1. 29. 선고 2014두328 판결.

있다고 가정하더라도 '의무위반을 탓할 수 없는 정당한 사유'가 원칙적으로 존재한다고 보아야 한다. 현대 의료기관은 전문화·분업화된 구조로 운영되어 각 의료인이 자신의 전문분야에서 독립적으로 진료행위를 수행하는 것이 일반적이다. 이러한 구조적 특성상 다른 의료인의 진료행위나 진료비 청구내용에 대한 실질적인 감독은 상당히 제한될 수밖에 없다. 물론 공동개설자 간의 관계는 사례마다 다양할 수 있으나, 이러한 가능성이 있다는 사정만으로 모든 공동개설자에게 일률적으로 감독의무와 그에 따른 책임을 부과하는 것은 타당하지 않다. 이러한 점에서 대상판결이 "나머지 공동개설자들로서도 1인의 개설자가 진료비 거짓 청구행위로 자격정지 처분을 받음으로 말미암아 그와 공동으로 개설한 의료기관에 대하여 의료법 제66조 제3항이 적용되리라는 점을 예측할 수 없었다고 볼 수도 없다."라고 판시한 것은 재고가 필요하다. 대법원 판례가 행정제재에 있어 '의무위반을 탓할 수 없는 정당한 사유'가 있는 경우 면책을 인정하여 왔음을 고려하여 볼 때, 단순한 예견가능성이 아닌 공동개설 의료기관의 구조적 특성을 고려한 면책 여부가 실질적으로 검토되었어야 한다.

이상의 점들을 고려하면, 의료법 제66조 제3항은 원칙적으로 자격정지처분을 받은 개설자 개인의 책임범위 내에서만 그 효력이 미치는 것으로 해석되어야 한다. 이러한 해석은 행정제재도 책임 있는 자에 대해서만 이루어져야 한다는 법치주의의 기본원칙에 부합한다. 특히 단순한 예측가능성만으로는 책임이 정당화될 수 없다는 점을 고려할 때, 공동개설이라는 형태를 선택했다는 사정만으로 다른 의료인들에게 감독의무나 연대책임을 부과하는 것은 책임주의 원칙의 본질적 내용을 훼손하게 되므로 타당하다고 볼 수 없다.

V. 결론

대상판결은 “의료법 제66조 제3항에서 의료기관에 대한 제재의 요건을 의료기관 개설자를 기준으로 정한 것은 의료기관에서 이루어진 의료행위에 관하여 진료비 청구권을 행사하는 법적 주체가 의료기관 개설자이기 때문이지, 제재의 효력 범위를 해당 개설자에게 한정시키려는 취지가 아니”라고 판시하였다. 즉 제재 요건의 기준과 제재 효과의 범위를 구분하여, 제재 요건이 ‘의료기관 개설자’ 기준으로 정해졌다고 하더라도 그 제재 효과는 ‘의료기관 전체’에 미친다고 판단한 것이다. 대상판결은 이러한 판단을 근거로 하여, 공동개설 의료기관에 대해 의료법 제66조 제3항을 적용한 이 사건 처분이 타당하다고 결론 내렸다.

그러나 이러한 대상판결의 해석은 재검토가 필요하다. 의료법 제66조 제3항은 공동개설 의료기관의 맥락에서 그 의미와 적용범위가 불분명하여 목적론적 해석이 요구되기 때문이다. 의료법은 ‘수준 높은 의료 혜택의 제공을 통한 국민 건강 증진’을 궁극적 목적으로 하며, 공동개설 의료기관은 각 전문분야 의료인들의 협력을 통해 이러한 입법목적을 실현하는 핵심적 수단이 된다. 이러한 상황에서 일부 개설자의 개인적 비위행위를 이유로 의료기관 전체의 의료업을 금지하고 요양급여비용 청구를 전면 차단하는 것은 오히려 양질의 의료서비스 제공을 저해하여 입법목적에 반하는 결과를 초래한다. 특히 공동개설 의료기관은 전문화·분업화를 가장 잘 구현하는 형태로서 각 전문의들이 독립적 진료행위를 수행하면서도 협진을 통해 의료서비스의 질적 향상을 도모하고 있다는 점에서, 일부 개설자의 자격정지를 이유로 전체 의료기관의 요양급여비용 청구를 제한하는 것은 전문화된 의료시스템의 장점을 무력화하는 결과를 초래한다.

헌법적 관점에서도, 의료법 제66조 제3항을 공동개설 의료기관 전체에 대한 제재로 해석하는 것은 과잉금지원칙을 위반하는 것이다. 전체 의료기관의 의료업 금지 및 요양급여비용 청구 제한도 진료비 거짓 청구를 차단하고 의료질서 확립에 기여한다는 점에서 수단의 적합성이 일응 인정될 수 있으나, 적법한 의료서비스에 대한 의료업 및 요양급여비용 청구까지 제한하여 국민보건 향상이라는 의료법의 근본 목적을 훼손한다는 점에서 달리 볼 여지도 있다. 또한 진료과목별 제재나 감독 강화와 같은 덜 침익적인 수단이 존재하여 침해의 최소성 원칙에도 반하며, 다른 의료인들의 직업수행의 자유와 국민의 건강권 등과 같은 중대한 기본권 제한에 비해 달성되는 공익이 크다고 보기 어려워 법익의 균형성도 인정되기 어렵다.

책임주의 원칙의 관점에서도 대상판결의 해석은 문제가 있다. 대법원은 그동안 주로 사용자가 종업원에 대한 지휘·감독 의무를 가지는 수직적 관계에서 법령상 책임자성을 인정해왔다. 그러나 공동개설 의료기관의 경우 각 의료인이 전문화·분업화된 구조 하에서 독립적 진료행위를 수행하는 것이 일반적이므로, 대법원 판례가 전제하는 것과 같은 지휘·감독 관계가 존재하지 않는다. 이러한 상황에서 일부 개설자의 개인적 비위행위에 대한 책임을 다른 개설자들에게 연대하여 부담시키는 것은 헌법상 책임주의 원칙에 정면으로 반한다. 이는 실질적 관련성이나 감독 가능성이 없는 자에게까지 책임을 부당하게 확장하는 것으로서, 행정제재의 허용가능한 한계를 넘어선 과도한 제재라 할 것이다.

이상의 점들을 종합적으로 고려할 때, 의료법 제66조 제3항은 자격정지처분을 받은 개설자 개인에 대해서만 의료행위와 의료기관 운영 참여를 제한하고, 다른 공동개설자들의 독자적 의료행위와 운영권은 보장하는 방향으로 해석되어야 한다. 이러한 해석은 법문의 불명확성을 의료법의 입법목적과 현대 의료기관의 특성 등을 고려하여 합리적으로 해결할 뿐만 아니라, 헌법상 과잉금지원칙과 책임주의 원칙에도 부합하는 것으로서, 의료서비스의 공공성과 국민의 건강권을 보장할 수 있는 균형 잡힌 접근이 될 것이다.

참고문헌

[단행본]

김동희/최계영, 행정법 I, 제27판, 박영사, 2023.
김하열, 헌법강의, 제2판, 박영사, 2020.
김학성/최희수, 헌법학원론, 전정7판, 피앤씨미디어, 2023, 284면.
이상돈/김나경, 의료법강의, 제5판, 법문사, 2023.
홍영균, 의료법 해설 : 쟁점과 판례 중심, 군자출판사, 2017.
홍정선, 행정법원론(상), 제31판, 박영사, 제2023,

[논문]

공두현, "목적론적 해석의 합리적 재구성", 서울대학교 법학박사논문, 2024.
김주경, "헌법상 건강권의 개념 및 그 내용", 헌법판례연구 제12권, 한국헌법판례연구학회, 2011, 137-180면.
선정원, "엄격해석원칙에 관한 행정판례의 분석과 검토", 행정법연구 제73호, 행정법이론실무학회, 2024, 1-35면.
백경희, "동일 의료기관 내에서의 분업과 협진에 대한 법적 고찰", 의료법학 제24권 제3호, 대한의료법학회, 2023, 27-55면.
이기철, "헌법재판소는 비례의 원칙에 목적의 정당성을 포함시켜도 좋은가?", 공법연구 제35집 제1호, 한국공법학회, 2006, 377-408면.
이상덕, "제재적 행정처분에 관한 사법심사 - 최근 대상판결 판례 동향을 중심으로 -", 행정법연구 제71호, 행정법이론실무학회, 2023, 241-284면.
이상덕, "행정형벌 제도의 헌법적, 실무적 문제점에 관한 고찰", 사법 통권 66호, 사법발전재단, 2023, 777-816면.

이승민, "제재처분 승계에 관한 일고(一考) – 프랑스법상 행정제재 개념을 기초로 한 대법원 판례의 비판적 검토 –", 성균관법학 제35권 제1호, 성균관대학교 법학연구원, 2023, 248–249면.

이은상, "행정제재처분에 대한 형사법리의 시사점과 한계", 행정법연구 제74호, 행정법이론실무학회, 2024, 95–128면.

이준일, "헌법상 비례성원칙", 공법연구 제37집 제4호, 한국공법학회, 2009, 25–43면.

임성훈, "유럽인권협약 제6조의 공정한 심판(fair trial)을 받을 권리와 행정제재", 행정법연구 제63호, 행정법이론실무학회, 2020, 173–201면.

임미원, "법관의 법형성에 관한 일고찰 — 〈구 조세감면규제법〉 한정위헌 결정과 관련하여 —", 공법연구 제41집 제1호, 한국공법학회, 2012, 165–196면.

정은영, "행정법상 비례원칙에 관한 연구", 행정법연구 제63호, 행정법이론실무학회, 2020, 203–230면.

정훈, "종업원의 위법행위를 이유로 사용자에 대해 행정제재처분을 하기 위한 책임법리 - '대부업법'상 영업정지처분과 관련하여 –", 공법연구 제44집 제3호, 한국공법학회, 2016, 237–268면.

최정일, "독일과 한국에서의 비례원칙에 의한 행정작용의 통제", 공법연구 제37집 제4호, 한국공법학회, 2009, 45–87면.

하명호, "의료인에 대한 면허자격정지처분의 요건과 절차 –부당한 경제적 이익 등의 취득금지를 중심으로–", 안암법학 제49호, 안암법학회, 2016, 241–293면.

[보고서]

의료정책연구소, "2020 전국의사조사", 2020.

의료정책연구소, "의료 취약지역 개념 및 지원정책 분석", 2020.

의료정책연구원, "그룹진료(공동개원) 약관 개발", 2024.

국민건강보험공단, "2022년도 건강보험 주요통계", 2023.

국문초록

이 논문은 의료법 제66조 제3항에 따른 의료업 금지의 효력 범위를 검토한 대법원 2024. 5. 30. 선고 2021두58202 판결을 분석하는 것을 목적으로 한다. 대상판결은 공동개설 의료기관에서 일부 개설자가 진료비를 거짓으로 청구하여 자격정지처분을 받은 사안에서, 그 제재의 효력이 해당 개설자에게만 한정되지 않고 의료기관 전체에 미친다고 판단하여 공동개설 의료기관 전체에 대한 제재를 인정하였다. 그러나 이러한 판단은 의료법의 입법목적과 공동개설 의료기관의 특성 등을 충분히 고려하지 못한 것으로서 이에 대한 합리적인 해석방안을 모색할 필요가 있다.

의료법 제66조 제3항의 문언을 살펴보면, 공동개설 의료기관의 맥락에서 '의료기관', '개설자', '의료업을 할 수 없다'라는 핵심 개념들의 의미가 불명확하여 목적론적 해석이 필요하다. 의료법은 수준 높은 의료 혜택을 제공함으로써 국민 건강을 보호하고 증진하는 것을 목적으로 한다. 특히 오늘날의 공동개설 의료기관은 각 전문분야 의료인들의 협력을 통해 이를 실현하는 핵심적 수단이며, 전문화·분업화된 조직체로 발전하면서 의료자원의 효율적 활용을 통해 그 공공성도 강화되었다. 이러한 상황에서 일부 개설자의 개인적 비위행위를 이유로 전체 의료기관의 의료업 금지 및 요양급여비용 청구를 제한하는 것은 오히려 의료법의 입법목적에 반하는 결과를 초래하게 된다.

헌법적 관점에서도, 공동개설 의료기관 전체에 대한 제재는 과잉금지원칙과 책임주의 원칙을 위반한다. 의료기관 전체의 의료업 금지 및 요양급여비용 청구 제한은 의료질서 확립에 기여할 수 있다는 점에서 수단의 적합성이 인정될 수 있으나, 국민보건 향상이라는 의료법의 근본 목적을 저해한다는 점에서 재검토의 여지가 있다. 또한 개별 진료과목에 대한 제한이나 관리·감독 강화 등 덜 제약적인 수단으로도 목적 달성이 가능하여 침해의 최소성 원칙에 반할 뿐만 아니라, 의료기관의 의료업 금지 및 요양급여비용 청구 제한으로 인한 다른 의료인들의 기본권 제한과 의료서비스 중단으로 인한 공공의 피해가 의료질서 확립이라는 공익보다 크다는 점에서 법익의 균형성도 충족되지 않는다. 나아가 공동개설 의료기관은 각 의료인이 독자적으로 의료행위를 수행하는 수평적 관계를 특징으로 하므로, 일부 개설자의 개인적 비위행위에 대한 책임을 다른 개설자들에게 연대하여 부담시키는 것은 헌법상 책임주의 원칙에도 반한다.

결론적으로 의료법 제66조 제3항은 자격정지처분을 받은 개설자 개인에 대해서만 의료행위와 의료기관 운영 참여를 제한하고, 다른 공동개설자들의 독자적 의료행위와 운영권은 보장하는 방향으로 해석되어야 한다. 이러한 해석만이 의료법의 입법목적과 현대 의료기관의 특성을 반영하면서도 헌법상 과잉금지원칙과 책임주의 원칙에 부합하는 균형 잡힌 접근이 될 것이며, 실제 의료현장의 요구에도 부응하는 해석이 될 것이다.

주제어: 의료법, 공동개설 의료기관, 자격정지처분, 의료업 금지, 목적론적 해석, 과잉금지원칙, 책임주의 원칙

Abstract

The Scope of Effects of Medical Practice Prohibition Following License Suspension of a Co-founder in Jointly Established Medical Institutions
– Supreme Court Decision 2021Du58202, Decided May 30, 2024 –*

Chung Eui Seok**

This paper analyzes the Supreme Court decision 2021Du58202 (May 30, 2024), which examined the scope of medical practice prohibition under Article 66(3) of the Medical Service Act. The Court ruled that when a co-founder of a jointly established medical institution has their license suspended for fraudulent billing, the effect of the sanction extends to the entire institution rather than being limited to the individual founder. However, this interpretation requires reconsideration as it insufficiently considers the legislative purpose of the Medical Service Act and the characteristics of jointly established medical institutions.

The key terms in Article 66(3) – 'medical institution', 'founder', and 'cannot practice medicine' – are ambiguous in the context of jointly established medical institutions, necessitating a teleological interpretation. The Medical Service Act aims to protect and promote public health by providing high-quality medical services. Modern jointly established

* This article was funded by the Center for Future Scholars at Seoul National University School of Law.

** Visiting Research Fellow, Seoul National University Law Research Institute, Ph.D. in Law, Attorney at Law medical institutions serve as crucial vehicles for achieving this goal through collaboration among medical specialists, having evolved into specialized and divided organizations that enhance public welfare through efficient utilization of medical resources. In this context, suspending the entire institution's operations due to one founder's misconduct contradicts the Act's legislative purpose.

From a constitutional perspective, imposing sanctions on the entire jointly established medical institution violates both the principle of proportionality and culpability. While suspending the entire institution's operations may contribute to maintaining medical order, suggesting a degree of appropriateness, it undermines the Act's fundamental purpose of advancing public health. Less restrictive measures, such as department–specific sanctions or enhanced supervision, are available, violating the principle of minimum restriction. Moreover, the significant disadvantages – including restrictions on other medical professionals' occupational freedom and disruption of public medical services – outweigh the public interest in maintaining medical order. Furthermore, jointly established medical institutions are characterized by horizontal relationships where medical professionals independently perform medical practices, making it unconstitutional to impose joint liability on other founders for one founder's misconduct.

In conclusion, Article 66(3) should be interpreted to restrict only the suspended founder's medical practice and participation in institution management while protecting other co–founders' rights to independent medical practice and management. This interpretation not only aligns with the Act's legislative purpose and modern medical institutions' characteristics but also complies with constitutional principles of proportionality and culpability, providing a balanced approach that meets practical medical field requirements.

Keywords: Medical Service Act, Jointly Established Medical Institution, License Suspension, Medical Practice Prohibition, Teleological Interpretation, Principle of Proportionality, Principle of Culpability

투고일 2024. 12. 6.

심사일 2024. 12. 22.

게재확정일 2024. 12. 27.

外國判例 및 外國法制 研究

독일의 최근(2023년) 행정판례 동향과 분석 (김혜진)

독일의 최근(2023년) 행정판례 동향과 분석

김혜진*

Ⅰ. 들어가는 말

행정판례연구회는 매년 말 한 해 동안의 외국 행정판례의 동향을 살펴보고 주요 행정판례를 선정하여 분석하는 연구를 수행해왔다. 독일 행정판례에 관한 정보를 얻을 수 있는 일반적인 방법은 문헌 및 언론 보도자료 검토, 인터넷 사이트 검색 등이 있겠으나, 이 글은 선행연구들과 마찬가지로 독일 연방행정법원(Bundesverwaltungsgericht, 이하 '연방행정법원'이라 한다)에서 매년 초 지난해 사건 현황(통계)과 주요 판례 등에 관한 정보를 제공하기 위해 발행하는 연간보고서(Jahresbericht)[1] 기초자료로 삼아, 우선 2023년 연방행정법원의 사건 현황을 간략히 소개하고, 2023년도 연간보고서에서 연방행정법원 스스로가 주요 사

* 성균관대학교 법학전문대학원 부교수

1) 연방행정법원은 2016년 이전에는 연례언론회견자료(Jahrespressegespräh)의 형식으로, 이후에는 연간보고서(Jahresbericht)의 형식으로 해당 자료를 발간하고 있다. 위 연간보고서는 연방행정법원 인터넷 홈페이지 중 "Zahlen und Fakten zur Rechtsprechung"에서 찾을 수 있다. (출처: https://www.bverwg.de/das-gericht/bild-und-informationsmaterial/zahlen-und-fakten, 최종검색일 2024. 12. 8.)

건으로 선정한 사건 중 행정법 연구자들과 사회의 주목을 받았던 사건들을 중심으로 행정판례의 분석을 시도하고자 한다. 실질적 의미의 행정판례로 볼 수 있는, 관련된 쟁점에 관한 독일 연방헌법재판소(Bundesverfassungsgericht, 이하 '연방헌법재판소'라 한다)[2] 및 유럽사법재판소(Court of Justice of the European Union)의 판결도 분석에 필요한 범위 내에서 아울러 소개한다.

Ⅱ. 2023년 연방행정법원 사건 현황[3]

2023년 연방행정법원에 접수된 소송 건수는 전년도와 거의 동일하게 유지되었다. 한 해 동안 977건의 소송이 계속되었는데, 이는 전년도인 2022년에 비해 0.3% 감소한 수치이다. 여기에는 상소 사건 외에도 단심 소송(인프라 프로젝트에 관한 소송, 집회 금지 소송, 경제행정법 관련 소송), 병역 소송, 비밀 보호 소송, 임시 구제신청 및 법률 구조 신청도 포함된다. 종국된 사건 수는 1027건으로 5.3% 증가했다(전년도: 975건). 그 결과 연말을 기준으로 계속 중인 소송 건수는 전년도에 비해 감소했다(전년도 589건 대비 539건). 각하 사건을 비롯한 심리 기간은 전반적으로 증가하여 평균 14개월 17일로 2022년 12개월 4일에 비해 증가했지만, 본안 판결에 소요되는 기간은 15개월 6일로 전년 대비 크게 감소했다.

---

2) 연방헌법재판소는 인터넷 홈페이지에 매년 초 연간보고서(Jahresbericht)를 게시하고 있다(출처:https://www.bundesverfassungsgericht.de/DE/Mediathek/Jahresberichte/jahresberichte_node.html , 최종검색일 2024. 12. 8.) 이 글에서 소개할 최신의 연방헌법재판소 결정은 위 연간보고서의 내용을 주로 참고하였다.

3) 이하의 내용은 연방행정법원 인터넷 홈페이지에 2024. 3. 14. 게시된 언론보도자료 "2023년 연방행정법원의 활동(Geschäftslage des Bundesverwaltungsgerichts im Jahr 2023)"을 요약한 것이다(출처: https://www.bverwg.de/de/pm/2024/9, 최종검색일 2024. 12. 8.).

연방행정법원은 행정법원법 제50조 제1항에 따라 1심이자 최종심으로서 인프라 프로젝트 관련 소송, 집회 금지 소송, 경제 행정법 관련 소송을 관할한다. 이들 사건 유형에 관하여 2023년 총 92건의 소송과 31건의 임시 구제 신청이 접수되었는데, 특히 일반적으로 심리에 많은 노력이 필요한 인프라 프로젝트에 관하여 2023년에 전년(2022년: 23건)보다 두 배 이상 많은 52건의 사건이 접수되었고, 18건의 임시 구제 신청(2022년: 13건)이 접수되었다. 구체적인 사건의 유형을 살펴보자면, 고속도로법 분야 14건, 철도법 분야 2건, 에너지선로확장법 분야 25건, 액화천연가스 촉진법상 분쟁 11건이 접수되었다. 다만 그 평균 소송 기간이 10개월 17일로, 예년에 비해 상당히 짧아졌음을 확인할 수 있다. 집회 금지 소송의 경우 2023년에 전년도(2022년: 2건)보다 많은 15건의 소장이 접수되었고, 평균 소송 기간은 23개월 2일이다. 경제 행정법 관련 소송은 2023년에 3건이 접수되었고, 평균 소송 기간은 7개월 24일이었다.

Ⅲ. 주요 행정판례의 분석

1. 외국인 추방을 위한 주거 수색과 영장주의

[BVerwG, Urteil vom 15. 06. 2023 – 1 C 10.22 –][4]

(1) 사건의 경과

원고는 카메룬에서 출생하여 이탈리아를 거쳐 독일에 입국한 난민 신청자이다. 1990년 더블린 조약에 따르면 유럽으로 들어오는 난민 신

4) 해당 판결에 대한 보도자료 및 판결문 원본은 https://www.bverwg.de/de/pm/2023/48 (최종검색일 2024. 12. 8.)참조.

청자는 처음 입국한 국가에 망명 신청을 해야 하기 때문에, 원고가 카메룬을 떠나 최초로 입국한 국가가 이탈리아라는 이유로 독일은 2013년 더블린 조약 Ⅲ 제29조 제1항에 따라 이탈리아에 원고를 이송(Überstellung)[5]할 수 있었다. 연방이주난민청(Bundesamt für Migration und Flüchtlinge: BAMF)은 원고의 난민지위 인정 신청을 거부하고, 원고가 머물렀던 지방난민수용소(Landeserstaufnahmeeinrichtung)에 원고를 항공편으로 이탈리아에 이송할 것을 통지하였다.

경찰은 이탈리아가 원하는 시간대에 원고를 이탈리아로 이송하기 위해 2018. 6. 20. 새벽 4시에 다른 난민신청자들과 공동으로 배정된 원고의 방으로 들어갔으나 원고는 그곳에 없었다. 경찰은 세면시설 근처 공개된 공용공간에서 원고를 발견하고 이름을 확인한 뒤 원고를 그의 방으로 안내하였다. 그곳에서 원고는 경찰에게 신분증을 건네주고 개인 소지품을 챙겼다. 이후 원고는 곧장 공항으로 이송되어 같은 날 오전 10시 50분에 이탈리아행 비행기에 탑승하였다.

원고는 이후 자신에 대한 여러 조치들이 위법하다고 주장하며 확인소송을 제기하였는데, 1심을 담당한 Stuttgart 행정법원은 경찰의 위 입실이 특별한 행정집행조치의 일환이고, 법관의 사전 수색 영장 없이도 적법하다고 판단했다. 해당 입실은 영장을 필요로 하는 수색이 아니고, 관할 Baden-Württemberg 주 행정집행법(Landesverwaltungsvollstreckungsgesetz: LVwVG) 제6조 제1항 제1문은 경찰이 밤에도 방에 들어갈 수 있도록 규정하고 있다는 이유에서였다. 이후 Manheim 행정항소법원에서의 항소도 기각되었다.

5) 더블린 조약에 따른 최초 입국지에 대한 이송(Überstellung; Transfer)은 특별한 형태의 추방(Abschiebung; deportation)으로 이해된다.

(2) 연방행정법원의 판단

[판결요지]

원고가 점유하는 난민수용소 내의 방실은 기본법 제13조 제1항[6]의 의미에 따른 '주거'에 해당한다. 경찰은 주 행정집행법 제6조에 따라 야간에 위 방실에 들어갈 수 있는 권한이 있다. 기본법 제13조 제2항[7]의 '수색'의 의미는 위와 같은 주거에 단순히 들어가는 것뿐만 아니라 그 공간에서의 일정한 조치의 수행을 포함하는데, 원심이 인정한 사실에 따르면 단순히 방에 들어가는 것 이상으로 은폐된 물건을 대상으로 하는 물색행위가 없었으므로 사전 수색 영장을 필요로 하지 않는다. 또한 공무원이 더블린 조약 Ⅲ 제29조에 따라 출국 의무가 있는 외국인을 이송하기 위해 난민수용소에 들어가는 경우, 기본법 제13조 제7항[8]에 따라 공공의 안전과 질서에 대한 긴급한 위험을 방지하기 위한 것으로서 허용된다.

(3) 판결의 의의

위 판결은 행정 집행 목적으로 난민수용소 내의 방에 출입하는 행위에 대한 헌법적 한계, 특히 영장주의의 적용 여부에 관한 것이다. 이미 연방헌법재판소는 여러 차례에 걸쳐 기본법 제13조 제1항의 의미 내에서 '주거'의 의미는 광범위하게 해석되어야 한다고 판단하였고,[9] 이때

---

6) GG § 13 (1) Die Wohnung ist unverletzlich.

7) GG § 13 (2) Durchsuchungen dürfen nur durch den Richter, bei Gefahr im Verzuge auch durch die in den Gesetzen vorgesehenen anderen Organe angeordnet und nur in der dort vorgeschriebenen Form durchgeführt werden.

8) GG § 13 (7) Eingriffe und Beschränkungen dürfen im übrigen nur zur Abwehr einer gemeinen Gefahr oder einer Lebensgefahr für einzelne Personen, auf Grund eines Gesetzes auch zur Verhütung dringender Gefahren für die öffentliche Sicherheit und Ordnung, insbesondere zur Behebung der Raumnot, zur Bekämpfung von Seuchengefahr oder zum Schutze gefährdeter Jugendlicher vorgenommen werden.

기본권 주체는 해당 주거의 소유권자가 아니라, 그 법적 관계의 성질과 무관하게 주거를 사용할 자격이 있는 사람이라고 보았다.[10] 난민신청자는 일정한 기간 동안 난민수용소에 거주할 의무가 있고, 해당 수용소에서 자신에게 할당된 공간을 단독 또는 공유로 사용할 권한을 가진다(§ 47 Abs. 1 AsylG, § 6 FlüAG BW). 따라서 난민신청자인 원고가 기본법 제13조 제1항의 기본권 주체임은 비교적 명확하다.

그러나 사안에서 경찰의 행위는 기본법 제13조 제2항의 의미에서의 수색이 아니므로, 법원의 영장을 필요로 하지 않는다는 것이 연방행정법원의 판단이다. 연방헌법재판소에 따르면, 위 '수색'은 주거의 소유자가 자신의 주도로 공개하거나 넘겨주고 싶지 않은 것을 추적하기 위해 국가의 기관이 사람이나 물건을 찾거나 사실관계를 조사하는, 의도적으로 대상을 찾는 행위를 의미한다.[11] 더 나아가 수색은 주거에 단순히 들어가는 것뿐만 아니라 그 공간에서의 일정한 조치의 수행을 포함하는 것이어야 한다.[12] 즉, 수색의 개념 징표는 사람, 사물 또는 사실관계를 '의도적이고 강제로 찾는 것'이다. 이와 달리 원고는 사전적인 관점에서 사람을 '찾을 목적'이 있는 입실은 수색에 해당한다고 주장하였으나, 연방행정법원은 기본법 제13조 제2항의 수색에는 영장주의가, 동조 제7항의 침해와 제한에는 비례원칙이 적용된다는 점에 비추어 수색과 (수색 목적의) 입실은 구별되어야 한다고 판단하였다. 그러한 관점에서 경찰관이 처음 원고의 방에 들어가서 원고가 없다는 것을 확인한 행위 및 원고와 함께 방에 들어간 행위는 '의도적이고 강제로 찾는 행위'

9) BVerwG, Urteil vom 25. August 2004 – 6 C 26.03 – BVerwGE 121, 345 ⟨348⟩; vgl. bereits BVerfG, Beschluss vom 13. Oktober 1971 – 1 BvR 280/66 – BVerfGE 32, 54 ⟨69 ff.⟩

10) BVerfG, Kammerbeschluss vom 27. Juni 2018 – 2 BvR 1562/17 – NJW 2018, 2395 Rn. 38 m. w. N.

11) BVerfG, Beschluss vom 9. Juni 2020 – 2 BvE 2/19 – BVerfGE 154, 354 Rn. 33 m. w. N.

12) BVerfG, Beschluss vom 16. Juni 1987 – 1 BvR 1202/84 – BVerfGE 76, 83 ⟨89⟩

로 보기에는 부족하다고 한다.

나아가 사안에서의 경찰의 입실 행위는 기본법 제13조 제7항에 따라 허용된다. 위 조항은 공공의 안전과 질서에 대한 긴급한 위험을 방지하기 위해 법률에 기초하여 주거의 불가침에 관한 기본권에 대한 개입 및 제한이 수행될 수 있다고 규정하는데, 위 '긴급한 위험'은 객관적으로 예상되는 사건이 방해받지 않고 진행된다면 상황이나 행동이 충분한 확률로 중요한 법적 이익을 손상시키는 경우를 의미한다. 이 경우 비례의 원칙에 따라 발생할 수 있는 피해가 크고 심각할수록 피해 발생 가능성에 대한 요구 사항은 낮아질 수 있다.[13] 연방행정법원은 Baden-Württemberg 주 행정집행법 제6조 제1항 제1문이 행정집행관으로 하여금 집행목적에 따라 필요한 범위 내에서 책임 있는 사람의 재산에 들어갈 수 있는 권한을 부여하고 있고, 이는 기본법 제13조 제7항의 요구사항에 부합한다고 판단하였다. 사안에서 경찰의 입실 행위 또한 더블린 조약 Ⅲ에 따라 난민 수용 책임국을 통일적이고 신속하게 결정한다는 유럽연합의 공통된 이익을 추구하기 위한 것으로서 매우 중요한 법적 이익을 위한 것이므로 기본법에 따라 정당화된다.

이상의 판결 내용은 연방헌법재판소와 연방행정법원의 기존 판례를 되풀이 한 것으로 이해된다. 그러나 위 판결에 대하여 원고와 그를 조력한 자유권협회(GFF)와 난민옹호단체(ProAsyl)는 곧바로 헌법소원을 청구했다. 이에 따르면 의도적이고 강제적으로 찾는 행위를 요구하는 연방행정법원의 '수색' 개념은 학교 기숙사나 난민수용소와 같이 한눈에 공간이 파악되는 좁은 주거에 들어가는 행위에 관한 영장주의에 의한 통제의 가능성을 낮추는 문제점이 있다. 또한 사안에서 경찰은 원고에게 자진 출국을 명하거나, 적어도 야간이 아닌 주간에 난민수용소에 방

13) BVerfG, Beschluss vom 9. Dezember 2022 – 1 BvR 1345/21 – juris Rn. 146 und Urteil vom 13. Februar 1964 – 1 BvL 17/61 u. a. – BVerfGE 17, 232 〈251 f.〉; BVerwG, Urteil vom 6. September 1974 – 1 C 17.73 – BVerwGE 47, 31 〈40〉

문하여 방문을 노크하고 원고로 하여금 스스로 방에서 나오게 하는 방법이 가능하였다는 점에서 비례원칙에 반한다고 볼 여지가 있다고도 한다.[14] 2024년 12월 현재까지 위 헌법소원에 대한 결정은 이루어지지 않고 있다.

이 판결은 영장을 별도로 필요로 하지 않는 행정조사와 헌법상 영장주의의 적용을 받는 압수·수색의 구별에 관한 논의에 상당한 시사점을 준다. 적어도 연방행정법원은 영장주의의 적용을 받는 수색 개념에 주체(수사기관 또는 행정기관) 및 주관적 목적(수사 및 형사처벌 목적의 유무)의 제한을 두지 않고 있다. 이 점은 비록 행위의 외형이나 주체가 아니라 실질에 따르고 있지만 여전히 영장주의의 적용에 관하여 형사절차와의 일정한 관련성을 요구하는 대법원 판례[15]의 입장에 비추어 보면 영장주의의 범위를 확장하는 역할을 한다. 그 결과, 이 판결과 같이 출입국 행정 등 중요한 공익을 위한 행정조사의 필요성에 비례적으로 대응하기 위해 '강제로 찾는 행위'라는 수색 개념의 외형적 요소를 강조하는 방법이 활용되는 것으로 이해될 수 있다. 이를 현재 활발히 논의되고 있는 행정영장의 필요성과 근거, 구체적 인정 범위(이른바 '권력적' 행정조사의 범위)에 관한 논의에 참고할 필요가 있다.[16]

---

14) https://www.lto.de/recht/hintergruende/h/gff-alassa-mfouapon-verfassungsbeschwerde-ellwangen-durchsuchung-lea-fluechtling/ (최종검색일: 2024. 12. 8.) 참조.

15) 대법원 2017. 7. 18. 선고 2014도8719 판결 참조.

16) 우리나라 헌법상 영장주의의 도출 근거를 형사상의 '체포·구속·압수·수색'의 경우에는 헌법 제12조 제3항이나 제16조에서 규정한 바와 같은 영장주의가, 그 외의 경우에는 '적법절차원칙' 내지 '절차에 의한 기본권 보장론'에서 해석상 도출되는 영장주의가 적용되는 것으로 보고, 후자와 같은 불문의 영장주의는 전자와 같은 명문의 헌법규정에 근거한 영장주의에 비해 상대적으로 유연한 입법형성의 여지를 허용할 수 있다는 주장으로, 정광현, 행정영역에서 영장주의 — 영장주의의 헌법적 근거와 그 적용 —, 공법연구 제52권 제1호, 2023, 179-218면 참조.

2. 트래픽 및 위치 데이터 보관의무조항의 유럽법 위반 [BVerwG, Urteile vom 14. 08. 2023 – 6 C 6.22, 6 C 7.22 –][17]

(1) 사건의 경과

인터넷서비스를 제공하는 인터넷접속제공자(SpaceNet AG)와 전화서비스도 함께 제공하는 전기통신사업자(Telekom Deutschland GmbH)는 통신가입자 또는 이용자의 전기통신과 관련한 트래픽데이터[18]와 위치데이터[19]를 사전 보관하도록 의무를 부과하고 있는 구 전기통신법(Telekommunikationsgesetz: TKG) 제113b조와 제113a조 제1항이 이유 없는 데이터 보유를 명하여 통신의 자유, 개인정보자기결정권, 직업의 자유를 침해한다며 Köln 행정법원에 위 조항에 따른 보관 의무가 존재하지 않는다는 점에 관한 확인소송을 제기하였다.[20] Köln 행정법원은 유럽사법재판소의 2016. 12. 21.자 판결[21]의 법리를 적용하여 이러한 보관의무는 EU법에 위배되고 2018. 4. 20. SpaceNet과 Telekom은 트래픽데이터를 보관할 의무가 없다고 판결하였다. 이에 전기통신사업자의 직무를 관할하는 연방망규제청(BNetzA)은 연방행정법원에 비약상고하였다.

---

17) 해당 판결에 대한 보도자료 및 판결문 원본은 https://www.bverwg.de/de/pm/2023/66 (최종검색일 2024. 12. 8.) 참조.

18) 트래픽데이터(Verkehrsdaten)란, “전기통신서비스의 제공에 있어서 수집, 처리, 이용되는 데이터”를 말한다(전기통신법 제3조 제70호).

19) 위치데이터(Standortdaten)란, “통신 네트워크에서 또는 통신 서비스에 의해 처리되고 공개적으로 이용 가능한 통신 서비스 사용자의 단말 장치 위치를 나타내는 데이터”를 말한다(전기통신법 제3조 제56호).

20) 2021. 6. 23. 전기통신현대화법(TKMoG)에 의해서 전기통신법이 전부 개정되어 전기통신사업자가 의무적으로 보관해야 하는 트래픽데이터는 거의 내용상 변화가 없는 상태로 기존의 전기통신법 제113a조 내지 제113g조에서 현재의 제175조 내지 제181조로 조문의 위치가 변경되었다.

21) EuGH, Urteil vom 21.12.2016, C–203/15, C–698/15, Tele2 Sverige und Watson u.a.

연방행정법원은 전기통신법 제113b조와 제113a조 제1항에 의한 트래픽데이터의 보관의무가 EU법에 위반되는지 여부는 전자프라이버시 지침(ePrivacy-Richtlinie 2002/58/EG)의 해석에 달려있다고 보았다. 유럽사법재판소의 2016. 12. 21.자 판결에 따르면 트래픽데이터와 위치데이터의 보관 및 이에 대한 국가기관의 접근에 관한 규정들은 기본적으로 이 지침의 적용 범위에 해당된다고 전제한 뒤, 독일 규정의 경우 보관기간이 다른 국가와 비교하여 상대적으로 매우 짧고, 이메일 서비스나 인터넷 이용 데이터, 성직자 등 일정한 사람의 데이터도 보관에서 제외되며, 중대한 범죄 등으로 이용이 제한되어 있고, 데이터 보관 및 접근에 대한 보호조치가 되어 있다는 점에서 지침 제15조 제1항[22]에 의해서 정당화될 수 있다고 한다. 이러한 점에서 연방행정법원의 견해는 원심인 Köln 행정법원의 견해와 다르다. 이에 연방행정법원은 상고 절차를 중단하고, 위 전기통신법 규정들이 유럽연합 기본권 헌장 제7조(사생활 존중권과 통신비밀), 제8조(개인정보보호), 제11조(표현의 자유), 제52조 제1항(법정주의)과 기본권 헌장 제6조(자유 및 안전에 대한 권리) 및 유럽연합조약(EUV) 제4조를 고려하면 전자프라이버시지침 제15조에 위배되는 것으로 해석해야 하는지의 문제를 판단해 달라고 선결적 재판을 요청하였다.[23]

---

22) 지침 제15조에 따르면 특히 국가안전, 국방, 공공 안전을 위해서 그리고 범죄의 예방, 수사, 확인 및 소추를 위해서 이 지침의 제5조, 제6조, 제9조의 권리와 의무를 제한하는 입법 조치를 할 수 있다.

23) BVerwG, Beschluss vom 25.09.2019 - 6 C 12.18 - und - 6 C 13.18. 이 제청에서 연방행정대법원은 전기통신법의 데이터 보관조항의 내용을 7가지로 정리하여 설명하고 있다. 첫째, 트래픽데이터는 장소적, 시간적 또는 공간적 관점에서 특정한 원인을 요건으로 보관되지 않는다. 둘째 및 셋째, 전화서비스 제공 및 인터넷 서비스 제공의 경우 보관될 데이터를 한정적으로 열거하고 있다. 넷째, 일정한 트래픽데이터는 보관이 금지되어 있다(통신내용, 호출되는 인터넷사이트에 관한 데이터, 전자우편 서비스 데이터, 교회의 성직자 등 특정인의 회선과 관련하여 접속한 데이터). 다섯째, 모바일 전화 통신 및 인터넷접속 시 무선기지국의 위치데이터는 4주, 기타 데이터(전화번호, 연결 시작 및 종료, 인터넷 사용, 단문 메시지 전송 및

(2) 유럽사법재판소 및 연방행정법원의 판단

[판결요지]

유럽사법재판소의 선결적 재판(EuGH Urt. v. 20.09.2022, Rs. C-793/19, C-794/19 u.a.)[24)]

전자프라이버시지침 제15조는 유럽연합 기본권 헌장 제7조, 제8조, 제11조, 제52조 제1항을 고려하여 다음과 같은 의미로 해석되어야 한다. ① 트래픽데이터와 위치데이터를 아무런 이유 없이 무차별적으로 보관하는 것은 원칙적으로 금지된다. ② 다만, 다음의 경우 예외가 허용된다. ⓐ 회원국이 국가 안보에 심각한 위협에 직면할 경우 일반적이고 무차별적인 데이터 보관이 허용된다. 그러한 명령은 법원이나 독립행정기관에 의해 통제될 수 있으며 엄격히 필요한 기간 동안만 발부될 수 있다. ⓑ 국가 안보를 보호하고 심각한 범죄에 맞서 싸우며 공공 안보에 대한 심각한 위협을 방지하기 위한 목적으로 기간, 정보 주체, 지리적 범위 등을 통해 대상을 특정하여 보관의무가 부여되는 경우(특정 보관). ⓒ 위 ⓑ와 동일한 목적을 위해 절대적으로 필요한 기간 동안 연결

수신 시간, 할당된 인터넷 프로토콜 주소 등)는 10주 동안 보관된다. 여섯째, 보관된 데이터는 남용의 위험 및 무권한 접근으로부터 효과적으로 보호조치가 되어 있다. 마지막으로 보관데이터의 이용과 관련하여 특별히 중대한 범죄를 소추하기 위해서, 개인의 생명, 신체 또는 자유에 대한 구체적 위험과 연방 및 주의 존립에 대한 구체적 위험을 방지하기 위해서만 이용될 수 있으나 인터넷 이용 시 통신가입자에게 부여되는 IP주소는 모든 범죄의 소추, 공공의 안전과 질서에 대한 위험 방지, 정보기관의 직무 수행을 위해서 이용될 수 있다(전기통신법 제113c조 제1항 제3호와 제113조 제1항 제3문).

24) 판결 원문은 https://curia.europa.eu/juris/document/document.jsf?text=&docid=265881&pageIndex=0&doclang=DE&mode=req&dir=&occ=first&part=1 참조. (최종 검색일: 2024. 12. 8.) 위 결정에 대한 국내연구로는, 이상학, 유럽연합에서의 통신데이터저장제도에 대한 유럽사법재판소의 판결 – 독일 통신데이터저장법률에 대한 판단(2022.9.20.)을 중심으로 –, 유럽헌법연구 제45호, 2024, 131–162면 참조.

소스에 할당된 IP 주소를 일반적이고 무차별적으로 보존하는 경우. ⓓ 심각한 범죄를 퇴치하고 국가 안보를 보호하기 위해 특정 기간 동안 이용 가능한 데이터를 즉시 확보하는 경우(신속 보관). ⓔ 명확하고 정확한 규칙을 통해 문제의 데이터 보존이 문제된 실질적 및 절차적 조건을 준수하고 해당 개인이 남용 위험으로부터 효과적인 보호 장치를 갖추는 경우.

연방행정법원의 판단[25)]

전기통신법의 관련 조항들은 트래픽데이터 및 위치데이터의 상당 부분을 인적 대상, 시간 및 지리적 범위의 측면에서 무차별적으로 보관하도록 요구하고 있다는 점에서, 저장될 데이터와 추구하는 목적 사이의 연결을 설정하는 객관적인 기준이 결정되지 않았기 때문에 EU법의 요구 사항을 충족하지 않는다.[26)] 전기통신법은 유럽사법재판소가 강조하는 규범의 구체성과 명확성의 원칙, 허용 가능성 및 실질적·절차적 요건을 충족하지 못하므로 EU법에 부합하는 해석이 불가능하다. 따라서 EU법 적용 우선으로 인해 전기통신법 규정이 적용되지 않을 수 있다.

---

25) 연방헌법재판소에도 같은 쟁점의 헌법소원 사건들이 계속 중이었는데, 유럽사법재판소 결정 이후 연방행정법원의 판결 이전에 모두 각하되었다(Beschl. 14.02.2023, Az. 1 BvR 141/16 u.a.). 연방헌법재판소는 성명을 통해 "원칙적으로 해당 규범이 유럽연합법에 위배되어 국내에 적용될 수 없다는 것이 이미 명백하다면 헌법소원의 맥락에서 해당 규범을 검토할 필요가 없다"고 밝혔다.

26) 연방행정법원은 유럽사법재판소의 판결을 인용하면서, 특히 보관된 트래픽데이터, IP주소를 통해서 대상자의 사생활(가령 일상생활 습관, 상시 또는 일시적 체류지, 매일 또는 간혹 발생하는 장소변경, 수행 중인 활동, 대상자의 사회적 관계 및 그가 교류하는 사회적 환경)이 매우 정확하게 추론될 수 있고, 그로부터 대상자의 인적 프로필이 작성될 수 있다는 점을 우려하였다. Rn. 26.

(3) 판결의 의의

유럽사법재판소의 일련의 판결로 이제 EU내에서는 일반적이고 구분 없이 모든 국민들의 트래픽데이터를 포괄적으로 보관하는 규정은 원칙적으로 허용되지 않게 되었고, 기본권 헌장의 여러 기본권과 지침 제15조의 해석을 통해 설정한 엄격한 요건에서만 예외적으로 가능하게 되었다. 독일 연방법무부는 그 후속조치로서 '형사소송에서 트래픽데이터의 보존명령 도입 법률안 초안'을 이미 제안하였다. 이 초안은 트래픽데이터의 보관 및 이용 등에 관한 규정인 현행 전기통신법 제175조 내지 제181조와 범죄수사를 위해서 이에 접근할 수 있는 규정인 형사소송법 제100g조 제2항을 폐지하고, 특정 중대범죄의 의심이 있을 때 법관에 의하여 행해지는 기존의 또는 장래의 트래픽데이터의 수집 및 신속보존명령(형사소송법 개정 초안 제100g조 제5항)[27]제도를 도입하는 것을 주요 내용으로 한다. 다만 신속보존명령제도 또한 소규모의 자발적인 데이터 보관을 전제하고 있는데, 사업자가 고객의 데이터를 최소한 며칠이라도 저장하지 않으면 나중에 검색할 대상이 없어지기 때문이다. 그리고 유럽사법재판소가 예외적으로 허용한 것과 같이, 범죄 수사 등을 목적으로 IP 주소를 무차별적이고 일반적으로 보관하는 것을 전제하고 있다.

이 판결을 통신비밀보호법상의 통신사실 확인자료 제공제도에 대입해보면 다음과 같은 점에 주목할 필요가 있다. 이른바 '기지국수사' 등 통신사실 확인자료의 획득에 관한 구 통신비밀보호법 제13조 제1항, 나아가 수사기관의 통신자료 취득행위에 관한 전기통신사업법 제83조 제3항에 대한 헌법재판소의 헌법불합치결정[28] 이후 위 각 조항이 개정

27) 유럽사법재판소가 언급한 데이터 '신속 보관 절차'(quick freeze verfahren)를 의미한다.

28) 헌재 2018. 6. 28. 2012헌마538; 헌재 2018. 6. 28. 2012헌마191등; 헌재 2022. 7. 21. 2016헌마388등.

되어 절차상의 미비점이 개선되었다. 그러나 근본적으로 통신비밀보호법 제15조에 의해 전기통신사업자는 검사·사법경찰관 또는 정보수사기관의 장이 통신비밀보호법에 따라 집행하는 통신제한조치 및 통신사실 확인자료제공의 요청에 협조하여야 하고, 이를 위해 같은 법 시행령 제41조에 따라 통신사실 확인정보의 '일반적이고 무차별적인' 보관의무가 부여되어 있다는 점이 문제 된다. 위 시행령은 정보의 종류에 따라 보관기간을 달리하고 있으나, 보관목적과 무관하게 최장 12개월까지 보관의무가 부여되며, 이에 관한 독립적인 기관의 통제 수단이 마련되어 있지도 않다. 통신이 사생활에서 차지하는 근본적인 중요성, 개인정보보호의 관점에서 통신사실 확인자료 보관의무 제도 전반에 관하여 전반적인 재검토가 필요하다고 생각된다.

3. 환경영향평가 없는 주택건설계획절차의 유럽법 위반

[BVerwG, Urteil vom 18. 07. 2023 - 4 CN 3.22 -][29]

(1) 사건의 경과

도시계획절차가 점점 더 복잡해지고 시간이 많이 소모됨에 따라 연방의회는 건축법(Baugesetzbuch: BauGB) 제13a조에 지방자치단체의 '내부 개발'[30]을 위한 특례를 마련했는데, 이 경우 환경영향평가가 생략될 수 있고, 자연과 경관에 대한 침해를 보상할 필요가 없으며, 토지이용계획을 먼저 변경할 필요도 없다. 이는 실제로 광범위하게 사용되었고, 2017년에는 제13b조[31]의 신설로 지방자치단체의 '외곽 공간'으로까

29) 해당 판결에 대한 보도자료 및 판결문 원본은 https://www.bverwg.de/de/pm/2023/59 (최종검색일 2024. 12. 8.)를 참조.

30) 법문상 "Innenentwicklung (Bebauungsplan der Innenentwicklung)"으로 표현된다.

31) Bis zum Ablauf des 31. Dezember 2022 gilt § 13a entsprechend für Bebauungspläne mit einer Grundfläche im Sinne des § 13a Absatz 1 Satz 2 von weniger als 10,000 Quadratmetern, durch die die Zulässigkeit von Wohnnutzungen auf Flächen

지 그 대상을 확장하였다.

Gaiberg 자치시는 2019년 그 외부 계획구역인 남서쪽 외곽에 약 3 헥타르 규모의 제한된 일반 주거 지역("Oberer Kittel/Wüstes Stück")을 설정하였는데, 해당 주택건설계획은 건축법 제13b조에 의해 환경영향평가 없이 신속절차에 의해 진행되었다. 이에 환경권리구제법(Umwelt-Rechtsbehelfsgesetz: UmwRG) 제3조에 따라 인정된 환경단체인 원고는 규범통제신청을 하면서 위 건설계획의 무효확인을 구하였다. Manheim 행정법원은 건축법 제13b조는 유럽법, 특히 유럽 전략환경평가(SEA)[32] 지침(Directive 2001/42/EC)에 위반되지 않는다고 판단하고 그 청구를 기각하였다.

(2) 연방행정법원의 판단

[판결요지]

지방자치단체의 주거지역 외부에 있는 외곽 공간에 대한 계획절차는 환경 평가 없이 건축법 제13b조에 따라 가속화된 절차를 사용하여 진행될 수 없다. 유럽 전략환경평가 지침 제3조 제5항에 따르면, 환경에 심각한 영향을 미칠 수 있는 모든 계획에 대해서 환경영향평가가 요구되고, 유럽사법재판소는 어떠한 경우에도 심각한 환경 영향이 처음부터 배제되도록 보장해야 한다는 입장이다.[33] '내부 개발'에 관한 건축법 제

---

begründet wird, die sich an im Zusammenhang bebaute Ortsteile anschließen. Das Verfahren zur Aufstellung eines Bebauungsplans nach Satz 1 kann nur bis zum Ablauf des 31. Dezember 2022 förmlich eingeleitet werden; der Satzungsbeschluss nach § 10 Absatz 1 ist bis zum Ablauf des 31. Dezember 2024 zu fassen.

32) 전략환경평가(Strategic environmental assessment)란, 의사결정의 상위단계인 정책(Policy)· 계획(Plan)· 프로그램(Program) 단계에서부터 환경에 미칠 수 있는 중요한 영향을 사전에 평가하는 과정을 의미한다.

33) EuGH, Urteile vom 22. September 2011 – C-295/10 – Rn. 46, 53, vom 10. September 2015 – C-473/14 – Rn. 47 und vom 21. Dezember 2016 – C-444/15 – Rn. 53; siehe auch Schlussanträge der Generalanwältin Kokott vom 8.

13a조와 달리, '외곽 공간'에 대한 제13b조는 해당 공간의 생태적 가치가 상대적으로 높으므로 심각한 환경 영향을 미리 배제할 필요가 높은데 위 조항이 설정한 조건(면적 제한, 주거용으로의 용도 제한, 주거 지역과의 연결 등)은 이에 미흡하다. 따라서 건축법 제13b조는 상위법인 유럽 전략환경평가 지침에 반하여 국내법으로서 적용될 수 없고, 환경영향평가를 거치지 아니한 계획은 건축법 제214조에 의해 중대한 하자가 있으므로 해당 주택건설계획은 무효이다.

(3) 판결의 의의

건축법 제13b조는 환경상 문제뿐만 아니라 그 적용 요건, 즉 얼마나 주거 지역과 밀접해야 하는가, '주거용'이란 어린이집 등의 부대시설도 포함하는 것인가 등을 놓고 해석상으로도 논란이 끊이지 않았다. 그러나 심각한 독일의 주택난을 해결하기 위해 연합정부는 건축법 제13b조를 2022년말까지만 한시적으로 존치하기로 하였고, 이에 지방자치단체들이 오히려 더 무차별적으로 개발 계획을 진행하게 되었다. 이러한 배경에서 연방행정법원이 유럽사법재판소에 대하여 건축법 제13b조에 대한 선결적 검토를 요청하지 않고, 적극적으로 유럽법 합치성 심사에 나아가 건축법 제13b조의 효력을 사실상 일반적으로 배제하였다. 더 나아가 원칙적으로 독일 연방행정절차법(VwVfG) 제46조에 따라 절차 하자는 실체에 영향을 미치는 경우에('다른 결정을 할 수 있었을 경우')에 한하여 취소사유로 고려될 수 있으나, 유럽법의 준수라는 공동체의 이익을 위해 위 조항의 적용 범위는 점차 제한되고 있는 실정인데, 이 판결도 일반적으로 절차 영역에 속한다고 평가되는 환경영향평가에 관해 '행정절차법의 유럽화'[34]의 흐름에 따라 중요한 의미를 부여한 것으로

September 2016 im Verfahren – C-444/15 – Rn. 42.

34) 김중권, 독일 행정절차법의 유럽화에 대한 소고, 법조 제57권 제11호, 2008, 154-198면 참조.

볼 수 있다.

위 판결에 따르면, 현재 진행 중인 외곽 공간에 대한 개발에 대해서도 환경영향평가를 실시하여 환경보고서를 작성해야 하고, 적어도 환경보고서 작성단계에서 주민참여가 보장되어야 하는 것은 분명하다. 그러나 더 구체적인 절차적 및 실질적 요건은 향후 개정될 규정에 따라야 할 것이고, 이때 유럽법이 요구하는 개입의 균형이 이루어져야 한다. 반면, 개발 계획이 이미 시행된 지 1년이 넘었고 환경영향평가 흠결에 대한 불만이 제기되지 않은 경우 건축법 제215조에 따라 해당 개발 계획은 그대로 유효하다. 다수설은 위 조항이 유럽법에 합치된다고 보지만, 여전히 의문이 남아 있기 때문에 추후 위 건축법 제215조 자체가 유럽법에 위배된다고 판단될 가능성을 배제하기는 어렵다. 한편, 1년 이내에 이의가 제기된 경우, 해당 불만 사항에 대한 충분한 근거가 있는지 확인해야 한다. 이에 따라 자치단체는 누락된 모든 단계를 새롭게 진행하여 환경 평가를 수행하고 환경 보고서를 보완하며, 공중의 참여 절차를 수행해야 한다.

한편, 위와 같이 무효인 개발 계획을 토대로 건축 허가가 발급된 경우, 해당허가는 위법하지만 유효하고, 행정절차법 제48조에 따라 직권취소될 수 있다. 그러나 여기에는 재량권이 부여되므로, 개발자가 이미 건축 허가를 이행했거나, 대출 계약 체결 등으로 상당한 비용을 지출했거나, 포괄적인 환경 기여를 하였거나, 지방자치단체가 개발 계획을 수정하겠다고 발표한 사정 등은 신뢰이익으로서 고려되어야 한다. 만약 직권취소가 행해진다면, 수허가자는 같은 조 제3항에 따라 보상을 받을 수 있다.[35)]

---

35) Beschleunigte Verfahren zur Schaffung von Wohnraum: Eine BVerwG–Entscheidung sorgt für jede Menge Aufregung. In: Legal Tribune Online, 25.08.2023, https://www.lto.de/persistent/a_id/52562/ 참조. (최종검색일: 2024. 12. 8.)

4. 코로나-19 영업금지조치의 적법성

[BVerwG, Urteile vom 16.05.2023 – 3 CN 4.22, 3 CN 5.22, 3 CN 6.22 –][36]

(1) 사건의 경과

2020년 말, 독일 내 코로나 감염자 수가 다시 급증하자(소위 '두 번째 물결') Saarland 주와 Sachsen 주는 감염예방법(IfSG) 제28조 제1항 제1문, 제32조 제1문의 일반조항에 근거하여 요식업장, 레저 및 아마추어 스포츠 시설을 폐쇄할 것을 내용으로 하는 법규명령(Rechtsverordnung)을 제정·공포하였다. 원고들은 레스토랑 및 스포츠 시설을 운영하는 사람들인데, 위 법규명령의 무효선언을 구하는 규범통제소송을 제기하였다.

Saarland 고등행정법원은 무엇보다 전염병의 확산을 방지하는 데 필요한 범위와 기간 동안 필요한 보호조치를 취할 권한을 부여한 감염예방법 제28조 제1항 제1문이 의회유보원칙과 명확성원칙을 충족하지 못한다고 판단하였다. 특히 2020년 3월 소위 '첫 번째 물결'과 달리 2020년 여름부터 이미 같은 해 가을에 있을 '두 번째 물결'이 충분히 예상 가능했으므로 입법자가 스스로 영업장 폐쇄에 필요한 법적 근거를 제시함으로써 대비할 수 있었다는 점을 강조했다. 반면 Sachsen 고등법원은 원고의 청구를 전부 기각하였다.

(2) 연방행정법원의 판단

[판결요지]

Saarland 및 Sachsen 주 법규명령에 따른 레스토랑, 레저 및 아마추어 스포츠 시설 폐쇄는 감염보호법에 근거가 있고 기본법의 관점에서

---

36) 해당판결에 대한 보도자료와 판결문 원본은 https://www.bverwg.de/de/pm/2023/37 및 https://www.bverwg.de/de/pm/2023/38 를 참조. (최종검색일: 2024. 12. 8.)

비례적이다. 그러나 예외 없이 체육관을 폐쇄하는 것은 평등의 원칙에 어긋난다. 레저 및 아마추어 스포츠 시설에서는 단독, 커플 또는 가족 단위로 이용하는 것이 가능하지만 피트니스 스튜디오에서는 어떠한 경우도 허용되지 않는다는 점에 대하여는 차별 취급에 합리적인 이유를 찾을 수 없다.

(3) 판결의 의의

연방행정법원은 2022년에 이미 코로나-19 첫 번째 물결에 대응한 Sachsen 주의 법규명령에 대하여 일반적으로 그 적법성을 인정하였다.[37] 위 판결에서 연방행정법원은 코로나19 질병에 대처하기 위한 요식업 및 (골프장을 포함한) 체육시설의 폐쇄는 영향을 받은 사람의 질병이나 감염 의심 여부에 관계없이 감염예방법 제28조 제1항 제1문, 제32조 제1문의 의미에서 '필요한' 보호조치(notwendigen Schutzmaßnahmen)가 될 수 있다고 한다.

물론 Saarland 고등행정법원의 의견과 같이, '전국적'인 요식업 폐쇄 명령이 가능한지 여부와 조건은 의회가 스스로 규제해야 할 본질적인 문제이다('의회유보' 사안). 실제로 입법자는 코로나-19 확산 기간 동안 명확성원칙, 민주주의원칙, 법치주의원칙을 충족하는 방식으로, 특히 '첫 번째 물결'의 경험을 바탕으로 일반조항을 구체화하는 노력을 해왔다. 2020. 11. 감염예방법 제28a조에 필요한 보호조치의 예시 목록 등이 보완되었지만,[38] 입법자는 해당 질병에 대한 경험과 역학이 구체적인

37) BVerwG, Urteil vom 22.11.2022 – 3 CN 1.21 –.

38) 공공장소 및 사적 공간에서의 접촉 제한, 공공장소에서 거리 요건 설정, 마스크 착용 의무, 문화·여가 등의 시설들에 대한 출입제한 및 상점 폐쇄 등 코로나19 확산을 방지하기 위한 조치(18개 항목)를 구체적으로 나열하고(제1항), 광범위한 기본권 제한조치는 발생률(7일 동안 주민 100,000명당 신규 감염 건수)을 기준으로 내릴 수 있도록 제한기준을 마련하며(제3항), 집회 또는 종교의 자유 제한, 요양시설 접근 금지 등 기본권에 대한 중대한 침해는 비례원칙에 따라 다른 조치가 효과 없음이 증명된 경우에만 사용할 수 있도록 제한하며(제2항) 주정부가 정하는 법규명

‘개입의 기준점’을 설정할 정도로 충분하지 않다고 판단하여 그 이상의 규정에 나아가지 않았는데, 이는 입법재량을 벗어난다고 보기 어렵다. 결국 감염예방법 제28조 제1항 제1문, 제32조 제1문은 각종 폐쇄조치의 정당한 헌법적 근거가 된다.

다만 점차 연방행정법원은 폐쇄조치의 비례성 또는 합리성을 구체적으로 살피고 있는데, 앞서 ‘첫 번째 물결’ 당시에는 야외 골프장조차도 다중이 함께 이용하는 시설인 이상 다른 체육시설과 동일하게 취급되는 것이 합리적이라고 본 반면, 이 사건에서는 단독, 커플 또는 가족 단위로 체육시설을 이용할 수 있도록 예외를 설정한 부분을 피트니스 스튜디오에 한하여 적용하지 않도록 한 부분이 평등원칙에 위반된다고 보았다. 여전히 법원의 심사강도가 충분하지 않다는 비판이 제기되지만, “입법자가 불확실한 사실과 예측에 근거하여 어떤 조치를 취한 경우, 사실적 상황이나 가용한 지식 수준의 변화에 따라 해당 조치가 위헌이 될 것이라는 우려가 발생할 때는, 추가적 변화 상황을 모니터링하고 법률을 개정할 것이 요구된다”는 연방헌법재판소 결정[39]의 취지에 따라 유연한 비례원칙을 적용한 것이라고 볼 수 있다.[40]

령은 제한조치 사유와 필요성을 투명하게 공개하고, 유효기한을 설정(원칙적으로 4주)한 뒤 비례 원칙에 따라 지속성 여부를 검토한 뒤 연장 여부를 결정한다(제5항).

39) 1 BvR 971/21, 1 BvR 1069/21 Rn. 198.

40) 감염병 예방 목적의 집합금지명령에 대한 사법심사의 특징에 관하여, 같은 취지로 이진, 예측판단에 대한 위헌심사 – 코로나19 방역조치 관련 사건을 중심으로 –, 법조, 제72권 제3호, 2023, 53–83면; 이승훈, 집합금지 처분에 있어 재량권 행사에 관한 사법심사의 방법 –종교시설에 대한 집합금지를 중심으로, 사법 제66호, 2023, 817–861면 참조,

5. 독일 연방정보원에 의한 암호통신감청에 대한 예방적 금지청구의 허용성

[BVerwG, Urteil vom 25.01.2023 – 6 A 1.22 –][41)]

(1) 사건의 경과

베를린에 소재하는 원고 단체는 언론의 자유를 수호하기 위한 국제 네트워크인 '국경 없는 기자회'에 소속되어 있다. 원고 소속 기자들은 세계 각국 정부의 부패, 조직범죄, 전쟁 등에 관하여 직접 탐사 보도를 하거나 현지 언론인과 접촉하여 각국 또는 국제 차원의 소송에서 해당 자료를 제출하는 활동을 하고 있다. 특별한 경우에는 국내외의 극단주의 세력의 지원을 구하는 사람들을 정보원으로서 접촉하기도 한다. 한편, 연방정보원(Bundesnachrichtendienst: BND)은 'G10법'[42)]이라 불리는 '서신, 우편, 통신비밀보호의 제한에 관한 법률'(Gesetz zur Beschränkung des Brief–, Post– und Fernmeldegeheimnisses)에 제3조 제1항 및 제11조 1a항에 근거하여 극단주의 세력의 컴퓨터나 스마트폰과 같은 통신 장치에 개입하여 진행 중인 통신과 지난 통신을 암호감청할 수 있는 권한이 있다. 실제로 연방정보원은 이른바 '국가 트로이목마'(Statestrojaner)라고 불리는 스파이 소프트웨어를 사용하여 암호통신을 모니터링하는 것으로 알려져 있다.[43)] 원고는 연방정보원이 기자들의 통신이 암호감청의 대상이 될 것이 명백한 반면, 기자들로서는 통신이 감청되고 있다는 점을 인식할 수 없고, 적절한 사후 통지도 받지 못하며, 만약 사후 통지를 받는다고 하여도 그 자체로 향후 정보원과의 협력이

---

41) 해당 판결에 대한 보도자료 및 판결문 원본은 https://www.bverwg.de/de/pm/2023/7을 참조. (최종검색일: 2024. 12. 8.)

42) 기본법(GG) 제10조(통신의 자유)에 관한 법률이란 의미로, 이하 'G10법'이라고 약칭한다.

43) 국제테러예방 목적의 암호통신감청은 헌법상 허용된다는 것이 연방헌법재판소의 입장이다. BVerfG, Urteil vom 20. April 2016 – 1 BvR 966/09 –

불가능해진다는 점에서 기본법 제1조 제1항, 제2조 제1항, 제5조, 제10조, 제12조의 기본권을 침해받는다고 주장하며 연방정보원에 의한 암호통신감청(Quelle Telekommunikationsüberwachung)[44]의 예방적 금지를 구하였다.

(2) 연방행정법원의 판단

[판결요지]

G10법 제11조 제1a항에 근거하여 진행 중인 통신에 대하여 행해지는 감청은 같은 법 제13조에 따라 불복의 대상이 되지 아니한다. 같은 법 제11조 제1a항 제2문에 의해 지난 통신에 대해 행해지는 감청은 기본법 제1조 제1항, 제2조 제1항에 따른 정보기술시스템의 비밀유지 및 완전성을 보장하기 위한 소위 IT 기본권의 보호 범위에 속한다. 급박한 행정작용을 방지하기 위한 예방적 금지 명령은 이 작용이 충분히 구체적이고 특히 합법성 검토에 필요한 확실성을 갖춘 경우에만 허용된다.[45]

(3) 판결의 의의

연방헌법재판소는 2020. 5. 19. 연방정보원의 전략적 해외통신감시(strategische Ausland-Ausland Telekommunikationsüberwachung)[46]를 규정한 연방정보원법의 관련 조항들이 정보를 얻기 위해 별도의 실체적·절차적 조건 없이 대규모 데이터 스트림을 선별한다는 점에서 헌법에 합치되지 않는다고 선언하였고,[47] 이에 따라 해당 조항들은 2021. 3. 개

---

44) 송신자의 통신기기에서 통신의 내용이 암호화되기 전에 또는 수신자의 통신기기에서 복호화된 후에 통신의 내용을 감청하는 것을 의미한다.

45) 같은 취지로, BVerwG, Urteil vom 13. Dezember 2017 – 6 A 6.16 – BVerwGE 161, 76.

46) 국외에서만 행해지는 해외통신을 의미한다.

47) BVerfG, Urteil des Ersten Senats vom 19. Mai 2020 1 BvR 2835/17. 이 결정에 대한

정되었다. 그러나 여전히 G10법에 의하여 연방정보원은 독일 국내와 국외 간 이루어지는 국제통신(internationale Fernmeldeüberwachung)에 대하여 국가 트로이목마 등 개인 맞춤형 심층 감시 도구를 사용하여 소위 M2M(Machine－to－Machine) 통신, 즉 두 기술 장치 간 통신을 녹음할 수 있다. 이를 통해 건강 앱, 온라인 뱅킹, 내비게이션 서비스의 이른바 '메타데이터'까지도 광범위하게 수집될 수 있다. 앞서 연방헌법재판소의 헌법불합치결정을 이끌어내었던 원고들은 이번에는 G10법에 따른 감청 조치, 특히 암호통신감청이 자신들에게 행해질 우려가 있다고 주장하며 예방적 금지를 청구하였다.

이 사건의 변론과정에서 연방정보원은 G10법 제11조 제1a항에 근거한 암호통신감청은 특정 소프트웨어가 개인의 특정한 장치에 이메일, 첨부파일 등으로 침투하여 통신의 내용이 송신자의 통신기기에서 송신 전에 즉 암호화되기 전에, 그리고 수신자의 통신기기에서 수신되어 복호화된 후에 감시 및 기록되는 형식으로 이루어진다고 밝혔다. 동조 동항 제2문에 따라 전송 중인 암호화된 형태의 통신 또는 과거의 통신도 감시 및 기록의 대상이 되는데, 연방행정법원은 진행 중인 통신과 단말기에 저장된 과거의 통신을 암호감청의 정당성의 차원에서 달리 볼 이유가 없다고 한다.

그런데 암호통신감청은 G10법 제3조 제1항 제1문에 열거된 범죄를 계획, 저지르고 있거나 범했다고 볼 실제 증거가 있거나 그러한 범죄를 저지르는 것을 목적으로 하는 협회의 회원인 경우에 허용되고, 이에 더해 자유민주주의적 기본질서 또는 기타 국가수호에 대한 급박한 위험을 피하기 위해서만 가능하다.[48] G10법은 이에 더해 법적구제수단

상세한 소개는, 정문식/정호경, "정보기관의 해외통신정보활동에 대한 헌법적 한계 — 독일연방정보원법(BNDG) 위헌결정에 나타난 위헌심사기준과 내용을 중심으로 —", 공법연구 제49집 제3호, 2021, 137－167면 참조.

48) Roggan, DVBl. 2021, 1471 ⟨1472⟩; Huber, in: Schenke/Graulich/Ruthig, Sicherheitsrecht des Bundes, 2. Aufl. 2019, § 3 Artikel 10－Gesetz Rn. 2

을 배제하는데, 기본법 제10조 제2항 제2문[49]에 따라 자유민주적 기본질서나 연방 또는 국가의 존립이나 안전을 보호하기 위해 서신, 우편물, 전기통신의 비밀은 법률로써 제한될 수 있으므로, 법률은 그 제한이 당사자에게 통보되지 않도록 정할 수 있고, 국민의 대표가 임명한 기관과 보조기관에 의한 조사로 법적구제수단이 대체될 수 있도록 정할 수도 있다. 반면, 이미 종료되어 저장된 통신에 대한 감청은 기본법 제10조 제1항의 적용 대상이 되지 않는다.[50] 이 경우 문제되는 기본권은 기본법 제1조 제1항, 제2조 제1항에 근거한 정보기술시스템의 비밀유지 및 완전성을 보장하기 위한 소위 IT 기본권이고, 이에 대해서는 법적구제수단을 배제할 수 없다는 것이 연방행정법원의 판단이다.

그러나 연방행정법원은 위 판단과 무관하게, 사안에서 예방적 금지청구를 인용할 증거가 없다고 보았다. 원고의 구성원들이 G10법 제3조 제1항 제1문에 열거된 범죄를 계획, 저지르고 있거나 범했다고 볼 실제 증거가 있거나 그러한 범죄를 저지르는 것을 목적으로 하는 협회의 회원이라고 인정할 증거가 없고, 원고의 통신상대방 역시 이에 해당하지 않았다. 이는 이미 구체적인 사례가 확인되었던 전략적 해외통신감시 또는 유럽인권재판소의 비밀대량감시[51]와 상황이 다르고, 이에 관하여 연방헌법재판소가 직접성, 보충성을 관대하게 인정하였다고 하여 그 기준을 예방적 금지청구의 요건에 그대로 적용할 수도 없다.

---

49) §10 (2) Beschränkungen dürfen nur auf Grund eines Gesetzes angeordnet werden. Dient die Beschränkung dem Schutze der freiheitlichen demokratischen Grundordnung oder des Bestandes oder der Sicherung des Bundes oder eines Landes, so kann das Gesetz bestimmen, daß sie dem Betroffenen nicht mitgeteilt wird und daß an die Stelle des Rechtsweges die Nachprüfung durch von der Volksvertretung bestellte Organe und Hilfsorgane tritt.

50) BVerfG, Urteil vom 27. Februar 2008 - 1 BvR 370/07 -, Rn. 190. — BVerfG, Urteil vom 20. April 2016 - 1 BvR 966/09 -.

51) EGMR, Urteile vom 25. Mai 2021 — Nr. 58170/13 u. a., Big Brother Watch u. a./Vereinigtes Königreich — NVwZ-Beilage 2021, 11 und — Nr. 35252/08, Centrum för Rättvisa/Schweden — NVwZ-Beilage 2021, 30.

예방적 금지청구의 인용 여부는 근본적으로 원고가 이전 행정절차에서 관할 당국에 성공적으로 신청하지 못했다는 사실을 전제한다. 즉, 불필요한 청구로부터 법원을 보호하는 동시에, 행정부의 우선적 책임이라는 헌법상 권력분립 원칙에 따라 원칙적으로는 행정부에 대한 사전 신청이 필요하다.[52]. 다만, 원고의 신청을 관할 행정기관이 심사할 법적 절차가 없는 경우에는, 사전 신청 없이도 절차경제적 이유로 법적 보호의 필요성이 인정될 수 있다. 이는 특히 피고가 사전 신청이 없었다는 점에 대해 구체적인 이의를 제기하지 않은 경우[53] 또는 그러한 신청을 확실히 거부할 것임을 명확하고 분명하게 밝힌 경우[54]에 그렇다. 그러나 G10법에 대해서는 다른 특별한 규정이 없으므로 일반적으로 사전 신청이 필요하다. 이는 절차 경제상의 이유로 불필요한 것이 아니고, 원고에게 불합리하지도 않다. 연방정보원도 원고의 신청을 확실히 거부하겠다는 뜻을 밝히지 않았다. 원고가 신청서를 제출하였다면, 연방정보국은 법 제10조에 근거하여 암호통신감청의 적용 범위를 원고에게 설명할 수 있었고 또 그래야 했다. 즉시 소송을 제기함으로써 원고는 연방정보원의 설명 기회를 박탈하고, 이를 기반으로 한 자신의 신청에 대한 설명 가능성 및 연방정보원 요청에 대한 후속 조사를 불가능하게 만들었으므로 예방적 금지청구는 허용되지 않는다.[55]

---

52) vgl. BVerwG, Urteile vom 16. März 2016 – 6 C 66.14 – Buchholz 422.1 Presserecht Nr. 15 Rn. 21, vom 13. Dezember 2017 – 6 A 6.16 – BVerwGE 161, 76 Rn. 11, vom 25. November 2020 – 6 C 7.19 – BVerwGE 170, 345 Rn. 36 und vom 2. März 2022 – 6 C 7.20 – NVwZ 2022, 1205 Rn. 58.

53) vgl. BVerwG, Urteil vom 25. November 2020 – 6 C 7.19 – BVerwGE 170, 345 Rn. 36 m. w. N.; Beschluss vom 22. November 2021 – 6 VR 4.21 – NVwZ–RR 2022, 164 Rn. 8 f.

54) vgl. BVerwG, Urteil vom 2. März 2022 – 6 C 7.20 – NVwZ 2022, 1205 Rn. 58 m. w. N.

55) 위 판결에 대하여 원고는 헌법소원을 청구한 상황이다.

6. ‘한부모’의 의미

[BVerwG, Urteile vom 12.12.2023 – 5 C 9.22, 10.22 –][56)]

(1) 사안의 경과

독일은 양육비대지급법(Unterhaltsvorschussgesetz)을 통해 양육비 채무자로부터 양육비를 지급받지 못하고 있는 ‘한부모’(Alleinerziehende)[57)] 에게 국가가 양육비를 대신 지급하고 있다. 양육비를 아예 지급받지 못하는 경우, 또는 정기적으로 양육비를 지급받지 못하거나 양육비가 대지급 금액에 미치지 못하는 경우 12세까지 양육비 대지급을 받을 수 있다. 이때 한부모의 소득이나 재산 상황은 별도로 고려되지 않는다. 한편, 다음 세 가지 조건 중 하나에 부합한다면 12~17세에 이르는 기간에도 대지급을 받을 수 있다. 아동이 사회보장법전(Sozialgesetzbuch, SGB II)에 따른 지원 대상이 아니거나, 아동의 한부모가 사회보장법전에 따른 보충급여를 받기 위한 조건으로 월 600유로 이하의 소득이 있거나, 대지급을 받는 것이 아동의 필요에 부응한다고 판단될 때이다. 양육비를 부담해야 할 부모가 확인되지 않는 경우, 또는 그가 어디에 살고 있는지 모를 때도 양육비 대지급을 받을 수 있다. 다만 양육부모는 정부가 양육비 채무 부모의 소재를 파악할 수 있도록 협조해야 한다. 양육비 대지급은 양육비대지급사무소(Unterhaltsvorschussstelle)에 우편 또는 온라인으로 신청할 수 있다. 2023. 1. 2. 기준 0~5세 아동에게는 187유로, 6~12세 연령의 아동에게는 252유로, 12~17세의 아동에게는 338유로가 지급된다.[58)]

---

56) 해당 판결문 원본은 https://www.bverwg.de/de/121223U5C9.22.0을 참조. (최종검색일: 2024. 12. 8.)

57) 법문상 용어는 ‘부모 중 일방’(bei einem Elternteil)이다.

58) https://www.bmfsfj.de/bmfsfj/themen/familie/familienleistungen/unterhaltsvorschuss/unterhaltsvorschuss-73558 참조. (최종검색일: 2024. 12. 8.)

2020년 초 원고는 친부가 양육비를 지급하지 않자 7세 쌍둥이에 관한 양육비대지급을 신청했다. Höxter의 양육비대지급사무소는 가정법원에서의 합의에 따라 쌍둥이들이 2주에 한 번씩 수요일 오후부터 월요일까지 별거 중인 친부와 함께 있었기 때문에 양육비대지급법의 의미 내에서 '한부모'와 함께 살지 않았다는 이유로 혜택을 거부했고, 양육비대지급을 구하는 소송도 Minden 행정법원과 Münster 고등행정법원에서 패소했다. 위 법원은 특히 부모의 '공동' 양육권과 이것이 실제로 실행되고 있다는 사실에 근거하여 위와 같이 판단하였는데, 실제로 쌍둥이의 아버지는 최소한 자녀들의 학교 시간의 36%을 분담하고 있고 이는 자녀의 돌봄에 관하여 원고에게 상당한 안도감을 준다. 그럼에도 불구하고 원고는 연방행정법원에 상고하였다.

(2) 연방행정법원의 판단

[판결요지]

양육비대지급법의 입법목적과 문언에 따르면 양육비대지급은 '한부모' 가정이라는 불안정한 상황과 연결된, 아이가 보살핌을 받을 수 있는 장기적인 가정 공동체를 전제한다(제1조 제1항 제2호). 돌봄과 양육에 대한 일차적 책임을 지기 때문에 혼자서 부담을 떠안아야 하는 한쪽 부모와 아동이 전적으로 함께 사는 경우 또는 다른 부모가 돌봄과 양육을 분담하더라도 그 초점이 주로 한쪽 부모에게 있는 경우 그러한 불안정한 상황이 존재한다. 따라서 양육부모의 전반적인 사실상 상황에 따라서 양육비대지급이 허용되지 않을 수 있는데, 특히 양육비를 부담할 의무가 있는 다른 부모가 실제로 자녀의 돌봄과 양육에 40% 이상 참여하는 경우에 그러하다. 이러한 경우 한부모 가정의 불안정한 상황이 구제된다고 보이기 때문이다. 다만, 이러한 공동 양육으로 인한 구제 효과는 특히 법적 명확성과 행정 집행 가능성을 고려하여 개별 보육 서비스에 대한 평가나 가중치를 부여하지 않고 실제 보육 시간, 즉 자녀가 한쪽 부모 또는 다른 쪽 부모의 보육에 소요되는 시간만을 기준으로 결정한다. 풀타임 교대 보육의 경우 일반적으로 자녀가 하루를 시작할 때 어디에 있는지에 따라 다르게 판단된다. 아동 수당 수령 및 접근권에 대한 합의는 간접적인 중요성만 가질 수 있으며, 공동 양육권의 존재는 근본적으로 중요하지 않다. 결국 원심은 관련 사실관계와 양육비 지급에 대해 충분한 판단을 내리지 못하였으므로 이를 파기하고 환송한다.

(3) 판결의 의의

독일연방한부모협회(VAMV)이 발표한 수치에 따르면 독일의 5가구 중 1가구가 한부모 가정이다. 전체적으로 전체 미성년 자녀의 약 16%가 한부모 밑에서 자라고, 18세 미만의 자녀를 둔 한부모의 거의 85%가 여성이다. 미혼모 중 절반 이상이 자녀 양육비를 전혀 받지 못하고 있으며, 절반 이상이 최저 양육비 미만의 급여를 받고 있다. 이는 전체 독일 아동의 4분의 1 미만이 최소 양육비에 해당하거나 이를 간신히 넘는 양육비를 받는다는 것을 의미한다.[59)]

이러한 상황에서 양육비대지급법 제1항 제1호 제2호의 규정은 다수의 분쟁을 일으키고 있다. 이에 따르면 '한부모'의 양육을 받는 자녀만이 양육비대지급을 받을 수 있다. 하지만 아이가 가끔씩 다른 쪽 부모와 며칠 동안 함께 살고 당연히 그곳에서 보살핌을 받는 경우가 많다는 점에서, 이때 주로 자녀양육을 부담하는 부모가 양육비대지급을 구할 수 있는지 문제 된다. 이미 연방행정법원은 한부모에 의한 양육은 개별사례에 대한 종합적인 평가를 바탕으로 해야 하고, 양육비대지급법의 혜택은 아동이 다른 한쪽 부모로부터 지속적으로 양육되어 양육비대지급을 구하는 부모의 돌봄과 양육 부담을 본질적으로 경감시킨다면 부

59) 이상은 https://vamv.de/de/presse/hintergrundinformationen/ 참조. (최종검색일 2024. 12. 8.)

여되지 않는다고 판단한 바 있다.[60] 그리고 이 판결은 일반적으로 '언제, 어떠한 조건에서' 위 부담이 본질적으로 경감된다고 볼 수 있는지 여부에 관한 첫 판단이다.

이에 관하여 원고인 쌍둥이의 어머니와 독일연방한부모협회는 돌봄 '시간' 이외의 다른 측면이 중요하다고 주장했다. 예를 들어 부모 중 누가 아이의 일상과 학교 생활에 필요한 돌봄, 식사, 의복, 일상 정리, 지속적인 정서적 관심 등을 책임지는지 여부가 질적으로 평가되어야 한다는 것이다. 실제로 연방 가족, 노인, 여성 및 청소년부(Bundesministerium für Familie, Senioren, Frauen und Jugend :BMFSFJ)가 작성한 양육비대지급 집행지침[61]은 원칙적으로 공동 돌봄이 3분의 1 이상 제공된다면 한부모 양육이 아니라고 보고 있으므로, 2012년 연방행정법원이 명시한 '개별사례에 대한 종합적 평가'의 취지에 반한다고도 주장하였다. 실제로 한 쪽 부모의 돌봄 부담이 33% 감소한다고 해서 완전한 단독 돌봄보다 훨씬 더 많은 시간이나 에너지 자원을 사용할 수 있다는 의미는 아니고, 여전히 노동 시장에서 주된 돌봄 외에 부족한 생활비를 벌 수 있는 시간도, 수입 잠재력도 없는 경우가 많기 때문이다.

연방행정법원은 위 주장을 일부 받아들여, 양육비를 부담할 의무가 있는 다른 부모가 실제로 자녀의 돌봄과 양육에 40% 이상 참여하는 경우 양육비대지급이 허용되지 않지만, 이 참여 비율은 법적 명확성과 행정 집행 가능성을 고려하여 개별 보육 서비스에 대한 질적 평가 없이 오로지 실제 보육 시간만을 기준으로 결정하도록 획일적인 지침을 정해주었다. 이러한 관점에서 2012년 판결이 실질적으로 변경되었다고 볼

60) BVerwG, Urteil vom 11.10.2012 – 5 C 20.11 - 이 판결은 미혼부인 양육친이 양육비대지급을 구한 사안인데, 자녀의 어머니가 매일 아이들을 실제로 돌보았다.

61) Richtlinien zur Durchführung des Unterhaltsvorschussgesetzes(UVG-RL) in der ab 1. Januar 2023 geltenden Fassung.

수 있다.

우리나라에서도 양육비대지급제를 도입하여야 한다는 논의가 계속되어 2024. 10. 26. '양육비 이행확보 및 지원에 관한 법률' 제21조의6 이하에 양육비선지급제가 도입되었다(2025. 7. 1. 시행 예정). 양육비이행관리원의 양육비선지급결정에 대하여는 이의신청, 행정심판, 행정소송을 제기할 수 있다(위 법 제21조의13). 그런데 적어도 법문상 양육비선지급 청구권자는 단순히 '양육비 채권자'이기만 하면 되므로 독일과 달리 '실질적 한부모' 또는 '주 양육자'의 요건을 충족할 필요가 없다. 다만, "미성년 자녀를 직접 양육하는 부 또는 모가 미성년 자녀를 양육하지 아니하는 부 또는 모로부터 양육비를 원활히 받을 수 있도록 양육비 이행확보 등을 지원하여 미성년 자녀의 안전한 양육환경을 조성함을 목적"(위 법 제1조)으로 하는 위 법의 목적에 비추어 실제 양육환경을 고려하지 않고 오로지 양육비 채권 실현의 관점에서 양육비선지급을 허용할 것인지는 논란의 여지가 있다고 생각된다. 위 대상판결에서와 같이 실제로 양친자가 이혼 후 양육비 채권-채무 관계에 있으면서도 공동생활을 유지하거나 공동양육을 하는 경우가 많고, 이 경우 '안전한 양육환경'이라는 관점에서 다른 가정과 달리 평가될 여지가 있으므로 동일한 조건에서 양육비선지급을 신청할 수 있다고 한다면 입법목적에 부합하지 않는 측면이 있기 때문이다. 대상판결은 위와 같이 향후 논란이 될 수 있는 법해석 문제에 관하여 일정한 시사점을 줄 수 있을 것으로 보인다.

7. 기타 판결들

이상의 판결 외에도 난민신청자의 신원확인을 위한 휴대전화 압수 및 비밀번호 요구는 다른 수단에 대하여 보충적이어야 한다는 판결(BVerwG, Urteil vom 16.02.2023 - 1 C 19.21-), 슈타인마이어 연방대통령이 2020년부터 이란 대통령에게 보낸 축하서신은 연방대통령의 연방대표 및 통합기능에 비추어 정보자유법(Informationsfreiheitsgesetz : IFG)에 따른 정보공개대상인 '실질적인 의미의 행정기관의 활동'으로 볼 수 없다는 판결(BVerwG, Urteil vom 09.11.2023 – 10 C 4.22 –), 헬무트 콜 총리실에서 그 재임기간인 16년 동안 생산되었고 공공기록관 또는 그 미망인에게 이전된 정보 대부분에 대한 정보공개청구는 정보를 찾기 위해 비례적이지 않고 수인한도를 넘는 노력이 필요하므로(대략 9천 권 이상의 비전산화된 자료집을 대상으로 함) 허용되지 않는다는 판결(BVerwG, Urteil vom 29.03.2023 – 10 C 2.22 –), 연방헌법재판소가 존엄사를 합법화할 것을 요구하는 취지로 2020년 자살방조죄에 대하여 위헌결정을 내렸지만, 여전히 마약법은 '치료 목적'으로만 특정 약물에 접근할 수 있도록 규정되어 있으므로 존엄사 목적으로 환자가 스스로 치명적인 약물인 펜토바르비탈 나트륨을 구입할 권리는 인정되지 않는다는 판결(BVerwG, Urteil vom 07.11.2023 – 3 C 8.22 –) 등이 있었다. 또한 최근에 유럽사법재판소는 Wiesbaden 행정법원의 제청에 의한 선결적 재판을 통해 독일의 신용평가기관 Schufa의 자동화된 지불예측 프로그램이 계약 체결 여부 등의 의사결정의 결정적인 요소가 되는 경우 유럽일반개인정보보호규칙(General Data Protection Regulation: GDPR) 제22조를 위반한다고 판단하였다(EUGH Urt. v. 7.12.2023, Rechtssachen C–634/21, C–26/22 und C–64/22). 이미 2014년 연방일반법원(BGH)가 Schufa의 알고리듬을 공개할 필요가 없다고 판단한 바 있지만,[62] 유럽사법재판소는 자동화된 프로그램으로 대출승인과 같은 중요한 결정에서 결정적인 역할을 하는 점수를 부여한다면 유럽일반개인정보보호규칙 제22조가 원칙적으로 금지하는 '개별 사안의 자동적 결정'으로 보아야 한다는 입장이다. 따라서 향후 독일 국내법원은 유럽일반개인정보보호규칙 제22

62) Urt. v. 28.01.2014, Az. VI ZR 156/13.

조에서 허용하는 예외 사유가 충족되는지 여부를 판단하여야 한다.

Ⅳ. 맺음말

2023년 연방행정법원의 판례들을 분석한 결과, 다음과 같은 특징적인 경향을 발견할 수 있다. 첫째, EU법의 영향력이 더욱 강화되고 있다. 트래픽데이터 보관의무, 환경영향평가 생략 등에서 보듯이 EU법 위반을 이유로 국내법 규정의 효력이 배제되는 사례가 늘어나고 있다. 특히 연방행정법원이 유럽사법재판소에 선결적 판단을 구하지 않고 직접 EU법 합치성 심사에 나아가는 등 적극적인 태도를 보이고 있다는 점에 주목할 필요가 있다. 둘째, 행정절차의 유럽화가 심화되고 있다. 환경영향평가와 같이 일반적으로 절차 영역에 속한다고 평가되는 요건에 대해서도 실체적 중요성을 부여하는 경향이 강화되고 있다. 이는 독일 행정절차법의 기본 원칙인 절차하자의 종속성, 치유가능성 원칙이 EU법의 영향으로 수정되고 있음을 보여준다. 셋째, 기본권 보호가 계속 강화되고 있다. 암호통신감청에 대한 엄격한 통제, 평등원칙에 근거한 영업제한조치의 세밀한 심사 등에서 이러한 경향이 확인된다. 특히 정보기술시스템에 의한 기본권 침해가 우려되는 상황에서 통신데이터의 안전이라는 새로운 기본권 영역이 계속 확장되고 있다. 한편, 코로나19 관련 조치나 양육비대지급제도 등에서 보듯이 구체적 타당성과 법적 안정성의 조화를 추구하는 모습도 확인된다. 예컨대 '한부모' 개념에 관하여 질적 평가 없이 시간적 기준만으로 판단하도록 한 것이나, 방역조치의 비례성 심사에서 과학적 지식의 불확실성을 고려한 유연한 기준을 적용한 것 등이 그러하다.

이러한 독일의 최신 판례들은 우리나라에도 시사하는 바가 크다.

특히 행정영장제도의 도입 논의, 통신사실확인자료 제도의 개선, 양육비선지급제도의 시행 등 유사한 법제도를 운영하거나 도입을 검토하고 있는 우리나라에 유용한 참고가 될 것으로 생각된다. (끝)

참고문헌

김중권, “독일 행정절차법의 유럽화에 대한 소고”, 법조 제57권 제11호, 2008.

이상학, “유럽연합에서의 통신데이터저장제도에 대한 유럽사법재판소의 판결 – 독일 통신데이터저장법률에 대한 판단(2022.9.20.)을 중심으로”, 유럽헌법연구 제45호, 2024.

이승훈, “집합금지 처분에 있어 재량권 행사에 관한 사법심사의 방법 – 종교시설에 대한 집합금지를 중심으로”, 사법 제66호, 2023.

이진, “예측판단에 대한 위헌심사 – 코로나19 방역조치 관련 사건을 중심으로”, 법조 제72권 제3호, 2023.

정광현, “행정영역에서 영장주의 — 영장주의의 헌법적 근거와 그 적용”, 공법연구 제52권 제1호, 2023.

정문식/정호경, “정보기관의 해외통신정보활동에 대한 헌법적 한계 — 독일연방정보원법(BNDG) 위헌결정에 나타난 위헌심사기준과 내용을 중심으로”, 공법연구 제49집 제3호, 2021.

국문초록

이 논문은 2023년 독일 연방행정법원의 주요 판례들을 분석하고 2023년 연례보고서에 발표된 2023년 독일 연방행정법원의 업무 현황을 소개한다. 특히 EU법의 국내법에 대한 영향력 증대, 행정절차의 유럽화 경향, 개인정보자기결정권 등 기본권 보호 강화 등 독일 행정법의 최근 동향을 파악할 수 있는 판례들을 선정하여 분석하였다. 연방행정법원은 다양한 사건을 다루었지만, 그 중에서도 구체적으로 (1) 외국인 추방을 위한 주거 수색과 영장주의, (2) 통신사업자의 트래픽 및 위치 데이터 보관의무의 유럽법 위반 여부, (3) 환경영향평가 없는 주택건설계획절차의 유럽법 위반 여부, (4) 코로나-19 영업금지조치의 적법성, (5) 독일 연방정보원의 암호통신감청에 대한 예방적 금지청구의 허용성, (6) 양육비대지급법상 '한부모'의 의미에 관한 판례들을 중점적으로 검토하였다. 이러한 판례 분석을 통해 우리나라의 유사 법제도 운영에 있어 시사점을 도출하고자 하였다.

주제어: 독일 연방행정법원, 영장주의, 유럽법의 우위, 기본권 보호, 비례원칙

Zusammenfassung

Einfuhrung in die Verwaltungsrechtsprechungen 2023 in Deutschland

Hye Jin KIM

Bei diesem Beitrag handelt es sich um die wichtigen Urteilen des Deutschen Bundesverwaltungsgerichts, welche in den Jahren 2023 gefallen wurden. Hinzu kommt, dass die durch den Jahresbericht 2023 veröffentlichte Geschäftslage des Deutschen Bundesverwaltungsgerichts in den Jahren 2023 dargestellt wird. Insbesondere werden die Fälle ausgewählt und analysiert, um aktuelle Trends im deutschen Verwaltungsrecht zu identifizieren, wie den zunehmenden Einfluss des EU－Rechts auf das nationale Recht, die Europäisierung der Verwaltungsverfahren und die Stärkung des Schutzes von Grundrechten wie dem Recht auf informationelle Selbstbestimmung. Im deutschen Verwaltungsrechtssystem sind verschiedene Schichte bezogen auf den Zugang zur Information ablesbar; (1) Wohnungsdurchsuchungen und die Rechtmäßigkeit der Abschiebung von Ausländern ging, (2) die Frage, ob die Verpflichtung von Telekommunikationsanbietern zur Vorratsspeicherung von Verkehrs－und Standortdaten gegen europäisches Recht verstößt, (3) die Frage, ob Planungsverfahren für den Wohnungsbau ohne Umweltverträglichkeitsprüfung gegen europäisches Recht verstoßen, (4) die Rechtmäßigkeit von COVID－19－Geschäftsschließungen, (5) die Zulässigkeit präventiver Anordnungen

* Sungkyunkwan University, School of law

gegen das Abhören verschlüsselter Kommunikation durch den Bundesnachrichtendienst und (6) die Bedeutung des Begriffs „Alleinerziehende" im Rahmen des Unterhaltsgesetzes. Durch die Analyse dieser Fälle haben wir versucht, Implikationen für die Funktionsweise ähnlicher.

Schlüsselwörter : Bundesverwaltungsgericht, Haftbefehlsdemokratie, Vorrang des europäischen Rechts, Grundrechtsschutz, Verhältnismäßigkeitsgrundsatz

투고일 2024. 12. 8.
심사일 2024. 12. 22.
게재확정일 2024. 12. 27.

최근(2022-2023) 일본 행정법판례의 동향과 검토

황헌순*

1. 시작하며

본 글에서는 2022년 11월에서 2023년 10월 말까지 약 1년간 일본

---

* 법학박사, 계명대 세무학과 조교수.

행정법상 중요판결을 살펴보기로 한다. 개략적으로 살펴보자면, 첫 번째 판결은 행정행위에 있어서 행정재량과 관련한 판결이다. 이는 공립학교 교원의 음주운전과 관련한 판결로서, 최근 음주운전에 대한 사회적 중요성이 높아지는 가운데, 일본에서의 관련 논의를 살펴볼 수 있다고 생각한다.

두 번째 판결 역시 행정재량과 관련한 판결이다. 판결내용으로서는 국내외에서 논의가 되고 있는 성전환자의 처우에 대한 문제이며, 특히 국가공무원이 성전환자인 경우에 있어서 그 처우에 대한 판결이라 할 수 있다.

세 번째 판결은 취소소송에 있어서 처분성에 대한 판결로 분류할 수 있다. 이 판결은 건강보험과 관련하여 건강보험조합이 피보험자와 관련한 피부양자에 대해 피부양자에 해당하지 않는다는 부분에 대한 논의이다. 네 번째 판결은 취소소송에 있어서 원고적격과 관련한 사안이다. 이는 납골당 경영 및 시설변경의 허가와 관련하여 주변주민들에게 원고적격을 인정할 수 있는가 하는 부분과 관련있다.

다섯 번째 판결은 국가배상법과 관련한 위법성 문제와 개인정보비공개결정에 대한 판결이다. 이는 형사시설에 수용되어 있는 자가 자신의 진료기록의 공개를 청구하는 것에 대하여 공개를 하여야 하는지 여부, 이와 관련한 국가배상책임이 문제되었다.

여섯 번째 판결은 지방자치와 주민소송과 관련한 소송이다. 국내 언론에서도 일본에서 정부와 오키나와현 간의 다툼에 대해서는 이따금 보도되고 있는데, 이 판결도 오키나와현에 비행장설치와 관련한 사안에 대한 것이다.

2. 일본의 행정법상 주요 판례

2.1. 음주운전(酒気帯び運転)에 의해 징계면직처분을 받아 공립학교교원을 퇴직하게 된 자에 대한 퇴직수당지급제한처분의 적법성 (최고재판소 2023년 6월 27일 판결)[1)]

2.1.1.사안의 개요[2)]

Y현(미야기현(宮城県)－피고·피항소인＝항소인·상고인)의 공립학교 교원이었던 X(원고·항소인＝피항소인·피상고인)는 1987년 4월에 미야기현의 공립학교 교원이 되었다. 이후 교원으로 근무하며 본건 징계면직처분 이외의 징계처분은 없었으며, 근무태도에 문제도 없었다. 이후 2017년 4월 28일에 회사 모임에서 음주 후 귀가를 위해 자신의 승용차를 운전하던 중에 물건을 파손하는 사고를 일으켰으며, 음주운전(이하 '본건 비위(非違)행위'라 한다)으로 인해 도로교통법 위반으로 현행범으로 체포되었다(2017년 10월 X는 벌금 35만엔의 약식명령을 받았다). 미야기현 교육위원회는 X에게 지방공무원법 제29조 제1항 제1호·제3호에 기초한 징계면직처분을 하는 동시에, 퇴직수당 등의 전부 또는 일부를 지급하지 않을 수 있다는 취지의 교원의 퇴직수당에 관한 조례 제12조 제1항 제1호(이하 '본건 규정'이라 한다)에 의해 일반 퇴직수당 등(약 1724만엔)의 전부를 미지급한다는 처분(이하 '본건 전부지급제한처분'이라 한다)을 했다. X는 상기 각 처분의 취소를 구하며 제소했다.

징계면직처분의 취소청구에 대해서 제1심,[3)] 항소심[4)] 모두 기각했

---

1) 最高裁令和5年6月27日(民集77巻5号1049頁).
2) 小西康之, "公立学校教員の酒気帯び運転を理由とする退職手当全額不支給処分の適否", 「ジュリスト」, 1590号, 2023, 4면.
3) 仙台地判令和3年12月2日(民集77巻5号1089頁).
4) 仙台高判令和4年5月26日(民集77巻5号1110頁).

지만, 본건 전부지급제한처분의 취소청구에 대해서 1심은 인용, 항소심은 원판결을 변경하여 퇴직수당의 3할 상당액을 지급하지 않는 것으로 한 부분만을 취소했다. 이에 Y가 상고했다.

2.1.2. 판시사항

(ⅰ) 일반 퇴직수당 등은 근속보상적인 성격을 중심으로 하면서, 급여의 후불적인 성격이나 생활보장적인 성격도 가지는 것으로 해석된다. 그리고 본건 규정은 각 사안별로 … 제반사정을 종합적으로 감안하고, 급여의 후불적인 성격이나 생활보장적인 성격을 감안하더라도, 당해 퇴직자의 근속의 공로를 말소하거나 감쇄하기에 충분한 사정이 있었다고 평가할 수 있는 경우에 퇴직수당지급제한처분을 할 수 있다는 취지를 규정한 것으로 이해된다. 이러한 퇴직수당지급제한처분과 관련한 판단에 대해서는 평소부터 직원의 근무 등의 실정에 정통한 자의 재량에 맡겨져 있는 것이 아니라면 적절한 결과를 기대할 수 없다. 그렇다면, 본건 규정은 … 퇴직수당지급제한처분을 할지 여부, 이를 하기로 한 경우에 어느 정도 지급하지 않는 것으로 할지의 판단을 퇴직수당관리기관의 재량에 맡기고 있는 것으로 해석해야 할 것이다. 따라서 법원이 퇴직수당지급제한처분의 적법여부를 심사함에 있어서는 … 퇴직수당지급제한처분이 퇴직수당관리기관의 재량권 행사로서 행해진 것을 전제로 한 후, 당해 처분에 관한 판단이 사회통념상 현저히 타당성을 결하여 재량권의 범위를 일탈하거나 이를 남용한 것으로 인정되는 경우에 위법하다고 판단해야 할 것이다.

(ⅱ) 본건 규정은 퇴직수당지급제한처분에 관한 판단에 있어서 감안해야 할 사정을 열거할 뿐이며, 그 중 공무에 대한 신뢰에 미치는 영향의 정도 등 공무원의 고유 사정을 다른 사정과 비교하여 중시할 것이 아니라는 취지를 포함하는 것으로는 해석되지 않는다. 또한 본건 규정의

내용에 더해, 본건 규정과 취지를 동일하게 보는 것으로 이해되는 국가공무원퇴직수당법 제12조 제1항 제1호 등의 규정 내용 및 그 입법경위를 바탕으로 보더라도, 본건 규정으로부터는 일반 퇴직수당 등의 전부를 지급하지 않는 것으로 하는 경우를 포함하여, 퇴직수당지급제한처분을 하는 경우를 예외적인 경우로 한정한다는 취지를 살펴볼 수는 없다.

(ⅲ) X는 자동차로 회식에 참석하고 장시간에 걸쳐 상당량의 음주를 한 직후에 자동차를 운전하여 귀가하고자 한 것이다. X가 운전을 하고 얼마 지나지 않아 과실로 주행 중의 차량과 충돌하는 본건 사고를 일으킨 점으로부터도 본건 비위행위의 태양은 중대한 위험을 수반하는 악질적인 것이다. 더욱이 X는 공립학교의 교원이라는 지위에 있으면서 음주운전이라는 범죄행위를 행한 것이며, 학생들에 대한 영향도 그만큼 컸을 것으로 생각된다. 실제 본건 고등학교는 본건 비위행위 후, 관련 회의를 하는 등의 대응도 있었다. 이와 같이 본건 위법행위는 공립학교와 관련한 공무에 대한 신뢰나 그 수행에 중대한 영향이나 지장을 미치는 것이었다 할 수 있다. 나아가 미야기현 교육위원회가 본건 비위행위가 있기 전년도에 교직원에 의한 음주운전이 잇달아 있었던 점으로 인해 수차례에 걸쳐 복무규율의 확보를 요구하는 취지의 통지 등을 발하는 등 음주운전에 대한 징계처분에 대해 더욱 엄격하게 대응한다는 등의 주의환기를 하고 있었다는 사정은 비위행위의 억제를 도모하는 등의 관점에서도 경시하기 어렵다. 이상에 따르면 본건 전부지급제한처분에 관한 미야기현 교육위원회의 판단은 X가 관리직이 아니라, 본건 징계면직처분을 제외하고 징계처분 이력이 없는 점, 약 30년간에 걸쳐 성실하게 근무해 왔으며, 반성의 정을 보이고 있는 점 등을 감안하더라도, 사회관념상 현저히 타당성을 결하여 재량권의 범위를 일탈하거나 이를 남용한 것이라고는 할 수 없다.[5]

---

5) 다만, 우가 카츠야(宇賀克也) 재판관의 반대의견이 있다.

2.1.3. 해설[6)]

가) 시작하며

본 판결은 퇴직수당지급제한처분의 적법여부에 관해 최고재판소가 처음 판단한 사안이다.[7)] 최근 harassment 등 괴롭힘의 은폐 등 불상사를 이유로 하는 공무원의 징계처분이나 직권면직처분(分限処分)에 대해 이를 위법으로 본 원심의 판단을 번복하는 최고재판소 판결이 이어지고 있다(最判平成30年11月6日判時2413＝2414号22頁, 最判令和2年7月6日判時2472号3頁, 最判令和4年6月14日判時2551号5頁, 最判令和4年9月13日判時2547号93頁).[8)] 이러한 판결들에 관해서는 처분이유로 된 원인행위에 대한 사회적인 문제의식의 제고를 배경으로 엄격한 처분이 유지되었다는 등의 분석이 있는바,[9)] 계쟁처분의 차이는 있겠지만, 본 판결에 대해서도 대개 동일한 지적이 타당할 것이다.[10)]

---

6) 近藤卓也, "酒気帯び運転により懲戒免職処分を受けて公立学校教員を退職した者に対する退職手当支給制限処分の適法性", 『令和5年度 重要判例解説』, 有斐閣, 2024, 34-35면.

7) 공립학교 교원의 음주운전을 이유로 하는 퇴직수당전액미지급처분에 관한 하급심 판례는 적법하다고 본 경우(名古屋高判平成25年9月5日労判1082号15頁 등)와 위법하다고 본 경우(福島地判令和2年10月13日판결 등)가 있었다(小西康之, 앞의 글, 5면).

8) 참고로 직권면직처분(分限処分)은 제재로서 행해지는 것은 아니므로 퇴직수당이 전액지급된다. 하지만 징계면직은 제재로서 행해지므로 퇴직수당법 제12조 제1항 제1호에 따라 퇴직수당을 전부 또는 일부 지급하지 않을 수 있다(宇賀克也, 行政法概説Ⅲ, 有斐閣, 2020, 426면).

9) 早津裕貴, "「労働者」としての「公務員」とは何か？", 「法学教室」, 510号, 2023, 59-60면. 최근 판결들을 보면, 처분이 과도하여 이를 취소한 원심을 파기한 최고재판소의 판결이 많다는 점은 괴롭힘 등에 대한 사회적 분위기를 나타내는 것이라 할 것이다.

10) 이와 관련한 과거 판결로서 교통사고로 업무상과실상해죄로 기소되어 금고 4개월, 집행유예 2년의 유죄판결을 확정받은 지방공무원이 카가와현(香川県)직원퇴직수당조례가 금고 이상의 형에 처해져 실직한 직원에 대해서는 퇴직수당을 지급하지 않는다고 규정하고 있어, 퇴직수당을 받지 못하게 되자 카가와현 직원퇴직수당조례의 해당 규정이 헌법 제13조(행복추구권 등), 제14조(평등권), 제25조(사회보장 관

다만, 본판결은 본건에서 쟁점된 사항과 관련하여 최고재판소에서 처음 내려진 판결이기는 하지만, 동종사건에 대해 하급심판례의 대부분이 채택한 사회관념심사 방식을 확인한 것으로 이해된다.11) 재량의 광범위성을 강조하여 큰 틀에서 사법심사를 하고 있다기보다는 개별구체적인 사정을 비교적 상세하게 언급하고 있다. 그러한 점에서 본판결에서 중시된 점은 비위행위의 태양이라 할 수 있으며, 특히 음주 직후에 운전해서 충돌사고를 일으킨 것이 중시되었다고 생각한다. 즉, 유사사건이 반복되어 주의환기가 있었음에도 불구하고, 본판결과 같은 사고가 발생한 경우 엄격하게 대응하지 않으면, 향후 비위행위에 대한 억제가 어려우며, 공무에 대한 신뢰를 충분히 확보할 수 없다고 생각한 것으로 이해된다.12)

나) 본건 전부지급제한처분에 관한 규정

과거 국가공무원퇴직수당법은 징계면직처분을 받은 자에 대한 퇴

련), 제29조 제1항(재산권) 규정에 위반한다고 주장하며, 퇴직수당 지급을 청구했지만 1심, 항소심, 상고심 모두 합헌판결을 한 바 있다(最裁平成12年12月19日判決). 또한, 대상판결은 퇴직수당을 중점적으로 다루고 있으므로 직접적인 관련성을 가지는 것은 아니지만, 퇴직연금에 대해서는 다음과 같다. 일본 국가공무원공제조합법 제97조 제1항은 “조합원이나 조합원이었던 자가 금고 이상의 형에 처해진 때, 조합원이 징계처분(「국가공무원법」 제82조의 규정에 따른 감봉 혹은 계고 또는 이러한 것들에 상당하는 처분을 제외한다)을 받은 때 또는 조합원(퇴직한 후에 다시 조합원이 된 자에 한한다) 혹은 조합원이었던 자가 퇴직수당지급제한등 처분(「국가공무원퇴직수당법」 제14조제1항제3호에 해당함으로써 동항의 규정에 따른 일반 퇴직수당 등(동법 제5조의2 제2항에서 규정하는 일반 퇴직수당 등을 말한다. 이하 이 항에서 같다)의 전부 또는 일부를 지급하지 않기로 하는 처분 혹은 동법 제15조 제1항제3호에 해당함으로써 동항의 규정에 따른 일반 퇴직수당 등의 금액의 전부 혹은 일부의 반납을 명하는 처분 또는 이에 상당하는 처분을 말한다. 제4항에서도 같다)을 받은 때에는 정령으로 정하는 바에 따라, 그 자에게는 그 조합원 기간과 관련된 퇴직연금 또는 공무장애연금의 전부 또는 일부를 지급하지 않을 수 있다.” 고 규정하고 있다. 즉, 퇴직수당을 지급제한하는 처분이 있는 경우에는 퇴직연금의 전부 또는 일부를 지급하지 않을 수 있다는 취지로 이해된다.

11) 佐藤政達, 「ジュリスト」, 1594号, 2024, 117면.

12) 佐藤政達, 위의 글, 118頁.

직수당에 대해 일률적으로 전액미지급으로 규정하고 있었지만, 민간기업의 징계해고의 경우에는 반드시 그러한 취급으로 되어 있는 것은 아닌 점 등을 이유로 2008년 일부미지급을 가능케 하는 개정이 행해졌다.[13] 이에 수반하여 전국 각지에서 동종 조례에 대해서도 동일한 규정정비가 행해졌다.[14] 본건 규정도 그 중 하나이다. 본건 규정은 ① 퇴직자의 직무·책임, ② 퇴직자의 근무상황, ③ 비위행위의 내용·정도, ④ 비위행위에 이른 경위, ⑤ 비위행위 후 퇴직자의 언동, ⑥ 비위행위가 공무수행에 미치는 지장의 정도, ⑦ 비위행위가 공무에 대한 신뢰에 미치는 영향을 감안하여, 퇴직수당의 전부 또는 일부의 지급을 제한할 수 있다고 규정하고 있다. 또한 본건 규정이 열거하는 사유들(이하 각각을 '고려요소 ①~⑦'이라 한다)은 국가공무원퇴직수당법 제12조 제1항으로부터 위임을 받아 규정된 동법 시행령 제17조의 열거사유와 거의 동일하다.

다) 본판결의 판단방식

판시 (ⅰ)에서는 국가공무원의 징계처분에 관한 고베세관사건(最判昭和52年12月20日民集31巻7号1101頁)과 유사한 판단방식이 전개되었다. 징계처분과 동일하게 퇴직수당지급제한처분은 평소 내부사정에 정통한 처분청이 관련 사정을 종합적으로 판단하여 행하는 것이므로, 양자의 판단방식이 동일한 것 자체는 수긍할 수 있다.[15]

---

13) 早津裕貴, 위의 글, 60면은 이에 대해 공무원이라 하더라도 민간근로자와의 형평을 고려한다(하급심)는 시각과 공무원이기 때문에 민간근로자보다 더욱 엄격한 처분을 하는 견해(최고재판소)가 있다고 한다.

14) 국가공무원퇴직수당법 및 각 지방자치단체의 조례는 면직처분을 받은 자에 대해 전부지급제한처분을 행하는 것을 원칙으로 하지 않고, 지급제한처분을 행하는 경우 고려사항을 열거하고 있을 뿐이었다. 그러나 실제로는 법개정전과 동일하게 전부미지급처분이 행해지는 경우가 많았다(三好規正, "公務員懲戒処分と退職手当支給制限処分をめぐる裁量統制に関する考察", 「山梨学院大学法科大学院ロー・ジャーナル」, 12号, 2017, 136면).

15) 鈴木崇弘, "公務員関係における裁量審査", 「法政研究」, 90巻4号, 2024, 718-719면.

퇴직한 자에 대한 퇴직수당지급제한처분의 목적은 비위발생을 억제하고, 비위행위에 의해 손상된 공무원의 공무에 대한 주민의 신뢰를 회복하는 것에 있다.[16] 그러나 급여의 후불, 생활보장과 같은 퇴직수당의 성격을 고려하면, 퇴직수당지급제한처분의 재량심사에 있어서는 상응하는 심사밀도의 향상이 도모될 필요가 있을 것이다.[17] 관련하여 본 판결의 특징으로서는 퇴직수당관리기관의 재량과 퇴직수당 성격의 관계이다.

본판결은 본건 규정에 대해 급여의 후불적인 성격이나 생활보장적인 성격을 바탕으로 하며, 이러한 퇴직수당지급제한처분에 관한 판단에 대해서는 퇴직수당을 포함한 급여의 성격에 관한 고려 자체를 퇴직수당관리기관의 재량범위에 두고 있다고 본 것이다. 반면, 원심판결은 "퇴직수당지급제한처분을 함에 있어서 미야기현 교육위원회에 재량판단의 여지가 있다 하더라도, 조례의 규정은 다양한 사항을 고려하도록 처분권자에게 요구하고 있으며, 이 조례 규정의 취지는 임금후불이나 퇴직 후 생활보장의 성격도 가지는 퇴직수당의 지급제한처분을 함에는 장기간 근속하는 직원의 권리로서의 면에 대해서도 신중한 배려를 요구한다고 해석된다"고 하여 퇴직수당의 성격을 퇴직수당관리기관의 재량 외측에 두고 있다.[18]

나아가 판시 (ⅱ)는 본건 규정으로부터 공무원의 고유사정을 중시해야 할 것이 아니라고 하는 취지나 지급제한을 예외적인 경우로 한정하는 취지를 살펴볼 수는 없다고 언급한다. 민간기업의 사례를 참고로 퇴직수당의 지급제한이 가능한 경우를 상당히 한정하고자 하는 입장에 대한 견제구와 같이 생각되는 설시이며, 공무원 고유사정인 고려요소

16) 鈴木崇弘, 위의 글, 718면.
17) 퇴직수당관리기관에 부여된 재량권은 징계처분에 대해 징계권자에게 부여된 재량권의 범위만큼 광범위하지는 않다고 생각되기 때문이다(三好規正, 위의 글, 137면).
18) 小西康之, 앞의 글, 5면.

⑥, ⑦을 중시하여 본건 전부지급제한처분을 적법한 것으로 했다고 판단된다.[19]

라) 본건에의 적용

판시 (iii)에서는 X에게 불리한 사정으로서 비위행위의 악질성(고려요소③), 공무에 대한 신뢰나 그 수행에 대한 중대한 영향·지장(고려요소⑥, ⑦)이 강조되는 동시에 2016년에 미야기현 교육위원회가 음주운전에 대한 주의환기를 수차례 했다는 사정이 부각되고 있다. 이 주의환기에 관한 사정이 언급되었지만, 교직원에 의한 음주운전이 속출한 점에서 복무규율의 엄정확보가 강하게 요구되었다는 상황에도 불구하고, 음주운전이 행해진 경우에 본건 비위행위의 중대성이 증폭되었다 할 수 있다. 그 결과 X에게 유리한 사정 즉, 관리직이 아니고(고려요소①), 징계처분이력도 없이 약 30년간 성실하게 근무하고 있으며(고려요소②), 반성의 정을 보이고 있는 점(고려요소⑤)을 감안하더라도, 본건 전부지급제한처분이 사회관념상 현저히 타당성을 결한다고는 할 수 없다는 결론에 이른 것이다. 법정의견 측의 재판관 중에는 본건 사고당시의 미야기현에서는 교직원에 의한 음주운전에는 엄격하게 대한다는 사회관념이 형성되어 있었다는 전제가 공유되고 있었던 점을 살펴볼 수 있다는 판단이다. 이러한 심사방법에 대해서는 최근 판결들에 대해서도 지적되어 온 것처럼 법원이 스스로 적극적으로 비위행위의 평가를 행하고 있다는 견해가 적용될 수 있을 것이다.[20]

마) 우가카츠야의 반대의견

우가 카츠야 재판관의 반대의견은 2015년에 고등학교 교원 3명, 2018년에 경찰관 1명이 음주운전으로 정직처분된 것을 고려하면, X에 대해서는 정직 이하의 처분으로 할 여지가 있는 경우임에도 엄격한 조

---

19) 近藤卓也, 앞의 글, 35면.
20) 近藤卓也, 앞의 글, 35면.

치로서 면직으로 되었다 할 수 있으므로, 본건 운용기준상 퇴직수당의 일부미지급을 검토할 수 있었다고 한다. 그리고 음주운전을 단속하는 입장에 있는 경찰관에 의한 음주운전에 대해서는 정직처분을 받음에 그치는 것에 더해, 전술한 X에게 유리한 사정을 고려하면 본건 전부지급제한처분은 과도하게 가혹하다는 것이다. 즉, 이는 본건 전부지급제한처분의 취소청구를 일부 인용한 원심의 판단에 위법이 있다고는 생각하기 어렵다는 내용이다.[21]

미야기현 교육위원회가 본건 운용기준의 적용을 잘못한 가능성에 착안하는 반대의견의 입장은 처분청의 판단과정의 합리성에 의문을 던지는 형태로 재량심사를 행하는 것으로 평가할 수 있다. 그리고 반대의견은 다른 처분사례와의 비교를 통해 본건 전부지급제한처분을 의문시한다. 물론 평등원칙의 관점에서 동종 사례와의 공평성은 당연히 요청되지만, 본건의 경우 음주운전에 대한 주의환기가 행해지지 않았던 시점에서의 처분사례나 직종이 다른 경찰관의 처분사례가 비교대상으로 되어 적절한지에 대해서는 논의의 여지가 있다 할 것이다. 즉, 반대의견에 대하여 다수의견의 입장에서 보면, 퇴직수당관리기관에게는 재량이 인정되는 이상, 경찰관이 정직된 사례와 비교하여 균형이 맞지 않다는 것만으로는 근거로 하기 부족한 점, 그리고 음주운전의 태양, 사고발생의 유무, 정도 등에 비추어 본건과 유사한 상황에 있었는지 여부가 확실하다고는 할 수 없으므로 균형을 논하는 전제에도 차이가 있다는 지적이 가능할 것이다.[22]

21) 佐藤政達, 앞의 글, 119면.
22) 佐藤政達, 앞의 글, 119면.

2.2. 트렌스젠더 국가공무원의 화장실 사용과 관련한 행정조치요구를 인정하지 않은 인사원 판정의 적법성 (최고재판소 2023년 7월 11일 판결)[23)]

2.2.1. 사안의 개요

X(원고·항소인=피항소인·상고인)는 경제산업성에 근무하는 국가공무원이며, 2004년 5월 이후 같은 부서에서 근무하고 있었다. X는 생물학적인 성별이 남성인 것에 강한 위화감을 가지고 있어, 1998년경부터 여성호르몬의 투여를 받게 되었으며, 1999년경에는 성동일성장애라는 취지의 의사진단을 받아 2008년경부터 여성으로 사생활을 하게 된 트랜스젠더이다.

X는 2009년 7월 상사에게 자신의 성동일성장애에 대해 말하고, 같은 해 10월 경제산업성 비서과의 담당직원에게 여성 복장으로 근무하는 것과 여성화장실의 사용 등에 대한 요청을 한바, 2010년 7월 14일에 X가 근무하는 부서직원에게 X의 성동일성장애에 대해 설명하는 회의(이하 '본건 설명회'라 한다)가 행해지고, 본건 설명회에서의 논의를 바탕으로 하여, 경제산업성에서 X에 대해 여성의 복장 등으로 근무하는 등 X가 근무하는 층과 그 상하층의 여성화장실 사용을 인정하지 않고, 이외의 층에 있는 여성화장실 사용을 인정하는 내용의 처우(이하 '본건 처우'라 한다)를 실시하게 되었다. 또한 사용할 수 있는 화장실의 범위가 제한된 것은 담당직원으로부터는 본건 설명회에서 본건 근무하는 층의 여성 화장실을 사용하는 것에 대해 몇 명의 여성직원이 위화감을 가지고 있는 것으로 보였기 때문이다.

X는 본건 설명회가 행해진 다음 주부터 여성복장으로 출근하는 등 주로 근무하는 층에서 2층 떨어진 층의 여성화장실을 사용하게 되었지

---

23) 最高裁令和5年7月11日(民集77巻5号1171頁).

만, 그에 따라 다른 직원과의 사이에서 문제가 생기지는 않았다. 또한 X는 2010년 3월경에 성충동에 기초한 성폭력의 가능성이 낮다고 판단되는 내용의 의사진단을 받았다. 나아가 2011년 5월에 X는 가정재판소의 허가를 받아 이름을 현재와 같이 변경하고, 같은 해 6월에 경제산업성 내에서 X의 이름을 변경하는 절차가 행해졌다.

그러나 그 후에도 경제산업성은 X의 신체적 성별 또는 호적상 성별이 남성인 점에 따라 여성직원과의 사이에서 문제가 발생할 우려가 있다고 보아 화장실 사용과 관련한 본건 처우를 계속했다.

X는 2013년 12월 27일자로 인사원에 국가공무원법 제86조의 규정에 기초하여 "호적상 성별 및 성별적합수술을 받았는지 여부에 관계없이 이동 등에 제한을 두지 않고, 원칙적으로 다른 일반 여성직원과 동등한 처우를 행할 것. 또한 성적인 사생활을 존중할 것"을 요청사항으로 하는 행정조치를 요구했다. 인사원은 2015년 5월 29일자로 어떤 요구도 인정하지 않는다는 내용의 본건 판정(이하 본건판정 중 상기 화장실 사용과 관련한 요구에 관한 부분을 '본건 판정부분'이라 한다)을 했다.

X는 본건 판정이 모두 위법하다는 취지를 주장하고, 본건 판정과 관련한 처분의 취소를 구하는(제1사건) 동시에, X가 상기 각 제한을 두고 있는 것에 따라 정신적 손해를 받았다고 주장하며, Y(국가－피고·피항소인＝항소인·피상고인)에 대해 위자료 등의 지급을 요구했다(제2사건). 제1심인 도쿄지방재판소는 제1사건에 대해 본건 판정부분을 취소하는 동시에, 제2사건에 대해서 Y에게 132만엔 및 지연손해금의 지급을 명했다.[24]

X와 Y는 모두 항소한바, 원심인 도쿄고등재판소는 제1사건의 경우, 본건 처우를 유지한 것에 대해 경제산업성에 재량의 일탈 또는 남용이 있었다고는 할 수 없다는 인정에 기초하여, 본건 판정부분은 재량

24) 東京地判令和元年12月12日(判時2528号32頁).

권의 범위를 일탈하거나 이를 남용한 것이라고 할 수 없으며, 위법하다고는 할 수 없다고 보아 취소청구를 기각하는 동시에, 제2사건의 경우 X의 청구를 일부인용(11만엔 및 지연손해금)했지만, 그 외의 청구를 기각했다.[25] X는 상고했다.[26]

2.2.2. 판시사항

최고재판소는 제1사건은 원판결파기, 제2사건은 기각(제2사건은 동 사건에 관한 상고수리신청 이유가 상고수리의 결정에 있어서 배제되었기 때문에 기각되었다)했다.

국가공무원법 제86조의 규정에 따른 행정조치의 요구에 대한 인사원의 판정에 있어서는 광범위한 직원의 근무조건에 대해 일반 국민 및 관계자의 공평, 직원의 능률발휘 및 증진이라는 시각에서 인사행정이나 직원근무 등의 실정에 입각한 전문적인 판단을 요구하고 있으며(동법 제71조, 제87조), 그 판단은 인사원의 재량에 위임되어 있는 것으로 해석된다. 따라서 상기 판정은 재량권의 범위를 일탈하거나 이를 남용했다고 인정되는 경우에 위법하게 된다고 해석하는 것이 타당하다.

이를 본건에 대해 보면, 본건 처우는 경제산업성에서 본건 청사 내의 화장실사용에 관해 X를 포함한 직원의 복무환경의 적정을 확보하는 견지에서 조정을 도모하고자 한 것이라 할 수 있다.

늦어도 본건 판정시에는 X가 본건 청사 내의 여성화장실을 자유롭게 사용하는 것에 대해서 문제가 발생하는 것은 상정하기 어려우며, 특별한 배려를 해야 할 다른 직원의 존재가 확인되지도 않았으며, X에 대해 본건 처우에 의한 상기와 같은 불이익을 감수시킬 만큼의 구체적인 사정은 보이지 않았다 할 것이다. 그렇다면 본건 판정부분과 관련한 인사원의 판단은 본건에 있어서 구체적인 사정을 바탕으로 하지 않고, 다

25) 東京高判令和3年5月27日(判時2528号16頁).
26) 최고재판소에서는 본건 판정부분의 위법성만이 쟁점으로 되었다.

른 직원에 대한 배려를 과도하게 중시하고, X의 불이익을 부당히 경시하는 것으로서, 관계자의 공평 및 X를 포함한 직원의 능률발휘와 증진의 견지에서 판단하지 않은 것으로서 현저히 타당성을 결한 것이라 하지 않을 수 없다.

따라서 본건 판정부분은 재량권의 범위를 일탈하거나 이를 남용한 것으로서 위법하다 할 것이다.

2.2.3. 해설

먼저 본 판결은 1심과 원심의 판단이 다른 사안에서 최고재판소가 처음으로 성동일성장애 판단을 받은 자에 대하여, 직장에서의 화장실사용의 제한가부에 관한 판단을 한 것이며, 동종사건의 처리에 있어서 참고로 될 것이며, 실무상 중요한 의의를 가진다 할 것이다.[27]

바) 행정조치요구판정에 대한 사법심사의 범위

국가공무원법 제86조에 규정하는 근무조건에 관한 행정조치요구제도는 노동협약체결권 및 쟁의권을 가지지 않는 국가공무원의 대상(代償)조치의 하나로서 마련된 것이며, 직원의 근무조건을 본인의 신청에 기초하여 중립·제3자적인 인사행정의 전문기관인 인사원의 심사에 의해 보호하고자 하는 취지에서 시작한 것이다. 그렇기 때문에 인사원은 정부로부터 독립된 기관으로서 근무조건에 대해 각 부처의 판단에 구속받지 않고, 스스로의 판단으로 적절하다고 생각되는 조치를 실시하고, 권고하도록 인정되고 있다. 즉, 인사원은 심사를 통해 분명해 진 사실 등을 근무조건에 관한 원칙들에 비추어, 그 요구가 근무조건으로서 적절한지 여부를 구체적으로 판단하는 것이며, 불이익처분에 대한 심사청구와 같이 각 부처가 한 조치의 적법성·타당성을 심리하는 것은 아니다.[28]

---

27) 宮端謙一,「ジュリスト」, 1593号, 2024, 90면.
28) 本田滝夫, “トランスジェンダーの国家公務員のトイレ使用に係る行政措置要求を認められないとした人事院の判定の適法性”,「ジュリスト」, 1597号, 2024, 37면 재인용.

이 점과 관련하여 원심은 국가공무원법 제87조에 기초하여 인사원이 "일반 국민 및 관계자에게 공평하게 되고, 직원의 능률을 발휘하고, 증진하는 견지에서" 본건 사안을 판정했는지 여부에 대해 구체적인 심사를 하지 않고, "경제산업성의 재량권에 대해 일탈 또는 남용이 있었다고는 할 수 없다"고 하는 스스로의 인정을 그대로 "인사원이 … 화장실사용의 요구사항을 인정하지 않는다고 판단한 것에 대해서도 재량권의 범위를 일탈하거나 남용이 있었다고는 할 수 없다"는 인정으로 이어져 버리는 논리를 취하며, 제1심에서 인사원에 대한 재량권의 일탈·남용의 인정을 번복했다.

원심에서 말하자면 "'중간내용을 생략한' 트릭(trick)"은 인사원의 판정취지에 대한 '오해(또는 이해가 없음)'에 기초한 것이라 할 수 있다. 따라서 원심판단을 시인할 수 없다고 보아 판정에 있어서 인사원의 재량권 일탈·남용에 대해 심사를 행한 상고심은 인사원의 역할을 재확인한 것으로 평가할 수 있을 것이다.[29)]

사) 행정조치요구판정에 대한 사법심사의 기준

상고심은 "재량권 범위를 일탈하거나 남용했다고 인정되는 경우에 위법하다"고 하지만, 재량권 남용의 심사기준을 구체적으로 제시하고 있지는 않다.

최근 판례 중 심사기준을 개괄적으로 제시한 최고재판소 2006년 11월 2일 판결[30)]은 "그 기초로 된 중요한 사실에 오인이 있는 것 등에 의해 중요한 사실의 기초를 결하는 것으로 된 경우", "사실에 대한 평가가 분명히 합리성을 결하는 경우, 판단의 과정에서 고려해야 할 사정을

29) 즉, 원심판결에서 인사원의 조치요구판정제도를 위법심사의 제도로 판단한 점을 문제점으로 지적하며, 원심은 경제산업성이 '재량권 한계 내의 적법한 조치'를 실시하도록 인사원이 판정권한을 행사했는지 여부이지, 경제산업성의 대응이 그 재량권의 범위 내에 있었는지 여부가 아니라는 점을 지적하는 문헌으로서 岡田正則, "職場での性自認の尊重と人事院·裁判所の責任", 「法律時報」, 93巻12号, 2021, 5-6면.

30) 平成18年11月2日(民集60巻9号3249頁).

고려하지 않는 등에 따라 그 내용이 사회통념에 비추어 현저히 타당성을 결하는 것으로 인정되는 경우"를 그 기준으로 열거하고 있다. 이 판결에서도 행해진 판단과정의 심사에 대해서 같은 해 최고재판소 2006년 2월 7일 판결[31]은 당해 사건에 있어서 행정청의 재량권 행사를 "고려한 사항에 대한 평가가 분명히 합리성을 결하며, 한편 당연히 고려해야 할 사항을 충분히 고려하지 않고, 그 결과 사회통념에 비추어 현저히 타당성을 결한 것"으로 평가되며, 고려요소에 가중치를 둬서 평가하는 적법 여부에 대해서도 재판소의 심사가 미치는 것을 분명히 하고 있다.

본건에서 구체적인 사정을 바탕으로 하지 않고, 다른 직원에 대한 배려를 과도하게 중시하여, X의 불이익을 부당히 경시하는 것이라는 표현에 비추어 보면, 본판결은 재량권남용형 심사를 취하면서 판단과정의 적절성 관점을 고려한 종전의 판례와 궤를 같이 하는 것이라 할 수 있을 것이다.[32] 더욱 구체적으로 보면, 본판결에서는 상기 판례의 심사기준 중 판단과정에 있어서 고려사항의 오해(고려부진 등)에 관한 기준, 특히 더욱 엄격한 심사에 기초한 고려사항의 평가 오해(고려사항의 가중치에 대한 오해)에 관한 기준이 채택되었다 할 수 있다.[33]

2.3. 건강보험조합에 의한 피부양자 비해당통지, 피보험자의 자격에 관한 처분 해당성 (최고재판소 2022년 12월 13일 판결)[34]

2.3.1. 사안의 개요

X(원고·항소인·상고인)는 일본수송기건강보험조합(이하 '본건 조합'이라 한다)이 관장하는 건강보험조합원이다. 본건 조합은 X의 배우자(부인)

31) 平成18年2月7日(民集60巻2号401頁).
32) 宮端謙一, 앞의 글, 89면.
33) 岡田正則, 「法学教室」, 518号, 2023, 62면.
34) 最高裁令和4年12月13日(民集76巻7号1872頁).

를 건강보험법(이하 '법'이라 한다) 제3조 제7항 제1호 소정의 피부양자로 취급해 왔는데, 2015년 9월 10일자로 수입이 본건 조합이 정하는 기준을 만족시키지 못하게 되었다고 보아, X에게 X의 부인은 2014년 1월 1일 시점부터 피부양자에 해당하지 않는다는 내용의 통지(이하 '본건 통지'라 한다)를 했다.

법 제189조 제1항은 피보험자의 자격, 표준보수 또는 보험급부에 관한 처분에 불복하는 자는 사회보험심사관에게 심사청구를 하고, 그 결정에 불복이 있는 자는 사회보험심사회에 재심사청구를 할 수 있다고 규정하고 있다. X는 본건 통지에 대해 동항에 기초한 것으로서 관할(近畿) 후생국 사회보험심사관에게 심사청구를 했지만 처분성이 없다고 하여 각하되고, 사회보험심사회에 재심사청구도 동일한 이유로 각하되었다(이하 '본건 재결'이라 한다).

이에 X가 본건 조합의 권리의무를 승계한 Y1(미츠비시중공(三菱重工) 건강보험조합-피고·피항소인·피상고인)을 상대방으로 하여 본건 통지의 취소를 구하고(청구①), 또한 Y2(국가-피고·피항소인·피상고인)를 상대로 본건 재결의 취소 및 국가배상법 제1조 제1항에 기초한 손해배상을 요구했다(청구②).

1심 판결,[35] 항소심 판결[36] 모두 청구①에 대해서는 본건 통지는 행정사건소송법 제3조 제2항 소정의 처분에 해당하지만, 재량권의 일탈, 남용은 없다고 보아 기각하고, 청구②에 대해서는 본건 통지는 법 제189조 제1항 소정의 처분에는 해당하지 않고, 동항에 기초한 불복신청의 대상으로 되지 않으므로, 본건 재결은 적법하다고 보아 기각했다.

2.3.2. 판시사항

최고재판소는 본건을 상고심으로 수리한 후, 본건 재결의 취소청구

35) 広島地判令和元年10月8日(民集76巻7号1894頁).
36) 広島高判令和3年1月21日(民集76巻7号1931頁).

및 손해배상청구(청구②)에 대해 본건 통지는 법 제189조 제1항 소정의 피보험자 자격에 관한 처분에 해당하므로 원심 판단에는 동항의 해석적용을 잘못한 위법이 있지만, 본건 심사청구는 사회보험심사관 및 사회보험심사회법 제4조 제1항 소정의 심사청구 기간을 도과하여 이루어진 부적법한 것이므로, 본건 재결의 취소청구를 기각할 것으로 본 원심의 판단은 결론에 있어서 시인할 수 있다고 보아 상고를 기각했다. 또한 본건 통지의 취소청구(청구①)에 대해 직권에 의한 검토를 행하여, 본건 심사청구가 부적법한 이상, 본건 통지의 취소청구와 관련한 소는 불복신청의 전치주의를 규정하는 법 제192조의 요건을 충족하지 않는 부적법한 소이므로 동 청구에 대해 본안의 판단을 타당하지 않은 것으로 보고, 원판결을 파기하고 동 청구에 관한 소를 각하했다. 즉, 청구①과 관련한 부분에 대해 원판결 파기, 소각하, 청구②와 관련한 부분에 대해 상고기각했다.

피부양자가 보험의료기관 등으로부터 소위 보험진료를 받고자 하는 경우에는 부득이한 이유가 없는 한, 피보험자증을 당해 보험의료기관 등에 제출하여야 하는 것으로 되어 있다(법 제63조 제3항 등). 건강보험조합으로부터 피보험자의 친족 등이 피부양자에 해당하지 않는다고 판단되고, 피부양자와 관련한 피보험자증이 교부되지 않은 경우에는 당해 친족 등의 경우, 국민건강보험의 피보험자의 자격취득에 대해 신청하지 않는 한, 적시에 적절한 진료를 받을 수 없을 우려가 있다.

피부양자와 관련한 보험급부에 관한 법률관계는 사항의 성질상, 다수의 자에 대해 발생할 수 있는바, 건강보험제도를 포함한 의료보험제도 전체 하에서는 피보험자의 친족 등이 피부양자에 해당하는 것은 피부양자와 관련한 보험급부가 행해지기 위한 자격으로서의 성질을 가지며, 그 해당성의 유무에 따라 당해 친족 등에게 적용되는 의료보험의 종류가 결정된다. 또한 피부양자와 관련한 피보험자증이 교부되지 않는 경우에는 피보험자의 친족 등에게 생활상의 상당한 불이익이 발생하게 된다.

이러한 점에 비추어 보면, 상기 해당성에 대한 건강보험조합의 판단은 피보험자 및 그 판단대상으로 된 친족 등의 법률상 지위를 규율하는 것이며, 피보험자의 자격 득실에 대해 건강보험조합에 의한 확인이라는 처분으로써 조기에 확정시키는 것으로 되어 있는(법 제39조 제1항) 것과 동일하게, 상기 판단을 조기에 확정시켜 적정하고 공평한 보험급부의 실현이나 실효적인 권리구제 등을 도모할 필요성이 높다. 법은 이상과 같은 점에 비추어, 건강보험조합이 관장하는 건강보험의 피보험자가 피부양자를 두고 있는지 여부에 대해 건강보험조합에서 그 인정판단을 하고, 그 결과를 피보험자에게 통지하는 것을 당연히 예정하고 있다. 그렇다면 상기의 통지는 처분에 해당한다.

법 제189조 제1항이 피보험자의 자격 등에 관한 처분에 대해 사회보험심사관에 대한 심사청구 및 사회보험심사회에 대한 재심사청구라는 특별한 불복신청의 제도를 마련한 취지는 이러한 처분들이 다수의 피보험자 등의 생활에 영향을 미치는 바가 크다는 점 등에 비추어, 전문적인 불복심사기관에 의한 간이·신속한 절차에 따라 피보험자 등의 권리이익 구제를 도모하는 것에 있다. 그리고 상기 설시한 바에 따르면, 그 취지는 상기 건강보험조합에 의한 피부양자와 관련한 인정판단의 결과인 통지에 대해서도 타당하다.

따라서 건강보험조합이 피보험자에 대해 행하는 그 친족 등이 피부양자에 해당하지 않는다는 취지의 통지는 법 제189조 제1항 소정의 피보험자의 자격에 관한 처분에 해당한다.

또한 본판결은 상기와 같이 법 제189조 제1항 소정의 처분해당성을 긍정한 후에, 본건 심사청구는 심사청구기간을 도과하여 이루어진 부적법한 것이라고 보아 청구②에 대해 원심의 판단을 결론에 있어서 시인하고, 청구①에 대해서 심사청구전치를 규정하는 법 제192조의 요건을 충족하지 않는다고 보아 각하했다.

심사청구기간의 도과 등에 대해 우가 카츠야 재판관의 반대의견이 있다.

2.3.3 해설

아) 문제의 소재 및 본판결의 의의

본판결은 피부양자비해당통지는 법 제189조 제1항 소정의 피보험자 자격에 관한 처분에 해당하고, 사회보험심사관 및 사회보험심사회에 대해 동항 소정의 불복신청을 할 수 있다는 판단을 처음 한 사례로서 이론적, 실무적으로 중요한 의의를 가진다.[37)]

건강보험조합이 행하는 피부양자에 해당하지 않는다는 통지가 법 제189조 제1항 소정의 피보험자 자격에 관한 처분에 해당한다고 하기 위해서는 그 전제로서 피부양자비해당통지에 소위 처분성이 인정될 필요가 있다. 그리고 행정청의 행위에 처분성이 인정되지 위해서는 그 행위가 공권력성을 가질 것, 그 행위에 의해 발생하는 효과가 국민의 법률상 지위에 영향을 미칠 것을 필요로 한다. 그리고 공권력성은 법률에 의해 부여되는 것이므로, 처분성이 인정되기 위해서는 당해 행위가 법률에 근거를 가질 필요가 있다. 또한 법률이나 다른 행정행위에 의해 이미 발생한 효과를 확인하는 것에 불과한 행위(관념의 통지) 등은 국민의 법률상 지위에 영향을 주는 것이 아니므로 통상은 처분성을 가지지 않는다고 본다.[38)]

피부양자비해당통지의 처분성에 대해서 보면, 법은 피보험자 자격의 득실에 대해 법 제39조 제1항 본문에서 건강보험조합 등에 의한 확인에 의해 그 효력을 발생시킨다는 취지를 규정하고, 확인이라는 행정

---

37) 「判例タイムズ」, 1507号, 2023, 36면.

38) 「判例タイムズ」, 1507号, 2023, 34면. 다만, 법률에 당해 행위의 직접적인 근거로 될 구체적인 규정이 없는 경우나 당해 행위가 관념의 통지로서의 성질을 가지는 경우 등이라 하더라도 국민의 실효적인 권리구제 등의 관점에서 법률이 특별히 당해 행위에 처분성을 부여하고 있다고 해석되는 경우가 있다.

처분에 의해 피보험자 자격의 득실이라는 법적효과가 발생하는 것을 규정하고 있다.

이에 반해 피부양자의 경우 법 제3조 제7호에서 정의를 규정하고 있을 뿐이며, 피부양자해당성의 경우, 건강보험조합 등이 그 인정판단을 하여 피보험자에게 통지한다는 명문의 규정은 두고 있지 않다. 또한 법 제3조 제7항의 규정내용 등에 따르면, 피부양자에 해당하는지 여부는 법소정의 요건(생계유지요건 등)을 충족하는지 여부에 따라 결정되는 것으로 해석되고, 피부양자비해당통지는 관념의 통지로서의 성질을 가지는 것이라 할 수 있다. 그렇다면 피부양자비해당통지의 처분성을 부정하는 견해도 이유가 없는 것은 아니다.

본판결은 이러한 피부양자해당성에 관한 통지에 처분성을 인정한 것이다.[39] 즉 처분성을 긍정하기 위해서는 적어도 법률에 근거가 있을 것을 필요로 하지만, 최고재판소는 지금까지 법률에 명시적인 근거가 없는 행위에 대해서 처분성을 긍정해 왔다. 본 판결도 이러한 판례의 하나로 볼 수 있을 것이다.

또한 본판결은 단순히 처분성을 긍정하는 것뿐만 아니라, 법 제189조 제1항 소정의 처분에 해당하는 것도 긍정했다.[40] 통상의 처분이라면, 일반법인 행정불복심사법이 적용되고, 건강보험조합에는 상급행정청이 없으므로, 당해 건강보험조합에 대해 불복신청을 하는 것으로 된다. 또한 취소소송과의 관계에 대해서는 통상의 경우 심사청구는 선택사항으로 되지만, 법 제189조 제1항의 처분이라면 심사청구는 사회

39) 鵜澤剛, 「ジュリスト」, 1597号, 2024, 41면.

40) 만약 피부양자비해당통지의 처분성을 부정하면, 피부양자에 해당하지 않는다는 인정판단에 불복이 있더라도, 의료기관에서 진료를 받고 의료비 전액을 자기부담으로 한 후, 사후에 건강보험조합에 보험급부를 청구하고, 이를 거부하는 처분을 받은 단계에서 법 제189조 제1항 소정의 보험급부에 관한 처분으로서 심사청구 등을 하게 될 것이다. 하지만, 건강보험을 이용하지 않고 의료기관을 방문하는 자는 거의 없으므로, 이러한 쟁송방법은 권리구제의 방법으로서 실효적이지 않다 할 것이다(「判例タイムズ」, 1507号, 2023, 34면).

보험심사관에 대해, 재심사청구는 사회보험심사회에 하게 되며, 또한 취소소송과의 관계에서는 심사청구전치주의로 된다(법 제192조)는 차이가 있다.

자) 피부양자비해당통지의 처분성

건강보험법상 피보험자의 피부양자에게는 피보험자증이 교부되고, 피부양자는 보험의료기관 등에 피보험자증을 제출함에 따라 보험진료를 받을 수 있다. 한편, 피보험자의 친족 등이라 하더라도 피부양자가 아닌 경우에는 원칙적으로 국민건강보험의 피보험자로 되고(국민건강보험법 제5조, 제6조 제1호), 그 자격의 취득에 대해 신청이 필요하다(동법 제9조 제1항). 또한 이에 수반하여 국민건강보험의 보험료 등이 징수된다. 이와 같이 피부양자에 해당하는지 여부가 그 자의 법적지위에 구체적 영향을 미치는 것은 당연하다.

문제는 피부양자해당성을 처분에 의해 결정하는 방식이 법률상 채택되어 있다고 이해할 수 있는가이다. 피보험자자격에 대해서는 명시적으로 처분을 예정하고 있음에 반해, 피부양자에 대해서는 그러한 규정이 전혀 없다. 이 점은 본판결이 주목하는 것이 피보험자와 피부양자의 동질성, 즉 모두 보험급부를 받을 수 있는지 여부와 관련되는 것 및 다수와의 사이에서 발생하는 법률관계이며 조기확정 요청이 큰 점이다. 피보험자자격이 처분으로 결정되는 것이라면, 피부양자해당성도 동일하다는 논리이다.[41)]

차) 법 제189조 제1항 소정의 '처분'해당성

본건 통지가 항고소송의 대상으로 된다는 의미에서의 처분에 해당하는 것은 1심판결 및 항소심판결도 인정하고 있지만, 법 제189조 제1항의 처분에 해당하는 것은 부정했다. 이에 반해 본판결은 법 제189조 제1항의 처분에 해당하는 것도 인정했지만, 여기에서도 중요한 것이 피

41) 鵜澤剛, 앞의 글, 41면.

보험자 자격과 피부양자 지위의 동질성이다.

법 제189조 제1항 처분과 그렇지 않은 경우에서 심사청구기관이 다른 것은 전술했다. 본판결은 '전문적인 불복심사기관에 의한 간이신속한 절차에 의해 피보험자 등의 권리이익의 구제를 도모한다'는 입법취지가 피부양자해당성의 인정판단에도 타당하다고 하고 있다. 이때 '다수의 피보험자 등의 생활에 영향을 미치는 바가 큰' 처분이라는 점도 언급하고 있다.

법 제189조 제1항의 처분에 대해서는 전술한 것과 같이 심사청구전치주의가 규정되어 있으며, 단기의 심사청구기간을 경과하면 취소소송도 제기할 수 없게 된다는 점에서 법률관계의 조기확정이 도모되고 있다. 또한, 법 제189조 제4항에서는 "피보험자의 자격에 관한 처분이 확정된 때는 그 처분에 대한 불복을 당해 처분에 기초한 보험급부에 관한 처분에 대한 불복의 이유로 할 수 없다"고 하여 보험급부에 관한 처분(후행처분)에 대한 심사청구에 있어서 그 전제로 되는 피보험자자격에 관한 처분(선행처분)에 대한 불복의 주장이 배제되고 있으며, 이는 취소소송에 대해서도 타당하다고 해석된다.[42] 이로부터도 피보험자자격에 관한 처분에는 법적안정성의 요청이 강하게 작동하는 것을 살펴볼 수 있다. 전술한 것과 같이 피부양자비해당통지에 처분성이 긍정되는 근거가 법률관계의 조기확정의 요청에 있다고 한다면, 법 제189조 제1항의 처분해당성도 긍정하는 것이 자연스럽다 할 것이다.[43] 1심판결 및 항소심판결은 처분성의 판정에 있어서는 명문의 근거를 결한다는 형식면보다도 피보험자자격과 피부양자 지위의 동질성이라는 실질적인 면을 중시하면서, 법 제189조 제1항의 처분해당성에 대해서는 동항의 문언이라는 형식적인 면을 특히 중시하는 것이며 해석자세로서 일관되지 않은 면이 있다.[44]

---

42) 鵜澤剛, 앞의 글, 41면 재인용.

43) 鵜澤剛, 앞의 글, 41면.

44) 森田亮,「ジュリスト」, 1588号, 2023, 92면.

또한 공적연금제도에 관해서는 후생연금의 피보험자의 피부양자는 국민연금의 소위 제3호 피보험자로 되는데(국민연금법 제7조 제1항 제3호), 이 경우 '인정'을 행하는 것이 법률상 예정되어 있으며(동조 제3항), 이 인정은 '피보험자의 자격에 관한 처분'으로서 특별한 심사청구의 대상으로 된다(동법 제101조 제1항). 이러한 점과의 균형을 고려하더라도, 피부양자자격해당성은 처분에 의해 규율되어야 할 것이며, 법이 이 점에 대해 규정을 두지 않고 있는 것은 입법의 불비라 할 것이다.[45]

2.4. 묘지, 매장 등에 관한 법률 제10조에 기초한 납골당 경영 등 허가의 취소소송과 납골당 주변주민의 원고적격(최고재판소 2023년 5월 9일 판결)[46]

2.4.1. 사안의 개요

본건은 오사카시의 제1종 주거지역 내의 토지에서 종교법인 A가 계획하는 납골당에 대해 오사카시장이 「묘지, 매장 등에 관한 법률」(이하 '법'이라 한다) 제10조 제1항과 제2항에 기초하여 각각 행한 납골당경영허가 및 동 납골당의 시설변경(확장 등)의 허가(이하 위 2가지의 허가를 합쳐 '본건 각 허가'라 한다)에 대해 주변주민(X들－원고·항소인·피상고인)이 오사카시(Y－피고·피항소인·상고인)를 피고로 제기한 취소소송이다. 당해 납골당은 철근콘크리트 건물로 지상 6층의 건물이며, X들은 모두 당해 토지로부터 100m 이내에 소재하는 건물에 거주하고 있다.

법은 본건 각 허가의 요건을 전혀 규정하고 있지 않으며, 제1조에서 묘지·납골당·화장장의 관리 및 매장 등이 "국민의 종교적 감정에 적합하고, 공중위생, 기타 공공복지의 견지에서 지장없이 행해질 것"이라는 목적규정을 두고 있음에 그친다. 또한 오사카시장이 정한 「오사카

45) 鵜澤剛, 앞의 글, 41면.
46) 最高裁令和5年5月9日(民集77巻4号859頁).

시 묘지, 매장 등에 관한 법률 시행세칙」(이하 '본건 세칙'이라 한다) 제8조는 본문에서 "시장은 법 제10조의 규정에 따른 허가의 신청이 있는 경우에 당해 신청에 관한 묘지 등의 소재지가 학교, 병원 및 인가의 부지에서 약 300m 이내의 장소에 있는 때는 당해 허가를 행하지 않는 것으로 한다"고 규정하고 있다(이하 당해 규정을 '거리제한규정'이라 한다). 한편 단서에서 "시장이 당해 묘지 등의 부근의 생활환경을 현저히 훼손할 우려가 없다고 인정되는 때는 그러하지 아니하다"고 규정하고 있다.

제1심[47]은 X들의 원고적격을 부정하여 소를 각하했음에 반해, 원심[48]은 본건 세칙 제8조에 거리제한구역 내의 인가(人家) 거주자의 생활환경이익을 '개별적 이익으로서 보호하는 취지 및 목적이 포함되어 있는 것이 분명하다'는 등을 이유로 X들의 원고적격을 인정했다. 이에 대해 Y는 원고적격에 관한 원판결의 판단은 최고재판소 2000년 3월 17일 판결[49](이하 '2000년 최고재판소판결'이라 한다)에 반하는 것 등을 이유로 상고수리를 신청했다.

2.4.2 판시사항

최고재판소는 상고를 기각했다.

(ⅰ) 법 제10조에 따라 "묘지 등을 경영하거나 묘지의 구역 등을 변경하고자 하는 자는 도도부현 지사의 허가를 받아야 한다"고 하는데, "동조는 그 허가요건을 특별히 규정하고 있지 않으며, 그 자체가 묘지 등의 주변에 거주하는 자 개개인의 개별적 이익을 함께 보호하는 것을 목적으로 하고 있는 것으로는 해석하기 어렵다"(2000년 최고재판소판결 참조).

(ⅱ) 그러나 상기 허가요건을 특별히 규정하고 있지 않은 법 제10

47) 大阪地判令和3年5月20日(判時2522号34頁).
48) 大阪高判令和4年2月10日(判自491号60頁).
49) 最二小判平成12年3月17日(判時1708号62頁).

조의 취지를 고려하면, "동조는 법의 목적에 적합한 한, 묘지경영 등의 허가의 구체적인 요건이 도도부현(시 또는 특별구의 경우 시 또는 특별구)의 조례 또는 규칙에 의해 보완될 수 있는 것을 당연한 전제로 하고 있는 것으로 이해된다." "그리고 본건 세칙 제8조는 법의 목적에 따라 오사카시장이 행하는 법 제10조의 규정에 의한 묘지경영 등의 허가요건을 구체적으로 규정하는 것이기 때문에, X들이 본건 각 허가취소를 구하는 원고적격을 가지는지 여부의 판단에 있어서는 그 근거로 되는 법령으로서 본건 세칙 제8조의 취지 및 목적을 고려해야 할 것이다."

(iii) 본건 세칙 제8조의 본문 및 단서의 규정 내용에 비추어 보면, "본건 세칙 제8조는 묘지 등의 소재지로부터 약 300m 이내의 장소에 부지가 있는 인가(人家)에 대해서는 여기에 거주하는 자가 평온하게 일상생활을 보내는 이익을 개별 거주자의 개별적 이익으로서 보호하는 취지를 포함하는 규정으로 해석하는 것이 타당하다."

(iv) 따라서 법 제10조의 규정에 의해 오사카시장이 행한 납골당의 경영 또는 그 시설변경과 관련한 허가에 대해 당해 납골당의 소재지로부터 약 300m 이내의 장소에 부지가 있는 인가(人家)에 거주하는 자는 그 취소를 구할 원고적격이 있는 것으로 해석해야 할 것이다.

본건의 경우 X들은 모두 본건 납골당의 소재지로부터 약 300m 이내에 거주하는 자에 해당하므로, 본건 세칙 제8조를 근거로 하여 본건 각 허가의 취소를 구할 원고적격을 가지는 것이라 할 수 있다.

2.4.3. 해설

카) 거리제한규정과 주변주민의 생활환경이익

본판결은 본건 세칙 제8조 소정의 거리제한규정의 취지를 중시한 결과,[50] 판시(iv)에서 당해 납골당의 소재지로부터 300m 이내에 거주

50) 米田雅宏, "納骨堂の所在地周辺に居住する者らの原告適格", 「法学教室」, 516号, 2023, 108면.

하는 자에게 원고적격을 인정했다. 판시(iii)에서 언급한 것처럼 당해 인근 거주자가 가지는 '평온하게 일상생활을 보내는 이익'에는 본건 세칙 제8조를 근거로 개별적 보호이익성이 있다고 인정되기 때문이다. 이에 따라 본판결은 거리제한규정의 존재라는 전제 하에서이기는 하지만, '주관적·심리적인 요인에 의한 생활환경의 악화에 대한 보호를 받을 수 있는 이익을 일반 주민의 개별적 이익으로 인정'하는 첫 번째 최고재판소 판결이라 할 수 있다.[51]

또한, 본판결은 원고적격을 인정하는 근거로 되는 이익에 대해서 종래의 판결과는 다르다는 점에서 의의가 있다. 거리제한규정을 이유로 제3자의 원고적격을 인정한 종래의 최고재판소 판례는 경업관계에 있는 기존사업자의 영업상의 이익이나 병원이나 학교 등 일정한 유형의 시설설치자의 '원활하게 업무를 행할 수 있는 이익'이 보호되는 경우에 한했다.[52]

한편, 본판결은 오사카시에서 법 제10조에 의한 허가기준으로서 본건 세칙 제8조가 규정하는 거리제한규정에 대해 묘지 등의 존재가 사람의 죽음을 상기시키는 것인 점에 비추어, 묘지 등의 소재지로부터 약 300m 이내의 장소에 거주하는 자가 평온하게 일상생활을 보내는 이익을 개별 거주자의 개별적 이익으로 보호하는 취지를 포함한다고 설시하며 원고적격을 인정했다. 본건 세칙의 거리제한규정도 인가(人家)와 함께 '학교, 병원'을 보호대상시설로 규정하고 있다. 그러한 규정 하에서 '인가(人家)'의 거주자인 일반 주민에게도 그 심리적 내지 정신적인 이익에 개별적 보호이익성을 인정한 점에 본 판결의 획기적 의의가 있는 것이다.[53]

---

51) 野呂充, "納骨堂経営許可等取消訴訟：大阪高等裁判所への意見書および解題", 「阪大法学」, 73巻3号, 2023, 664면.

52) 和久一彦, 「ジュリスト」, 1590号, 2023, 118면.

53) 亘理格, 「ジュリスト」, 1597号, 2024, 43면.

즉, 소음, 진동이나 수질악화와 같은 주민의 생명, 신체(건강)의 피해를 초래할 우려가 있는 물리적 요인이 아니라, 주관적 · 심리적인 요인에 의한 생활환경의 악화에 대한 보호를 받을 수 있는 이익을 일반 주민의 개별적 이익으로서 인정한 최고재판소 판결은 과거에 없었다. 경관이익 등의 보호에 관한 사례에도 사실상의 영향을 미칠 수 있는 가능성이 있는 판단이다.[54)]

그리고 법 제10조에 의한 허가기준을 구체화하는 조례나 지방자치단체의 장이 제정한 규칙의 효력에 대해서 의미가 있다. 법에는 허가기준의 구체화를 다른 법령에 위임하는 규정이 없기 때문에, 조례·규칙이 규정하는 허가기준을 법적구속력이 없는 재량기준으로 해석하는 학설이나 재판례도 있었다. 그러나 본판결은 법 제10조는 허가요건이 '조례 또는 규칙에 의해 보완될 수 있는 것을 당연한 전제로 하고 있다'고 판시하여, 본건 세칙의 법적구속력을 인정하고, 이 문제에 실무상 결착을 지었다 할 수 있다.[55)]

그러나 묘지경영허가에 대한 취소소송에 대해, 2000년 최고재판소 판결은 묘지주변주민의 원고적격을 부정했지만, 이 사안에서 단서로 된 '오사카부(大阪府) 묘지등의 경영허가 등에 관한 조례'도 '학교, 병원'과 함께 '주택' 및 '사무소, 점포, 기타 이와 유사한 시설'을 거리제한규정에 의한 보호대상으로 규정하고 있었다. 이러한 유사사안에 있어서의 결론의 대립에 대해 본판결은 판시(ⅳ)에서 2000년 최고재판소판결은 거리제한에 의해 보호되는 '시설의 유형이나 당해 제한을 해제하는 요건에 대해 다른 내용의 규정이 마련되어 있는 경우에 관한 것'으로서 사안을 달리한다고 판시했다.[56)]

---

54) 野呂充, 위의 글, 663－664면.
55) 野呂充, 위의 글, 663면.
56) 亘理格, 위의 글, 43면. 우가 카츠야 재판관 의견이 언급하듯이 '규정의 근소한 표현 차이라는 입법상 우연'을 이유로 소송상 반대의 취급을 하는 것에 대한 합리성이 의심된다는 언급이 있다.

타) 법률상 백지요건규정과 재량기준의 법적구속성

본판결은 주변주민의 생활환경상의 심리적·정신적 이익에 개별적 보호이익성을 인정했지만, 이때 중시한 거리제한규정은 지방자치법 제15조 제1항에 기초하여 지방자치단체의 장이 법률의 명시적 위임없이 규정한 규칙 중의 하나이다. 판시(ⅱ)는 묘지경영 등의 허가요건을 일체 규정하지 않은 법 제10조에 대해서 도도부현 등의 조례 또는 규칙이 허가의 '구체적 요건'을 정함에 따라 '보완될 수 있다'는 것을 '당연한 전제'로 한 것으로 인식함에 따라, 본건 세칙 제8조를 주변주민에 관한 원고적격판단의 '근거로 되는 법령'으로 보았다. 이에 따라 법 제10조와 본건 세칙 제8조는 적어도 원고적격판단의 근거로서는 일체적으로 파악된 것이다. 지방자치단체의 조례와 규칙은 헌법 제94조에 기초하여 법률상 명문의 규정 또는 취지에 반하지 않는 한 자치입법권의 행사로서 정할 수 있다. 이 점을 고려하면, 허가요건을 일체 정하지 않은 법 제10조를 '보완'하기 위해 '법의 목적에 따라' 구체적 허가요건을 정한 본건 세칙 제8조의 규정이 근거법규의 일부를 구성한다는 판시(ⅱ)에는 설득력이 있다.[57] 또한 여기에서 '법의 목적'이란 '묘지 등의 관리 및 매장 등이 국민의 종교적인 감정에 적합하고, 또한 공중위생, 기타 공공복지의 견지에서 지장없이 행해지는 것'이며(법 제1조 참조), 법 제10조가 허가요건을 일체 정하지 않은 것은 이러한 '법의 목적'에 적합한 것인 한, 허가권자의 '광범위한 재량'에 의해 '지역의 특성에 따른 자주적인 처리를 도모하는 취지'에 따른 것이라 할 수 있다. 근거법률에 있어서 요건규정의 흠결을 목적규정 내에서의 자치입법권 활용에 의해 '보완'하고자 하는 사고방식이 여기에서 제시되었다 할 것이다.[58]

---

57) 亘理格, 앞의 글, 43면.

58) 亘理格, 앞의 글, 43면.

파) 2000년 최고재판소판결과의 관계

원심판결과 같이 본건 세칙 제8조의 규정을 어디까지나 '관계법령'(행정사건소송법 제9조 제2항)으로서 보고, 주변주민의 원고적격을 긍정하고자 한다면, 근거규정인 법 제10조 자체가 당해 주변주민의 생활환경상의 이익을 개별적으로 보호하는 취지를 포함한다고 판단하게 되며, 이에 따라 2000년 최고재판소판결의 변경은 피하기 어려웠다 할 것이다.

이에 대해 본판결은 본건과 2000년 최고재판소판결은 사안을 달리하고, 2000년 최고재판소판결의 사정범위가 본건에는 미치지 않는다고 판단했기 때문에, 판례변경의 필요는 없다고도 볼 수 있다. 한편, 본판결은 2000년 최고재판소 판결과 비교할 때 사실상 변경이라고도 할 수 있다. 2000년 최고재판소판결은 법 제10조 제1항에 기초한 묘지경영허가의 취소소송에 있어서 주변주민의 원고적격을 부정했지만, 본판결은 허가기준을 구체화하는 조례, 규칙의 문언이 2000년 최고재판소판결 사안과 다른 점을 이유로 하여, 2000년 최고재판소판결의 사정범위를 한정하고, 본건 납골당의 주변주민에게 원고적격을 인정했기 때문이다.[59]

2.5. 미결구금자로서 수용 중에 받은 진료에 관한 보유 개인정보의 전부를 공개하지 않은 결정의 국가배상법상 위법성(최고재판소 2023년 10월 26일 판결)[60]

2.5.1. 사안의 개요

본건은 도쿄구치소에 미결구금자로 수용되었던 X(원고·항소인·피항소인)가 「행정기관이 보유하는 개인정보의 보호에 관한 법률」[61](이하

59) 본판결의 보충의견에서도 2000년 최고재판소 판결은 20004년 행정사건소송법 개정을 바탕으로 재검토되어야 할 것이라고도 하고 있는 점을 볼 때, 사실상 판례변경으로 평가할 수도 있을 것이다(野呂充, 앞의 글, 664면).

60) 最高裁令和5年10月26日(判タ1517号54頁).

'법'이라 한다)에 기초하여 도쿄교정관구장(東京矯正管区長)[62]에 대해 X가 수용중에 받은 진료에 관한 진료부에 기록되어 있는 보유개인정보(이하 '본건 정보'라 한다)의 공개를 청구한 바, 법 제45조 제1항[63] 소정의 보유개인정보에 해당하여, 공개청구의 대상에서 제외된다고 하여, 그 전부를 공개하지 않는 결정(이하 '본건 결정'이라 한다)을 받아, 본건 결정은 위법하다고 주장하며, 국가(피고·피항소인·상고인)를 상대로 그 취소를 구하는 동시에, 국가배상법 제1조 제1항에 기초한 배상청구를 구한 사안이다.

원심[64]은 본건 소송 중 본건 결정의 취소청구에 관한 부분에 대해 소의 이익을 결한다고 보아 각하하는 한편, 본건 결정은 법에 반하여 위법이라고 한 후에, 다음과 같이 판단하며 손해배상청구를 일부 인용했다. 법 제45조 제1항의 문언으로부터는 바로 피수용자진료정보가 동항 소정의 보유개인정보에 해당한다(이하 '본건 견해'라 한다)고 읽을 수는 없는 점 등으로부터 보면, (법무성이 조직으로서 알고 있던) 위와 같은 해석을 채택하기에 상당한 근거는 보이지 않으며, 법무대신 및 법무성 교정국의 담당자(이하 '법무성 담당자 등'이라 한다)에게 있어서 그 직무상 주

61) 「행정기관이 보유하는 개인정보보호법」은 2022년 4월 1일 시행된 개인정보보호법에 통합되었다.

62) 교정관구란 법무성의 지방지국으로서 소관사무 중 형무소, 구치소, 소년원, 소년감호소의 운영, 관리에 관한 사무를 분장하고, 관할구역 내 각 시설의 적정한 관리운영을 도모하기 위해 지도감독조정 등을 실시하는 기관을 말한다. (https://www.moj.go.jp/content/001310946.pdf[검색일자:2024.12.27.])

63) 현재 개인정보보호법 제124조 제1항 내용이며, 개인정보의 공개, 정정 및 이용정지에 관한 규정은 형사사건 혹은 소년의 보호사건과 관련한 재판, 검찰관, 검찰사무관 혹은 사법경찰직원이 행하는 처분, 형 혹은 보호처분의 집행, 갱생긴급보호 또는 사면과 관련한 보유개인정보(당해 재판, 처분 혹은 집행을 받은 자, 갱생긴급보호의 신청을 한 자 또는 사면의 상신이 있었던 자와 관련한 것에 한한다)에 대해서는 적용하지 아니한다는 것이다(浦城知子, 刑事施設におけるカルテ不開示決定に対する国家賠償請求事件, 「法学セミナー」, 830号, 2024, 31면).

64) 東京高判令和4年4月7日(令3(行コ)171号).

의의무를 다하고 있다면, 피수용자진료정보는 동항 소정의 보유개인정보에 해당하지 않는다는 해석을 채택해야 할 것으로 인식할 수 있었다고 할 것이며, 법무성 담당자 등은 직무상 주의의무에 위반했다고 할 것이다.

제1차 상고심[65]은 형사시설에 수용되어 있는 자(이하 '피수용자'라 한다)가 수용 중에 받은 진료에 관한 보유개인정보(이하 '피수용자진료정보'라 한다)는 법 제45조 제1항 소정의 보유개인정보에 해당하지 않는다고 하고, 본건 정보는 법 제12조 제1항에 따른 공개청구의 대상으로 된다는 취지로 판단하고, 본건을 원심으로 환송했다. 도쿄교정관구장은 동 판결 후 본건 결정을 전부취소하는 동시에 본건 정보의 일부를 공개하는 결정을 했다.

2.5.2. 판시사항

(ⅰ) 본건 결정은 본건 정보와 관련한 공개청구를 받은 도쿄교정관구장에게 있어서 법 제45조 제1항의 해석을 잘못하여, 피수용자진료정보는 동항 소정의 보유개인정보에 해당한다는 견해에 입각하여 행한 것이지만, 그것으로부터 바로 본건 결정에 대해 국가배상법 제1조 제1항에서 말하는 위법이 있었다는 평가를 받는 것은 아니며, 도쿄교정관구장이 본건 결정을 함에 있어서 직무상 통상 다하여야 할 주의의무를 다하지 않고, 만연히 판단했다고 인정할 수 있는 사정이 있는 경우에 한하여, 상기 평가를 받는 것으로 해석하는 것이 타당하다.

(ⅱ) 이에 검토하면, 본건 결정 당시 공표되어 있던 재판례나 정보공개·개인정보보호심사회의 답신은 모두 피수용자 진료정보가 법 제45조 제1항 소정의 보유개인정보에 해당한다는 견해를 취하고 있었던 것을 살펴본 후, 제1차 상고심이 판시한 이유와 같은 취지의 해석을 보여

65) 最判令和3年6月15日(民集75巻7号3064頁).

주는 문헌 등도 보이지 않는다. 그리고 피수용자진료정보에 대해 형사사건에 관한 재판내용의 실현 등에 부수하는 작용에 관한 것으로 볼 여지가 있는 점은 부정하기 어려우며, 상기 견해가 동항의 문리에 반하는 것이라고까지는 할 수 없으며, 제3자에 의한 전과 등의 심사에 이용되는 등의 폐해 발생을 방지한다는 동항의 취지에 비추어 보더라도, 피수용자진료정보가 공개되면, 수용 중에 진료를 받은 사실, 나아가서는 전과 등의 존재가 분명히 되는 점에서 보면, 상기 견해가 불합리하다고까지는 할 수 없다.

(iii) 그렇다면 본건 결정 당시 도쿄교정관구장이 입각한 상기 견해에 상당한 근거가 없었다고는 할 수 없으며, 도쿄교정관구장이 본건 결정을 함에 있어서 직무상 통상 다하여야 할 주의의무를 다하지 않고 만연히 판단했다고 인정할 수 있는 사정이 있다고는 할 수 없다. 또한 본건 결정 당시 법무성 담당자 등이 도쿄교정관구장에 대해 통달 등을 가지고 상기 견해를 채택하여야 할 것을 명했다는 등의 사정은 살펴볼 수 없는 이상, 본건 결정의 국가배상법상 위법성에 관한 판단은 도쿄교정관구장과는 다른 별도의 공무원인 법무성 담당자 등이 직무상 통상 다하여야 할 주의의무를 다했는지 여부에 따라 좌우되는 것은 아니다.

이상에 따르면, 본건 결정에 대해 국가배상법 제1조 제1항에서 말하는 위법이 있었다고는 할 수 없다.

2.5.3 해설

과거 재판례를 볼 때, 국가 측은 법 제45조 제1항이 형사사건과 관련한 재판이나 형의 집행과 관련한 개인정보를 공개청구의 대상외로 한 취지는 동항이 규정하는 보유개인정보에는 개인의 전과기록, 수용이력 등 고도의 개인정보를 포함하고 있으며, 이러한 정보들을 공개청구의 대상으로 하면, 예컨대, 고용주가 채용예정자의 전과 유무, 수용이력 등을 확인할 목적으로 채용예정자 본인에게 공개청구를 요구하여 전과나 수용이력 등이 알려지게 되고, 본인의 사회복귀에 지장을 주는 등의 폐해가 발생하기 때문에, 그러한 폐해를 방지하는 것에 형사사시설에서 받은 의료정보도 이에 포함된다는 취지의 주장을 행했으며, 이러한 주장이 법원에서도 그대로 받아들여졌다.[66] 즉 1차 상고심에서는 형사사건과 관련한 재판에 관한 보유개인정보에는 형사시설 수용 중에 받은 진료에 관한 정보는 포함되지 않는다고 판단한 것이다.

최고재판소는 그 이유로서 형사시설 내에 마련된 병원 또는 진료소에도 원칙적으로 의료법의 규정이 적용되며, 사회 일반에서 제공되는 진료와 다른 것이 없으므로, 형사시설에서 받은 진료정보는 법 제45조 제1항의 제외규정에는 포함되지 않으며, 원칙대로 공개청구의 대상이 된다고 한 것이다.

또한, 피수용자가 수용 중에 받은 진료의 성질은 사회 일반에서 제공되는 진료와 다르지 않다는 판단은 정보공개와 별도로 구금시설에서의 처우에 대해 공통의 기준을 적용한다는 것으로서 의의가 크다 할 것이다.[67] 즉, 과거에는 형사시설 등에서의 의료의 불충분함으로 인해 입게된 손해에 대해 국가배상청구를 요구한 사례에서, 국가 측은 피수용자의 진료에는 인원의 배치나 설비 등의 측면에서 사회 일반의 의료수준보다 낮더라도 어쩔 수 없다는 주장이 있었으며, 법원에서도 그러한 주장이 받아들여졌던 것이다. 그러나 본판결과 관련해서는 수용시설에서의 진료도 사회 일반의 진료와 다르지 않다는 점을 확인했다 할 것이다.

이와 관련하여 우가 카츠야(宇賀克也) 재판관의 보충의견도 유사한 측면이 있다. 즉, 형사시설에서의 진료에 관한 정보에 있어서도 Informed consent의 중요성은 다르지 않다는 것이다. 그리고 국제적인 논의를 보더라도 형사시설에서의 자기 의료정보에 대한 접근권 보장은 글로벌 스탠다드로 되어 있다는 것이다. 형사시설 밖의 병원이나 진료

66) 浦城知子, 앞의 글, 31면.
67) 浦城知子, 앞의 글, 33면.

소에서 진료를 받은 경우에는 통상적인 진료기록이 되어 공개되어도 수용이력을 알 수 없으므로 공개청구가 가능한 반면, 형사시설 내의 병원이나 진료소에서 진료를 받은 경우에는 공개청구를 할 수 없는 것은 불합리하다는 것이다. 이러한 측면에서 일본의 사법부는 국제규약이나 국제기준에 의거하는 것에 소극적이었다는 평가할 수 있을 것이다.[68]

그리고 이후 파기환송심을 하는 단계에서 실제 2005년에 행정기관이 보유하는 개인정보의 보호에 관한 법률이 시행된 이래 20년 가까이 지났는데, 그 동안 공개되어야 할 의료기록이 공개되지 않아 많은 피수용자가 불이익을 입었던 사회적 배경도 있다. 다만, 국가배상법 제1조 제1항의 위법에 대해서 국가 측은 '당해 공무원이 직무상 다하여야 할 주의의무를 다하지 않고, 만연히 행위를 했다고 인정할 수 있는 사정이 있는 경우에 한하여 국가배상법 제1조 제1항에서 말하는 위법이 인정된다'는 기준을 통상 주장하고 있다.

본판결에서 항소인에게 비공개결정을 한 것은 결정 당시의 도쿄교정관구장이지만, 이는 조직적인 해석운용이 확립되어 있는 상태에서 행해진 것이며, 결국 조직적으로 비공개방침을 고수해 온 법무성 담당자의 행위라고 주장한 것이다.

파기환송심의 상고심인 본판결에서는 법무성 담당자의 책임을 주장하는 피상고인과 도쿄교정관구장의 직무상 주의의무위반을 주장하는 상고인의 견해가 대립했으며, 본판결은 도쿄교정관구장의 주의의무위반을 중심으로 판결을 염두에 두었다 할 수 있다.[69] 그 결과 본건 결정 당시에는 판시(iii)과 같이 도쿄교정관구장이 본건 결정을 함에 있어서 직무상 통상 다하여야 할 주의의무를 다하지 않고 만연히 판단했다고 인정할 수 있는 사정이 있다고는 할 수 없다고 판단했다. 또한 당시에는 제1차 상고심이 판시한 이유와 같은 취지의 해석을 보여주는 문헌

68) 浦城知子, 앞의 글, 34면.
69) 浦城知子, 앞의 글, 35면.

등도 보이지 않는다는 것이다. 본판결은 법적인 논점도 있지만, 사회적으로 종래 수용시설에서 자신의 진료기록에 대하여 공개청구가 인정되지 않은 점을 바꾸었다는 점에서 큰 의미가 있다고 할 것이다.

원판결과의 비교에 있어서 본판결의 특징은 위법성의 평가기준으로 되는 가해공무원의 설정의 차이에서도 살펴볼 수 있다. 즉 원심이 본건 결정에 관한 잘못된 해석(본건 견해)을 '법무성으로서의 조직적 해석'으로 보아, '상기 해석을 법무성의 담당자 등이 채택하여 유지해 온 것과 같은 해석을 근거로서 본건 결정이 행해진 것은 일체적으로 파악하는 것이 실태에 맞다'고 해석함에 따라, '법무성 담당자 등'의 주의의무위반을 인정하고 있음에 반해, 본판결은 판시(iii)에서 도쿄교정관구장 개인의 주의의무위반을 부정하고 있는 것이다. 이러한 시각의 차이는 가해공무원에 대한 비난가능성의 정도, 나아가서는 위법성(혹은 과실)의 평가 등에 어느 정도 영향을 미칠 수 있는 것이라 할 수 있다. 그 당부는 별도로 하더라도, 가령 본건에서 가해공무원을 '법무성 담당자 등'으로 설정한 경우에는 적어도 법무성이 조직적으로 주지하고 있던 본건 견해에 입각했을 뿐이라는 논리는 펼 수 없으며, 또한 당해 견해의 합리성을 독자적인 관점에서 검토, 재검토할 의무의 내용 등도 달라질 것이다.[70]

2.6. 소위 '재정(裁定)적 관여'에 대해 원처분청이 소속된 도도부현이 취소소송을 제기할 적격 (최고재판소 2022년 12월 8일 판결)[71]

2.6.1. 사안의 개요

오키나와방위국은 후텐마(普天間) 비행장의 대체시설을 나고시(名護

70) 津田智成, 「ジュリスト」, 1597号, 2024, 47면.

71) 最高裁令和4年12月8日(判時2560号5頁).

市) 헤노코(辺野古) 지역에 설치하기 위해 2013년 3월 22일 X현(오키나와현－원고·항소인·상고인) 지사에 대해 공유수면매립승인을 신청한 바, 지사는 같은 해 12월 27일에 당해 신청은 공유수면매립법 제4조 제1항 각 호의 요건에 적합하다고 판단하고, 동법 제42조 제1항에 기초한 승인(이하 '본건 승인'이라 한다)을 했다.[72)]

그 후 X현 부지사(지사의 직무대리인)는 2018년 8월 31일 오키나와방위국에 대해 본건 승인 후에 판명된 사정에 따르면, 본건 매립사업은 공유수면매립법 제4조 제1항 제1호 및 제2호의 각 요건에 적합하지 않는 것 등을 이유로 본건 승인을 취소했다(이하 '본건 승인취소'라 한다). 이에 대해 오키나와방위국은 본건 승인취소에 대해 같은 해 10월 17일 국토교통대신에 대해 심사청구(본건 심사청구. 지방자치법 제255조의2 제1항(이하 '본건 규정'이라 한다))를 했다. 국토교통대신은 2019년 4월 5일자로 본건 승인취소를 취소하는 재결(이하 '본건 재결'이라 한다)을 했다.[73)]

행정불복심사법 제2조 및 제4조는 행정청의 처분에 불복하는 자는 법률에 특별한 규정이 있는 경우를 제외하고, 원칙적으로 처분을 한 행정청(처분청)에게 상급행정청이 없는 경우에는 당해 처분청에 대해, 그 이외의 경우에는 당해 처분청의 최상급행정청에 대해 심사청구를 할 수 있다는 내용을 규정하고 있다.

본건 규정은 법정수탁사무와 관련한 도도부현지사, 그 밖에 도도부현의 집행기관의 처분에 대한 심사청구는 다른 법률에 특별한 정함이 있는 경우를 제외하고, 당해 처분에 관한 사무를 규정하는 법률 또는

72) 이 사무는 법정수탁사무이다(공유수면매립법 제51조 제1항, 지방자치법 제2조 제9항 제1호).

73) 심사청구에 이유가 있다고 하여 소관대신이 처분의 취소재결을 행하면(행정불복심사법 제46조 제1항), 관계행정청은 재결에 구속되며(동법 제52조 제1항), 처분청은 재결의 취지에 따라 새롭게 신청에 대한 처분을 하게 된다(동 제2항).
처분청은 동일사정 하에서 동일내용의 처분을 하는 것이 금지된다(반복금지효)(東京高判平成18年7月26日訟月54巻12号3027頁 등).

이에 기초한 정령을 관할하는 각 대신에게 하는 것을 규정하고 있다.

이에 X현은 Y(국가－피고·피항소인·피상고인)를 상대로 본건 재결의 취소를 구하는 소송(이하 '본건 소송'이라 한다. 행정사건소송법 제3조 제3항)을 제기했다. 1심판결[74]은 ① 본건 소송은 법률상의 쟁송에 해당하지 않으며, ② X현은 동 소송의 원고적격도 가지지 않는다고 보아 소를 부적법각하했다. 그리고 항소심판결[75]은 행정사건소송법 제9조 제1항의 '법률상 이익'은 사인이 재판에 의해 구제를 인정받아야 할 권리이익과 동등한 성격일 것이 필요한데, X가 주장하는 자치권 및 공물관리권은 이에 해당하지 않으므로, X는 본건 재결의 취소를 구할 원고적격을 가지지 않는다고 하여 본건 소를 각하했다.[76] 이에 X현이 상고한 것이다.

2.6.2. 판시사항

최고재판소는 상고를 기각했다.

(ⅰ) 도도부현지사, 그 밖에 도도부현의 집행기관의 처분에 대한 심사청구는 … 행정불복심사법 규정에 따르면, 원칙적으로 당해 도도부현 지사에게 해야 할 것이지만, 그 예외로서 당해 처분이 법정수탁사무와 관련한 경우에는 본건 규정에 따라 다른 법률에 특별한 정함이 있는 경우를 제외하고, 당해 처분에 관한 사무를 규정하는 법률 또는 이에 기초한 정령을 관할하는 각 대신에게 하는 것으로 되어 있다.[77] 그 취지는 도도부현의 법정수탁사무와 관련한 처분의 경우, 당해 사무가 '국가가 본래 행하여야 할 역할과 관련된 것으로서, 국가에 있어서 그 적

---

74) 那覇地判令和2年11月27日(判タ1501号136頁).

75) 福岡高那覇支判令和3年12月15日(民集76巻7号1682頁).

76) ①타카라즈카판결(最判平成14年7月9日(民集56巻6号1134頁))과는 다른 사안이라고 하면서도 ②X현의 원고적격을 부정하고, 항소를 기각했다.

77) 도도부현지사의 처분에 대한 심사청구는 당해 지사에 대해 행하지만(행정불복심사법 제4조 제1호), 당해 처분이 법정수탁사무와 관련한 경우, 당해 사무의 소관대신에 대해 행한다(지방자치법 제255조의2 제1항 제1호).

정한 처리를 특별히 확보할 필요가 있는 것'이라는 성질을 가지는 경우(지방자치법 제2조 제9항 제1호)에 비추어, 심사청구를 국가의 행정청인 각 대신에게 행하여야 함에 따라, 당해 사무와 관련한 판단의 전국적인 통일을 도모하는 동시에, 더욱 공정한 판단이 행해지는 것에 대한 처분의 상대방의 기대를 보호하는 것에 있다.

(ii) 본건 규정에 의한 심사청구에 대한 재결은 지방자치법 제245조 제3호 괄호규정에 따라 국가와 보통지방공공단체 간의 분쟁처리(동법 제2편 제11장 제2절 제1관, 제2관, 제5관)의 대상으로는 되지 않는 것으로 되어 있다. 그 취지는 처분의 상대방과 처분청의 분쟁을 간이신속하게 해결하는 심사청구의 절차에 있어서 최종적인 판단인 재결에 대해서 여전히 분쟁처리의 대상으로 하는 것은 처분의 상대방을 불안정한 상태에 두고, 당해 분쟁의 신속한 해결이 곤란하게 되므로, 이러한 사태를 방지하는 것에 있는 바, 처분청이 소속된 행정주체인 도도부현이 심사청구에 대한 재결을 불복으로서 항고소송을 제기하는 것을 인정한 경우에는 동일한 사태가 발생하게 된다.

(iii) 이상 살펴본 행정불복심사법 및 지방자치법의 규정이나 그 취지 등에 더해 법정수탁사무와 관련한 도도부현지사, 그 밖에 도도부현의 집행기관의 처분에 대한 심사청구에 관해 이러한 법률들에 당해 도도부현이 심사청의 재결의 적법성을 다툴 수 있다는 취지의 규정이 없는 것도 함께 고려하면, 이러한 법률들은 당해 처분의 상대방의 권리이익의 간이신속, 실효적인 구제를 도모하는 동시에, 당해 사무의 적정한 처리를 확보하기 위해 원처분을 한 집행기관이 소속된 행정주체인 도도부현이 항고소송에 의해 심사청의 재결의 적법성을 다투는 것을 인정하고 있지 않은 것으로 해석해야 할 것이다.

(iv)그렇다면 본건 규정에 의한 심사청구에 대한 재결에 대해서 원처분을 한 집행기관이 소속된 행정주체인 도도부현은 취소소송을 제기할 적격을 가지지 않는 것으로 해석하는 것이 타당하다.

2.6.3. 해설

본판결은 후텐마(普天間) 비행장의 대체시설을 오키나와현 나고시(名護市) 헤노코(辺野古) 연안지역에 설치하기 위한 공유수면매립을 둘러싼 국가와 오키나와현 간의 분쟁으로서 최고재판소가 4번째 내린 판결이다. 이는 본건 규정에 의한 심사청구에 대한 재결이라는 한정된 경우이기는 하지만, 도도부현이 국가의 재정적 관여의 적법여부를 다투기 위해서 취소소송을 제기하는 적격을 가지는지 여부라는 문제에 대해 법리판단을 제시한 것으로서 중요한 의의를 가진다고 생각한다.[78]

국가의 행정관여는 지방자치단체의 사무처리에 관해 심사청구, 그 밖의 불복신청에 대한 재결, 결정, 그 밖의 행위(재정(裁定)적 관여[79])를 하는 경우가 있는바(지방자치법 제245조 제3호 참조), 그 적법여부를 다투기 위해서 지방자치단체가 항고소송을 제기할 수 있는지 여부에 대해서는 견해대립이 있다.[80] 제소를 긍정하는 견해는 위법한 국가의 재정적 관여는 지방자치단체의 자치권을 침해하기 때문에, 지방자치단체는 항고소송을 제기할 수 있다고 한다. 반면 제소를 부정하는 견해는 심사청구나 항고소송은 어디까지나 국민(사인)의 권리이익을 보호하기 위한 제도이며, 공권력을 행사한 측으로부터의 제소를 인정하는 것은 당해 제도의 기본구조나 취지에 반한다고 한다.

---

78) 和久一彦, 「ジュリスト」, 1588号, 2023, 89면. 또한 학설에서는 법정수탁사무에 관한 일반적인 재정적 관여제도는 기관위임사무의 유산이며, 지방자치의 본지의 관점에서 재검토되어야 할 것이라는 지적이 많지만, 최근 행정불복심사법 개정시에 지방분권개혁 관점에서의 재검토는 이루어지지 않았다(福永実, 「ジュリスト」, 1597号, 2024, 51면).

79) 재정적 관여란 지방자치단체의 기관이 한 처분에 대한 불복신청의 심사를 통해서 하는 관여를 말한다(宇賀克也, 앞의 책, 87면).

80) 和久一彦, 위의 글, 88면.

하) 본건 재결에 이르기까지의 경과

본건 재결을 둘러싸고 X현은 본건 소송(재결취소소송)과 동시에, 본건 승인은 오키나와방위국(국가기관)이 '고유자격'(행정불복심사법 제7조 제2항)에 있어서 그 상대방으로 되는 것이므로, 행정불복심사법의 적용제외이며, 가령 동법에 기초하여 본건 재결이 이루어졌다 하더라도, 그것은 법령상 근거를 결하는 것이라는 전제 하에서 지방자치법 제251조의5 제1항에 기초하여(즉, 본건 재결은 동항에 기초한 '국가의 관여'에 대한 소송대상에서 제외되는 '심사청구, 그 밖에 불복신청에 대한 재결, 결정, 그 밖의 행위'[동법 제245조 제3호 괄호규정]에 해당하지 않는다고 하여) 국토교통대신을 피고로서 본건 재결의 취소소송(관여취소소송)을 제기하고 있다. 이 소송에 대해서는 본건 승인에 있어서 오키나와방위국의 입장은 '고유자격' 즉, '일반 사인이 설 수 없는 입장'에는 해당하지 않고, 지방자치법 제251조의5 제1항에 기초한 소송의 대상으로 될 수 없다고 하여, 이미 부적법한 것으로서 상고기각했다(最判令和2年3月26日(民集74巻3号471頁)-이하 '2020년 최고재판소판결'이라 한다). 즉, 본판결은 이 2020년 최고재판소판결과 불가분의 관계에 있다.[81)]

거) 본판결의 분석

본판결은 이러한 2020년 최고재판소판결을 전제로 한 것이지만, ① 심사청구는 본건 규정에 의해 원칙적으로 당해 처분에 관한 소관대신에게 해야 할 것으로 되어 있는 것의 취지(판시(ⅰ)), ② 본건 규정에 의한 심사청구에 대한 재결이 국가와 지방자치단체 간의 분쟁처리 대상으로 되어 있지 않은 점과의 균형(판시(ⅱ)), ③ 재결을 다투는 특별한 법령상의 규정이 없을 것(판시(ⅲ))을 언급하며 재결취소소송은 부적법하다고 했다. 그리고 그 기초에는 (a) 당해 처분 상대방의 권리이익의 간이·신속하고 실효적인 구제라는 당사자의 권리이익 보호, (b) 당해

81) 神橋一彦, 「ジュリスト」, 1597号, 2024, 49면.

사무와 관련한 판단의 전국적인 통일을 도모하는 동시에 더욱 공정한 판단이 행해지는 것 외에도, 당해 사무의 적정한 처리를 확보한다는 요청이 있다. 이 중 (a)는 사익, (b)는 공익이라고 우선 생각할 수 있는데, (a)에 대해서는 일반적인 사인의 경우 통상 다투어지는 것은 침익적 처분이므로 당해 사인의 권리자유의 보장이라는 관점에서 긍정할 수 있다. 그러나 본건의 경우 '상대방의 권리이익'이란 공유수면매립권이라는 권리의 귀속뿐만 아니라, 권리행사의 목적도 고려하면, 그것은 후텐마기지이전을 둘러싼 행정(외교, 방위)상의 이익이라고 할 수밖에 없을 것이다(이러한 이익에 주목하면, 오키나와방위국은 '고유자격'이라 할 수 있을 것이다). 따라서 본건에서 (a)의 '상대방의 권리이익'이란 공익과 다르지 않게 된다.[82]

그런데 행정처분에 대한 심사청구에 대한 재결을 처분청이 다툰 사안으로서 국민건강보험 보험자의 처분을 취소한 국민건강보험심사회의 재결의 취소소송에 대해 당해 보험자의 원고적격을 부정한 판례가 있다.[83] 보험자가 행한 보험급부 등에 관한 처분의 심사에 관해 심사회는 보험자와 일반적인 상급행정청과 그 지휘감독에 따르는 하급행정청의 경우와 동일한 관계에 있다는 점을 이유로 하고 있다. 이에 반해 국가가 행하는 공유수면매립에 대해 도도부현지사의 승인을 요하도록 하는 것은 국가는 본래 공유수면에 대한 지배관리권능의 일부로서 스스로의 판단으로 그 매립을 할 권능을 가지는 것으로 해석되지만, 매립에 의해 주위에 발생하는 지장의 유무 등에 대해서는 그 지역의 실정에 정통한 도도부현지사가 심사하는 것이 적당하다는 점과 그 밖에 매립과의 정합성을 도모하기 위해서라고 하고 있다(2020년 최고재판소판결).

본판결에서는 양자의 관계를 행정청의 상하관계로 판시하고 있지는 않지만, 매립승인에 대해 국가가 지배관리권능을 행사할 때의 절차

82) 神橋一彦, 앞의 글, 49頁.

83) 最判昭和49年5月30日(民集28卷4号594頁).

적 행위에 불과한 것과 같이 보고 있다고 판단되며, 이는 도도부현 자치권 행사로서의 의미를 아주 약화시키는 것이라 할 것이다.[84]

3. 마치면서

최근 일본의 판결을 보면, 우리나라와 사회적 상황이 유사하다고 생각된다. 음주운전과 관련한 판결을 보면, 물론 당해 지방자치단체에서는 주의환기가 있었던 배경이 있기는 했지만, 일본에서도 점차 음주운전에 대한 제재가 강해지고 있다는 생각이 든다.

트렌스젠더 공무원 판결에 대해서도 성소수자 혹은 성전환자 등과 관련하여 우리나라에서도 다양한 논의가 있듯이, 일본에서도 특히 성전환자가 공무원인 경우에 다른 직원들만을 과도하게 배려하는 것은 타당하지 않다는 점에서 사회의 다양성, 포용력에 대한 부분을 상기시키는 것으로 이해된다.

건강보험조합에 의한 피부양자에 해당하지 않는다는 통지와 관련해서도 당초 입법의 불비가 없었다면, 처분성에 대한 논의도 적었을 것이다. 하지만, 관련 규정이 없는 현행법상 처분성을 긍정하기 위해서는 적어도 법률에 근거가 있을 것을 필요로 하지만, 최고재판소는 지금까지 법률에 명시적인 근거가 없는 행위에 대해서 처분성을 긍정해 왔다. 본 판결도 이러한 판례의 하나로 볼 수 있다는 점에서 의미를 가진다 생각한다.

납골당에 대한 허가와 관련한 판결은 우리나라에서도 향후 유사한 사안이 발생할 수 있을 것으로 판단되는 점에서 살펴볼 필요가 있다고 생각된다. 특히, 일본 재판례에서 종래와 달리 납골당 주변 지역의 주민

84) 神橋一彦, 앞의 글, 49면.

들이 평온하게 일상생활을 보낼 수 있는 이익을 개별적 이익으로 보호할 필요가 있다는 취지로서 원고적격을 인정했다는 점에 의의가 있다.

수용시설에 수용된 자의 진료기록 공개청구에 대해서도 진료기록이 공개되면, 향후 수용시설에 있었던 이력이나 전과기록 등이 외부에 알려지게 되므로, 공개하지 않는다고 보았는데, 그러한 자료에 개인의 진료기록이 반드시 포함되어야 하는가에 대한 의문이 있었다 할 수 있다. 이러한 점과 국제적인 흐름을 고려할 때, 개인의 진료기록을 공개하지 않을 이유는 없다고 보아 공개하도록 한 점, 다만, 그러한 비공개결정을 할 당시에는 비공개가 일반적인 상황이었으므로, 공무원의 위법성까지는 인정하지 않았다. 다만, 이는 향후 다양한 상황에 놓여 있는 자들에게 입법취지를 고려한 법의 해석 및 적용이 행해져야 한다는 점에 의의가 있다 할 것이다.

마지막으로 오키나와현에서 비행장설치와 관련한 판결에 있어서는 행정사건소송법 제9조 제1항의 '법률상 이익'은 사인이 재판에 의해 구제를 인정받아야 할 권리이익과 동등한 성격일 것이 필요한데, 지방자치단체가 주장하는 자치권 및 공물관리권은 이에 해당하지 않으므로, 지방자치단체는 본건 재결의 취소를 구할 원고적격을 가지지 않는다고 판단했다. 다만, 본판결과 같은 태도는 향후 지방자치를 중시하는 입장에서는 비판의 여지가 있다고 생각한다.

이상으로 일본 행정법상 최근 중요판결로 언급되는 사항들을 몇가지 살펴보았으며, 향후 비교법적 연구에 있어 참고자료로서 활용되기를 희망한다. 또한 각 판결들마다 우리나라 법제와 상세하게 비교법적 연구를 행하지 못한 점은 널리 혜량하여 주기를 바라는 바이다.

대상판결

최고재판소 2023년 6월 27일 판결(最高裁令和5年6月27日(民集77卷5号1049頁)).

최고재판소 2023년 7월 11일 판결(最高裁令和5年7月11日(民集77卷5号1171頁)).

최고재판소 2022년 12월 13일 판결(最高裁令和4年12月13日(民集76卷7号1872頁)).

최고재판소 2023년 5월 9일 판결(最高裁令和5年5月9日(民集77卷4号859頁)).

최고재판소 2023년 10월 26일 판결(最高裁令和5年10月26日(判タ1517号54頁)).

최고재판소 2022년 12월 8일 판결(最高裁令和4年12月8日(判時2560号5頁)).

참고문헌

「判例タイムズ」1507号(2023).

岡田正則, “職場での性自認の尊重と人事院·裁判所の責任”, 「法律時報」, 93巻12号, 2021.

岡田正則, 「法学教室」, 518号, 2023.

宮端謙一, 「ジュリスト」, 1593号, 2024.

近藤卓也, “酒気帯び運転により懲戒免職処分を受けて公立学校教員を退職した者に対する退職手当支給制限処分の適法性”, 『令和5年度　重要判例解説』, 有斐閣, 2024.

亘理格, 「ジュリスト」, 1597号, 2024.

鈴木崇弘, “公務員関係における裁量審査”, 「法政研究」, 90巻4号, 2024.

米田雅宏, “納骨堂の所在地周辺に居住する者らの原告適格”, 「法学教室」, 516号, 2023.

福永実, 「ジュリスト」, 1597号, 2024.

本田滝夫, “トランスジェンダーの国家公務員のトイレ使用に係る行政措置要求を認められないとした人事院の判定の適法性”, 「ジュリスト」, 1597号, 2024.

森田亮, 「ジュリスト」, 1588号, 2023.

三好規正, “公務員懲戒処分と退職手当支給制限処分をめぐる裁量統制に関する考察”, 「山梨学院大学法科大学院ロー · ジャーナル」, 12号, 2017.

小西康之, “公立学校教員の酒気帯び運転を理由とする退職手当全額不支給処分の適否”, 「ジュリスト」, 1590号, 2023.

神橋一彦, 「ジュリスト」, 1597号, 2024.

野呂充, “納骨堂経営許可等取消訴訟：大阪高等裁判所への意見書および解題”, 「阪大法学」, 73巻3号, 2023.

宇賀克也, 行政法概説Ⅲ, 有斐閣, 2020.

鵜澤剛,「ジュリスト」, 1597号, 2024.
早津裕貴, “「労働者」としての「公務員」とは何か？”,「法学教室」, 510号, 2023.
佐藤政達,「ジュリスト」, 1594号, 2024.
津田智成,「ジュリスト」, 1597号, 2024.
浦城知子, 刑事施設におけるカルテ不開示決定に対する国家賠償請求事件,「法学セミナー」, 830号, 2024.
和久一彦,「ジュリスト」, 1588号, 2023.
和久一彦,「ジュリスト」, 1590号, 2023.

국문초록

본 글에서는 2022년 11월에서 2023년 10월 말까지 정도의 1년간 일본 행정법상 중요판결을 살펴보기로 한다.

첫 번째 판결은 행정행위에 있어서 행정재량과 관련한 판결이다. 이는 공립학교 교원의 음주운전과 관련한 판결로서, 최근 음주운전에 대한 사회적 중요성이 높아지는 가운데, 일본에서의 관련 논의를 살펴볼 수 있다고 생각한다. 이러한 판결은 우리나라와 사회적 상황이 유사하다고 생각된다. 음주운전과 관련한 판결을 보면, 물론 당해 지방자치단체에서는 주의환기가 있었던 배경이 있기는 했지만, 일본에서도 점차 음주운전에 대한 제재가 강해지고 있다는 생각이 든다.

두 번째 판결 역시 행정재량과 관련한 판결이다. 판결내용으로서는 국내외에서 논의가 되고 있는 성전환자의 처우에 대한 문제이며, 특히 국가공무원이 성전환자인 경우에 있어서 그 처우에 대한 판결이라 할 수 있다. 트렌스젠더 공무원 판결에 대해서도 성소수자 혹은 성전환자 등과 관련하여 우리나라에서도 다양한 논의가 있듯이, 일본에서도 특히 성전환자가 공무원인 경우에 다른 직원들만을 과도하게 배려하는 것은 타당하지 않다는 점에서 사회의 다양성, 포용력에 대한 부분을 상기시키는 것으로 이해된다.

세 번째 판결은 취소소송에 있어서 처분성에 대한 판결로 분류할 수 있다. 이 판결은 건강보험과 관련하여 건강보험조합이 피보험자와 관련한 피부양자에 대해 피부양자에 해당하지 않는다는 부분에 대한 논의이다. 건강보험조합에 의한 피부양자에 해당하지 않는다는 통지와 관련해서도 당초 입법의 불비가 없었다면, 처분성에 대한 논의도 적었을 것이다. 하지만, 관련 규정이 없는 현행법상 처분성을 긍정하기 위해서는 적어도 법률에 근거가 있을 것을 필요로 하지만, 최고재판소는 지금까지 법률에 명시적인 근거가 없는 행위에 대해서 처분성을 긍정해 왔다. 본 판결도 이러한 판례의 하나로 볼 수 있다는 점에서 의미를 가진다 생각한다.

네 번째 판결은 취소소송에 있어서 원고적격과 관련한 사안이다. 이는 납골당 경영 및 시설변경의 허가와 관련하여 주변주민들에게 원고적격을 인정할 수 있는가 하는 부분과 관련있다. 납골당에 대한 허가와 관련한 판결은 우리나라에서도 향후 유사한 사안이 발생할 수 있을 것으로 판단되는 점에서 살펴볼 필요가 있다고 생각된다. 특히, 일본 재판례에서 종래와 달리 납골당 주변 지역의 주민들이 평온하게 일상생활을 보낼 수 있는 이익을 개별적 이익으로 보호할 필요가 있다는 취지로서 원고적격을 인정했다는 점에 의의가 있다.

다섯 번째 판결은 국가배상법과 관련한 위법성 문제와 개인정보비공개결정에 대한 판결이다. 이는 형사시설에 수용되어 있는 자가 자신의 진료기록의 공개를 청구하는 것에 대하여 공개를 하여야 하는지 여부, 이와 관련한 국가배상책임이 문제되었다. 수용시설에 수용된 자의 진료기록 공개청구에 대해서도 진료기록이 공개되면, 향후 수용시설에 있었던 이력이나 전과기록 등이 외부에 알려지게 되므로, 공개하지 않는다고 보았는데, 그러한 자료에 개인의 진료기록이 반드시 포함되어야 하는가에 대한 의문이 있었다 할 수 있다. 이러한 점과 국제적인 흐름을 고려할 때, 개인의 진료기록을 공개하지 않을 이유는 없다고 보아 공개하도록 한 점, 다만, 그러한 비공개결정을 할 당시에는 비공개가 일반적인 상황이었으므로, 공무원의 위법성까지는 인정하지 않았다. 다만, 이는 향후 다양한 상황에 놓여 있는 자들에게 입법취지를 고려한 법의 해석 및 적용이 행해져야 한다는 점에 의의가 있다 할 것이다.

여섯 번째 판결은 지방자치와 주민소송과 관련한 소송이다. 국내 언론에서도 일본에서 정부와 오키나와현 간의 다툼에 대해서는 이따금 보도되고 있는데, 이 판결도 오키나와현에 비행장설치와 관련한 사안에 대한 것이다. 오키나와현에서 비행장설치와 관련한 판결에 있어서는 행정사건소송법 제9조 제1항의 '법률상 이익'은 사인이 재판에 의해 구제를 인정받아야 할 권리이익과 동등한 성격일 것이 필요한데, 지방자치단체가 주장하는 자치권 및 공물관리권은 이에 해당하지 않으므로, 지방자치단체는 본건 재결의 취소를 구할 원고적격을 가지지 않는다고 판단했다. 다만, 본판결과 같은 태도는 향후 지방자치를 중시하는 입장에서는 비판의 여지가 있다고 생각한다.

본 글에서 살펴본 일본의 최근 행정법 관련 판례의 소개가 향후 비교법적 연구에 있어 참고자료로서 활용되기를 희망한다.

주제어: 최근 일본 행정법 주요판례, 공무원의 음주운전, 성전환자에 대한 처우, 납골당 경영허가, 개인정보공개, 국가와 지방자치단체 간의 다툼

Abstract

A Research and Review of the recent (2022-2023) Japanese Administrative law Cases

Hwang, Heon-Sun*

This paper shows important judgments under Japanese administrative law for a year from November 2022 to the end of October 2023.

First judgment is a judgment on administrative discretion in administrative actions. This is a judgment on drunk driving of public school teachers, and related discussions in Japan can be examined amid the increasing social importance of drunk driving. These rulings are considered to have a similar social situation to Korea. Looking at the ruling on drunk driving, of course, although there was a background of caution ventilation in the local government, it shows that sanctions against drunk driving are gradually becoming stronger in Japan.

The second ruling is also related to administrative discretion. The content of the judgment is a matter of the treatment of transgender people, which is being discussed at internal and abroad, and especially when a state official is a transgender person, it can be said to be a judgment on the treatment. As there are various discussions in Korea regarding the ruling of transgender public officials, it is understood as a reminder of the diversity and inclusion of society in that it is not reasonable to consider other employees excessively, especially when transgender people are public officials in Japan.

---

* Assistant professor, Department of taxation, Keimyung University.

The third judgment can be classified as a judgment on disposition in a revocation lawsuit. This judgment is a discussion on the part that, in relation to health insurance, the health insurance association is not a dependent on the dependent related to the insured. Regarding the notification by the health insurance association that it is not a dependent, there would have been little discussion on disposition if there were no legislative deficiencies. However, although it is necessary to have at least a basis in the law to affirm disposition under the current law without relevant regulations, the Supreme Court has so far affirmed disposition for acts that do not have an explicit basis in the law. It shows this ruling is also meaningful in that it can be viewed as one of these precedents.

The fourth judgment is related to the manuscript eligibility in a revocation lawsuit. This is related to whether the manuscript eligibility can be recognized by the surrounding residents in relation to the permission to change the management and facilities of the charnel house. The ruling on the permission of the charnel house needs to be examined in that it is believed that similar issues may occur in Korea in the future. In particular, it is significant that the Japanese court recognized the manuscript eligibility to protect the interests of residents in the area around the charnel house as individual interests, unlike in the past.

The fifth judgment is on the issue of illegality related to the National Compensation Act and the decision to disclose personal information. This was a question of whether a person in a criminal facility should disclose a request for the disclosure of his or her medical records, and the national liability for compensation in this regard. Regarding the request for disclosure of medical records by a person in the accommodation facility, if the medical records are disclosed, the history and criminal records of the accommodation facility will be known to the outside, so it was considered not to be disclosed, but there was a question of whether individual medical records must be included in such data. Considering this and the international trend, it was made to disclose personal medical records because there was no reason not to disclose them; however, at the time of such a non-disclosure decision, non-disclosure was common, so the illegality of public officials was not recognized. However, this is meaningful in that the interpretation and application of laws in consideration of the purpose of legislation should be made to those in various situations in the future.

The sixth judgment is a lawsuit related to local autonomy and resident lawsuits. In the domestic media, there are occasional reports on disputes between the government and Okinawa Prefecture in Japan, and this ruling is also about the establishment of an airfield in Okinawa Prefecture. In Okinawa Prefecture, the "legal interests" of Article 9 (1) of the Administrative Case Litigation Act need to be equal to the rights interests that the cause of death should be recognized for relief by a trial, and since the autonomy and tribute management rights claimed by local governments do not fall under this category, local governments are not eligible for plaintiffs to seek the cancellation of the ruling. It shows the same attitude as the result of this edition is subject to criticism from the standpoint of emphasizing local autonomy in the future.

It is hoped that the introduction of recent administrative law-related precedents in Japan, which was examined in this article, will be used as a reference for future comparative legal studies.

Keywords: Recent important judgements of Japanese administrative law, Drunk driving, Transgender public officials, Permission of the charnel house, Personal information, Conflict of state and local government

투고일 2024. 11. 29.
심사일 2024. 12. 22.
게재확정일 2024. 12. 27.

行政訴訟判決의 主要動向

행정판례 40년: 이론과 실무의 대화 (강우찬)

행정판례 40년: 이론과 실무의 대화
- 실무가의 입장에서 -**

강우찬**

I. 들어가며

행정판례 40년을 결산하면서 그간 본 연구회의 주요한 업적이자 성취 그 자체인 '이론과 실무의 대화'의 역사 전부를 망라하여 정리하는 것은, 과문한 필자의 능력을 크게 벗어나는 것으로서 불가능한 일이라고 생각한다.

그렇다면 실무가인 필자가 그나마 실질적, 구체적으로 기여(contribution)할 수 있을 것으로 생각해 본 부분은 다음과 같다. 먼저 필자가 실제 행정사건을 다루어왔던 기간에 주로 이론이 실무에 어떻게 구체적인 영향을 주었는지를 중심으로 실증적, 법리적 측면으로 미시적으로 기술하면서 정리하여 보는 것이다.[1] 이와 더불어 실무가의 입장에

* 본 논문은 필자가 소속된 기관의 입장과 전혀 무관한 필자의 개인적·학문적 의견에 불과함을 밝혀두는 바입니다.

** 서울북부지방법원 부장판사

1) 모든 내용을 체계적으로 망라하여 정리하는 것은 전업연구자가 아닌 필자에게는 버거운 일이므로, 필자의 실무가적 감각이나 주관적 기준에 비추어 중요하다고 생

서 이론의 뒷받침이 더 절실히 필요하다고 느껴온 부분들도 아울러 짚어 보는 것이 그것이다. 이러한 논의가 이후의 이론과 실무 발전에 조금이나마 기여하게 되는 것은 아닐까 한다.

Ⅱ. 실무에서 '이론적 지혜'의 전수·유통 경로들

법리적인 부분들을 살펴보기에 앞서, 법원 실무에 이론적 지혜가 어떤 경로를 거쳐서 어떻게 영향을 미치고 반향을 주게 되는지를 실증적 측면에서 먼저 간략하게나마 살펴보고자 한다. 이러한 부분은 학문적 논증 영역에 속한 것은 아니라, 이를 실증적으로 언급한 글은 찾아보기 어려워 이후에 참고할 만한 가치는 어느 정도 있을 것으로 생각한다. 이 부분은 필자의 개인적인 경험과 견문에 주로 의존하였음을 미리 밝혀둔다.

먼저 본 연구회의 공적을 언급하지 않을 수 없다.

주지하다시피, 본 연구회는 실무와 학계를 모두 고르게 아울러 이론과 실무 간의 심도 있는 대화가 이루어지는 명실상부 최고의 대표적 '플랫폼'(platform)이라 평가할 수 있을 것이다. 역대 회장단과 임원진의 면면만을 보아도 길게 이야기할 필요가 없을 정도이다. 그러나 적확하게 고찰되지 않은 본 연구회의 중요한 공적이자 역할 중 하나는 실무에서 학계로 진출하는 회원들이 상당수를 차지함으로 인하여 보다 양측의 필요와 논의가 공유되고 전파되게 하는 역할을 하고 있다는 점이다. 또한, 많은 수의 법관이 참석한다고 할 수는 없지만, 일단 일정 주기로 서울행정법원에서 연구회가 열린다는 상징성을 무시할 수 없고(게다가 행정법원장이 직접 참석한다는 상징성 또한 마찬가지이다), 더 중요한 것은 연

각되는 부분들을 선별하여 이를 중심으로 정리하도록 한다.

구회에 참석을 하지 못한 법관들도 연구회 다음날이 되면 전날 무슨 논의가 오갔는지, 토론의 경과는 어떠하였는지에 대하여 비상한 관심을 표하고 있다는 점이다. 이는 대법원의 경우도 마찬가지여서, 관심주제에 관한 연구회 발표가 이루어지면, 회원인 법관은 물론이고 회원이 아닌 재판연구관도 익명을 틈타(?) 조용히 연구회에 참석하여 오가는 논의들을 경청하는 경우도 왕왕 있다. 이는 드러나지 않지만, 본 연구회가 지식의 유통속도를 극대화하는 '효율적인 플랫폼'으로서의 기능을 하고 있다고 볼 수 있는 것이다.

한편, 법원에서 행정사건(일반행정 사건을 주로 지칭한다)을 다루게 되는 통로는, 주로 행정법원과 각급 지방법원 행정부, 그리고 고등법원 행정부와 대법원 재판연구관실 헌법행정조 정도를 들 수 있다. 법관 중에서도 매우 한정적인 경로를 거치는 경우에만 행정사건을 다룰 수 있게 되는데, 특히 이론이 실무에 가장 집중적인 영향을 미치고, 실무가 이론에 영향을 미치게 되는 것은 아무래도 대법원 판결인 경우가 많을 것이다.

먼저 대법관님들을 보좌하는 재판연구관실의 헌법행정조(이하 '헌행조') 연구관들이 가장 가까이 두고 1차적으로 참조하는 기본서는 당연히 이른바 '교과서'들이다.[2] 그리고 전통적으로 헌행조 연구관들에게 가장 강력히 추천되는 필독서를 한권만 꼽으라면 박정훈 교수님의 '행정소송의 구조와 기능'[3]을 들 수 있다(특히 행정법을 전공하지 않은 법관 연구관들에게는 반드시 수회 독을 권하고 있다). 이러한 기본서들은 당연히 필독서로서 헌행조 모든 개별연구관들의 서가에 비치되어 중요하게 참조되고 연구관 보고서에 인용된다.

이는 교과서만을 언급한 것으로서, 각론에 대한 각종 단행본(특히

2) 특히, 박균성, 김중권, 하명호 교수님의 교과서들이 최근에 상대적으로 많이 참조되는 교과서들이다.

3) 박정훈, 행정소송의 구조와 기능, 박영사(2006)

국토계획법, 난민법, 장애인법 관련 각론 단행본은 긴요하게 참조되고 있다)이나 논문집과 개별 논문들까지 언급하게 되면 도저히 다 언급할 수가 없다. 논문들은 훨씬 더 많은 빈도로 참조가 되는데, 이를 여기서 다 언급하는 것은 불가능할 정도이다. 대표적으로 한국행정판례연구회에서 발간하는 '행정판례연구' 시리즈는 실무가들이 가장 우선적으로 참조하는 권위 있는 평석논문집이라고 할 수 있다.

교과서와 논문 외에 실무와 이론의 대화 창구로 볼 수 있는 법원의 또 다른 중요한 통로로는 각종 연구회를 빼놓을 수 없다. 먼저, 대법원에서 정기적으로 열리는 '특별소송실무연구회', '비교법실무연구회'를 꼽을 수 있다. 두 연구회 모두 대법원의 공식적 연구회로서 전자는 외부에 개방된 연구회이고, 후자는 내부에만 공개된 연구회이다. 두 연구회 모두 대법원에서 중요하게 다루고 있거나 향후 연구가 필요한 쟁점에 관하여 학계의 지혜를 빌리는 매우 중요한 창구가 된다.

그 밖에 전국 법관들 중 희망자, 관심자들을 회원으로 '대법원 헌법행정법연구회' 역시 한국공법학회, 한국헌법학회 등과 매년 공동학술대회를 열면서 실무와 학계의 중요한 교류의 장이 되고 있고, 행정법상 중요한 주제들에 대한 연구 성과들이 이 학술행사를 통해 축적되고 있다.[4)]

또한, 대법원 헌행조 '전문직 연구관' 역시 중요한 이론과 학계의 소통 통로가 된다. 역대 유명한 교수님들이 이 자리를 거쳐 간 바 있고, 신진 학자로서 이 자리에서 근무하며 실제 사건을 해결하는 데에 크나큰 기여를 하는 경우도 여럿 있어 왔다. 이를 통해 행정판례연구회에서 논의된 내용들이 직접적으로 언급되고 유통되기도 하며, 대법원 내부연구회가 열릴 때 학계의 비공식적 조언을 구하기 위하여 학계의 교수님들과 연결하도록 해주는 징검다리 역할을 하기도 한다. 이외에도 사법

4) 예컨대, 2024년 9월 6일에는 "행정소송법 개정의 시대적 사명과 과제"라는 주제로 대법원 헌법행정법 연구회와 한국공법학회가 주관한 공동학술대회가 열린 바 있다.

정책연구원의 전문직 연구위원 역시 유사한 기능과 역할을 담당하기도 한다(다만 개별사건 해결에 필요한 법리보다는 거시적이고 정책적 연구에 특화되어 있는 점이 차이점이다).

Ⅲ. 판례를 중심으로 본 이론과 실무의 상호영향

1. 거부처분의 처분성과 '신청권 법리'의 문제

가. 신청권 이론에 대한 비판과 지적이 실무에 미친 영향

이론이 실무에 큰 영향을 준 지점들은 여러 가지가 있겠지만, 실무가들에게 드러나지 않고 가장 큰 영향을 준 이론은 바로 이 문제에 대한 것이 아닐까 한다.

그동안 학계에서는 이른바 판례법상 '신청권 이론'과 관련한 지적과 비판이 지속적으로 있어왔던 것은 주지의 사실이다.5)

이와 관련한 비판과 지적은 상당한 설득력이 있다는 점은 부인하기 어려울 것이다. 이러한 비판적 지적들 역시 대법원이나 실무가들의 인식의 근저에 쌓여가게 되었다. 다만 그 동안 집적되어 있던 판례들이 너무나 방대하게 쌓여 있었던 관계로 거부처분의 처분성을 인정하기 위한 기준에 관한 법리 자체를 새로이 만들기에는 너무 부담스러운 상황이었던 것 역시 사실이다.

이러한 지적에 대한 반향으로, 법규의 규정을 탄력적으로 해석하여 법규상 신청권을 도출하거나 조리상 신청권을 보다 널리 인정하는 경향을 볼 수 있고, 다른 한편으로는 행정소송법상 처분 개념 정의를 기준

5) 최근의 관련 문헌으로는, 이상덕, 거부처분의 처분성 인정요건으로서의 '신청권' 이론에 관한 비판적 고찰, 사법 55호(2020), 이은상, "거부처분에서의 신청권은 사명을 다하였는가", 행정법연구 63호(2020).

으로 처분성을 인정하여 본안판단을 하는 판결들이 늘어나고 있다.[6]

흥미롭게도 실제로 대법원 종합법률정보에 "법규상 신청권", "조리상 신청권"의 키워드를 넣어 대법원 판결을 검색하여 보면, 마지막으로 검색되는 대법원 판례가 대법원 2018. 6. 15. 선고 2015두50092 판결임을 알 수 있다. 심지어 그마저도 원심의 잘못된 법리 인용을 파기하는 과정에서 인용한 것이니, 결국 공식적으로 법리를 다루는 부분에서 인용한 마지막 판결로는 대법원 2017. 8. 29. 선고 2016두44186 판결이 확인된다. 최근 7년 동안 신청권 이론을 직접적으로 원용한 대법원 판례가 없는 셈이다. 적어도 대법원 단계에서는 신청권 이론의 문제점을 인식하여 가급적 그 적용을 자제하려는 암묵적인 노력이 있었음을 알 수 있다(다만 이러한 현상이 있다고 하여 신청권 이론의 유용성이 완전히 소멸되었다는 취지는 전혀 아닐 것이다).

하급심의 경우에는 구체적 통계를 내본 것은 아니나, 여전히 실무상 신청권 관련 대법원 판례의 설시가 인용이 되고는 있다. 다만 서울행정법원의 실무 경향상 가급적 행정소송법상 처분 개념을 우선적으로 원용하여 가급적 본안판단에 나아가는 경향이 있고, 신청권 이론을 그대로 원용하더라도 피고의 본안전항변을 받아들이지 않고 본안판단에 나아가는 과정에서 인용하는 경향이 짙다.[7]

---

6) 위 이상덕 논문은 비슷한 취지로 다음과 같이 코멘트하고 있다: "법원 내부적으로도 신청권 이론의 부정적 효과를 자각하여 일종의 출구전략을 모색하고 있다. 2000년대 이후로 관계 법령의 규정들을 적극적으로 해석하여 법규상 신청권을 인정하거나, 법의 일반원칙과 기본권 침해를 이유로 조리상 신청권을 인정하는 판결들이 여럿 나왔는데, 이는 신청권 이론의 틀 내에서 본안판단과 권리구제를 확대하려는 시도이다. 최근에는 신청권 이론에 의지하지 않고 행정소송법상 처분 개념 정의를 기준으로 처분성을 인정하여 본안판단을 하는 판결들이 늘어나고 있다."

7) 다만 각급 지방법원 행정부의 경우에는 이와 살짝 다른 흐름도 있는 것으로 보이기는 한다.

나. 특수 사례로서의 '배제적 처분'의 문제

신청권 이론과 거부처분의 처분성 관련하여 실무상 흥미로운 지점이 한 가지 더 있어서, 이를 짚고 넘어가고자 한다. 앞서 언급한 실무상 중요한 이론적 지침이 되는 박정훈 교수님의 '행정소송의 구조와 기능'에 나오는 행정처분의 '4유형론'을 참고하면, 침해적 처분과 거분처분 사이의 경계선이 일견 명확할 것 같지만, 실무상으로는 그 경계가 모호한 경우를 종종 마주치게 된다. 즉 '배제적 처분'으로 구성하면 일응 침해적 처분처럼 보이지만, 반면 신청권 이론을 차치하고 보면 거부처분처럼 보이기도 하는 사례군을 간혹 보게 된다.

예컨대, 대법원은 교육부장관이 국립대학에서 추천한 복수의 총장 후보자들 전부 또는 일부를 임용제청에서 제외하는 행위에 대하여 처분성을 인정하여, 이와 달리 원고에게 총장 임용제청을 요구할 법규상 또는 조리상 신청권이 인정되지 않는다고 보아 피고의 원고에 대한 총장 임용제청 제외처분이 항고소송의 대상이 되는 처분에 해당하지 않는다고 판단한 원심을 파기하기도 하였고,[8] 교육부장관이 특정 후보자를 임용제청에서 제외하고 다른 후보자를 임용제청함으로써 대통령이 임용제청된 다른 후보자를 총장으로 임용한 경우에는, 임용제청에서 제외된 후보자는 대통령이 자신에 대하여 총장 임용 제외처분을 한 것으로 보아 이를 다투어야 한다고 판시한 바도 있다.[9]

대법원은 위와 같은 사안에서 신청권 이론에 따라 본안판단에 나아가지 않은 원심논리를 깨면서, 기본적으로 위와 같은 '제외처분'이 침해적 처분에 유사한 것으로 전제한 것으로 볼 수 있다(물론 법리판시는 행정소송법상 '처분 등'에 관한 일반 판시[10]를 인용하고 있다). 정확히는 '불이

---

8) 대법원 2018. 6. 15. 선고 2015두50092 판결
9) 대법원 2018. 6. 15. 선고 2016두57564 판결
10) 행정청의 어떤 행위가 항고소송의 대상이 될 수 있는지의 문제는 추상적 · 일반적으

익처분'으로 취급하고 있다. 아직 신청권 이론이 폐기되지 않은 상황이므로, 앞서 언급한 '4유형론'의 원론적 틀에 따라 분석을 할 경우에 이처럼 애매한 유형의 배제적 처분에 관하여 어떤 기준으로 어느 유형에 포섭시킬 것인지는 여전히 분명하지는 않으나, 명시적 신청권을 규정하지 않은 사례에서 굳이 2유형의 거부처분에 끼워 맞출 것은 아니라고 생각한다. 통상의 수익처분 발급거부처분의 경우 행정절차법 적용에서 침해적 처분의 경우와 달리 취급되는 국면들이 있으므로, 실익이 전혀 없지는 않다고 할 것이다.

2. '협의의 소의 이익'에 관한 법리 문제 (대법원 2020. 12. 24. 선고 2020두30450 판결)

종래 대법원 판결은, 소송계속 중 해당 처분이 기간의 경과 등으로 그 효과가 소멸한 때에 처분이 취소되어도 원상회복이 불가능하다고 보이는 경우라도, 무효 확인 또는 취소로써 회복할 수 있는 다른 권리나 이익이 남아 있거나 또는 그 행정처분과 동일한 사유로 위법한 처분이 반복될 위험성이 있어 행정처분의 위법성 확인 내지 불분명한 법률문제에 대한 해명이 필요한 경우에는 행정의 적법성 확보와 그에 대한 사법통제, 국민의 권리구제 확대 등의 측면에서 예외적으로 그 처분의 취소를 구할 소의 이익을 인정할 수 있다고 판시해왔다.

그러나 실제 위 판례 법리의 적용 범위가 너무 협소하다는 이론적

로 결정할 수 없고, 구체적인 경우 행정처분은 행정청이 공권력의 주체로서 행하는 구체적 사실에 관한 법집행으로서 국민의 권리의무에 직접적으로 영향을 미치는 행위라는 점을 염두에 두고, 관련 법령의 내용과 취지, 그 행위의 주체·내용·형식·절차, 그 행위와 상대방 등 이해관계인이 입는 불이익과의 실질적 견련성, 그리고 법치행정의 원리와 당해 행위에 관련한 행정청 및 이해관계인의 태도 등을 참작하여 개별적으로 결정하여야 한다(대법원 2010. 11. 18. 선고 2008두167 전원합의체 판결 등 참조).

지적이 있어왔고, 소송계속 중에 당사자가 어찌할 수 없는 지연된 소송기간 때문에 본안판단을 하지 못한다는 것은 '정의론'적 관점에서도 온당하다고 보기 어려웠다(물론 근본적으로 '계속적 확인의 소'라는 소송형태가 불비된 데에서 기인하는 문제이기도 하다). 결국 이론이나 실무 공히 문제의식을 공유하던 사안으로 볼 수 있으나, 법원 하급심 실무상 위 판시 문언 자체를 무시하기도 어려운 측면이 있어서 실무를 담당하면서 위 판시를 피해갈 방법을 요리조리 찾게 되는 형편에 종종 처하기도 하였다.

실무적 감각으로는 위와 같은 판시 중 "위법한 처분이 반복될 위험성이 있어" 부분의 판시 문언(wording)이 문제였다. 마치 반복될 위험성이 있음으로 인하여 법률적 해명이 필요한 경우로 읽히기 때문이다. 위 판례는 다음과 같은 부연판시를 덧붙였다.

> "여기에서 '그 행정처분과 동일한 사유로 위법한 처분이 반복될 위험성이 있는 경우'란 불분명한 법률문제에 대한 해명이 필요한 상황에 대한 대표적인 예시일 뿐이며, 반드시 '해당 사건의 동일한 소송 당사자 사이에서' 반복될 위험이 있는 경우만을 의미하는 것은 아니다."

사실 위 판결은, 실질적으로는 판례변경에 준하는 커다란 파급 효과를 실무에 가져왔다고 평할 수 있다. 그러한 점에서 정식으로 판례변경 절차를 거쳤어야 한다는 학계의 지적도 있는 것으로 알고 있다.

위 판결 이후 하급심 실무례의 경우, 종래의 소의 이익에 대한 법리를 그대로 답습하는 실무례는 이제 전혀 없다고 단정할 수는 없지만(즉, 반복가능성 내지 법률상 해명의 필요성을 좁게 인정하는), 경향성 자체는 완전히 전향적으로 바뀐 것을 감지할 수 있다. 즉, 반복가능성이나 법률상 해명의 필요성을 보다 느슨하게 인정하는 경향이 커져가고 있다. 이것은 실무상 당사자가 위 판례 법리를 적극적으로 주장하는 빈도가 늘어난 데서도 그 원인을 찾을 수 있을 것이다. 위와 같은 판결에 대하여 학계에서는 대부분 긍정적인 반응을 보인 것으로 알고 있고, 하급심 실무에서도 위 법리의 적용이 신속하게 반영되고 있다고 평가할 수 있다.

이후 위와 같은 법리는 행정처분의 일종인 중재재정에 대한 무효확인 또는 취소를 구하는 소의 경우에도 마찬가지로 적용된다는 노동사건 대법원 판결로도 이어지고 있다.[11] 대법원은 위 판결에서는 다음과 같이 진일보한 내용의 포섭판단을 내비치고 있다.

> "중재재정의 효력 소멸 이후 현재까지 원고 교육감과 참가인 사이에서 이 사건 중재재정의 대상이 된 사항들에 관하여 새로운 단체협약이 체결되지 않은 것으로 보이는데, 참가인이 이러한 사항들에 대하여 단체교섭을 요구하여 단체교섭이 결렬되는 경우 교원노조법에 따른 조정 및 중재절차가 다시 진행될 수 있다. <u>그 사항들이 교원노조법상 중재재정의 대상이 되는지에 관한 법원의 분명한 판례가 없고</u>, 이 사건에서 법원이 본안판단을 하지 않는다면 피고는 원고 교육감과 피고 사이의 사건뿐만 아니라 <u>다른 유사한 사건에서도 이 사건 중재재정과 같은 내용의 중재재정을 반복할 것으로 예상된다.</u> 이러한 사정에 비추어 보면 이 사건 중재재정의 위법성의 확인 내지 법률문제의 해명이 필요하다고 판단되므로, 이 사건 중재재정의 무효확인 및 취소를 구할 소의 이익이 있다."

3. 쟁송법적 처분의 문제 (대법원 2020. 4. 9. 선고 2019두61137 판결)

실무를 하다 보면, 아직 최종적 처분으로 인한 현실적, 확정적 불

11) 대법원 2024. 4. 16. 선고 2022두57138 판결 [교원노동관계중재재정취소청구]

이익이 구체화되지는 않았으나, 그 중간 단계의 어떠한 조치가 취해짐으로써 조간만 위와 같은 불이익이 현실화될 가능성이 매우 커진 경우에 그 중간적 조치를 일단 먼저 쟁송으로 다투어 오는 사안을 심심치 않게 발견할 수 있다.

이러한 쟁송에 대하여는, "당신은 아직 실제로 때려 맞지 않았으니, 일단 맞은 뒤에 오십시오."라고 말하면서, 중간적 조치의 처분성에 관한 일반 법리를 늘어놓은 후 국민들에게 정중히 소송의 문을 닫는 것이 과연 온당하냐의 물음으로 이어질 수밖에 없다.

이때 실무가에게 순차로 제기되는 물음은 다음과 같을 것이다.

① 실체법상 처분성이 인정되지 않는 중간적 조치와 실체법상 처분성을 인정할 수 있는 중간처분 사이의 구별기준이 무엇인가?

② 어느 정도 '적식'을 갖춘 실체법상 중간처분과, 다소 애매하고 허술하지만 국민들 입장에서는 위험과 불이익이 현실화되기 이전의 앞 단계에서 미리 불이익을 차단하고 싶은 필요가 상당해 보이는 '쟁송법적 처분' 사이의 구별은 또 어떻게 하는가?

- "쟁송으로 곧바로 해결되지 못하는 상황이 얼마나 답답하고 억울할지"에 관한 문제가 이 구별에 영향을 미치는가?

③ 그럼 쟁송법적 처분을 인식하고 인지하여 이를 다투게 해주게 해주었을 경우의 파생되는 문제는 무엇인가?

- ⓐ 선제적으로 다투게 해주면, 불가쟁력, 구속력의 문제는 어떻게 할 것인가?
- ⓑ 중간에 있었던 쟁송법적 처분을 다투지 않고 나중에 있게 되는 실체적 처분을 다툴 경우에, 각 처분별 하자가 구분되는가? 하자의 승계가 인정되는가? 특히, 중간의 쟁송법적 처분이 적법하다고 판단이 된 후에, 나중에 있게 될 후행 실체처분에서 재차 같은 사유를 들어 위법하다고 주장할 수 있는가(위법사유가 중첩되는 것은 아닌가)?

- ⓒ 쟁송법적 처분의 경우, 행정청에게 실체법적 처분이라는 인식이 없는 것이 일반적이므로 행정절차법을 준수하는 것을 기대하기는 어려울 텐데, 그럼 쟁송법적 처분으로 인정되면 거의 자동적으로 절차상 하자가 인정되도록 하는 것이 타당한가?

이러한 문제를 두고 고민을 하다가, '이론의 지혜'를 빌리고자 자료들을 찾아보면, 의외로 이 문제를 두고 체계적으로 정리해둔 자료들이 많지 않았다.[12)]

다만 사막의 오아시스와 같이, 독일식의 최협의의 행정행위를 '실체법적 처분'으로, 확대된 처분 개념을 '소송법적 처분'으로 파악하고, 전자에 대해서만 구속력과 불가쟁력이 인정되어야 한다는 견해[13)]를 찾아 볼 수 있었고, 실무에서 느끼던 문제의식이 나만의 것은 아니라는 점을 확인할 수 있었다.

위 2019두61137 판결은 실무가의 이러한 고민을, 비록 방론을 통해서나마 그래도 체계적으로 펼쳐놓은 최초의 시론적 판결이 아닌가 한다.

앞서 본 순차적 물음 중 ①에 대하여는 레퍼런스가 이미 상당히 집적되어 있으나, 이후 ②, ③에 대하여는 실무가가 신뢰하고 참고할 수 있는 이론적 집적이 많다고 하기는 어려웠으나, 위 판결 이후 관련 내용을 자세히 다룬 논문이 나오고 있는 것은 반가운 일이 아닐 수 없다.[14)]

---

12) 이러한 문제는 그 유명한 가수 유승준 비자발급 거부 행정사건에서도 똑같이 명시적 또는 숨어 있는 쟁점으로 문제된 바 있다. 만일 위 사건에서 법무부의 금지조치를 쟁송법적 처분으로 보아 위법함을 선언하되, 구속력을 부정한 후, 그에 기초한 비자발급거부처분이 위법함을 밝혔더라면, 최근 주미 영사관 측이 대법원 판결에 반하는 비자발급 거부처분을 하면서 법무부의 위 조치를 그 처분의 근거로 드는 일은 없게 되지 않았을까?

13) 박정훈, "항고소송과 당사자소송의 관계", 특별법연구 제9권, 사법발전재단(2011), 145면.

14) 대표적으로 위 판결 이후 그에 대한 평석으로 나온, 최계영, 하자의 승계와 쟁송법

위 판결은 흥미롭게도, 절차보장 여부가 쟁송법적 처분으로 분류하는 데에 주요한 판단기준으로 작용한다고 판시하고 있다. 해당 부분은 다음과 같다.

> "실질적으로 행정절차법에서 정한 처분절차를 준수함으로써 사업주에게 방어권행사 및 불복의 기회가 보장된 경우에는, 그 사업종류 변경결정은 그 내용·형식 · 절차의 측면에서 단순히 조기의 권리구제를 가능하게 하기 위하여 행정소송법상 처분으로 인정되는 소위 '쟁송법적 처분'이 아니라, 개별 · 구체적 사안에 대한 규율로서 외부에 대하여 직접적 법적 효과를 갖는 행정청의 의사표시인 소위 '실체법적 처분'에 해당하는 것으로 보아야 한다."

처분의 개념징표를 절차보장 여부로 파악하는 것은 논리가 역전된 것이라는 지적이 충분히 가능하다. 다만 위에서 본 질문 ③－ⓒ에 대한 문제의식과 절차보장까지 이루어진 사안이면 행정청 스스로도 실체법적 처분이라고 인식하였을 개연성이 크고, 당사자를 두텁게 조기에 보호하여야 한다는 필요는 적으며, 절차보장이 어느 정도 이루어진 이상 법률관계의 조기 확정이라는 필요는 오히려 존재한다는 현실적 이유에서 위와 같이 판시한 것이 아닌가 한다. 향후 방론적 판시가 아닌 본격적 판시를 낼 때에는 논리를 조금 더 다듬어야 할 것으로 보인다.[15]

나아가, 이후의 판시 부분이 바로 하자의 승계를 인정하고, 쟁송법적 처분의 구속력을 부인한 가정적 판시 부분이다. 이 부분은 앞서 본

적 처분, 행정판례연구 27－1권(2022)에서 비교적 상세히 해당 쟁점들을 다루고 있다.

15) 나아가 "처분절차의 보장은 하자의 승계를 부정할 필요조건은 될 수 있어도 충분조건은 되지 않는다는 점이다. 즉 처분절차가 보장되었다는 이유만으로 위법성 주장을 차단하는 것이 정당화될 수는 없다."는 최계영 교수의 지적(최계영, 각주 14의 논문 92면)에 전적으로 동의하는 바이다.

박정훈 교수님 논문의 영향을 받은 것으로 보인다.[16)]

> “다만 근로복지공단이 사업종류 변경결정을 하면서 실질적으로 행정절차법에서 정한 처분절차를 준수하지 않아 사업주에게 방어권 행사 및 불복의 기회가 보장되지 않은 경우에 이를 항고소송의 대상인 처분으로 인정하는 것은 사업주에게 조기의 권리구제기회를 보장하기 위한 것일 뿐이므로, 이 경우에는 사업주가 사업종류 변경결정에 대해 제소기간 내에 취소소송을 제기하지 않았다고 하더라도 후행처분인 각각의 산재보험료 부과처분에 대한 쟁송절차에서 비로소 선행처분인 사업종류 변경결정의 위법성을 다투는 것이 허용되어야 한다.”

이러한 법리가 이후 정착이 된다면, 짐짓 실체법상 처분성에 관한 법리를 앞세워 본안 판단도 없이 당사자를 돌려보내면서, 실제로 불이익을 당하면 그때 오라고 이야기해야 하는 ‘당혹스러운’ 상황은 피할 수 있게 된 것이니, 실무가 입장에서는 그 자체로 안도하고 기댈 수 있는 든든한 버팀목이 하나 생긴 셈이다. 한 가지 더 첨언하자면, 대법원이 굳이 위와 같은 방론까지 첨언한 데에는 하급심 실무에서 저렇게 당혹스러운 처리를 하는 경우를 간혹 또는 왕왕 볼 수 있었기 때문이 아니었을까 하는 경험적 추론을 하는 것이 과한 것은 아닐 것이다.

4. 하자의 승계 문제(대법원 2019. 1. 31. 선고 2017두40372 판결 등을 계기로)

위와 같은 쟁송법적 처분에 관한 판례는 결국 하자의 승계를 인정

16) 최계영, 각주 14의 논문 86면도 같은 취지이다.

하는 또 다른 예외사유가 되는 것인데, 이와 관련하여서 실무상 또 다른 곤란함을 느끼게 되는 지점이 있어 별도의 항으로 다루도록 한다.

이 쟁점은 개념의 정의와 용어의 사용에서부터 정말 말도 많고, 탈도 많은 쟁점이고, 이론적 연구도 상당히 집적되어 있는 것으로 보인다. 다만 실무가로서 느끼는 실무적 어려움을 짚어 두는 것은 이후 '이론'의 발전에 미약하나마 기여할 수 있을 것으로 생각되어, 이 부분을 중심으로 살펴보기로 한다.

둘 이상의 처분이 연속적으로 행하여지고 선행 처분에 불가쟁력이 발생했을 때 선행 처분의 위법성을 후행 처분에 대한 쟁송에서 다툴 수 있는가의 문제를 종래의 통설과 판례는 하자의 승계 문제로 다룬다. 즉, 판례는 ① 선행 처분과 후행 처분이 서로 결합하여 하나의 법률효과를 발생하는 경우와 ② 선행 처분의 불가쟁력이나 구속력이 그로 인하여 불이익을 입게 되는 자에게 수인한도를 넘는 가혹함을 가져올 때 예외적으로 하자의 승계를 인정한다. 위 2019두61137 판결은 여기에 새로운 예외를 추가한 셈이다(다만 절차보장이 하자승계를 부정할 충분한 논거가 되는지는 의문이다).

실무에서 느끼는 안타까움 내지 당혹감의 출발점은 이것이다. 보통 이러한 당혹감을 느끼게 하는 사건 유형은, 주로 시정명령이 있고 이후 이행강제금 등이 이어지는 사례 군에서이다. 선행 시정명령이 처분사유가 부존재하여 위법한 경우에 시정명령 자체로는 당장의 불이익이 없으니 무심코 그냥 넘겼다가 이후 금전적 제재처분이나 면허나 허가의 취소처분을 받게 되는 경우가 문제가 된다. 업무정지처분과 등록취소처분이 문제된 대법원 2019. 1. 31. 선고 2017두40372 판결 사안에 비추어 보면, 이러한 경우 특별한 사정이 없는 한 위 예외 ①, ② 모두 해당되기 어려울 것이다.

아무리 권리의식이 신장되었다고 하더라도 현실에서는, 단순히 시정명령만 받은 국민들이 스스로 죄가 없다는 점을 크게 의지하여 만연히 이를 다투지 않고 있다가 현실적 불이익인 금전제재처분이나 허가 등 취소처분을 받게 되면 그제야 행정소송으로 다투게 되는 경우도 상당수 볼 수 있다. 그런데 우리나라의 경우, 독일과 달리 처분 즉시 그 집행력이 발생하고, 제소기간도 그리 길다고 보기 어려우며, 행정소송에 변호사강제주의도 도입되어 있지 않은 현실에서, 미처 시정명령을 못 다투고 뒤늦게 현실적인 불이익처분만을 다투었다는 점만을 들어(즉, 법률관계의 조기 확정이라는 명분을 근거로), '정의의 문제'(즉 죄가 없음)를 뒤로 물려야 하는가 하는 철학적, 정책적 고민이 있게 되는 것이다.

이와 관련하여 학계의 거대 담론적 대안 제시나 종래 판례를 토대로 한 촘촘한 검토는 상당 수준으로 제고되어 있는 것으로 보인다.[17] 그런데 종래의 거대담론과 같은 하자승계의 틀 자체를 바꾸는 형태의 전원합의체 판결을 내는 것은 현실적으로 결코 쉬운 일이 아니다. 거대 틀 자체를 바꿀 정도로 현실적 모순이나 부조리가 크게 나타나면 모르겠으나, 그것 역시 아니라면 더욱 어렵다. 그래서 예외의 목록이 하나씩 추가되는 현상은 어찌 보면 부득이한 것일 수 있다.

다만, 종래의 예외사유 ①, ②의 연원이 대체 어디에 있는가를 추적해 보면, 이러한 요건 설정에 성문법적 근거가 있는 것은 당연히 아니고 법 해석 논리상 어떠한 특별한 논리필연적 이유가 있는 것도 아닌 것으로 보인다.[18] '실체적 정의'를 뒤로 물리고 국민의 기본권이 심각하게 제한될 수 있는 이러한 요건 설정이 특별한 법령상 근거나 논리 필연적 근거 없이 이렇게 대충(!) 설정되는 것이 법의 지배에 온당한 것인지는 의문이 든다.

---

17) 일일이 다 거시하는 것이 어려울 정도이다.

18) 최계영 각주 14의 논문 84면에 따르면, 서로 결합하여 하나의 법률효과를 발생하는 예외는, 표현의 유사성에 비추어 볼 때프랑스의 복합적 작용 이론이 일본을 거쳐 우리나라에 계수된 것으로 보인다고 한다[정남철, 행정법연구 2 – 현대행정의 작용형식, 법문사(2016), 257쪽과 선정원, 행정법의 연구 I _ 행정법의 작용형식, 경인문화사(2018), 384쪽을 인용하고 있다].

"극단적으로" 사고를 거칠게 연장해 보면, 위 ①과 같은 요건 설정은 법률유보 위반과 유사한 문제(판결로 설정된 요건이므로 법률유보 문제랑은 결이 다르나, 법령의 해석에 의해 논리적으로 연장되어 나오는 요건 설정은 아니므로 그 결은 비슷하다)가 있는 것은 아닌가 하는 '어설픈' 의문마저 들게 한다(이러한 위헌성 문제를 완충하기 위한 것이 결국 예외 ②가 아닌가!). 사실 예외 ②도 극히 이례적인 경우를 내용으로 하는데, 이럴 바에는 요건 ①을 손보는 것이 더 근본적인 해결책이 아닐까?

특히 시정명령은 결국 처분에 의한 금지규범 내지 작위규범을 설정하는 기능을 가진다. 같은 내용이 법령에 구체적으로 규정되어 있고 그 규정을 어긴 경우에 금전적 제재나 허가 등의 취소가 곧바로 이루어지는 경우와 비교하여 보면, 수범자인 국민이 먼저 있었던 시정조치를 다투어두지 않았다는 것의 귀책 여지가 이렇게 큰 것일까? 그 기본권 제한을 어쩔 수 없이 수인해야만 하는 상황인가? 게다가 한 나라 국민들의 권리의식과 소송제기의 편의성 문제는 나라마다 다른 것이 현실인데, 우리나라가 과연 행정소송을 미리 제기해두지 않았다는 점 때문에 이렇게까지 정의의 문제를 뒤로 물려도 될 만큼 '사법접근권'이 완비된 상황인가? 의문이 아닐 수 없다.

원래 병존적인 두 개의 처분은 각각 독립하여 그 처분이 발령된 개별적 원인과 근거와 요건이 다 있게 되므로, 각 처분은 각각 별개로 고유한 위법사유가 있게 됨이 원칙일 것이다. 그런데 특히 위 ①의 경우 서로 결합하여 하나의 법률효과를 내게 된다는 것이어서, 처분사유가 실질적으로 상당부분 겹치게 된다는 점만 고려된 것이 아니라 서로 결합해서 효과도 하나의 효과를 내야 한다는 것이 되므로, 현실적으로 이러한 경우는 손에 꼽을 수 있을 것이다(이러한 결론과 요건 설정은 프랑스의 복합적 작용이론에 따른 요건설정과 그 적용 효과와도 상이한 것으로 보인다).

그런데 하자승계가 원칙적으로 부정되는 이유는 결국 각 개별처분의 처분사유가 별개이고 그에 따라 각 처분이 개별적으로 형식적 확정력이 발생하기 때문일 것이다. 반면 하자승계가 인정되는 이유로서 위 ①과 관련되는 이유를 찾아보자면, 각각의 처분 발동사유는 별개일지라도 전체적으로 하나의 효과를 향해 가는 경우에는 그 하나의 효과가 발생되는 것을 저지해야 할 필요성이 크기 때문으로 추론해 볼 수 있다.

그렇다면, 일련의 이어지는 각 개별처분의 처분사유가 실질적으로 상당부분 겹치거나 앞선 처분에서 정해진 규범이 있음을 전제로 하는 경우는 어떤가? 위 ① 요건을 설정할 때 과연 이러한 경우에 하자 승계가 안 되도록 해야 한다는 판단을 염두에 둔 것일까? 그러고 보니 어디서 많이 본 듯한 모습이 아닌가? 즉, 바로 앞에서 살펴본 쟁송법적 처분도 바로 이런 경우가 아닌가. 결국 이러한 경우 우리의 판단 추가 기울게 하는 것의 정체는, 미리 다투어 두는 것도 괜찮고, 또 나중에 다투어도 괜찮다는 가치판단에 다름 아니다. 요컨대, 현재와 같은 요건 ① 설시는, 특별한 법령상이나 해석상으로 논리필연성도 없고, 비교법적으로도 문언상 차이가 있어 딱히 정확한 연원조차 특정하기 어려울 뿐 아니라, 법정책적 측면이나 기본권 제한의 측면에서 형량을 해보더라도 문제가 없지 않으므로 새로이 손을 보는 것은 어떨까 생각한다. 이 부분은 진정 '이론의 지혜와 도움'이 필요한 부분이 아닐까? 법리 전체를 손보는 것은 어려울지라도 ①[19] 내지 ②[20]요건을 변형하거나(이 요건을 단순히 추가적으로 변형하는 것이 아니라 창발적으로 새롭게 설정하는 경우에는 판례변경 전합이 필요할 것이다), 그것이 어렵다면 나아가 보다 유연한 형태의 일반조항을 추가함으로써 실질적으로 향후 있게 될지도 모르는 예외사유 추가를 종식시키는 방안은, 판례변경 없이도 가능할 것이니 실무상 현실적 실행이 가능한 방안이 아닐까 한다(결국은 형량의 문제로 귀착될 것이지만). 비록 행정기본법상 처분의 재심사 제도가 도입되기는 하였어도, 그 대상처분이 극히 제한적이고 재심사사유도 협소

---

19) 이 요건을 어떻게 변형할 것인지가 결국 필자가 생각하는 숙제인 것이다.

20) 수인한도라는 문언, 즉 "수인한도를 넘는 가혹함"이라는 문언적 기준을 낮추는 방법

하여서 위와 같은 검토 논리에 대하여 충분한 대안이 되지는 못한다고 평가할 수 있다.

5. 행정처분의 '변경처분' 및 '일련의 처분 사이의 관계' 문제(대법원 2015. 11. 19. 선고 2015두295 전원합의체 판결 등을 계기로) – 통일적 '이론'에 의한 설명 필요성

실무를 하다보면, 변경처분이나 일련의 처분들이 있었던 사안에서 각 처분 사이의 관계를 규정짓는 대원칙이나 원리가 되는 '이론'이 무엇인지가 궁금해지게 된다, 이 문제는 단순히 사변적인데서 끝나는 것이 아니라, 쟁송대상 처분의 특정, 각 처분에 대한 소의 이익, 고유한 위법사유의 특정, 하자승계, 제소기간 등 전반적으로 어려운 문제들이 꼬리에 꼬리를 물고 이어지게 되므로, 실천적 실익이 있는 문제이다.

실무를 하면서 이러한 의문을 가지고 교과서를 뒤져보면 파편적으로 설명이 되어 있어서 전제적인 큰 그림이나 '관통 원리'를 이해하기는 어려웠다(다만 이승훈 교수님의 '도시정비사건에서 선행처분과 후행처분의 관계'라는 논문이 그래도 이 문제를 비교적 오래전에 가장 자세히 다룬 논문[21])으로 보이고, 실무에서 주요하게 참고가 되는 논문이다. 그러나 위 논문은 위 2015두295 전원합의체 판결을 언급하지 않고 있는 것으로 보아, 그 이전에 탈고한 논문으로 보인다).

보통 이러한 경우 조세법에서 인용되는 법논리들, 예컨대 흡수설, 역흡수설, 병존설 등등을 가지고 일반 행정처분의 경우에 적용하는 오류를 쉽게 범하게 된다. 그러나 조세법에서는 이른바 '총액주의'가 적용되고, 조세부과처분은 이른바 확인적 처분(즉 조세액은 법률에 따라 이미

---

21) 이승훈, '도시정비사건에서 선행처분과 후행처분의 관계', 사법논집 제61집, 법원도서관(2016)

정해져 있는 것이고, 부과처분은 이를 확인하는 차원이라는 취지)으로서 준법률행위적 행정행위로 분류될 뿐 아니라, 소송물 이론 역시 일반 행정처분의 경우와 다른 점이 있어서, 위와 같은 조세법 논리를 행정처분 일반에 그대로 적용할 수는 없는 것이다. 또한 실무에서는 변호사들이 종종 도시정비법 사안에서 설시된 변경처분과 관련한 법리를 근거로 제시하는 경우도 왕왕 있으나, 이 역시 통일된 이론적 설명을 하기에는 부족한 내용들이다.

그렇다면, '원칙론은 무엇일까' 생각해 보면, 일단 각 개별처분들은 원칙적으로 서로 영향을 미치지 않는 것이 원칙이고, 변경처분이 있더라도 선행처분을 전부 취소하거나 전부 취소에 준하여 완전히 대체하는 경우 외에는 서로 병존함이 원칙일 것이다. 이러한 사고틀을 보여주는 판례가 위 2015두295 판결(아래 판시 요지 참조)이고, 이것을 일반 행정사건(이하 보듯 금전부과처분의 경우는 판례상 예외가 있음)에서 일련의 변경처분이 있을 경우에 각 행정행위들의 운명에 관한 기본원칙으로 삼아도 큰 무리를 없을 것이다.

> "기존의 행정처분을 변경하는 내용의 행정처분이 뒤따르는 경우, 후속처분이 종전처분을 완전히 대체하는 것이거나 주요 부분을 실질적으로 변경하는 내용인 경우에는 특별한 사정이 없는 한 종전처분은 효력을 상실하고 후속처분만이 항고소송의 대상이 되지만, 후속처분의 내용이 종전처분의 유효를 전제로 내용 중 일부만을 추가·철회·변경하는 것이고 추가·철회·변경된 부분이 내용과 성질상 나머지 부분과 불가분적인 것이 아닌 경우에는, 후속처분에도 불구하고 종전처분이 여전히 항고소송의 대상이 된다.
>
> 따라서 종전처분을 변경하는 내용의 후속처분이 있는 경우 법원으로서는, 후속처분의 내용이 종전처분 전체를 대체하거나 주요 부분을 실질적으로 변경하는 것인지, 후속처분에서 추가 · 철회 · 변경된

부분의 내용과 성질상 나머지 부분과 가분적인지 등을 살펴 항고 소송의 대상이 되는 행정처분을 확정하여야 한다."

위 판례도 짚었듯이, 종전처분과 후속변경처분 모두 병존하는 상황에서 어떤 처분을 쟁송대상으로 삼아야 하는 것인지의 문제가 발생한다.

종전 처분 중 일부만 변경하는 후속변경처분이 있는데 변경된 부분과 그렇지 않은 부분 사이가 불가분적 관계가 아니고 가분적 관계인 경우, 새로 변경된 후속변경부분에 다툼이 있다면 그 부분만을 특정하여 다투면 되고, 이와 달리 새로 변경된 부분에는 이의가 없고 종전에 있었던 선행처분 중 바뀌지 않은 부분에만 이의가 있다면 종전 처분을 쟁송대상으로 특정해서 다투면 족할 것이다. 이러한 결론의 함의는, 변경되지 않고 종전 그대로 남아 있는 상호 가분적, 병존적 변경처분의 경우에 종전 처분 고유의 위법사유만을 다투고자 한다면, 쟁송대상은 종전 처분이 되므로 제소기간 역시 그를 기준으로 진행하게 된다는 점이다. 이때는 후행처분을 다툰다고 하더라도 하자 승계가 인정되는 특수 사안이 아닌 이상 종전처분의 위법사유를 주장할 수 없게 될 것이다.

반면 상호 불가분적 관계에 있다면 어떠한가? 이때에는 청구취지 특정부터 문제가 된다. 예컨대 2024. 9. 1.자 선행처분이 있고, 2024. 9. 15.자 후행변경처분이 있는데, 두 처분이 상호 가분적 관계는 아니라면 청구취지를 어떻게 특정할 것이냐의 문제이다. 위 판례는 이러한 경우의 처리에 대하여는 침묵하고 있으나, 판시 내용에서 추론하여 보면 다음과 같이 쟁송대상을 특정할 수 있을 것이다. 즉 "2024. 9. 15.자 변경처분에 의하여 일부 변경된 2024. 9. 1.자 처분"을 쟁송대상으로 삼을 수 있는 것이 아닐까 한다. 이 경우 두 처분은 불가분적 관계에 있으므로 실질적으로 하나의 처분처럼 취급하게 될 것이므로, 그 논리적 귀결로 여전히 잔존하고 있는 2024. 9. 1.자 처분에 대한 부분과 2024. 9. 15.자로 새로 변경된 부분에 대한 각 위법사유를 모두 주장할 수 있게 될 것이다. 이때 2024. 9. 15.자로 변경되어 '소멸'된 부분을 다투면 특별한 사정이 없는 한 소의 이익이 없게 될 것이다.[22)]

그러나 이와 달리 일반적인 금전부과처분(조세 외의)의 경우에 대하여는, 판례가 조세부과처분에 적용되는 것과 유사한 예외적 법리를 적용하고 있음을 알 수 있다. 금전처분은 선후행처분이 일종의 불가분적 관계에 있는 처분으로 취급하는 것 아닌가 하는 추론을 해볼 수 있겠다.

예컨대 개발부담금의 경우, 감액이 있게 되면 일부취소 논리를 적용하고, 증액이 있게 되면 개발부담금의 증액정정처분은 당초 결정된 개발이익과 개발부담금을 그대로 둔 채 증가되는 부분만을 추가하는 것이 아니라 증액되는 부분을 포함하여 전체로서 하나의 개발이익과 개발부담금을 다시 결정하는 것이어서, 당초의 부과결정은 증액부과처분에 흡수되어 독립된 존재가치를 잃고 그 효력이 소멸된다고 보고 있다.[23)]

한편 재량행위인 과징금부과처분과 관련하여서는 증액과 관련해서는 일반 법리를 판시한 판례는 없고, 다만 감액의 경우 일부취소의 성격을 가진다는 취지로 본 다음과 같은 판례[24)]가 있다.

> "과징금 부과처분에서 행정청이 납부의무자에 대하여 부과처분을 한 후 그 부과처분의 하자를 이유로 과징금의 액수를 감액하는 경우에 그 감액처분은 감액된 과징금 부분에 관하여만 법적 효과가 미치는 것으로서 처음의 부과처분과 별개 독립의 과징금 부과처분이 아니라 그 실질은 당초 부과처분의 변경이고, 그에 의하여 과징금의 일부취소라는 납부의무자에게 유리한 결과를 가져오는 처분이므로 처음의 부과처분이 전부 실효되는 것은 아니며, 그 감액처

22) 후행처분에 의해 일부취소된 경우도 유사할 것이다. 금전이라면 후행처분에 의해 감액되고 남은 부분을 쟁송대상으로, 일반 처분이더라도 유사하게 후행처분에 의해 일부 제거되고 남는 부분으로 특정하면 될 것이다.

23) 대법원 2014. 5. 16. 선고 2013두26699 판결 등 참조

24) 대법원 2008. 2. 15. 선고 2006두3957 판결 [과징금납부명령무효확인 등]

분으로도 아직 취소되지 않고 남아 있는 부분이 위법하다고 하여 다투는 경우 항고소송의 대상은 처음의 부과처분 중 감액처분에 의하여 취소되지 않고 남은 부분이고 감액처분이 항고소송의 대상이 되는 것은 아니다."

나아가, 후행처분이 선행처분을 완전히 대체하는 경우의 논리 구조를 살펴보면, 이때는 종전 처분은 소멸되는 것이므로 쟁송대상도 후행처분이고 처분의 고유한 위법사유도 후행처분만을 기준으로 주장하면 족하다(당연히 하자승계 문제도 없다). 그러면 "후행처분에의 흡수·소멸" 논리와는 어떤 차이가 있는 것일까? 원래 '흡수·소멸' 논리는 준법률행위적 행정행위로서 총액주의를 취하고 있는 조세부과처분에 친한 것이고, '흡수'를 논하는 이유는 종전 처분서의 내용이 후행처분에 전사(傳寫)된다는 법적 의제 및 효과를 나타내기 위함도 있다고 볼 수 있다. 따라서 후행처분서의 내용에 종전 처분서의 내용이 생략되어도 위법이 아닐 수 있다는 것이 논리적 귀결이 된다(예컨대, 판례[25]가 흡수소멸 논리로 구성하고 있는 공정거래위원회의 선행 과징금부과처분과 후행 자진신고 감면처분이 대표적인 경우이다). 이와 달리 일반적 행정처분이 연속되는 경우는 병존이 원칙이고(이 경우 각각의 처분서에는 고유한 처분사유와 처분내용이 병존하게

25) 대법원 2015. 2. 12. 선고 2013두987 판결: "공정거래위원회가 부당한 공동행위를 행한 사업자로서 구 독점규제 및 공정거래에 관한 법률(2013. 7. 16. 법률 제11937호로 개정되기 전의 것) 제22조의2에서 정한 자진신고자나 조사협조자에 대하여 과징금 부과처분(이하 '선행처분'이라 한다)을 한 뒤, 독점규제 및 공정거래에 관한 법률 시행령 제35조 제3항에 따라 다시 자진신고자 등에 대한 사건을 분리하여 자진신고 등을 이유로 한 과징금 감면처분(이하 '후행처분'이라 한다)을 하였다면, 후행처분은 자진신고 감면까지 포함하여 처분 상대방이 실제로 납부하여야 할 최종적인 과징금액을 결정하는 종국적 처분이고, 선행처분은 이러한 종국적 처분을 예정하고 있는 일종의 잠정적 처분으로서 후행처분이 있을 경우 선행처분은 후행처분에 흡수되어 소멸한다. 따라서 위와 같은 경우에 선행처분의 취소를 구하는 소는 이미 효력을 잃은 처분의 취소를 구하는 것으로 부적법하다."

되어, 독립적으로 다투어야 함을 의미하고, 경우에 따라 하자승계 문제가 발생한다), 대체적 처분을 할 때에도 종전처분의 주요부분을 변경하는 경우는 흡수 논리가 의미가 없게 된다(즉 변경처분서에는 실질적으로 주요내용이 교체되어 다시 나타나므로 이 점에서 차이가 있다).

결론에 갈음하여, 위에서 이러한 법 논리를 판례를 중심으로 정리한 이유는 이러한 경우를 일관되게 설명할 수 있는 친절한 '이론'이나 '체계적 설명'에 대한 '실무의 요청'과 '목마름'이 있기 때문이다. 필자가 '경험적으로' 체득하여 정리한 위와 같은 '아마추어'적인 설명 말고, 보다 더 체계적이고 통일된 이론에 의한 보다 더 알기 쉬운 설명이 있다면 하급심 실무에 큰 유익이 될 줄로 믿는다[26](조세법 분야에서는 그 분야에 통용되는 특수논리와 이론이 이미 충분히 개발되어 있으므로 여기서 다루지는 아니하였다).

6. 법원의 명령 · 규칙 위헌 · 위법심사에 관하여 (대법원 2024. 5. 23. 선고 2021두35834 전원합의체 판결을 계기로) - 판결의 '넛지'(nudge)

가. 명령 · 규칙 심사의 효력 문제

대법원은 위 전원합의체 판결에서 주문 바로 아래, 이유 설시 전 부분에 다음과 같은 내용을 추가로 부기한 바 있다. 개인적으로 이는 판결의 **'넛지'(nudge)**에 해당한다고 평가한다. 비록 소송물로서 주문에서 다루어지는 것은 아니지만 헌법이 부여한 명령규칙심사권이 행사된 결과를 명확히 하여 행정청으로 하여금 이를 따르도록 계도하는 효과를 노린 것으로서, 이러한 심사결과를 부기한 경우와 그렇지 않은 경우 사이

26) 최근의 유용한 관련 문헌으로는, 이윤정, 처분의 변경과 항고소송의 대상, 행정판례연구 28-2집, 박영사(2023), 79-112면.

명령에 대한 위헌 심사 결과

구 「자원의 절약과 재활용촉진에 관한 법률 시행령」(2015. 2. 3. 대통령령 제26088호로 개정된 것) 부칙 제2조 중 '2015년 1월 1일부터 2015년 2월 2일까지 제조장 또는 보세구역에서 반출되는 분' 부분은 헌법에 위반된다.

에 행정청의 판결 수범률은 경험적으로 극명한 차이를 보이기 때문이다.

이러한 설시례는 이미 하급심에서는 어느 정도는 확립된 실무례로서 다수 확인할 수 있다.[27)28)] 하급심이나 대법원에서 명령·규칙 위헌·위법심사를 하다 보면, 여러 가지 의문점이 꼬리에 꼬리를 물고 일어나는 경험을 하게 된다. 특히 대법원의 위헌·위법심사의 경우, 그 효력과 관련하여 실무상 상당한 문제점을 야기하는 것을 볼 수 있다. 대법원은 명령·규칙이 위헌·위법으로 판단될 경우 해당 규범을 "무효"라고 선언을 한다. 그러면 이 무효의 의미는 도대체 무엇인가 하는 문제가 제일 먼저 수면 위로 올라온다. 주지하다시피 통설은 개별 사건에서 개별적 적용을 배제하는 효력만을 가진다고 설명한다.

---

27) 예컨대, 필자의 재판부에서 선고했던 서울행정법원 2022. 6. 24. 선고 2022구합422 판결, 서울행정법원 2021. 12. 3. 선고 2021구합999 판결 등

28) 하급심 실무례를 보면, 주문 아래에 "[이 법원의 명령·규칙에 대한 위헌·위법 심사결과]"라는 표제 아래 위헌·위법으로 판단하는 대상 조문을 특정하여 "OO법 시행령 제O조는 위헌임을 확인한다." 내지 "OO법 시행령 제O조 중 oo 부분은 위법임을 확인한다."와 같은 취지의 기재를 부가하는 실무례를 다수 발견할 수 있다(종래 무효임을 선언하는 하급심 실무례도 간혹 있었으나, 최근에는 이러한 실무례를 발견하기는 어렵다). 이는 판결취지에 따라 통일적인 법집행이 가능하도록 행정청에 대하여 최소한의 주의를 환기하는 한편, 하급심 확정판결에 대하여는 대법원판결과 같은 관보 공시 제도가 없으므로 최소한의 외부적인 공시기능을 하도록 하려는 취지의 실무례라고 볼 수 있다. 다만 이제는 행정소송규칙이 제정되어 대법원 이외의 하급심 법원에서 재판의 전제가 된 명령·규칙이 헌법 또는 법률에 위배된다는 것이 판결에 의하여 확정된 경우에도 그 취지를 해당 명령·규칙의 소관 행정청에 통보하도록 하는 제도(제2조)가 도입되어 한층 더 판결내용의 실효적 관철성이 강화되었다.

그런데 헌법 제107조 2항은, “명령·규칙 또는 처분이 헌법이나 법률에 위반되는 여부가 재판의 전제가 된 경우에는 **대법원은 이를 최종적으로 심사할 권한**을 가진다.”라고 규정한다. 헌법학계에서는 통상 이 조항을 대법원이 그저 심급상 최종심으로 심사하는 것을 확인한 규정으로 보고 있다.[29] 대법원이 어떠한 명령·규칙을 위헌·위법으로 선언하더라도 개별적 사건에 대한 적용만이 배제될 뿐이므로, 그 규범은 여전히 유효한 것이고 개별 공무원은 그 규정을 계속 적용하더라도 위법행위가 되지 않으며, 다만 해당 규정을 다시 재판의 전제로 삼아 그 적용배제의 효과를 받도록 해야 한다는 논리를 펴기도 한다.

사정이 이러해서인지는 모르겠으나, 하급심에서 판결이유 중에 법률의 위임 없이 제정된 보건복지부 지침(65세가 되면 장애인활동급여의 지급을 중지하고 일률적으로 노인장기요양급여를 받도록 강제하고 있는 지침)이 위법 · 무효로 선언되고,[30] 이후 대법원에서 심리불속행된 사안에서, 그 판결 이후에도 행정청은 여전히 그 지침이 유효함을 전제로 종전대로 계속하여 처분을 하고(예산을 아끼기 위해서라는 놀라운 변명을 함), 다만 소송을 내는 사람들에 대해서만 판결이 나면 판결에 따라 구제를 해주고 있다는 웃지 못 할 현실도 마주하게 된다.[31]

이러한 문제는 비단 최근의 일만은 아니다. 필자가 사건을 검토 · 처리하면서 위와 같은 형식논리에 의문을 가지고 행정법 학계의 지혜를

29) 예컨대, 차진아, 대법원의 명령 · 규칙심사권의 의미와 한계, 인권과 정의(2007), 179면 이하.

30) 서울행정법원 2023. 4. 28. 선고 2022구합64105 판결(이후 서울고등법원 2023누44063 판결로 항소기각). 다만 위 지침은 형식상 법규명령 자체에는 해당하지 않는 점에서 일반적인 명령·규칙과는 차이가 있다.

31) https://www.hani.co.kr/arti/society/society_general/1154531.html 등 참조. 최근 장애인활동급여를 받아오던 한 중증장애인이 만 65세가 되었다는 이유만으로 장애인 일자리를 빼앗긴 사건이 있었는데, 위 무효로 판단된 보건복지부 지침이 장애인 일자리 신청 자격 요건으로 "장기요양등급판정을 받은 사람"을 거시하고 있었기 때문이라고 한다.

구하고자 글들을 찾아보니, 헌법학계에서 나온 글들과 그 논조와 분위기가 사뭇 달라 반가움을 금할 수 없었다(존경하는 김중권 교수님과 박균성 교수님의 글들이 그것이다). 즉, 위와 같은 강학상 설명이 헌법 제107조 제2항의 문언에서 곧바로 도출될 수 있는지에 대해서는 의문이 제기되고 있었던 것이다.[32] 필자의 의문도 여기에서 출발한 것이다.[33]

명령규칙 등의 위헌·위법이 재판의 전제가 되는 경우에만 법원이 그 위헌, 위법성을 심사할 수 있다고 하더라도(즉 부수적 규범통제), 만일 민사소송법과 행정소송법 등 절차법에서 구체적 사건을 해결하면서 해당 규범의 무효를 아울러서 선언할 수 있도록 규정한다면 그러한 가상의 법률 규정이 곧바로 헌법 제107조 제2항의 문언에 위배된다고 볼 수는 없는 것이 아닌가 한다. 즉, 구체적 규범통제 방식으로 행정입법에 대한 위헌심사권을 부여하더라도 해당 법규범의 효력 부인 방식을 어떻게 선택할 것인지는 헌법정책적 또는 입법정책적인 문제라고 보는 것이 타당하다. 게다가 헌법 제107조 제2항은 대법원에 명령·규칙의 위헌·위법 판단을 "최종적으로" 심사할 권한을 부여하고 있다. 헌법이 대법원에게 이러한 "최종적" 위헌심사권을 명백하게 부여하고 있음에도, 민사소송법이나 행정소송법 등에서 이러한 위헌심사결과에 따른 법규범의 효력 부인방식에 관한 소송법적 처리(이는 일종의 부수적 처리절차일 수도 있다)에 대하여 별다른 규정을 두지 않고 있다는 이유만으로(오히려 입법의 불비일 수 있음에도), 최종적으로 위헌 선언된 명령 · 규칙의 효력은 여전히 유지되고 다만 재판에 적용되는 국면에서만 그 적용이 배제될 뿐이라는 논리가 위 헌법 조항 해석만으로 당연히 도출될 수 있다고 보기는 어렵다. 이러한 형식논리는, 이미 위헌선언을 "최종적으로" 받은 시

32) 박균성, 행정법론(상)(제21판), 박영사(2022) 235~236면; 김중권, 김중권의 행정법, 법문사(2021), 424~426면

33) 이하의 내용은 필자가 집필한 법원실무제요 행정편 II권(2023) 해당 부분의 내용을 일부 수정 및 재구성한 것이다.

행령, 시행규칙일지라도 여전히 유효한 것으로 통용되므로 행정부가 계속 적용해도 문제가 없을 수 있다는 이상한 논리(심지어 최종적·명시적으로 위헌 선언된 이후에도 계속 그 명령·규칙을 적용한 처분도 당연무효는 아니라는 논리)로 연결될 여지가 있다. 결국 헌법학계의 통설적 주장은 헌법재판소에서 해당 명령·규칙이 소송물로 되어 무효로 선언되어야 비로소 무효(그 의미가 무엇이든)가 된다는 주장인데, 이는 하위규범인 소송법 규정을 가지고 거꾸로 상위의 헌법적 시스템을 재단해버리는 논리적 역전 내지 비약에 다름 아닌 것이다. 그 주장의 논거를 찾아보아도 결국은 우리나라가 부수적 규범통제를 채택하고 있다는 것 그것 하나를 들고 있을 뿐이다.[34] 이후 보겠으나, 여기서 "최종적으로"라는 문언은 대법원의 부진정행정입법부작위에 대한 규범통제 내지 사법심사에서 헌법소원의 보충성 문제와 맞물려 중대한 의미가 있게 된다.[35]

상론(詳論)하자면, 위에서 언급한 유력한 행정법 학자들[36]을 중심으로, 최소한 대법원에 의해 명령·규칙의 위헌·위법이 확정된 경우에는 그 위헌·위법성이 최종적으로 확인된 것이므로, 명문규정이 없더라도 헌법 제107조 제2항의 문언과 법치행정의 원칙상 행정청은 더 이상 그 위헌·위법인 규정을 적용해서는 안 될 의무를 부담한다고 보아야 한다는 견해가 제기되고 있다. 부수적, 구체적 규범통제라고 하여 오로지 당해 사건과 그 사건 당사자들 차원에서만 그 효력이 미친다고 보는 것은 바람직하지 않고, 모순 없는 통일적인 법적용을 당연한 전제로 하는 법치국가원리상 위와 같은 경우에는 해당 명령·규칙은 추후에 적용될 수 없으며, 결과적으로 대세적으로 무효인 상황과 같다고 보아야 한

34) 예컨대, 차진아, 각주 29의 논문, 180~181면.

35) 이와 유사한 점을 논한 문헌으로는, 임성훈, 행정입법부작위에 관한 행정소송 심사방식의 재정립, 법조 통권754호 (2022. 8.)

36) 김중권, 김중권의 행정법, 법문사(2021), 425~426면, 박균성, 행정법론(상)(제21판), 박영사(2022) 235~236면 참조. 홍준형, 행정쟁송법, 오래(2017), 149~150면은 종국적인 효력 유무까지 판단할 수 있다는 전제로서 유사한 취지로 볼 수 있다.

다는 것이다. 사실상 일반적 대세효를 인정하는 것과 상당히 유사한 결과를 가져온다.

대법원 역시 일관하여 위헌 · 위법인 시행령, 시행규칙 규정이 무효임을 정면에서 선언·확인하고 있다. 다만 종래에는 그 의미가 소급적 무효인지, 장래를 향한 무효의 의미인지, 나아가 당해 사건을 넘어서는 대세적인 무효인지 여부까지는 분명하게 밝히지는 않고 있었다. 그런데 최근 전원합의체 판결(대법원 2021. 9. 9. 선고 2019두53464 전원합의체 판결)의 다수의견에 대한 보충의견에서 다음과 같이 일반적 대세효가 없다는 점을 밝히면서도, 행정판결의 기속력 및 결과제거 조치의무 등을 근거로 하여 행정청으로 하여금 판결내용에 저촉되지 않도록 할 의무가 부여된다고 언급하고 있는 점이 특기할만하다. 이는 앞서 본 유력한 행정법학자들의 견해와 궤를 같이한다고 볼 수 있다. 이렇게 보아야 헌법 제107조 제2항이 대법원에 명령·규칙에 대한 최종적인 위헌·위법 심사권한을 부여한 취지를 실질적으로 실현·관철할 수 있다. 위와 같이 보아야 간혹 행정청이 판결의 취지를 무시하거나 오해하여 위헌·위법인 행정입법을 계속하여 적용하거나 실질적으로 똑같은 내용을 담고 있으면서도 판결의 취지와 효력을 면탈하기 위하여 행정입법을 개정하려는 시도를 근본적으로 차단할 수 있게 되기 때문이다. 다만, 이러한 행정판결의 기속력을 통한 문제해결은 행정사건 이외의 경우에 이루어지는 명령규칙 심사의 경우에는 적용될 수 없는 논리여서 그 한계 역시 분명하다. 다만 법원의 명령규칙 심사 자체는 공법적 심사권한에 해당하므로 행정판결의 기속력 관련 내용이 민사사건의 경우에도 유추적용된다고 입론할 여지는 있을 것이다.

대법원에 의해 최종적으로 위헌·위법성이 확인된 이후에도 해당 규정을 적용한 처분의 운명은 어떻게 되는가? 단순한 적용배제설의 전제에 서면, 이 경우에도 여전히 유효한 규정인 상황이 되므로, 해당 규정을 적용한 처분 역시 그 하자가 중대 · 명백하다고 보기는 어려울 것이다. 그러나 법치국가 원리상 이러한 결론은 타당하지 않다고 보아야 한다. 종래의 대법원 판례[37]의 반대해석상 이 경우에는 원칙적으로 그 처분의 하자가 중대 · 명백하여 무효라고 봄이 타당하다. 위 전원합의체 판결(2019두53464 판결)의 다수의견에 대한 보충의견 역시 마찬가지로, 판결을 통하여 위헌 · 위법이 확인된 명령·규칙을 근거로 다시 해당 집단을 수익적 행정처분의 대상에서 제외하는 취지의 처분을 하는 경우, 그와 같은 처분의 하자는 중대 · 명백하여 당연무효 사유에 해당한다고 설시하고 있다. 나아가 대법원이 명령·규칙이 헌법과 법률에 위반된다고 판단한 판결이 확정되고, 그 취지가 관보에 게재되어 관련 행정기관에서도 이를 충분히 인식할 수 있게 된 상태에서도 계속하여 동일한 사유로 위법한 행정처분을 하거나 이에 준하는 행위로 평가될 수 있는 불이익을 처분 상대방에게 준다면, 이는 그 공무원의 고의 또는 과실로 인한 것이 되어 국가배상법 제2조에 정한 국가배상책임이 발생할 여지도 있다.[38]

나. 이른바 '부진정행정입법부작위'의 문제[39]

명령 · 규칙심사와 관련하여 실무상 '이론의 지혜'와 통일적이고 명쾌한 해명이 요청되는 또 다른 영역으로는, 바로 부진정 행정입법부작위에 대한 구체적인 규범통제 방법에 관한 문제를 들 수 있다. 어떤 시

37) 대법원 2022. 3. 11. 선고 2019두56319 판결, 대법원 2018. 10. 25. 선고 2015두38856 판결, 대법원 2007. 6. 14. 선고 2004두619 판결 등: "일반적으로 시행령이 헌법이나 법률에 위반된다는 사정은 그 시행령의 규정을 위헌 또는 위법하여 무효라고 선언한 대법원의 판결이 선고되지 아니한 상태에서는 그 시행령 규정의 위헌 내지 위법 여부가 해석상 다툼의 여지가 없을 정도로 명백하였다고 인정되지 아니하는 이상 객관적으로 명백한 것이라 할 수 없으므로, 이러한 시행령에 근거한 행정처분의 하자는 취소사유에 해당할 뿐 무효사유가 된다고 볼 수 없다."

38) 대법원 2007. 5. 10. 선고 2005다31828 판결, 대법원 2021. 9. 9. 선고 2019두53464 전원합의체 판결 등

39) 이하의 내용 역시 법원실무제요 행정편 II권(2023)의 필자 집필 부분의 일부를 수정하여 재구성한 것이다.

행령 규정의 부진정 행정입법부작위가 평등원칙 위반에 해당하여 위헌·위법임을 선언하면서 거부처분을 취소하되(이 경우는 부진정 입법부작위를 문제 삼는 것이므로 해당 규정 자체가 위헌·위법이어서 전부 무효라고 보게 되는 것은 아니다), 그 행정판결에는 관련 행정청인 행정입법제정행정청에 대한 기속력이 인정되므로 그에 따라 개선 행정입법이 이루어질 수 있다는 방안과, 더 나아가 명시적으로 행정부에 대하여 개선입법을 명하는 방안, 그 밖에 공법상 당사자소송을 통해 행정입법 제정이행소송을 통해서 해결하는 방안 등이 제시되고 있다.[40]

그런데 앞서 본 바와 같이 대법원의 명령·규칙심사에는 해당 법령 조항을 일반적 무효로 만드는 효력은 인정되지 않는다고 보고 있으므로, 부진정 행정입법부작위가 위헌·위법으로 판단되는 경우에 대법원이 문제된 조항 자체를 전부 위헌·무효라고 판단하더라도, 관련되는 수익처분의 근거인(즉 명령·규칙심사의 대상이 된) 법령 규정이 완전히 효력을 잃게 되는 것은 아니다. 따라서 이 경우 헌법재판소와 같이 해당 조항의 효력을 잠정적으로 유지시키기 위하여 헌법불합치 결정을 해야 하는 상황은 발생하지 않을 수 있다.

이와 유사한 전제에서 사안을 해결한 경우로는 대법원 2021. 9. 9. 선고 2019두53464 전원합의체 판결을 들 수 있다. 이 판결이 취한 해결 방식과 같이, 법원이 결함이 있는 수익적 처분의 근거조항을 곧바로 위헌·무효라고 선언하여도 해당 조항이 바로 대세적 무효로 되는 것은 아니므로, 해당 판결에서 지적된 위헌적 상황이 아닌 다른 상황에서는 여전히 유효한 규범으로서 작동될 수 있게 된다. 이 경우에도 행정판결의 기속력에 따라 관련행정청은 개선 행정입법을 제정할 의무가 발생하

40) 김현영, "뚜렛증후군 장애를 가진 사람의 장애인등록신청과 이에 대한 행정청의 조치", 대법원판례해설 제122호(2020) 38-63면, 김중권, 김중권의 행정법, 법문사(2021), 427면; 정남철, "명령·규칙 등의 부진정행정입법부작위에 대한 법원의 규범통제", 행정판례연구 22-2집, 박영사(2017) 등 참조

므로, 해당 조항을 소송물로 삼아 무효로 만들지 않더라도 문제가 해결될 수 있다.41) 다만 앞서 지적한 바와 같이 이러한 해결은 민사판결에서 위와 같은 유형의 명령규칙심사가 이루어지는 경우에는 그대로 적용될 수 없다는 한계가 있다. 명령규칙심사는 법원의 공법적 권한 행사이므로 행정소송법 규정을 유추적용하여 문제를 해결하는 수밖에는 없을 것이다. 이러한 점 역시 현행 소송법제의 불충분성을 웅변하여 준다고 할 것이다.

다. 또 다른 넛지(nudge): 대법원 2019. 10. 31. 선고 2016두50907 판결(이른바 '틱 장애' 사건)

위 판결과 관련하여서는 학계에서 대부분 부진정 행정입법부작위의 위법을 선언하는 형태로 사법심사를 하는 게 더 타당하다는 지적이 대부분이었다.42) 논리적으로 당연히 타당한 지적이므로 논리적 측면에서는 별도로 더 이야기할 내용은 없지만, 실무가 특유의 느낌으로는 뭔가 위와 같은 이론적 비판에 법 감정적으로, 또 실무적 촉(觸)으로 수긍되지 않는 찜찜함이 남게 된다.

위 판결 논리를 지지하는 입론이 없는 상황이 오히려 문제라고 생각되어, 이러한 전제에서 한번 대법원 판결을 변호하는 입장에 서서 변론을 하자면, 다음과 같이 이야기해 볼 수 있을 것이다.

일단 위 판결은 학계에서 말하는 이론적 해결책을 모른 채 나간 판결이 절대 아니다.43) 판결 자체에서 이 점을 인식하였음을 전제로 다음

41) 이러한 판례 논리에 대한 자세한 해설과 보완점을 논한 문헌으로는, 임성훈, 각주 34의 논문.

42) 예컨대, 김중권 판결에 의한 장애종류의 확장의 문제 : 대상판결: 대법원 2019. 10. 31. 선고 2016두50907 판결, 사법 55호, 사법발전재단(2020), 이은상, 입법 미비를 이유로 한 장애인등록 거부처분의 위법 여부와 사법심사의 방식, 행정판례연구 26-1집, 박영사(2021) 등

43) 김현영, 각주 40의 대법원판례해설 역시 이를 뒷받침한다.

과 같이 짚고 있다.

> "만일 이를 한정적인 열거규정으로 해석한다면, 하위 법령을 최대한 모법에 합치되도록 해석할 것을 요청하는 해석원칙에 부합하지 않고, 모법 규정의 내용과 취지상 법적 보호가 필요함이 분명하게 인정되는 장애인임에도 단순히 이 사건 시행령 조항에 규정되지 않았다는 이유만으로 장애인복지법의 적용대상에서 배제하는 규정이 되어 곧바로 모법의 위임범위를 벗어나게 되며, 시행령에 구체적으로 규정되지 않은 새로운 장애의 유형이 생길 때마다 구체적 규정을 두지 않은 시행령 규정을 계속하여 무효로 선언하여야 한다는 것이 되므로 부당하다."

즉, 이 사건처럼 무궁무진한 유형의 장애유형을 하위법령이 자의적으로 한정한 경우에는 부진정행정입법부작위의 위법확인을 통한 사법통제는 권리구제에 비효율적이라는 점을 일단 가장 중요시한 것임을 알 수 있다. 판결의 내심을 여기서 읽을 수 있는 것이다.

다음으로, 이은상 교수의 글에서도 정확하게 지적되었듯이, 대법원은 적어도 해당 판결을 통해 원고의 권익구제가 신속히 이루어지고, 관련된 개선 행정입법도 이루어지기를 기대하였던 것으로 볼 수 있다.[44] 이에 대하여는 부진정행정입법부작위의 위법 선언을 통한 판결의 기속력을 통해서도 어느 정도 유사한 효과를 달성할 수 있을 것이라는 반론이 가능하다.

그러나 이것은 어디까지나 '이론의 문제'일 뿐이다. 현실에서는 행정청이 이런 정도의 판단만으로 판결을 따르지 않고 뭉개는 경우는 허다하다. 특히 장애 관련 사건의 경우 고시나 지침은 모두 보건복지부에

---

44) 이은상, 각주 42의 논문 115면도 마찬가지로 추측하고 있다.

서 만들고 있으나, 실제 실무상 수급신청을 받고 거부처분을 행하는 주체는 모두 구청장 등 지방자치단체장이다. 그런데 거부처분을 다투는 사건에서 피고는 위 지자체장일 뿐이고, 실무상 보건복지부는 행정소송 참가를 권유해도 오히려 거부하고 수수방관하는 경우를 자주 볼 수 있다. 그리하여 판결이 확정되어도 정작 고시의 제정 주체인 보건복지부는 팔짱만 끼고 있는 경우마저 보게 되는 것이다(앞서 본 65세 이상 장애인을 노인장기요양급여로 강제전환하는 것을 내용으로 하는 보건복지부 지침의 무효가 선언된 사건에서도 실제 이렇게 하고 있다). 법원의 명령규칙심사에 대한 행정청의 인식이 바뀌지 않는 이상 신속한 권리구제는 요원하다. 게다가 판결의 기속력 확장에 대하여는 경계하는 견해도 있으므로, 이러한 점도 고려하여야 한다.

그런데 놀랍게도, 위 판결 이후 이례적으로 보건복지부는 법률의 장애 정의규정에는 들어맞으나, 하위 시행령에서 빠져 있던 새로운 장애유형 5가지에 대한 시행령 규정을 신속하게 신설하였다. 판례가 의도한 바가 적중하였을 뿐 아니라 그를 훨씬 뛰어넘는 효과가 나타난 것이다. 이 점에서 위 판결의 유추적용설은 행정청을 추동하는 또 다른 '넛지'(nudge)였다고 평가할 수 있다. 과연 단순히 행정입법부작위가 위법이라고 판단만 하였을 때에도 이렇게 많은 새로운 장애유형이 새로이 편입되었을지 사뭇 궁금해진다.

게다가 이 사건에서 대법원이 이러한 선택을 한 데에는 또 다른 이유가 있음을 미루어 짐작할 수 있다. 이 사건은 헌법이 특별한 관심을 베풀고 있는 장애 관련 사건임을 잊지 말아야 한다. 위 판례가 관련 헌법조항을 맨 앞에 내세운 이유도 바로 여기에 있을 것이다. 나아가 판결이유에 따로 언급을 하지는 않았지만, 장애 관련 사건에서는 장애인차별금지 및 권리구제 등에 관한 법률이 제정되어 있고, 그에 따른 독특한 권리보장체계가 완비되어 있다. 심지어 법원에게 의무이행판결에 준하는 내용을 명할 가능성조차 '머금고' 있는 구제조치(법 제48조)를 할 권능을 부여하고 있다.[45] 나아가 각종 시행령과 시행규칙보다 위계상 상위에 있는 위 법률 단위에서 상세한 권리보장 규정을 두고 있다. 따라서 일반적으로는 당연히 부진정행정입법부작위의 위법 선언 내지 행정소송법상 기속력 규정을 통한 해결을 도모했을 것이나(이후 일련의 대법원 판례를 보면 이를 알 수 있다), 결국 위 사건은 이러한 특수한 사정까지 고려하여 보다 신속한 권리구제에 방점을 둔 것으로 볼 수 있다. 이러한 가치판단이 이론적 정합성에 밀려야 할 가치인지는 의문이다. 즉, 장애와 관련한 법원의 특별한 관심의 표현일 뿐이고, 다른 사안에도 똑같이 적용되어 체계를 어그러뜨릴 수 있다는 것은 지나친 억측이다.

한편, 위 판결에 가하여진 또 다른 비판 중에는 다음과 같은 것이 있다.[46]

"❶ 급부행정과 관련한 법규정을 담당 공무원이 나름의 판단으로 예시규정을 보고 입법에서 전혀 예정되지 않은 급부를 자기 의사로 제공할 수 있게 된다. 담당 공무원의 자의적인 법집행이 횡행할 우려가 있다. ❷ 본처분의 인용여부가 재량인데도 불구하고 위 판결이 반드시 인용처분을 내려야 하는 것으로 판시한 것은 거부처분취소소송에서의 인용판결에서 판례가 취하는 판시방식에도 반한다."[47]

이 비판 중 ❶은 현실에 맞지 않는 과도한 비판이거나, 위 판결 사안에도 맞지 않는 허수아비 논증으로 볼 수 있다. 일단 장애인 관련 급여수급과 관련한 공무원들의 업무 현실에서는 저러한 일은 결단코 발생하지 않는다(다른 급부행정에서도 마찬가지일 것이다). 장애 관련 사회보장 급여와 관련한 모든 고시나 지침, 메뉴얼은 모두 보건복지부에 의해서 만들어지고, 해당 구청 등 지자체 공무원들은 그 매뉴얼을 금과옥조로

---

45) 이러한 형태의 구제조치가 가능한지 여부를 두고 현재 대법원에서 심리 중이다.

46) 김중권, '행정법의 발전과 행정판례의 동향에 관한 비판적 고찰 : 공법 및 행정법은 결코 민사법의 단순한 연장이 아니다', 인권과 정의 제515호, 대한변호사협회 (2023)

47) 숫자를 기재한 원문자는 필자 삽입

보고 그대로 적용하여 급부행정을 담당하게 된다. 단순히 예시규정이라는 이유로 저런식으로 행정을 처리하는 공무원은 실제로는 있을 수 없다. 설령 저렇게 업무를 처리하려고 해도 상급자의 결재가 필요할 뿐 아니라 모든 지침의 근원지인 보건복지부에 물어보지 않고 저런 식으로 자의적으로 처리하는 가상의 공무원을 상정하여 비판론의 근거로 삼는 것은 과도하다. 위 비판 중 ❷에 대하여 보건대, 대법원의 판시는 본처분 인용 여부가 재량인 상황을 전제한 것도 전혀 아니다. 일단 장애등급에 해당하면 행정청은 기속적으로 급부를 지급해야 한다. 즉 지급 여부가 재량에 달린 사안이 아니고, 장애급여 지급이 재량행위도 아니다. 위 판결은 당사자의 심한 장애 상황을 이미 사실관계로 확정한 후에 유추적용 해석론을 통해 그에게는 행정청이 일정한 장애등급 중 하나를 기준으로 삼아 급여를 지급하도록 해야 할 기속적 의무가 있음을 해석론으로 확정한 것이다. 따라서 이 점에서 위 비판 ❷도 적절한 것으로 볼 수 없다.

이상과 같이, 의미있는 중요한 판례임에도 지지론이 전혀 없는 것도 이상한 상황이라, 위와 같은 '가상적인 실무와 이론의 대화' 작업도 나름의 의미가 있을 것이라 생각되어, 논리적으로는 다소 밀릴 수는 있지만, 비판론에 대한 의식적 반대 토론자(devil's advocate)를 자청하여 대법원의 선택에 대한 방어논리를 가능한 한 최선을 다하여 펼쳐보았다.

7. 고시 · 공고에 의해 효력이 발생되는 도시 · 군관리 계획에 대한 제소기간과 관련한 특수문제

이 쟁점에 대한 '이론의 영향력'에 관하여는 필자의 사건처리와 관련된 흥미로운 경험을 언급하지 않을 수 없다. 어찌 보면 이론적 영향력과 판시 문언의 '나비효과'에 관한 문제로 볼 수도 있을 것이다.

주지하다시피, 대법원은[48] 고시 또는 공고에 의한 처분으로서 불특정 다수인을 대상으로 한 처분의 경우에는 고시 또는 공고의 효력발생일을 처분이 있음을 안 날로 의제한다. 따라서 그 날로부터 90일이 경과하면 행정소송을 제기할 수 없다. 이러한 법리가 적용되는 대표적인 경우가 바로 도시계획시설결정 같은 도시·군관리계획의 경우라 할 것이다. 이는 법리에 의한 '의제'로서 '재판청구권' 침해가 있게 되는 것은 아닌지의 문제가 수면 위로 떠오르게 된다. 같은 맥락에서 이러한 대법원 판례 법리에 대하여는 예전부터 학계의 비판론이 있어왔다.[49] 이러한 배경 하에 대법원 2017. 6. 8. 선고 2015두38573 판결과 관련한 검토를 하면서, 최계영 교수의 박사학위 논문인 '행정소송의 제소기간에 관한 연구'[50]를 읽게 되어 행정처분의 제소기간을 바라봐야 하는 원리적 관점에 대하여 많은 도움과 직관(insight)을 얻게 된 바 있다.

위 2015두38573 판결[51]의 판시를 유심히 보면 알겠지만, 종래의 단정적 판시[52]에 부가하여 "특별한 사정이 없는 한"이라는 단서가 부가되어 있다.[53]

---

48) 대법원 2000. 9. 8. 선고 99두11257 판결[도시계획시설(공공공지)결정처분취소] 등 다수.

49) 이러한 비판론을 정리한 내용은, 최계영, 고시·공고에 의한 처분의 제소기간, 한양대학교 법학논총 24집 3호, 283~284면 참조.

50) 최계영, 행정소송의 제소기간에 관한 연구, 서울대학교 박사학위논문(2008)

51) 이 판결 구체적 사안과 구체적 결론 자체는 이후 이루어진 법 개정으로 인하여 더 이상 적용되지 않는 이른바 '죽은 사안'에 해당한다.

52) 예컨대 대법원 2000. 9. 8. 선고 99두11257 판결: 통상 고시 또는 공고에 의하여 행정처분을 하는 경우에는 그 처분의 상대방이 불특정 다수인이고, 그 처분의 효력이 불특정 다수인에게 일률적으로 적용되는 것이므로, 그에 대한 행정심판 청구기간도 그 행정처분에 이해관계를 갖는 자가 고시 또는 공고가 있었다는 사실을 현실적으로 알았는지 여부에 관계없이 고시가 효력을 발생하는 날인 고시 또는 공고가 있은 후 5일이 경과한 날에 행정처분이 있음을 알았다고 보아야 할 것이다.

53) "행정청이 통상 고시 또는 공고에 의하여 행정처분을 하는 경우에는 그 처분의 상대방이 불특정 다수인이고, 그 처분의 효력이 불특정 다수인에게 일률적으로 적용

이와 대비하여, 종래의 판시를 자세히 보면 알 수 있듯이, 종래 대법원 판례는 '경험론'으로부터 귀납적으로 '당위'를 이끌어내고 있다. 즉, "통상 고시 또는 공고에 의하여 행정처분을 하는 경우에는 그 처분의 상대방이 불특정 다수인이고, 그 처분의 효력이 불특정 다수인에게 일률적으로 적용되는 것이므로" 이 부분은 통상적으로 그렇다는 의미인데 여기서 바로 당위, 즉 "현실적으로 알았는지 여부에 관계없이 행정처분이 있음을 알았다고 보아야 한다."는 결론을 이끌어내고 있는 것이다. 이러한 논증은 대단히 이례적인 것이고 스스로 빈틈을 만드는 것이다. 즉 통상적이 아닌 경우라면 어떻게 해야 하는지에 대하여는 침묵하고 있는 것이다. 바로 이 지점이 재판청구권의 침해로 연결될 수도 있는 급소와 같은 부분이기 때문이다(즉, 과잉금지원칙의 '법익의 균형성' 부분에서 저울추가 한쪽으로 확 기울 수 있게 된다). 위 2015두38573 판결의 판시에 삽입된 "특별한 사정이 없는 한"이라는 문구는 바로 이러한 법관의 직관적 불안감이 작동하여 삽입된 문구로 볼 수 있다. 이러한 직업법관의 직관(insight)을 형성해주는 것이 바로 '이론의 지혜'가 아닌가 한다.[54]

흥미로운 것은 후일 바로 이 '특별한 사정'에 해당하는 것처럼 보이는 '실제 사건'을 만나게 된다는 점이다. 도시계획시설(공공공지)결정의 형식을 띠고 고시의 형식으로 이루어진 처분이지만, 그 내용을 살펴보

되는 것이므로, 그 행정처분에 이해관계를 가지는 사람은 고시 또는 공고가 있었다는 사실을 현실적으로 알았는지 여부에 관계없이 고시가 효력을 발생하는 날에 행정처분이 있음을 알았다고 보아야 한다(대법원 2007. 6. 14. 선고 2004두619 판결 참조). 이러한 법리에 따르면, 구 국토계획법에 따른 도시관리계획 결정은 같은 법 제31조 제1항에 의하여 그 고시가 있은 후 5일이 경과한 날부터 효력이 발생한다고 할 것이고, 이해관계인은 특별한 사정이 없는 한 그때 처분이 있음을 알았다고 할 것이므로, 그 취소를 구하는 소의 제소기간은 그때부터 기산된다고 할 것이다(대법원 2010. 12. 9. 선고 2009두4913 판결 등 참조)."

54) 최계영, 각주 49의 논문, 281면 역시 다음과 같이 기술하고 있다: "주의할 점은 고시 또는 공고에 의한 처분이라고 할지라도 불특정 다수인에 대한 처분이 아닌 경우에는 이러한 법리를 적용하지 않는다는 것이다. 대법원 판례에 나타난 예로는 개별토지가격결정의 경우가 있다."

면 특정인의 영업장이 위치한 특정 토지 한 개만을 공공공지로 만들어 후일 수용하고자 하는 것을 내용으로 하였던 사안이다. 이 사건에서 바로 위와 같은 문제의식 하에 고시 및 공고에 의한 처분사실 인식 의제 법리를 적용하지 않도록 필자가 소속된 재판부에서는 다음과 같이 판단하게 되었다(제소기간을 따지는 기준이 되는 수범자의 개별적 인식 의제 문제는 처분의 효력발생을 법령으로 정하는 것과는 전혀 별개의 문제이다. 이 두 가지를 혼동한 비판적 지적이 있어서 부득이 이를 부기하여 둔다).[55]

그러나 이 사건 고시는 오로지 원고들 소유의 이 사건 영업장을 취득 내지 수용할 목적 하에 이 사건 토지를 특정하여 특정인을 상대로 이루어진 것이어서 위와 같은 처분을 알았다는 점에 대한 사실상 추정 내지 간주 법리가 그대로 적용될 수는 없는 성질의 것이다.

통상의 경우 불특정 다수인에 대한 도시·군관리계획의 내용에는 청소년 유해물 지정과 같은 일반 침익적 처분과 달리 불특정 다수 당사자에 대한 행위제한 등 침익적 내용과 수익적 내용(사업시행과 관련한) 및 복효적 처분 등이 혼재되어 있게 마련이다. 따라서 이와 같이 일률적 처리가 요구되는 불특정 다수인을 상대로 한 처분에서 이해관계인별로 그 제소기간이 제각기 달라질 경우 행정법 관계의 조기안정이라는 또 하나의 공익적 가치가 훼손될 우려가 있게 된다.

그러므로 판례는 이러한 점을 고려하여 "특별한 사정이 없는 한" 지형도면 고시의 효력발생일로부터 이해관계인이 그 처분이 있었다는 점을 알았다고 보는 것으로 원칙적 법리를 정리한 것이다. 즉, 위와 같은 행정법 법률관계의 조기안정이라는 공익적 요소와 도시·군관리계획의 침익적 내용으로 인하여 재산권 및 재판청구권 등 기본권이 침해될 우려 등을 비교 형량하여 대법원은 위와 같은 원칙론이 특별한 사정이 없는 한 법익균형성을 해하지 않는 "합헌적 범위" 내라고 보는 전제에

55) 서울행정법원 2024. 1. 24. 선고 2023구합73410 판결(서울고법에서 항소기각되었고, 대법원에서 심리불속행으로 확정됨)

서 원칙론적 법리를 선언한 것으로 볼 수 있다.

그런데 판례가 제시하는 상황이 딱 들어맞지 않는 경우, 즉 판례가 언급하는 특별한 사정이 있는 경우는 어떻게 보아야 할 것인지가 문제될 수 있다. 다시 말해 도시·군관리계획의 내용이 불특정 다수인에 대한 것이 아니거나, 복효적 성질이 희박하게는 있으나 실질적으로는 온전히 특정 당사자에 대한 침익적 처분이어서, 불특정 다수인의 법률관계의 조기 안정이라는 공익적 가치가 사실상 없는 경우에도 행정소송의 기산점이 되는 "처분이 있었음을 안 날"을 법적으로 의제해 버리는 것이 헌법적으로 타당한지의 문제가 있게 된다.

이러한 경우에조차 이유 여하를 막론하고 위 판례 법리의 원칙론을 그대로 적용하는 것은 당사자의 재판청구권에 대한 "침해"(단순한 제한이 아닌)로 이어질 수 있어 그러한 해석론의 위헌성(즉 과잉금지원칙 내지 비례원칙 위반)이 문제될 수 있게 되는 것이다. 판례 역시 이러한 위험성을 의식하고 이를 회피하기 위하여 도시 · 군관리계획 및 지형도면 고시의 위법성을 다투는 사건(2015두38573 판결 등)에서 "특별한 사정이 없는 한"이라는 유보조건을 부과한 것으로 봄이 타당하다.

그러므로 위와 같은 특별한 사정이 인정되는 경우에조차 예외 없이 지형도면 고시의 효력발생일을 '그 처분 상대방이 처분이 있었음을 안 날'로 의제할 수는 없다.

8. 집합금지명령 등 일반적 금지처분 고시의 문제

최근 코로나19 바이러스로 인한 어려운 시간들을 통과하면서, 이른바 일반처분의 형태로 제반 집회, 종교집회 등을 제한, 금지하는 일련의 처분들이 이루어진 바 있고, 그에 따라 이러한 일반적 금지 · 제한을 명하는 집합금지명령에 대한 본안판단이 다수 이루어진 바 있다(집행정지 포함).

이러한 유형의 사건들을 처리하면서 몇 가지 어려운 쟁점들이 수면 위로 올라오는 것을 경험하게 되었고, 완결된 형태의 이론적 해결이 필요함을 절감하게 되어 이를 공유하도록 한다.

먼저, 예컨대 주일 현장예배를 금하는 집합금지명령에 불복하여 효력정지신청을 한 사안에서, 법원이 이를 전부 인용한 경우 그 집행정지의 효력이 어디까지 미치는지의 문제가 있다. 이를 불특정 다수인에 대한 '개별적 처분 다발'로 구성한다면 효력정지 신청인에 대한 효력만이 정지되고 다른 사람들에 대하여는 그 효력을 미친다고 보게 될 것이지만, 고시의 내용을 보면 현재부터 향후에 있을 불특정 다수인들의 특정 행위들에 대한 일반적 금지를 명하는 규범적 형태로 되어 있으므로 개별적 처분의 다발로 구성하는 것은 다소 작위적이라고 볼 수도 있다(위 집합금지명령은 실제 집행행위를 매개하지 않는 광범위한 일반적 금지하명의 형태를 띠고 있다). 또한, 이 문제는 판결에 의한 처분취소의 효력 문제와 직결된다. 판결로 위 일반처분을 취소하면 판결의 효력이 단순히 원고에 대해서만 미치는가? 개별처분의 다발로서 특정 원고에 대한 부분만을 취소하는 것으로 보면 그 원고만 구제를 받고 이를 다투지 않은 다른 국민들은 여전히 금지명령 내지 고시의 규율을 받는다고 보게 될 것이고, 반대로 불가분적 일반처분 전체를 취소한 것으로 구성하게 되면 취소판결로 고시의 해당 부분 자체가 취소되므로 소를 제기하지 않은 사람들에 대하여도 당연히 취소의 효력이 미치게 될 것이다. 이러한 논리는 효력정지 결정의 효력범위에 마찬가지로 적용된다고 할 것이다. 코로나19 집합금지명령에 대한 효력정지명령이 있었던 당시 행정청들은 해당 신청인에 대하여만 효력정지의 효력이 미친다고 보아, 신청인들을 제외한 다른 국민들에 대하여는 여전히 그 일반처분 내지 고시의 효력이 유지된다고 보아 단속을 진행하였다.

근본적으로는, 규범인 고시를 직접적으로 사법통제를 하는 경우에는 구체적 개별적 처분을 다루는 항고소송과는 전혀 다른 고려와 취급이 소송법적으로 있어야 하는데, 이를 개별적 처분을 다투는 항고소송(객관소송으로의 성격이 있긴 하나 기본적으로는 주관소송의 성격이 강한)으로 다투는 경우의 문제와도 맞닿아 있다는 생각이 든다. 이에 따라 다른 한편 해당 처분을 불가분적 일반처분으로 볼 때(마치 규범으로서 고시처럼)에는 사법심사를 어떻게 할 것인지의 문제도 있게 된다.

이 문제는 이후 보듯이 제소기간, 위법성 판단기준시점의 문제와도 계속하여 연동된다.

다음으로, 집합금지명령이 있고 난 한참 후에 비로소 그 금지명령의 적용을 받게 된 사람은 어떻게 그 명령을 다툴 것인가 하는 문제가 있다. 즉 위 명령이 효력발생한 날로부터 제소기간이 다 지난 후에 집회를 개최하게 된 경우나 새롭게 교인이 되어 예배에 참석하려 하는 사람의 경우 어떻게 위 명령을 다툴 수 있을 것인가의 문제이다. 법문언상의 차이로 인하여 법령에 대한 헌법소원의 경우는 이러한 경우에 대처하는 법리[56]가 있으나(즉 '사유발생을 안날' 또는 '사유 발생일'로부터 기산), 행정소송법상 항고소송은 '처분 등이 있음을 안날'과 '처분 등이 있은 날'부터 기산하고 있으므로, 집합금지명령에 대한 항고소송을 할 경우에 "명령으로 인한 구체적 사유 발생일부터" 제소기간이 산정되도록 할 방법은 일견 없게 될 수도 있다. 필자가 과문하여 그럴 듯한 답을 제시하기는 곤란하나, 일응 이 경우 생각해 볼 수 있는 대안으로는, 일반처분을 '계속적 개별적 처분'으로 구성하는 방안(즉 구체적 사유 발생한 날 잠재된 개별적

56) 예컨대, 헌법재판소 1990. 6. 25. 선고 89헌마220 결정: 법률에 대한 헌법소원의 제소기간은 그 법률의 공포와 동시에 기본권 침해를 당한 자는 그 법률이 공포된 사실을 안 날로부터 60일 이내에, 아니면 법률이 공포된 날로부터 180일 이내에, 그렇지 아니하고 법률공포 후 그 법률에 해당되는 사유가 발생하여 비로소 기본권의 침해를 받게 된 자는 그 사유가 발생하였음을 안 날로부터 60일 이내에, 아니면 그 사유가 발생한 날로부터 180일 이내에 헌법소원을 제기하여야 할 것이며 "사유가 발생한 날"은 당해법률이 청구인의 기본권을 명백히 구체적으로 현실 침해하였거나 그 침해가 확실히 예상되는 등 실체적 제요건이 성숙하여 헌법판단에 적합하게 된 때를 말한다.

처분이 비로소 효력을 발생한 것으로 하는 구성 – 이때에는 집합금지명령을 일종의 처분의 다발 내지 집합적 처분의 특수형태로 구성하는 것이 타당할 것이다), 또는 명령에 대한 변경신청권을 인정하여 거부처분을 받아 이를 다투도록 하는 방안 등을 시론적으로 생각해 볼 수 있을 것이다.

마지막으로, 위에서 언급한 사례와 연결되는 지점이 있는 부분이 하나 더 있다. 즉 위법성 판단기준 시점의 문제이다. 이 역시 위 명령을 각 개인별 개별적 처분의 다발로 볼 것인지, 규범적 형태의 처분적 고시에 준하는 일반처분으로서 집합금지명령 중 해당 부분 일체(수범대상을 각 개별적 개인으로 쪼개지 않고)를 소송대상으로 삼아 전체를 판단하여 취소할 수 있는지의 문제와 직결된다고 할 것이다.

전자로 보면, 위법성판단기준 시점의 문제는 특별히 문제가 되지 않을 것이다. 즉 개별적 수범자별로 구체적 사유발생이 있었던 때에 처분이 있었던 것으로 의제하면 그 당시를 기준으로 위법성 판단을 하면 족하기 때문이다.

반면 후자로 구성하게 되면, 처분의 '위법성 판단기준시점'에 관한 판례 법리에 대한 예외 적용이 필요한 것이 아닌가 하는 의문이 생길 수 있다. 예컨대, 동일한 집합금지명령이 장기간, 계속적으로 효력을 발하고 있는 상황을 가정해 보자. 그런데 당초 고시된 집합금지명령 당시 시에는 코로나19 전염환자가 넘쳐나고 정말 위험하였던 상황이 맞았는데, 시간이 지나고 환자도 줄고 중증율, 치명율도 줄어들어서 위험성이 거의 없어졌는데 종래의 금지명령을 유지하고 있다고 하면 어떻게 될 것인가? 처분시를 기준으로 하면 처분은 위법하다고 볼 수는 없겠지만, 여전히 위 명령은 금지의 효력을 발휘하고 있다. 이처럼 상황변화 후 뒤늦게(하지만 제소기간 내에) 위 명령의 취소를 구하며 소를 제기한 경우에, 처분시를 기준으로 위법성을 판단해야 한다는 도그마를 그대로 유지하는 것이 타당한가? 그렇지 않을 것이다. 이 경우 가능한 해법은 다음 두 가지를 생각해 볼 수 있다. 먼저 일반처분은 처분적 규범의 성격을 가진다는 점에 착안하여 판례 법리에 예외를 두어 변론종결시를 기준으로 그 위법성을 판단하는 방안이 하나 있을 것이다. 또 다른 방안으로는 앞서 언급한 방안과 유사하게 명령/고시의 변경을 신청하여 그에 대한 거부처분을 받으면 그때 그 거부처분을 다투어 사안을 해결하는 방안이 그것이다. 후자의 경우에는 위법성 판단의 기준시점을 변경할 필요는 없을 것이나, 판례상 신청권 이론의 허들(hurdle)이 존재하고 무익한 신청을 강제하게 되는 면이 없지 않다(물론 신청을 받아들이면 아무 문제가 없을 것이다).

결국 이 역시 규범적 성격을 가지는 처분적 고시를 직접 항고소송 대상으로 삼을 때의 문제점들과 유사한 면을 보여 주는 한 대목이 된다.[57)]

실제로 집합금지명령과 관련해서는 항고소송과 헌법소원 모두 제기된 바 있고, 대법원[58)]과 헌법재판소[59)]에서 모두 각각의 판단이 이루어졌다. 이렇게 하나의 처분 내지 고시를 두고 한쪽으로는 규범에 대한 헌법소원으로, 또 다른 한쪽으로는 항고소송으로 다투어지는 것은 상당히 이례적이지만, 이 과정을 통해 일반처분이나 고시에 대한 항고소송을 어떻게 다루어야 하는지에 대한 단초를 던져주는 것은 분명하다. 당사자들이 이처럼 두 가지 소송 모두를 취한 가장 큰 실익은 아마도 집행정지 내지 효력정지 때문일 것이다. 행정법원의 집행정지/효력정지는 헌법재판소의 가처분과는 비교도 되지 않을 정도로 신속하게 그 결론이 내려져, 권리의 구제가 실효적으로 이루어질 수 있기 때문이다. 행정법

57) 이와 유사한 문제점을 개괄적으로 짚은 판례 평석으로는, 김중권, 화물자동차운수사업법상의 안전운임 고시의 법적 성질에 대한 소고, 법률신문 2024년 1월 22일자 (대법원 2022. 4. 14. 선고 2021두61079 판결 평석).

58) 대법원 2024. 7. 18. 선고 2022두43528 전원합의체 판결

59) 헌법재판소 2024. 6. 27. 선고 2021헌바178 결정, 헌법재판소 2024. 8. 29. 선고 2022헌바177, 2023헌바95(병합) 결정

원의 항고소송을 통할 때의 최고의 장점이라고 할 수 있다.

여하튼 위 대법원 판결에서 구체적 처분을 어떻게 무엇으로 포착하였는지는 명확하게 나타나지는 않으나 위에서 본 관련 문제가 수면위에 드러나는 경우 이를 분명하게 할 필요가 있을 것이다. 또한 하급심에서 이러한 급박한 문제들에 곧바로 직면하면서, 상당한 어려움에 봉착하였던 기억이 생생한데 의외로 시원한 해결책을 찾기는 쉽지 않았다. 한편 집합금지명령 등으로 인하여 영업을 못하게 된 경우에 손실보상 문제의 경우, 학계에서 너무나 기민하게 이에 대처할 이론적 토대를 제공하여 주어 너무나 큰 도움이 되었던 점은 두고두고 감사한 기억에 남아 있다.[60)]

9. 기타의 도움들

앞서 다룬 부분들은 아주 작은 부분에 불과하고 그밖에도 판례에 대한 건전한 이론적 비판이 판례 변화를 끌어낸 경우는 훨씬 더 많이 존재한다. 행정심판과 이의신청의 구별기준에 따라 제소기간을 판단하도록 한 대법원 2014. 4. 24. 선고 2013두10809 판결에 대한 비판론으로 인하여 이후 일련의 한국토지주택공사에 대한 이의신청 관련사건(예컨대 대법원 2021. 1. 14. 선고 2020두50324 판결 등)에서 예외적 판시를 하게 된 연유 역시 이러한 비판론을 의식한 것으로 평가할 수 있다.[61)]

나아가 행정재판이 거의 없는 재판부에서 흔히 나오는 이론적

60) 예컨대, 김태오, COVID－19에 따른 영업제한과 손실보상의무 : 독일의 논의와 그 시사점, 공법연구 49집 4호, 한국공법학회, 235－268면, 김태오, 현재 진행형으로서 코로나에 따른 영업제한 손실보상 손실보상의 시기별 사각지대를 중심으로, 사법 59호(2022), 541－580면, 박종원, 범유행 감염병 시대의 영업정지와 손실보상 : 재산권 이론의 시각에서, 사법 60호(2022), 195－233면, 홍강훈, 코로나19 집합금지·제한명령의 손실보상문제에 대한 「독자적 분리이론」에 의한 해결, 공법연구 50집 1호(2021), 367－405면 등

61) 이와 관련한 논의와 비판에 관해서는, 김중권, 각주 46의 논문, 82~83면 참조.

'실수' 중 하나가 법령에 근거가 있는지 여부를 가지고 본안전 문제인 처분성 여부를 판단하는 근거로 삼는 경우를 들 수 있다. 즉, 어떠한 처분에 법령상 근거가 있는지, 행정절차법에서 정한 처분절차를 준수하였는지는 본안에서 당해 처분이 적법한가를 판단하는 단계에서 고려할 요소이지, 소송요건 심사단계에서 고려할 요소가 아니라는 법리[62]에 대한 오해나 혼동을 종종 볼 수 있다. 이 문제는 오래전부터 학계에서 지적되어 온 문제로서 실무상 많은 교정이 있었으나, 일부 상반되는 듯한 판례군[63]이 여전히 남아 있는 점이 문제로 지적되고 있다.[64]

그 밖에 '위법한 행정조사에 대한 사법통제방안'이 실무상 여러모로 고민되는데, 이에 대하여 2022년 대법원 헌법행정법연구회에서 박현정 교수 등이 '행정영장제도의 도입의 제문제'라는 대주제 하에 발표한 논문들과 최종연구용역 결과도 크게 실무에 도움이 되는 지침이 되고 있다.[65]

Ⅳ. 이론에 대한 실무의 요청과 제언(결론에 갈음하여)

이상에서 실무에서 이론의 지혜를 전수받아 크게 도움이 되거나 영향을 받았던 점과 또 다른 도움이 필요하다고 느꼈던 점들을 실제 판례나 실무례와 연결하여 살펴보고, 경우에 따라서는 이론의 응답에 대한 재응답도 시도해 보았다.

---

62) 대법원 2020. 1. 16. 선고 2019다264700 판결, 대법원 2016. 8. 30. 선고 2015두60617 판결

63) 대표적으로 대법원 2021. 2. 10. 선고 2020두47564 판결

64) 김중권 각주 46의 논문, 83면, 이철진, 경고의 항고소송 대상적격과 법률유보원칙, 행정법이론실무학회, 행정법연구 71호 (2023. 8.), 157-181면

65) 마침 본 논문을 마쳐가던 중 우연히, 박현정 교수님이 법률신문 2024. 10. 10.자에 기고한 '행정조사 진술거부권 고지는 의무'라는 글을 접하게 되어 기억이 새롭게 환기되었다.

이상의 논의에 대한 결론에 갈음하여, 실무에 도움이 되고 지표가 되는 이론의 특징적 표지가 무엇일까를 생각하여 보고, 이를 제안해 보는 것으로서 이론과 실무의 대화를 마무리해보려 한다.

① 먼저 종래에 판례가 사용하여 오던 용어와 개념 정의는 가급적 그대로 사용하여야 실무에 바로 반영하기가 용이하다. 학문적 관점에서는 자신만의 용어와 개념 정의를 새롭게 하는 것이 의미가 있으나 이러한 이론은 실무에 적용하기가 쉽지 않다.

② 가치판단이 좌우하는 거대담론을 말하는 것과 판례의 논리적 오류나 법리 오류를 미시적으로 지적하는 것은 다르다. 둘 다 중요하지만 판례의 반응을 더 빨리 이끌어낼 수 있는 것은 후자이다.

③ 실무상, 대법원 전원합의체 판결을 끌어내는 것은 상당한 노력과 애로가 있게 된다. 따라서 가급적 종전 판례를 변경하지 않고도 '원칙론'과 '예외론'의 모습으로 실질적·암묵적 판례변경을 이끌어 낼 수 있도록 가이드를 제공하면, 훨씬 더 빨리 판례에 반영될 수 있다(노동법 관련 판례가 이러한 좋은 예들이다). 또는 종전 사안에 적용된 관련법령이 다르다는 점도 전합 없는 판례변경의 중요한 편의적 포인트가 된다.

④ 명시적 판례 변경을 이끌어내야 하는 경우에는, 종전 판례의 이론적 모순뿐만 아니라 현실적으로 도저히 수긍하기 어려운 현실상, 적용상 문제점이나 모순까지 아울러 짚어주면 금상첨화이다.

⑤ 집적된 연구가 없는 새로운 사회현상과 관련해 선제적으로 신속하게 이론을 정리해주면, 그것만큼 고마운 것은 없다. 그것이 실무에 받아들여지든 그렇지 않든 법관의 깊은 존경을 이끌어낸다. 어떤 형태로든 기여가 있기 때문이다.

참고문헌

단행본

김중권, 김중권의 행정법, 법문사(2021)
박균성, 행정법론(상)(제21판), 박영사(2022)
박정훈, 행정소송의 구조와 기능, 박영사(2006)
법원실무제요 행정 II권 (2023), 법원도서관
선정원, 행정법의 연구 I – 행정법의 작용형식, 경인문화사(2018)
정남철, 행정법연구 2 – 현대행정의 작용형식, 법문사(2016)
홍준형, 행정쟁송법, 오래(2017)

논문

김중권, "판결에 의한 장애종류의 확장의 문제 : 대상판결: 대법원 2019. 10. 31. 선고 2016두50907 판결", 사법 55호, 사법발전재단(2020)
김중권, "행정법의 발전과 행정판례의 동향에 관한 비판적 고찰 : 공법 및 행정법은 결코 민사법의 단순한 연장이 아니다", 인권과 정의 제515호, 대한변호사협회 (2023)
김중권, "화물자동차운수사업법상의 안전운임 고시의 법적 성질에 대한 소고", 법률신문 2024년 1월 22일자(대법원 2022. 4. 14. 선고 2021두61079 판결 평석).
김태오, "COVID-19에 따른 영업제한과 손실보상의무 : 독일의 논의와 그 시사점", 공법연구 49집 4호, 한국공법학회, 235-268면,
김태오, "현재 진행형으로서 코로나에 따른 영업제한 손실보상 손실보상의 시기별 사각지대를 중심으로", 사법 59호(2022), 541-580면
김현영, "뚜렛증후군 장애를 가진 사람의 장애인등록신청과 이에 대한 행정청의 조치", 대법원판례해설 제122호(2020) 38-63면

박정훈, “항고소송과 당사자소송의 관계”, 특별법연구 제9권, 사법발전재단(2011)

박종원, “범유행 감염병 시대의 영업정지와 손실보상 : 재산권 이론의 시각에서”, 사법 60호(2022), 195－233면

박현정, “행정조사 진술거부권 고지는 의무”, 법률신문 2024. 10. 10.자

이상덕, “거부처분의 처분성 인정요건으로서의 ‘신청권’ 이론에 관한 비판적 고찰”, 사법 55호(2020),

이승훈, “도시정비사건에서 선행처분과 후행처분의 관계”, 사법논집 제61집, 법원도서관(2016)

이윤정, “처분의 변경과 항고소송의 대상”, 행정판례연구 28－2집, 박영사(2023), 79－112면.

이은상, “거부처분에서의 신청권은 사명을 다하였는가”, 행정법연구 63호(2020).

이은상, “입법 미비를 이유로 한 장애인등록 거부처분의 위법 여부와 사법심사의 방식”, 행정판례연구 26－1집, 박영사(2021)

이철진, “경고의 항고소송 대상적격과 법률유보원칙”, 행정법이론실무학회, 행정법연구 71호 (2023. 8.), 157－181면

임성훈, “행정입법부작위에 관한 행정소송 심사방식의 재정립”, 법조 통권 754호 (2022. 8.)

정남철, “명령·규칙 등의 부진정행정입법부작위에 대한 법원의 규범통제”, 행정판례연구 22－2집, 박영사(2017)

차진아, “대법원의 명령·규칙심사권의 의미와 한계”, 인권과 정의(2007),

최계영, “고시·공고에 의한 처분의 제소기간”, 한양대학교 법학논총 24집 3호

최계영, “하자의 승계와 쟁송법적 처분”, 행정판례연구 27－1권(2022)

최계영, “행정소송의 제소기간에 관한 연구”, 서울대학교 박사학위논문(2008)

홍강훈, “코로나19 집합금지·제한명령의 손실보상문제에 대한 「독자적 분리이론」에 의한 해결”, 공법연구 50집 1호(2021), 367－405면 등

국문초록

이론과 실무의 대화(discours)의 장은 단순한 물리적 장소라는 현장(venue)에 국한되는 것이 아니라, 시간과 장소를 뛰어넘어 다양한 매개를 통하여 이루어진다.

먼저, 이를 보이기 위하여 실제 이론적 지혜가 실무로 유통되는 속도가 생각보다 훨씬 빠르다는 점과 그것에는 다양한 유통경로가 있음을 실증적 측면에서 접근하여 구체적으로 보이려 하였다.

나아가, 판례 법리에 이론이 어떤 경로를 거쳐서 구체적으로 반영되는지를 경험적, 미시적 관점에서 보이는 시도를 하여 보았다. 이러한 점을 논증하고자, 먼저 신청권 이론에 대한 비판이 어떻게 판례에 반영되어 왔는지를 검토하고, 판례에 의한 소의 이익의 전향적 확대가 이루어진 과정과 경과에 대한 논평을 곁들여 보았다. 나아가 쟁송법적 처분에 대한 취급을 어떻게 할 것인지에 대하여 이론의 도움이 어떤 경로로 반영되었는지를 분석하고, 실무상 이러한 쟁점이 어떤 국면에서, 어떠한 사고과정을 거쳐 문제의식이 도출되게 되는지를 보였다. 다음으로 쟁송법적 처분에 대하여 실무에서 느껴지는 문제의식이 하자승계의 법리 설정에서도 어떤 방식으로 유사하게 제기되는지를 보였고, 일련의 행정처분 사이의 관계설정에 관한 판례이론을 토대로 원리가 되는 일반이론이 필요함을 논증하였다. 나아가 이 논문의 핵심적 주제 중 하나인 법원의 명령·규칙 위헌·위법 심사권을 둘러싼 문제적 상황을 구체적으로 논증하였고, 현행 쟁송법 제도 전반이 헌법 규정에 적확하게 부합하지 않는 상황임을 논증하였다. 뒤이어, 고시·공고에 의하여 이루어지는 처분에 대한 당사자의 인식 의제 법리의 문제점이 도드라진 사안에서 이론의 도움을 받아 해결한 구체적 사례를 제시하였고, 팬데믹 상황에서 있었던 집합금지명령과 관련한 쟁송상 제반 문제점에 대하여 짚어보았다. 이러한 논의를 토대로 실무에 도움이 되고 지표가 되는 이론의 특징적 표지가 무엇일까를 생각하여 보고, 이를 제안해 보는 것으로서 결론을 대신하였다.

주제어: 행정판례, 신청권, 거부처분, 소의 이익, 명령규칙심사, 쟁송법적 처분, 부진정행정입법부작위, 틱장애, 하자 승계, 변경처분, 제소기간, 대화

Abstract

40 Years of Administrative Case Law : A Conversation Between Theory and Practice － from a Practitioner's Perspective

Woochan Kang*

The arena of dialogue between theory and practice is not limited to a mere physical venue but rather transcends time and space through diverse mediums.

To demonstrate this, I have empirically shown that the flow of theoretical knowledge into practical applications is much faster than commonly perceived, and that there are various channels through which this occurs.

Furthermore, I have attempted to provide an empirical and micro－level perspective on how theory is concretely reflected in case law. To substantiate this point, I have first examined how criticisms of "the theory of claim rights" have been reflected in case law, and I have accompanied this with a commentary on the process and course of the progressive expansion of "the concept of standing to sue" as established by case law. Moreover, I have analyzed how the assistance of theory has been reflected in determining how to treat "procedural dispositions", and I have shown in what situations and through what thought processes such issues arise in practice. Subsequently, I have shown how the sense

* Seoul Northern District Court

of problems felt in practice regarding "procedural dispositions" is similarly raised in the establishment of "the legal principle of the succession of defects", and based on the case law theory regarding the relational setting between a series of administrative acts, I have argued for the need for a general underlying principle. Furthermore, I have concretely argued the problematic situation surrounding the judicial review of the constitutionality and legality of orders and rules, one of the core themes of this paper, and I have argued that the current overall litigation system does not adequately conform to constitutional provisions. Following this, I have presented a specific case where the problem of the issue of a party's awareness of a disposition made by public notice was resolved with the help of theory, and I have examined the various litigation problems related to the prohibition order imposed during the pandemic situation.

Based on this discussion, I have instead tried to consider what the characteristic markers of a theory that is helpful to and indicative of practice are, and I have proposed these as a conclusion of this article.

Keywords: Administrative Case Law, Theory and Practice, judicial review, limitation period, theory of claim rights, concept of standing to sue

투고일 2024. 12. 10.

심사일 2024. 12. 22.

게재확정일 2024. 12. 27.

附　　錄

研究倫理委員會 規程

제1장 총 칙

제 1 조 (목적)

이 규정은 사단법인 한국행정판례연구회(이하 "학회"라 한다) 정관 제26조에 의하여 연구의 진실성을 확보하기 위하여 설치하는 연구윤리위원회(이하 "위원회"라 한다)의 구성 및 운영에 관한 기본적인 사항을 정함을 목적으로 한다.

제 2 조 (적용대상)

이 규정은 학회의 정회원·준회원 및 특별회원(이하 "회원"이라 한다)에 대하여 적용한다.

제 3 조 (적용범위)

연구윤리의 확립 및 연구진실성의 검증과 관련하여 다른 특별한 규정이 없는 한 이 규정에 따른다.

제 4 조 (용어의 정의)

이 규정에서 사용하는 용어의 정의는 다음과 같다.

1. "연구부정행위"는 연구를 제안, 수행, 발표하는 과정에서 연구목적과 무관하게 고의 또는 중대한 과실로 행하여진 위조·변조·표절·부당한 저자표시 등 연구의 진실성을 심각하게 해치는 행위를 말한다.
2. "위조"는 존재하지 않는 자료나 연구결과를 허위로 만들고 이를 기록하거나 보고하는 행위를 말한다.
3. "변조"는 연구와 관련된 자료, 과정, 결과를 사실과 다르게

변경하거나 누락시켜 연구가 진실에 부합하지 않도록 하는 행위를 말한다.

4. “표절”은 타인의 아이디어, 연구 과정 및 연구결과 등을 정당한 승인 또는 적절한 인용표시 없이 연구에 사용하는 행위를 말한다.
5. “부당한 저자 표시”는 연구내용 또는 결과에 대하여 학술적 공헌 또는 기여를 한 자에게 정당한 이유 없이 저자 자격을 부여하지 않거나, 학술적 공헌 또는 기여를 하지 않은 자에게 감사의 표시 또는 예우 등을 이유로 저자 자격을 부여하는 행위를 말한다.

제 2 장 연구윤리위원회의 구성 및 운영

제 5 조 (기능)

위원회는 학회 회원의 연구윤리와 관련된 다음 각 호의 사항을 심의 · 의결한다.

1. 연구윤리 · 진실성 관련 제도의 수립 및 운영 등 연구윤리확립에 관한 사항
2. 연구윤리 · 진실성 관련 규정의 제·개정에 관한 사항
3. 연구부정행위의 예방 · 조사에 관한 사항
4. 제보자 및 피조사자 보호에 관한 사항
5. 연구진실성의 검증·결과처리 및 후속조치에 관한 사항
6. 기타 위원장이 부의하는 사항

제 6 조 (구성)

① 위원회는 위원장과 부위원장 각 1인을 포함하여 7인 이내의 위원으로 구성한다.

② 위원장은 부회장 중에서, 부위원장은 위원 중에서 회장이 지명

한다.

③ 부위원장은 위원장을 보좌하고 위원장의 유고시에 위원장의 직무를 대행한다.

④ 위원은 정회원 중에서 회장이 위촉한다.

⑤ 위원장과 부위원장 및 위원의 임기는 1년으로 하되 연임할 수 있다.

⑥ 위원회의 제반업무를 처리하기 위해 위원장이 위원 중에서 지명하는 간사 1인을 둘 수 있다.

⑦ 위원장은 위원회의 의견을 들어 전문위원을 위촉할 수 있다.

제 7 조 (회의)

① 위원장은 필요한 경우 위원회의 회의를 소집하고 그 의장이 된다.

② 회의는 재적위원 과반수 출석과 출석위원 과반수 찬성으로 의결한다. 단 위임장은 위원회의 성립에 있어 출석으로 인정하되 의결권은 부여하지 않는다.

③ 회의는 비공개를 원칙으로 하되, 필요한 경우에는 위원이 아닌 자를 참석시켜 의견을 진술하게 할 수 있다.

제 3 장 연구진실성의 검증

제 8 조 (연구부정행위의 조사)

① 위원회는 구체적인 제보가 있거나 상당한 의혹이 있는 경우에는 연구부정행위의 존재 여부를 조사하여야 한다.

② 위원회는 조사과정에서 제보자·피조사자·증인 및 참고인에 대하여 진술을 위한 출석과 자료의 제출을 요구할 수 있다.

③ 위원회는 연구기록이나 증거의 멸실, 파손, 은닉 또는 변조 등을 방지하기 위하여 상당한 조치를 취할 수 있다.

제 9 조 (제보자와 피조사자의 권리 보호)

① 위원회는 어떠한 경우에도 제보자의 신원을 직·간접적으로 노출시켜서는 안 된다. 다만, 제보 내용이 허위인 줄 알았거나 알 수 있었음에도 불구하고 이를 신고한 경우에는 보호 대상에 포함되지 않는다.

② 위원회는 연구부정행위 여부에 대한 검증과정이 종료될 때까지 피조사자의 명예나 권리가 침해되지 않도록 노력하여야 한다.

제10조 (비밀엄수)

① 위원회의 위원은 연구부정행위의 조사, 판정 및 제재조치의 건의 등과 관련한 일체의 사항을 비밀로 하며, 검증과정에 직·간접적으로 참여한 자는 검증과정에서 취득한 정보를 누설하여서는 아니된다.

② 위원장은 제 1 항에 규정된 사항으로서 합당한 공개의 필요성이 있는 때에는 위원회의 의결을 거쳐 공개할 수 있다. 다만, 제보자 · 조사위원 · 증인 · 참고인 · 자문에 참여한 자의 명단 등 신원과 관련된 정보가 당사자에게 부당한 불이익을 줄 가능성이 있는 때에는 공개하지 아니한다.

제11조 (제척 · 기피 · 회피)

① 위원은 검증사건과 직접적인 이해관계가 있는 때에는 당해 사건의 조사 · 심의 및 의결에 관여하지 못한다. ② 제보자 또는 피조사자는 위원에게 공정성을 기대하기 어려운 사정이 있는 때에는 그 이유를 밝혀 당해 위원의 기피를 신청할 수 있다. 위원회에서 기피신청이 인용된 때에는 기피 신청된 위원은 당해 사건의 조사 · 심의 및 의결에 관여하지 못한다.

③ 위원은 제 1 항 또는 제 2 항의 사유가 있다고 판단하는 때에는 회피하여야 한다.

④ 위원장은 위원이 검증사건과 직접적인 이해관계가 있다고 인정하는 때에는 당해 검증사건과 관련하여 위원의 자격을 정지할 수 있다.

제12조 (의견진술, 이의제기 및 변론기회의 보장)

위원회는 제보자와 피조사자에게 관련 절차를 사전에 알려주어야 하며, 의견진술, 이의제기 및 변론의 기회를 동등하게 보장하여야 한다.

제13조 (판정)

① 위원회는 위원들의 조사와 심의 결과, 제보자와 피조사자의 의견진술, 이의제기 및 변론의 내용을 토대로 검증대상행위의 연구부정행위 해당 여부를 판정한다.

② 위원회가 검증대상행위의 연구부정행위 해당을 확인하는 판정을 하는 경우에는 재적위원 과반수 출석과 출석위원 3분의 2 이상의 찬성으로 한다.

제4장 검증에 따른 조치

제14조 (판정에 따른 조치)

① 위원장은 제13조 제1항의 규정에 의한 판정결과를 회장에게 통보하고, 검증대상행위가 연구부정행위에 해당한다고 판정된 경우에는 위원회의 심의를 거쳐 그 판정결과에 따라 필요한 조치를 건의할 수 있다.

② 회장은 제 1 항의 건의가 있는 경우에는 다음 각 호 중 어느 하나의 제재조치를 하거나 이를 병과할 수 있다.

1. 연구부정논문의 게재취소
2. 연구부정논문의 게재취소사실의 공지
3. 회원의 제명절차에의 회부

4. 관계 기관에의 통보
5. 기타 적절한 조치

③ 전항 제 2 호의 공지는 저자명, 논문명, 논문의 수록 권·호수, 취소일자, 취소이유 등이 포함되어야 한다.

④ 회장은 학회의 연구윤리와 관련하여 고의 또는 중대한 과실로 진실과 다른 제보를 하거나 허위의 사실을 유포한 자가 회원인 경우 이를 제명절차에 회부할 수 있다.

제15조 (조사결과 및 제재조치의 통지)

회장은 위원회의 조사결과 및 제재조치에 대하여 제보자 및 피조사자 등에게 지체없이 서면으로 통지한다.

제16조 (재심의)

피조사자 또는 제보자가 판정결과 및 제재조치에 대해 불복할 경우 제15조의 통지를 받은 날부터 20일 이내에 이유를 기재한 서면으로 재심의를 요청할 수 있다.

제17조 (명예회복 등 후속조치)

검증대상행위가 연구부정행위에 해당하지 아니한다고 판정된 경우에는 학회 및 위원회는 피조사자의 명예회복을 위해 노력하여야 하며 적절한 후속조치를 취하여야한다.

제18조 (기록의 보관) ① 학회는 조사와 관련된 기록은 조사 종료 시점을 기준으로 5년간 보관하여야 한다.

부　　칙

제 1 조 (시행일) 이 규정은 2007년 11월 29일부터 시행한다.

研究論集 刊行 및 編輯規則

제정: 1999. 08. 20.
제 1 차 개정: 2003. 08. 22.
제 2 차 개정: 2004. 04. 16.
제 3 차 개정: 2005. 03. 18.
전문개정: 2008. 05. 26.
제 5 차 개정: 2009. 12. 18.
제 6 차 개정: 2018. 12. 24.
제 7 차 개정: 2019. 04. 25.

제1장 총 칙

제 1 조 (目的)

이 규칙은 사단법인 한국행정판례연구회(이하 "학회"라 한다)의 정관 제27조의 규정에 따라 연구논집(이하 '논집'이라 한다)을 간행 및 편집함에 있어서 필요한 사항을 정함을 목적으로 한다.

제 2 조 (題號)

논집의 제호는 '行政判例研究'(Studies on Public Administration Cases)라 한다.

제 3 조 (刊行週期)

① 논집은 연 2회 정기적으로 매년 6월 30일, 12월 31일에 간행함을 원칙으로 한다.

② 전항의 정기간행 이외에 필요한 경우는 특별호를 간행할 수

있다.

제 4 조 (刊行形式)

논집의 간행형식은 다음 각 호의 어느 하나에 의한다.

1. 등록된 출판사와의 출판권 설정의 형식
2. 자비출판의 형식

제 5 조 (收錄對象)

① 논집에 수록할 논문은 다음과 같다.

1. 발표논문: 학회의 연구발표회에서 발표하고 제출한 논문으로서 편집위원회의 심사절차를 거쳐 게재확정된 논문
2. 제출논문: 회원 또는 비회원이 논집게재를 위하여 따로 제출한 논문으로서 편집위원회의 심사절차를 거쳐 게재확정된 논문
3. 그 밖에 편집위원회의 심사절차와 간행위원회의 의결을 거쳐 수록하기로 한 논문 등

② 논집에는 부록으로서 다음의 문건을 수록할 수 있다.

1. 학회의 정관, 회칙 및 각종 규칙
2. 학회의 역사 또는 활동상황
3. 학회의 각종 통계

③ 논집에는 간행비용의 조달을 위하여 광고를 게재할 수 있다.

제 6 조 (收錄論文要件)

논집에 수록할 논문은 다음 각호의 요건을 갖춘 것이어야 한다.

1. 행정판례의 평석 또는 연구에 관한 논문일 것
2. 다른 학술지 등에 발표한 일이 없는 논문일 것
3. 이 규정 또는 별도의 공고에 의한 원고작성요령 및 심사기준에 부합하는 학술연구로서의 형식과 품격을 갖춘 논문일 것

제 7 조 (著作權)

① 논집의 편자는 학회의 명의로 하고, 논집의 개별 논문에는 집필자(저작자)를 명기한다.

② 학회는 논집의 편집저작권을 보유한다.

③ 집필자는 논문 투고 시 학회에서 정하는 양식에 따라 논문사용권, 편집저작권 및 복제·전송권을 학회에 위임하는 것에 동의하는 내용의 동의서를 제출하여야 한다.

제 2 장 刊行委員會와 編輯委員會

제 8 조 (刊行 및 編輯主管)

① 논집의 간행 및 편집에 관한 업무를 관장하기 위하여 학회에 간행위원회와 편집위원회를 둔다.

② 간행위원회는 논집의 간행에 관한 중요한 사항을 심의·의결한다.

③ 편집위원회는 간행위원회의 결정에 따라 논집의 편집에 관한 업무를 행한다.

제 9 조 (刊行委員會의 構成과 職務 등)

① 간행위원회는 편집위원을 포함하여 회장이 위촉하는 적정한 수의 위원으로 구성하고 임기는 1년으로 하되 연임할 수 있다.

② 간행위원회는 위원장, 부위원장 및 간사 각 1인을 둔다.

③ 간행위원장은 위원 중에서 호선하고, 부위원장은 학회의 출판담당 상임이사로 하고, 간사는 위원 중에서 위원장이 위촉한다.

④ 간행위원회는 다음의 사항을 심의·의결한다.

1. 논집의 간행계획에 관한 사항
2. 논집의 특별호의 기획 등에 관한 사항
3. 이 규칙의 개정에 관한 사항
4. 출판권을 설정할 출판사의 선정에 관한 사항

5. 그 밖에 논집의 간행과 관련된 중요한 사항

⑤ 간행위원회는 다음 각 호의 경우에 위원장이 소집하고, 간행위원회는 위원 과반수의 출석과 출석위원 과반수의 찬성으로 의결한다.

1. 회장 또는 위원장이 필요하다고 판단하는 경우
2. 위원 과반수의 요구가 있는 경우

제10조 (編輯委員會의 構成과 職務 등)

① 편집위원회는 학회의 출판담당 상임이사를 포함하여 회장이 이사회의 승인을 얻어 선임하는 10인 내외의 위원으로 구성하고 임기는 3년으로 한다.

② 편집위원회는 위원장, 부위원장 및 간사 각 1인을 둔다.

③ 편집위원장은 위원 중에서 호선하고 임기는 3년으로 하며, 부위원장은 학회의 출판담당 상임이사로 하고, 간사는 위원 중에서 위원장이 위촉한다.

④ 편집위원회는 다음의 사항을 행한다.

1. 이 규칙에 의하는 외에 논집에 수록할 논문의 원고작성요령 및 심사기준에 관한 세칙의 제정 및 개정
2. 논문심사위원의 위촉
3. 논문심사의 의뢰 및 취합, 종합판정, 수정요청 및 수정후재심사, 논집에의 게재확정 또는 거부 등 논문심사절차의 진행
4. 논집의 편집 및 교정
5. 그 밖에 논집의 편집과 관련된 사항

⑤ 편집위원회는 다음 각 호의 경우에 위원장이 소집하고, 위원 과반수의 출석과 출석위원 과반수의 찬성으로 의결한다.

1. 회장 또는 위원장이 필요하다고 판단하는 경우
2. 위원 과반수의 요구가 있는 경우

제3장 論文의 提出과 審査節次 등

제11조 (論文提出의 基準)

① 논문원고의 분량은 A4용지 20매(200자 원고지 150매) 내외로 한다.

② 논문의 원고는 (주)한글과 컴퓨터의 “문서파일(HWP)”로 작성하고 한글사용을 원칙으로 하되, 필요한 경우 국한문혼용 또는 외국어를 사용할 수 있다.

③ 논문원고의 구성은 다음 각 호의 순서에 의한다.

1. 제목
2. 목차
3. 본문
4. 한글초록·주제어
5. 외국어초록·주제어
6. 참고문헌
7. 부록(필요한 경우)

④ 논문은 제1항 내지 제3항 이외에 편집위원회가 따로 정하는 원고작성요령 또는 심사기준에 관한 세칙을 준수하고, 원고는 편집위원회가 정하여 공고하는 기한 내에 출판간사를 통하여 출판담당 상임이사에게 제출하여야 한다.

제12조 (論文審査節次의 開始)

① 논문접수가 완료되면 출판담당 상임이사는 심사절차에 필요한 서류를 작성하여 편집위원장에게 보고하여야 한다.

② 편집위원장은 전항의 보고를 받으면 편집위원회를 소집하여 논문심사절차를 진행하여야 한다.

第13조 (論文審查委員의 委囑과 審查 依賴 등)

① 편집위원회는 간행위원, 편집위원 기타 해당 분야의 전문가 중에서 심사대상 논문 한 편당 3인의 논문심사위원을 위촉하여 심사를 의뢰한다.

② 제 1 항의 규정에 의하여 위촉되어 심사를 의뢰받는 논문심사위원이 심사대상 논문 또는 그 제출자와 특별한 관계가 명백하게 있어 논문심사의 공정성을 해할 우려가 있는 사람이어서는 안 된다.

第14조 (秘密維持) ① 편집위원장은 논문심사위원의 선정 및 심사의 진행에 관한 사항이 외부로 누설되지 않도록 필요한 조치를 취하여야 한다.

② 편집위원 및 논문심사위원은 논문심사에 관한 사항을 외부로 누설해서는 안 된다.

第15조 (論文審查의 基準) 논문심사위원이 논집에 수록할 논문을 심사함에 있어서는 다음 각 호의 기준을 종합적으로 고려하여 심사의견을 제출하여야 한다.

1. 제 6 조에 정한 수록요건
2. 제11조에 정한 논문제출기준
3. 연구내용의 전문성과 창의성 및 논리적 체계성
4. 연구내용의 근거제시의 적절성 및 객관성

第16조 (論文審查委員別 論文審查의 判定) ① 논문심사위원은 제15조의 논문심사기준에 따라 [별표 1]의 [논문심사서](서식)에 심사의견을 기술하여 제출하여야 한다.

② 논문심사위원은 심사대상 논문에 대하여 다음 각호에 따라 '판정의견'을 제출한다.

1. '게재적합': 논집에의 게재가 적합하다고 판단하는 경우
2. '게재부적합': 논집에의 게재가 부적합하다고 판단하는 경우

3. '수정후게재': 논문내용의 수정·보완 후 논집에의 게재가 적합하다고 판단하는 경우

③ 전항 제 1 호에 의한 '게재적합' 판정의 경우에도 논문심사위원은 수정·보완이 필요한 경미한 사항을 기술할 수 있다.

④ 제 2 항 제 2 호에 의한 '게재부적합' 판정 및 제 3 호에 의한 '수정후게재' 판정의 경우에는 각각 부적합사유와 논문내용의 수정·보완할 점을 구체적으로 명기하여야 한다.

제17조 (編輯委員會의 綜合判定 및 再審査) 편집위원회는 논문심사위원 3인의 논문심사서가 접수되면 [별표 2]의 종합판정기준에 의하여 '게재확정', '수정후게재', '수정후재심사' 또는 '불게재'로 종합판정을 하고, 그 결과 및 논문심사위원의 심사의견을 논문제출자에게 통보한다.

제18조 (修正要請 등)

① 편집위원장은 제17조의 규정에 의해 '수정후게재 판정을 받은 논문에 대하여 수정을 요청하여야 한다.

② 편집위원장은 제17조의 규정에 의해 '게재확정'으로 판정된 논문에 대하여도 편집위원회의 판단에 따라 수정이 필요하다고 인정하는 때에는 내용상 수정을 요청할 수 있다.

③ 편집위원회는 집필자가 전항의 수정요청에 따르지 않거나 재심사를 위해 고지된 기한 내에 수정된 논문을 제출하지 않을 때에는 처음 제출된 논문을 '불게재'로 최종 판정한다.

제4장 기 타

제19조 (審査謝禮費의 支給) 논문심사위원에게 논집의 간행·편집을 위한 예산의 범위 안에서 심사사례비를 지급할 수 있다.

제20조(輔助要員) 학회는 논집의 간행·편집을 위하여 필요하다고 인정하는 때에는 원고의 편집, 인쇄본의 교정, 부록의 작성 등에 관한 보조요원을 고용할 수 있다.

제21조 (刊行·編輯財源) ① 논집의 간행·편집에 필요한 재원은 다음 각호에 의한다.

1. 출판수입
2. 광고수입
3. 판매수입
4. 논문게재료
5. 외부 지원금
6. 기타 학회의 재원

② 논문 집필자에 대한 원고료는 따로 지급하지 아니한다.

제22조 (論集의 配布) ① 간행된 논집은 회원에게 배포한다.

② 논문의 집필자에게는 전항의 배포본 외에 일정한 부수의 증정본을 교부할 수 있다.

附　　則 (1999. 8. 20. 제정)

이 규칙은 1999년 8월 20일부터 시행한다.

附　　則

이 규칙은 2003년 8월 22일부터 시행한다.

附　　則

이 규칙은 2004년 4월 17일부터 시행한다.

附　　則

이 규칙은 2005년 3월 19일부터 시행한다.

附　　則

이 규칙은 2008년 5월 26일부터 시행한다.

附　　則

이 규칙은 2009년 12월 18일부터 시행한다.

附　　則

이 규칙은 2018년 12월 24일부터 시행한다.

附　　則

이 규칙은 2019년 4월 25일부터 시행한다.

[별표 1 : 논문심사서(서식)]

「行政判例研究」 게재신청논문 심사서

社團法人 韓國行政判例研究會

<table>
<tr><td>게재논집</td><td colspan="2">行政判例研究 제15－2집</td><td>심사일</td><td>2010. . .</td></tr>
<tr><td rowspan="2">심사위원</td><td rowspan="2">소속</td><td rowspan="2"></td><td>직위</td><td></td></tr>
<tr><td>성명</td><td>(인)</td></tr>
<tr><td>게재신청논문
[심사대상논문]</td><td colspan="4"></td></tr>
<tr><td>판정의견</td><td colspan="4">1. 게재적합 ( ): 논집의 게재가 가능하다고 판단하는 경우
2. 게재부적합 ( ): 논집의 게재가 불가능하다고 판단하는 경우
3. 수정후게재 ( ): 논문내용의 수정·보완 후 논집의 게재가 가능하다고 판단하는 경우</td></tr>
<tr><td>심사의견</td><td colspan="4"></td></tr>
<tr><td>심사기준</td><td colspan="4">• 행정판례의 평석 또는 연구에 관한 논문일 것
• 다른 학술지 등에 발표한 일이 없는 논문일 것
• 연구내용의 전문성과 창의성 및 논리적 체계성이 인정되는 논문일 것
• 연구내용의 근거제시가 적절성과 객관성을 갖춘 논문일 것</td></tr>
</table>

※ 심사의견 작성시 유의사항 ※

▷ '게재적합' 판정의 경우에도 수정·보완이 필요한 사항을 기술할 수 있습니다.

▷ '게재부적합' 및 '수정후게재' 판정의 경우에는 각각 부적합사유와 논문내용의 수정·보완할 점을 구체적으로 명기하여 주십시오.

▷ 표 안의 공간이 부족하면 별지를 이용해 주십시오.

[별표 2: 종합판정기준]

	심사위원의 판정	편집위원회 종합판정
1	○ ○ ○	게재확정
2	○ ○ △	
3	○ △ △	수정후게재
4	△ △ △	
5	○ ○ ×	
6	○ △ ×	불게재
7	△ △ ×	
8	○ × ×	
9	△ × ×	
10	× × ×	

○ = "게재적합" △ = "수정후게재" × = "게재부적합"

「行政判例研究」 原稿作成要領

I. 원고작성기준

1. 원고는 워드프로세서 프로그램인 [한글]로 작성하여 전자우편을 통해 출판간사에게 제출한다.
2. 원고분량은 도표, 사진, 참고문헌 포함하여 200자 원고지 150매 내외로 한다.
3. 원고는 「원고표지 – 제목 - 저자 - 목차(로마자표시와 아라비아숫자까지) – 본문 – 참고문헌 – 국문 초록 – 국문 주제어(5개 내외) – 외국문 초록 – 외국문 주제어(5개 내외)」의 순으로 작성한다.
4. 원고의 표지에는 논문제목, 저자명, 소속기관과 직책, 주소, 전화번호(사무실, 핸드폰)와 e–mail주소를 기재하여야 한다.
5. 외국문 초록(논문제목, 저자명, 소속 및 직위 포함)은 영어를 사용하는 것이 원칙이지만, 논문의 내용에 따라서 독일어, 프랑스어, 중국어, 일본어를 사용할 수도 있다.
6. 논문의 저자가 2인 이상인 경우 주저자(First Author)와 공동저자(Corresponding Author)를 구분하고, 주저자·공동저자의 순서로 표기하여야 한다. 특별한 표시가 없는 경우에는 제일 앞에 기재된 자를 주저자로 본다.
7. 목차는 로마숫자(보기 : Ⅰ, Ⅱ), 아라비아숫자(보기 : 1, 2), 괄호숫자(보기: (1), (2)), 반괄호숫자(보기 : 1), 2), 원숫자(보기 : ①, ②)의 순으로 한다. 그 이후의 목차번호는 논문제출자가 임의로 정하여 사용할 수 있다.

II. 각주작성기준

1. 기본원칙

(1) 본문과 관련한 저술을 소개하거나 부연이 필요한 경우 각주로 처리한다. 각주는 일련번호를 사용하여 작성한다.

(2) 각주의 인명, 서명, 논문명 등은 원어대로 씀을 원칙으로 한다.

(3) 외국 잡지의 경우 처음 인용시 잡지명을 전부 기재하고 그 이후 각 주에서는 약어로 표시한다.

2. 처음 인용할 경우의 각주 표기 방법

(1) 저서: 저자명, 서명, 출판사, 출판년도, 면수.

번역서의 경우 저자명은 본래의 이름으로 표기하고, 저자명과 서명 사이에 옮긴이의 이름을 쓰고 "옮김"을 덧붙인다.

엮은 책의 경우 저자명과 서명 사이에 엮은이의 이름을 쓰고 "엮음"을 덧붙인다. 저자와 엮은이가 같은 경우 엮은이를 생략할 수 있다.

(2) 정기간행물: 저자명, "논문제목", 「잡지명」, 제00권 제00호, 출판연도, 면수.

번역문헌의 경우 저자명과 논문제목 사이에 역자명을 쓰고 "옮김"을 덧붙인다.

(3) 기념논문집: 저자명, "논문제목", 기념논문집명(000선생00기념논문집), 출판사, 출판년도, 면수.

(4) 판결 인용: 다음과 같이 대법원과 헌법재판소의 양식에 준하여 작성한다.

판결 : 대법원 2000. 00. 00. 선고 00두0000 판결.

결정 : 대법원 2000. 00. 00.자 00아0000 결정.

헌법재판소 결정 : 헌법재판소 2000. 00. 00. 선고 00헌가00

결정.

(5) 외국문헌 : 그 나라의 표준표기방식에 의한다.

(6) 외국판결 : 그 나라의 표준표기방식에 의한다.

(7) 신문기사는 기사면수를 따로 밝히지 않는다(신문명 0000. 00. 00.자). 다만, 필요한 경우 글쓴이와 글제목을 밝힐 수 있다.

(8) 인터넷에서의 자료인용은 원칙적으로 다음과 같이 표기한다. 저자 혹은 서버관리주체, 자료명, 해당 URL(검색일자)

(9) 국문 또는 한자로 표기되는 저서나 논문을 인용할 때는 면으로(120면, 120면-122면), 로마자로 표기되는 저서나 논문을 인용할 때는 p.(p. 120, pp. 121-135) 또는 S.(S. 120, S. 121 ff.)로 인용면수를 표기한다.

3. 앞의 각주 혹은 각주에서 제시된 문헌을 다시 인용할 경우 다음과 같이 표기한다. 국내문헌, 외국문헌 모두 같다. 다만, 저자나 문헌 혹은 양자 모두가 여럿인 경우 이에 따르지 않고 각각 필요한 저자명, 문헌명 등을 덧붙여 표기함으로써 구별한다.

(1) 바로 위의 각주가 아닌 앞의 각주의 문헌을 다시 인용할 경우
1) 저서인용: 저자명, 앞의 책, 면수
2) 논문인용: 저자명, 앞의 글, 면수
3) 논문 이외의 글 인용: 저자명, 앞의 글, 면수

(2) 바로 위의 각주에 인용된 문헌을 다시 인용할 경우에는 "위의 책, 면수", "위의 글, 면수"로 표시한다.

(3) 하나의 각주에서 앞서 인용한 문헌을 다시 인용할 경우에는 "같은 책, 면수", "같은 글, 면수"로 표시한다.

4. 기타

(1) 3인 공저까지는 저자명을 모두 표기하되, 저자간의 표시는 "/"

로 구분하고 "/" 이후에는 한 칸을 띄어 쓴다. 4인 이상의 경우 성을 온전히 표기하되, 중간이름은 첫글자만을 표기한다.

(2) 부제의 표기가 필요한 경우 원래 문헌의 표기양식과 관계없이 원칙적으로 콜론으로 연결한다.

(3) 글의 성격상 전거만을 밝히는 각주가 너무 많을 경우 약자를 사용하여 본문에서 그 전거를 밝힐 수 있다.

(4) 여러 문헌의 소개는 세미콜론(;)으로 하고, 재인용의 경우 원전과 재인용출처 사이를 콜론(:)으로 연결한다.

III. 참고문헌작성기준

1. 순서

국문, 외국문헌 순으로 정리하되, 단행본, 논문, 자료의 순으로 정리한다.

2. 국내문헌

(1) 단행본: 저자, 서명, 출판사, 출판연도.

(2) 논문: 저자명, "논문제목", 잡지명 제00권 제00호, 출판연도.

3. 외국문헌

그 나라의 표준적인 인용방법과 순서에 따라 정리한다.

歷代 任員 名單

■ 초대(1984. 10. 29.)

회　　장　金道昶
부 회 장　徐元宇·崔光律(1987. 11. 27.부터)

■ 제 2 대(1988. 12. 9.)

회　　장　金道昶
부 회 장　徐元宇·崔光律
감　　사　李尙圭
상임이사　李鴻薰(총무), 金南辰(연구), 朴鈗炘(출판), 梁承斗(섭외)
이　　사　金東熙, 金斗千, 金英勳, 金元主, 金伊烈, 金鐵容, 石琮顯, 芮鍾德, 李康爀, 李升煥, 趙慶根, 崔松和, 韓昌奎, 黃祐呂

■ 제 3 대(1990. 2. 23.)

회　　장　金道昶
부 회 장　徐元宇·崔光律
감　　사　金鐵容
상임이사　李鴻薰(총무), 黃祐呂(총무), 金南辰(연구), 朴鈗炘(출판), 梁承斗(섭외)
이　　사　金東熙, 金斗千, 金英勳, 金元主, 金伊烈, 石琮顯, 芮鍾德, 李康爀, 李升煥, 李鴻薰
(1991. 1. 25.부터) 趙慶根, 崔松和, 韓昌奎, 黃祐呂

■ 제 4 대(1993. 2. 23.)

회　　장 金道昶
부 회 장 徐元宇·崔光律
감　　사 金鐵容
상임이사 李鴻薰(총무), 金南辰(연구), 朴鈗炘(출판), 梁承斗(섭외)
이　　사 金東熙, 金英勳, 金元主, 朴松圭, 卞在玉, 石琮顯, 孫智烈, 芮鍾德, 李康國, 李康爀, 李京運, 李淳容, 李重光, 李鴻薰, 趙慶根, 趙憲銖, 千柄泰, 崔松和, 韓昌奎, 黃祐呂

■ 제 5 대(1996. 2. 23.)

명예회장 金道昶
고　　문 徐元宇·金鐵容
회　　장 崔光律
부 회 장 金南辰·徐廷友
감　　사 韓昌奎
상임이사 金東熙(총무), 金元主(연구), 李康國(출판), 梁承斗(섭외)
이　　사 金英勳, 朴松圭, 朴鈗炘, 卞在玉, 石琮顯, 李康爀, 李京運, 李淳容, 李升煥, 李重光, 李鴻薰, 趙慶根, 趙憲銖, 千柄泰, 崔松和, 黃祐呂

■ 제 6 대(1999. 2. 19.)

명예회장 金道昶
고　　문 徐元宇, 金鐵容, 金南辰, 徐廷友, 韓昌奎
회　　장 崔光律
부 회 장 梁承斗, 李康國
감　　사 金元主
상임이사 李鴻薰(총무), 金東熙(연구), 崔松和(출판), 金善旭(섭외)

이　　사　金東建, 金英勳, 南勝吉, 朴松圭, 朴銳炘, 白潤基, 卞海喆, 石琮顯, 李京運, 李光潤, 李升煥, 李重光, 鄭然彧, 趙憲銖, 洪準亨, 黃祐呂

■ 제 7 대(2002. 2. 15.)

명예회장　金道昶
고　　문　金南辰, 金元主, 徐元宇, 徐廷友, 梁承斗, 李康國, 崔光律, 韓昌奎
회　　장　金鐵容
부 회 장　金東建, 崔松和
감　　사　金東熙
상임이사　金善旭(총무), 朴正勳(연구), 李光潤(출판), 李京運(섭외)
이　　사　金英勳, 金海龍, 南勝吉, 朴均省, 朴銳炘, 白潤基, 卞海喆, 石琮顯, 李東洽, 李範柱, 李重光, 李鴻薰, 鄭夏重, 趙憲銖, 洪準亨, 黃祐呂

■ 제 8 대(2005. 2. 21. / 2008. 2. 20.) *

명예회장　金道昶(2005. 7. 17. 별세)
고　　문　金南辰, 金元主, 徐元宇(2005. 10. 16. 별세), 徐廷友, 梁承斗, 李康國, 崔光律, 韓昌奎, 金鐵容, 金英勳, 朴銳炘, 金東熙
회　　장　崔松和
부 회 장　李鴻薰, 鄭夏重
감　　사　金東建, 李京運,
상임이사　李光潤(총무), 安哲相(기획), 洪準亨/吳峻根(연구), 金性洙(출판), 徐基錫(섭외)
이　　사　金善旭, 金海龍, 南勝吉, 朴均省, 朴秀赫, 朴正勳, 白潤基, 卞海喆, 石琮顯, 石鎬哲, 蘇淳茂, 柳至泰, 尹炯漢, 李東洽, 李範柱, 李殷祈, 李重光, 趙龍鎬, 趙憲銖, 崔正一, 黃祐呂,

金香基, 裵柄皓, 劉南碩
간　　사 李元雨 / 金鐘甫(총무), 李賢修(연구), 金重權(재무),
宣正源 / 李熙貞(출판), 권은민(섭외)

* 위 '회장', '부회장', '상임이사', '이사'는 2007. 4. 20. 제정된 사단법인 한국행정판례연구회 정관 제13조, 제14조, 제15조의 '이사장 겸 회장', '이사 겸 부회장', '이사 겸 상임이사', '운영이사'임.

■제 9 대(2008. 2. 15. / 2011. 2. 14.)

고　　문 金南辰, 金東熙, 金英勳, 金元主, 金鐵容, 朴鈗炘, 徐廷友, 梁承斗, 李康國, 李鴻薰, 鄭夏重, 崔光律, 韓昌奎
회　　장 崔松和
부 회 장 李京運, 徐基錫
감　　사 金東建, 金善旭
이사 겸 상임이사 慶　健(총무), 安哲相(기획), 朴均省(연구), 韓堅愚(출판), 權純一(섭외/연구)
운영이사 具旭書, 권은민, 金光洙, 金性洙, 金連泰, 金容燮, 金容贊, 金裕煥, 金義煥, 金重權, 金敞祚, 金海龍, 金香基, 金鉉峻, 朴正勳, 朴海植, 裵柄皓, 白潤基, 卞海喆, 石琮顯, 石鎬哲, 成百玹, 蘇淳茂, 申東昇, 辛奉起, 吳峻根, 劉南碩, 俞珍式, 尹炯漢, 李光潤, 李承寧, 李元雨, 李殷祈, 李重光, 鄭鍾錧, 鄭準鉉, 趙龍鎬, 曺海鉉, 趙憲銖, 崔正一, 洪準亨
간　　사 張暻源·李殷相·安東寅(총무), 鄭亨植·장상균(기획), 金泰昊(기획/연구), 金聖泰·崔善雄·鄭南哲(연구), 李熙貞·河明鎬·崔桂暎(출판), 林聖勳(섭외), 박재윤(총무)

■제 10 대(2011. 2. 15. /2014. 2. 14)

명예회장 金鐵容, 崔光律

고　　문　金南辰, 金東建, 金東熙, 金英勳, 金元主, 朴鈗炘, 徐廷友, 梁承斗, 李康國, 李京運, 鄭夏重, 崔松和, 韓昌奎

회　　장　李鴻薰

부 회 장　徐基錫, 李光潤

감　　사　金善旭, 蘇淳茂

이사 겸 상임이사　金重權(총무), 安哲相(기획), 劉南碩, 金容燮(연구), 金鐘甫(출판), 金敞祚, 金義煥(섭외/연구)

운영이사　姜錫勳, 慶　健, 具旭書, 權純一, 權殷旼, 琴泰煥, 金光洙, 金性洙, 金連泰, 金容燮, 金容贊, 金海龍, 金香基, 金鉉峻, 朴均省, 朴正勳, 朴海植, 裵柄皓, 白潤基, 卞海喆, 石琮顯, 石鎬哲, 宣正源, 成百玹, 申東昇, 辛奉起, 呂相薰, 吳峻根, 俞珍式, 尹炯漢, 李承寧, 李元雨, 李殷祈, 李重光, 李賢修, 李熙貞, 林永浩, 鄭南哲, 鄭鍾錧, 鄭準鉉, 鄭亨植, 趙龍鎬, 曺海鉉, 趙憲銖, 崔正一, 洪準亨, 韓堅愚, 河明鎬

간　　사　安東寅, 李羲俊(총무), 蔣尙均(기획), 金泰昊, 朴在胤(연구), 朴玄廷, 姜知恩(출판), 李殷相(섭외)

■제 11 대(2014. 2. 15./2017. 2. 14.)

명예회장　金鐵容, 崔光律

고　　문　金南辰, 金東建, 金東熙, 金英勳, 金元主, 朴鈗炘, 徐廷友, 梁承斗, 李康國, 李京運, 崔松和, 韓昌奎 李光潤, 徐基錫

회　　장　鄭夏重

부 회 장　安哲相, 朴正勳

감　　사　蘇淳茂, 白潤基

상임이사　李熙貞(총무), 鄭鎬庚(연구), 李承寧, 康鉉浩(기획) 金義煥, 鄭夏明(섭외), 鄭南哲(출판)

운영이사　姜錫勳, 慶　健, 具旭書, 權殷旼, 琴泰煥, 金光洙, 金國鉉,

金南撤, 金炳圻, 金性洙, 金聖泰, 金秀珍, 金連泰, 金容燮, 金容贊, 金裕煥, 金重權, 金鐘甫, 金敞祚, 金致煥, 金海龍, 金香基, 金鉉峻, 文尚德, 朴均省, 朴海植, 裵柄皓, 卞海喆, 石鎬哲, 宣正源, 宋鎭賢, 成百玹, 申東昇, 辛奉起, 呂相薰, 吳峻根, 俞珍式, 柳哲馨, 尹炯漢, 李東植, 李元雨, 李殷祈, 李重光, 李賢修, 林永浩, 張暻源, 藏尙均, 田聖銖, 田 勳, 鄭鍾錧, 鄭準鉉, 鄭亨植, 趙成奎, 趙龍鎬, 曺海鉉, 趙憲銖, 趙弘植, 朱한길, 崔峰碩, 崔善雄, 崔正一, 洪準亨, 韓堅愚, 河明鎬, 河宗大, 黃彰根

간 사 房東熙, 崔允寧(총무), 崔桂暎, 張承爀(연구), 洪先基(기획) 桂仁國, 李惠診(출판)

■제12 대(2017. 2. 17./2020. 2. 16.)

명예회장 金鐵容, 崔光律

고 문 金南辰, 金東熙, 金英勳, 朴銳炘, 徐基錫, 徐廷友, 蘇淳茂, 李康國, 李京運, 李光潤, 李鴻薰, 鄭夏重, 崔松和, 韓昌奎

회 장 金東建

부 회 장 朴正勳, 李承寧, 金重權

감 사 李殷祈, 孫台浩

상임이사 金敞祚/李鎭萬(기획), 俞珍式/徐圭永(섭외), 李熙貞/張暻源(총무), 李賢修/河明鎬(연구), 崔瑨修(출판)

운영이사 姜基弘, 姜錫勳, 康鉉浩, 慶 健, 具旭書, 權殷旼, 琴泰煥, 金光洙, 金國鉉, 金南撤, 金炳圻, 金聲培, 金性洙, 金聖泰, 金秀珍, 金連泰, 金容燮, 金容贊, 金裕煥, 金義煥, 金鐘甫, 金致煥, 金海龍, 金香基, 金鉉峻, 文尚德, 朴均省, 朴海植, 房東熙, 裵柄皓, 白潤基, 石鎬哲, 宣正源, 成百玹, 成重卓, 宋鎭賢, 申東昇, 辛奉起, 安東寅, 呂相薰, 吳峻根, 柳哲馨,

尹炯漢, 李東植, 李元雨, 李重光, 林永浩, 張暻源, 藏尙均,
田聖銖, 田　勳, 鄭南哲, 鄭鍾錧, 鄭準鉉, 鄭夏明, 鄭亨植,
鄭鎬庚, 趙成奎, 趙龍鎬, 曺海鉉, 趙憲銖, 朱한길, 崔桂暎,
崔峰碩, 崔善雄, 崔允寧, 崔正一, 河宗大, 韓堅愚, 洪準亨
간　　사 禹美亨/朴祐慶/金讚喜/金厚信(총무), 金判基(연구),
李眞洙/桂仁國/李在勳/李采鍈(출판)

■제13 대(2020. 3. 20./2022. 3. 19.)

명예회장 金鐵容, 崔光律
고　　문 金南辰, 金東建, 金東熙, 金英勳, 朴鈗炘, 徐基錫, 徐廷友,
蘇淳茂, 李康國, 李京運, 李光潤, 李鴻薰, 鄭夏重, 韓昌奎
회　　장 金善旭
부 회 장 朴正勳, 金國鉉, 金秀珍
감　　사 金重權, 金義煥
특임이사 金敞祚/俞珍式
상임이사 金大仁(총무), 李眞洙/桂仁國(출판), 林　賢/朴玄廷(연구),
徐輔國/朴修貞/金亨洙(기획), 房東熙/李相悳(섭외)
운영이사 姜基弘, 姜錫勳, 康鉉浩, 慶　健, 具旭書, 權殷旼, 琴泰煥,
金光洙, 金南撤, 金炳圻, 金聲培, 金性洙, 金聖泰, 金連泰,
金容燮, 金容贊, 金裕煥, 金義煥, 金鐘甫, 金致煥, 金海龍,
金香基, 金鉉峻, 文尙德, 朴均省, 朴海植, 裵柄皓, 白潤基,
徐圭永, 石鎬哲, 宣正源, 成百玹, 成重卓, 孫台浩, 宋鎭賢,
申東昇, 辛奉起, 安東寅, 呂相薰, 吳峻根, 柳哲馨, 尹炯漢,
李東植, 李承寧, 李元雨, 李殷祈, 李重光, 李鎭萬, 李賢修,
李熙貞, 林永浩, 張暻源, 藏尙均, 田聖銖, 田　勳, 鄭南哲,
鄭鍾錧, 鄭準鉉, 鄭夏明, 鄭亨植, 鄭鎬庚, 趙成奎, 趙龍鎬,
曺海鉉, 趙憲銖, 朱한길, 崔桂暎, 崔峰碩, 崔善雄, 崔允寧,

崔正一, 崔瑨修, 河明鎬, 河宗大, 韓堅愚, 洪準亨

간사 朴祐慶/朴乾嵎/河敏貞(총무), 李在勳/李采鍈/姜相宇(출판), 張允瑛/金在仙(연구)

■제14 대(2022. 2. 21./2024. 2. 20.)

명예회장 金鐵容, 崔光律

고 문 金南辰, 金東建, 金東熙, 金英勳, 朴鈗炘, 徐基錫, 徐廷友, 蘇淳茂, 李康國, 李京運, 李光潤, 李鴻薰, 鄭夏重, 韓昌奎

회 장 朴正勳

부 회 장 康鉉浩, 崔瑨修, 金國鉉, 李熙貞, 河明鎬

감 사 趙椿, 金秀珍

특임이사 金義煥, 鄭夏明

총무이사 徐輔國, 李殷相

연구이사 林賢, 成重卓, 崔桂映, 宋時康, 洪康熏, 朴玄廷

출판이사 桂仁國, 李承玟

기획이사 朴在胤, 安東寅, 金志訓

대외이사 丁相奎, 李相悳, 金炯秀

재무이사 李眞洙, 姜知恩, 朴祐慶

간사 禹美亨/李在勳/朴乾嵎/金厚信(총무), 金在仙/金慧眞/崔名芝/文光珍(연구), 姜相宇/黃善勳/石浩榮/張允瑛(출판), 金讚喜(재무)

月例 集會 記錄

〈2024.12. 현재〉

순번	연월일	발표자	발 표 제 목
1-1	84.12.11.	金南辰	聽問을 결한 行政處分의 違法性
-2		李鴻薰	都市計劃과 行政拒否處分
2-1	85.2.22.	崔世英	行政規則의 法規性 認定 與否
-2		崔光律	實地讓渡價額을 넘는 讓渡差益의 인정여부
3-1	3.29.	石琮顯	都市計劃決定의 法的 性質
-2		金東建	違法한 旅館建物의 건축과 營業許可의 취소
4-1	4.26.	徐元宇	當然無效의 行政訴訟과 事情判決
-2		黃祐呂	아파트地區내의 土地와 空閑地稅
5-1	5.31.	朴鈗炘	林産物團束에관한法律 제 7 조에 대한 違法性 認定의 與否
-2		姜求哲	行政訴訟에 있어서의 立證責任의 문제
6-1	6.28.	金鐵容	酒類販賣業 免許處分 撤回의 근거와 撤回權 留保의 한계
-2		盧塋保	國稅基本法 제42조 소정의 讓渡擔保財産의 의미
7-1	9.27.	金道昶	信賴保護에 관한 行政判例의 최근 동향
-2		金東熙	自動車運輸事業法 제31조 등에 관한 處分要

순번	연월일	발표자	발 표 제 목
			領의 성질
8-1	10.25.	李尙圭	入札參加資格 制限行爲의 법적 성질
-2		李相敦	公有水面埋立에 따른 不動産所有權 國家歸屬의 무효확인
9-1	11.22.	梁承斗	抗告訴訟의 提起要件
-2		韓昌奎	地目變更 拒否의 성질
10	86.1.31.	李相赫	行政訴訟에 있어서의 訴의 利益의 문제
11	2.28	崔松和	運轉免許 缺格者에 대한 면허의 효력
12	3.28	金道昶	憲法上의 違憲審査權의 所在
13	4.25.	趙慶根	美聯邦情報公開法에 대한 약간의 고찰
14	5.30.	張台柱	西獨에 있어서 隣人保護에 관한 判例의 최근 동향
15	6.27.	金斗千	僞裝事業者와 買入稅額 控除
外1	9.30.	藤田宙靖	日本의 最近行政判例 동향
16	10.31.	金英勳	注油所 許可와 瑕疵의 承繼
17	11.28.	芮鍾德	漁業免許의 취소와 裁量權의 濫用
外2	87.3.21.	鹽野宏	日本 行政法學界의 現況
		園部逸夫	새 行政訴訟法 시행 1년을 보고
18	4.25.	金道昶	知的財産權의 문제들
19-1	4.22.	李升煥	商標法에 관한 최근판례의 동향
-2			工場登錄 拒否處分과 소의 이익
20	5.29.	金南辰	執行停止의 요건과 本案理由와의 관계
21	9.25.	崔光律	日本公法學會 總會參觀 등에 관한 보고
22-1	10.30.	金道昶	地方自治權의 강화와 行政權限의 위임에 관한 문제
-2			
23	11.27.	金鐵容	不作爲를 구하는 訴의 가부

순번	연월일	발표자	발 표 제 목
24	88.2.26.	金時秀	租稅賦課處分에 있어서의 當初處分과 更正拒否處分의 법률관계
25-1	3.25.	徐元宇	최근 日本公法學界의 동향
-2		朴鈗炘	平澤港 漁業補償 문제
外3	4.29.	成田頼明	日本 行政法學과 行政判例의 최근 동향
26	5.27.	李尙圭	防衛稅 過誤納 還給拒否處分의 취소
27	6.24.	徐元宇	運輸事業計劃 변경인가처분의 취소
28	8.26.	金完燮	처분후의 事情變更과 소의 이익
29	10.7.	石琮顯	行政處分(訓令)의 법적 성질
30	10.28.	李鴻薰	土地收用裁決處分의 취소
31	11.17.	朴鈗炘	行政計劃의 법적 성질
32	89.1.27.	金東熙	載量行爲에 대한 司法的統制의 한계
33	2.24.	李碩祐	國稅還給申請權의 인정 여부
34	3.24.	朴松圭	國産新技術製品 保護決定處分의 일부취소
35-1	4.28.	金鐵容	독일 行政法學界의 최근동향
-2		千柄泰	제 3 자의 行政審判前置節次 이행 여부
36	5.26.	金善旭	公務員의 團體行動의 違法性
37	6.30.	金元主	租稅行政과 信義誠實의 원칙
38	8.25.	趙憲銖	國稅還給拒否處分의 법적 성질
39	9.29.	鄭準鉉	刑事訴追와 行政處分의 효력
40	10.27.	韓堅愚	行政規則(訓令)의 성질
41	11.24.	金斗千	相續稅法 제32조의2의 違憲 여부
外4	12.27.	小早川光朗	日本 行政法學界의 최근 동향
42	90.1.19.	金鐵容	豫防的 不作爲訴訟의 許容 여부
43	2.23.	李光潤	營造物行爲의 법적 성질
44	3.30.	南勝吉	行政刑罰의 범위

순번	연월일	발표자	발 표 제 목
45	4.27.	黃祐呂	法律의 遡及效
46	5.25.	朴均省	行政訴訟과 訴의 이익
47	6.29.	卞在玉	軍檢察官의 公訴權行使에 관한 憲法訴願
48	8.31.	成樂寅	結社의 自由의 事前制限
49	9.28.	辛奉起	憲法訴願과 辯護士 强制主義
50	10.26.	朴圭河	行政官廳의 權限의 委任·再委任
51	11.30.	朴國洙	行政行爲의 公定力과 國家賠償責任
52	91.1.25.	梁承斗	土地去來許可의 법적 성질
53	2.22.	徐元宇	建築許可 保留의 위법성 문제
外5-1	3.29.	南博方	處分取消訴訟과 裁決取消訴訟
-2		藤田宙靖	日本 土地法制의 현황과 課題
54	4.26.	吳峻根	遺傳子工學的 施設 設置許可와 法律留保
55	5.31.	金南辰	拒否行爲의 行政處分性과 "법률상 이익 있는 자"의 의미
56	6.28.	鄭然彧	無效確認訴訟과 訴의 이익
57	8.30.	金性洙	主觀的公權과 基本權
58	9.27.	金英勳	運轉免許 取消處分의 취소
59	10.25.	石琮顯	基準地價告示地域 내의 收用補償額 算定基準에 관한 판례동향
60	11.29.	朴鈗炘	工事中止處分의 취소
61	92.1.31.	卞海喆	公物에 대한 强制執行
62	2.28.	李康國	違憲法律의 효력－그 遡及效의 범위와 관련하여
63	3.27	金善旭	公勤務에 관한 女性支援指針과 憲法上의 平等原則
64	4.24.	全光錫	不合致決定의 허용 여부
65	5.29.	崔正一	行政規則의 법적성질 및 효력

순번	연월일	발표자	발 표 제 목
66	6.26.	李琦雨	獨逸 Münster 高等行政裁判所 1964.1.8. 판결
67	8.28.	朴鈗炘	地方自治團體의 자주적인 條例制定權과 規律 문제
68	9.18.	金元主	讓渡所得稅 등 賦課處分의 취소
69	10.16.	洪準亨	結果除去請求權과 行政介入請求權
70	11.20.	金時秀	土地收用裁決處分의 취소
71	93.1.15.	金海龍	環境技術관계 行政決定에 대한 司法的 統制의 범위
72	2.19.	李重光	租稅法上 不當利得 返還請求權
73	3.19.	高永訓	行政規則에 의한 行政府의 立法行爲外
外6	4.16.	J.Anouil	EC法의 現在와 將來
74	5.21.	柳至泰	行政訴訟에서의 行政行爲 根據變更에 관한 판례분석
75	6.18.	徐元宇	原處分主義와 被告適格
76	8.20.	朴均省	國家의 公務員에 대한 求償權
77	9.17.	金東熙	教員任用義務不履行 違法確認訴訟
78	10.15.	盧永錄	建設業免許 取消處分의 취소
79	94.1.21.	徐廷友	無效確認을 구하는 의미의 租稅取消訴訟과 租稅還給金 消滅時效의 起算點
80	2.18.	洪準亨	判斷餘地의 한계
81	3.18.	裵輔允	憲法訴願 審判請求 却下決定에 대한 헌법소원
82	4.15.	金善旭	舊東獨判事의 獨逸判事任用에 관한 決定과 그 不服에 대한 管轄權
83	5.20.	李京運	學則의 법적 성질
84	6.17.	朴松圭	任用行爲取消處分의 취소
85	8.19.	金鐵容	公務員 個人의 不法行爲責任

순번	연월일	발표자	발 표 제 목
86	9.30.	卞在玉	日本 家永敎科書檢定 第一次訴訟 上告審 判決의 評釋
87	10.21.	金香基	無名抗告訴訟의 可否
88	11.18.	李康國	行政行爲의 瑕疵의 治癒
89	95.1.20.	趙憲銖	取消判決의 遡及效
90	2.17.	朴秀赫	獨逸 統一條約과 補償法上의 原狀回復 排除規定의 合憲 여부
外7	3.17.	小高剛	損失補償에 관한 日本 最高裁判所 判決의 분석
91	4.21.	崔松和	行政處分의 理由明示義務에 관한 판례
92	5.19.	崔正一	石油販賣業의 양도와 歸責事由의 승계
93	6.16.	鄭夏重	國家賠償法 제5조에 의한 배상책임의 성격
94	8.18.	吳振煥	無效인 條例에 근거한 行政處分의 효력
95	9.15.	金敞祚	日本 長良川 安八水害 賠償判決
96	10.20.	黃祐呂	非常高等軍法會議 判決의 破棄와 還送法院
97	11.17.	白潤基	地方自治法 제98조 및 제159조에 의한 訴訟
98	96.1.19.	徐元宇	營業停止期間徒過後의 取消訴訟과 訴의 이익
99	2.23.	金海龍	計劃變更 내지 保障請求權의 성립요건
外8	3.19.	鹽野宏	日本 行政法 判例의 近年動向 - 行政訴訟을 중심으로
100	4.19.	金東熙	國家賠償과 公務員에 대한 求償
101	5.17.	梁承斗	敎員懲戒와 그 救濟制度
102	6.28.	金容燮	運轉免許取消·停止處分의 法的 性質 및 그 한계
103	8.16.	李京運	轉補發令의 處分性
104	9.20.	盧永錄	申告納稅方式의 租稅와 그 瑕疵의 판단기준
105	10.18.	金敞祚	道路公害와 道路設置·管理者의 賠償責任

순번	연월일	발표자	발 표 제 목
106	11.15.	金裕煥	形式的 拒否處分에 대한 取消訴訟의 審理범위
107	97.1.17.	裵柄皓	北韓國籍住民에 대한 强制退去命令의 적법성
108	2.21.	趙龍鎬	公衆保健醫師 採用契約解止에 대한 爭訟
109	3.21.	金鐵容	行政節次法의 내용
110	4.18.	趙憲銖	建築物臺帳 職權訂正行爲의 처분성
111	5.16.	鄭夏重	交通標識板의 법적성격
112	6.20.	裵輔允	違憲決定과 行政處分의 효력
113	8.22.	吳峻根	聽聞의 실시요건
114	9.19.	金善旭	옴부즈만條例案 再議決 無效確認判決의 문제점
115	10.17.	李光潤	機關訴訟의 성질
116	11.21.	朴正勳	敎授再任用拒否의 처분성
117	98.1.16.	白潤基	當事者訴訟의 대상
118	2.20.	辛奉起	機關訴訟 주문의 형식
119	3.20.	洪準亨	行政法院 出帆의 意義와 행정법원의 課題
120	4.17.	宣正源	오스트리아와 독일의 不作爲訴訟에 관한 고찰
121	5.16.	李東洽	刑事記錄 열람·등사 거부처분
122	6.19.	金東建	環境行政訴訟과 地域住民의 原告適格
123	8.21.	金南辰	法規命令과 行政規則의 구별
124	9.18.	金敞祚	河川 管理 責任
125	10.16.	金容燮	行政審判의 裁決에 대한 取消訴訟
126	11.20.	徐廷友	垈地造成事業計劃 승인처분의 재량행위
127	99.1.15.	南勝吉	處分의 기준을 규정한 施行規則(部令)의 성격
128	2.19.	金裕煥	違憲法律에 根據한 行政處分의 效力
129	3.19.	鄭夏重	多段階行政節次에 있어서 事前決定과 部分許可의 意味

순번	연월일	발표자	발 표 제 목
130	4.16.	裵輔允	南北交流協力 등 統一에 관한 법적 문제
131	5.21.	康鉉浩	計劃承認과 司法的 統制
132	6.18.	俞珍式	行政指導와 違法性阻却事由
133	8.20.	朴正勳	侵益的 行政行爲의 公定力과 刑事裁判
134	9.17.	金東熙	建築許可신청서 返戾처분취소
		金南澈	行政審判法 제37조 제2항에 의한 自治權侵害의 가능성
135	10.15.	金炳圻	條例에 대한 再議要求事由와 大法院提訴
		權殷玟	公賣決定·通知의 처분성 및 소송상 문제점
136	11.19.	石鎬哲	羈束力의 범위로서의 처분사유의 동일
		金珉昊	직무와 관련된 不法行爲에 있어 공무원 개인의 책임
137	00.1.21.	尹炯漢	任用缺格과 退職給與
		裵柄皓	還買權소송의 管轄문제
138	2.18.	趙憲銖	個人事業의 法人轉換과 租稅減免
		金連泰	조세행정에 있어서 경정처분의 효력
139	3.17.	俞珍式	自動車運輸事業 면허처분에 있어서 競業, 競願의 범위
		慶 健	情報公開請求權의 憲法的 根據와 그 制限
140	4.21.	朴正勳	拒否處分 取消訴訟에 있어 違法判斷의 基準時와 訴의 利益
		金柄圻	行政訴訟上 執行停止의 要件으로서의 '回復하기 어려운 損害'와 그 立證責任
141	5.19.	洪準亨	不可變力, 信賴保護, 그리고 行政上 二重危險의 禁止
		康鉉浩	建築變更許可와 附款

순번	연월일	발표자	발 표 제 목
142	6.16.	趙龍鎬	寄附金品募集許可의 法的性質
		金容燮	行政上 公表
143	8.18.	朴松圭	盜難당한 自動車에 대한 自動車稅와 免許稅
		權殷玫	廢棄物處理業 許可權者가 한 '不適正通報' 의 法的性質
144	9.22.	石鎬哲	公法的 側面에서 본 日照權 保護
145	10.20.	蘇淳茂	後發的 事由에 의한 更正請求權을 條理上 인정할 수 있는지 與否
		金光洙	土地形質變更許可와 信賴保護原則
146	11.17.	朴鈗炘	慣行漁業權
		宣正源	複合民願과 認·許可擬制
147	01.1.19.	崔松和	판례에 있어서 공익
		李光潤	도로가 행정재산이 되기 위한 요건 및 잡종재산에 대한 시효취득
148	2.16.	金鐵容	개발제한 구역의 시정과 손실 보상
		鄭夏重	부관에 대한 행정소송
149	3. 8.	金性洙	독일연방헌재의 폐기물법에 대한 결정과 환경법상 협력의 원칙
		李東植	중소기업에 대한 조세 특례와 종업원의 전출.파견
150	4.20.	李京運	주택건설사업계획 사전결정의 구속력
		裵輔允	2000년 미국대통령 선거 소송 사건
151	5. 9.	李東洽	위헌법률에 근거한 처분에 대한 집행력 허용여부
		金珉昊	상속세 및 증여세법상 증여의 의미
152	6.15.	李元雨	정부투자기관의 부정당업자 제재조치의 법적

순번	연월일	발표자	발 표 제 목
			성질
		朴榮萬	군사시설보호법상의 협의와 항고소송
153	8.17.	崔正一	법규명령형식의 재량준칙의 법적성질 및 효력
		趙憲銖	유적발굴허가와 행정청의 재량
154	9.21.	金東熙	국가배상법 제 5 조상의 영조물의 설치 · 관리상 하자의 관념
		金東建	대법원 판례상의 재량행위
155	10.10.	吳峻根	행정절차법 시행이후의 행정절차 관련 주요 행정판례 동향분석
		柳至泰	공물법의 체계에 관한 판례 검토
156	11. 7.	白潤基	행정소송에 있어서 건축주와 인근주민의 이익의 충돌과 그 조화
		徐廷範	국가배상에 있어서 위법성과 과실의 일원화에 관하여
157	02.1.18.	金善旭	독일헌법상의 직업공무원제도와 시간제공무원
		朴正勳	처분사유의 추가 · 변경 – 제재철회와 공익상 철회
158	2.15.	辛奉起	일본의 기관소송 법제와 판례
		權殷玟	원천징수행위의 처분성과 원천징수의무자의 불복방법
159	3.15.	朴均省	환경영향평가의 하자와 사업계획승인처분의 효력
		金鐘甫	관리처분계획의 처분성과 그 공정력의 범위
160	4.19.	崔光律	농지전용에 관한 위임명령의 한계
		俞珍式	건축법상 일조보호규정의 私法上의 의미
161	5.17.	朴鈗炘	국가배상법 제2조 제1항 단서에 대한 헌법재

순번	연월일	발표자	발 표 제 목
			판소의 한정위헌결정 및 관련 대법원판례에 대한 평석
		宣正源	행정의 공증에 대한 사법적 통제의 의미와 기능의 명확화
162	6.21.	金元主	도로배연에 의한 대기오염과 인과관계
		康鉉浩	재량준칙의 법적 성격
163	7.19.	裵柄皓	회의록과 정보공개법상 비공개대상정보
		慶　健	공문서관리의 잘못과 국가배상책임
164	8.16.	金容燮	거부처분취소판결의 기속력
		金炳圻	보완요구의 '부작위'성과 재결의 기속력
165	9.13.	尹炯漢	기납부 택지초과소유부담금 환급청구권의 성질과 환급가산금의 이자율
		鄭夏明	미국연방대법원의 이른바 임시규제적 수용에 관한 새로운 판결례
166	10.18.	李鴻薰	공용지하사용과 간접손실보상
		金光洙	국가배상소송과 헌법소원심판의 관계
167	11.15.	徐元宇	행정법규위반행위의 사법적 효력
		李康國	조세채무의 성립과 확정
168	12.20.	蘇淳茂	인텔리전트빌딩에 대한 재산세중과시행규칙의 유효성 여부
169	03.1.17.	金敞祚	정보공개제도상의 비공개사유와 본인개시청구
		金聖泰	운전면허수시적성검사와 개인 정보보호
170	2.21.	金東熙	기속재량행위와 관련된 몇 가지 논점 또는 의문점
		曺海鉉	행정처분의 근거 및 이유제시의 정도
171	3.21.	白潤基	불합격처분에 대한 효력정지결정에 대한 고찰

순번	연월일	발표자	발 표 제 목
		宣正源	행정입법에 대한 부수적 통제
172	5.16.	李元雨	한국증권업협회의 협회등록최소결정의 법적 성질
		金容贊	정보공개청구사건에서의 몇 가지 쟁점
173	6.20.	金重權	이른바 "수리를 요하는 신고"의 문제점에 관한 소고
		洪準亨	평생교육시설 설치자 지위승계와 설치자 변경 신청서 반려처분의 적법 여부
174	7.18.	金鐵容	학교법인임원취임승인취소처분과 행정절차법
		金秀珍	성별에 따른 상이한 창업지원금신청기간설정과 국가의 평등보장의무
175	8.22.	鄭夏重	법관의 재판작용에 대한 국가배상책임
		金鐘甫	정비조합(재건축, 재개발조합) 인가의 법적 성격
176	9.19.	金炳圻	수익적 행정행위의 철회의 법적 성질과 철회사유
		朴榮萬	군사시설보호구역설정행위의 법적 성격
177	10. 9	朴正勳	취소판결의 기판력과 기속력
		李東植	구 소득세법 제101조 제 2 항에 따른 양도소득세부과와 이중과세 문제
178	11.21.	李東洽	최근 행정소송의 주요사례
		慶 健	하천구역으로 편입된 토지에 대한 손실보상
179	12.19.	朴均省	거부처분취소판결의 기속력과 간접강제
180	04.1.16.	李光潤	광역지방자치단체와 기초지방자치단체의 성격
		朴海植	행정소송법상 간접강제결정에 기한 배상금의 성질
181	2.20.	金海龍	행정계획에 대한 사법심사에 있어서 법원의

순번	연월일	발표자	발 표 제 목
			석명권행사 한계와 입증책임
		李賢修	영업양도와 공법상 지위의 승계
182	3.19.	俞珍式	기부채납부관을 둘러싼 법률문제
		鄭泰學	매입세액의 공제와 세금계산서의 작성·교부시기
183	4.16.	柳至泰	행정행위의 취소의 취소
		金致煥	통지의 법적 성질
184	5.21.	鄭準鉉	단순하자 있는 행정명령을 위반한 행위의 가벌성
		權殷玟	압류처분취소소송에서 부과처분의 근거법률이 위헌이라는 주장이 허용되는지 여부
185	6.18.	趙憲銖	사업양도와 제 2 차 납세의무
		金連泰	과징금 부과처분에 대한 집행정지결정의 효력
186	7.16.	金容燮	보조금 교부결정을 둘러싼 법적 문제
		林聖勳	영내 구타·가혹 행위로 인한 자살에 대한 배상과 보상
187	8.20.	李京運	교수재임용거부처분취소
		曺媛卿	국가공무원법 제69조 위헌제청
188	9.17.	鄭成太	법규명령의 처분성
		金敞祚	원자로 설치허가 무효확인소송
189	04.10.15.	崔正一	법령보충적행정규칙의 법적 성질 및 효력
		李湖暎	독점규제법상 특수관계인에 대한 부당지원행위의 규제
190	11.19.	金香基	재결에 대한 취소소송
		劉南碩	집행정지의 요건으로서 "회복하기 어려운 손해를 예방하기 위한 긴급한 필요"와 그 고려

순번	연월일	발표자	발 표 제 목
			사항으로서의 '승소가능성'
191	12.17.	尹炯漢	사전통지의 대상과 흠결의 효과
192	05.1.31.	鄭鎬慶	행정소송의 협의의 소의 이익과 헌법소원의 보충성
		金重權	국토이용계획변경신청권의 예외적 인정의 문제점에 관한 소고
193	2.18.	宣正源	하자승계론에 몇 가지 쟁점에 관한 검토
		李熙貞	공법상 계약의 해지와 의견청취절차
194	3.18.	安哲相	취소소송 사이의 소의 변경과 새로운 소의 제소기간
		康鉉浩	민간투자법제에 따른 우선협상대상자지정의 법적 제문제
195	4.15.	吳峻根	재량행위의 판단기준과 재량행위 투명화를 위한 법제정비
		李根壽	대집행의 법적 성격
196	5.20.	河宗大	금산법에 기한 계약이전결정 등의 처분과 주주의 원고적격
		金鐘甫	토지형질변경의 법적 성격
197	6.17.	朴海植	제재적 행정처분의 효력기간 경과와 법률상 이익
		李桂洙	공무원의 정치적 자유와 정치운동금지의무
198	8.19.	金容燮	재결의 기속력의 주관적 범위를 둘러싼 논의
		徐正旭	공시지가와 하자의 승계
199	9.16.	金鉉峻	용도지역 지정 · 변경행위의 법적 성질과 그에 대한 사법심사
		趙成奎	직접민주주의와 조례제정권의 한계

순번	연월일	발표자	발 표 제 목
200	10.21.	金光洙	공직선거법과 행정형벌
		崔桂暎	용도폐지된 공공시설에 대한 무상양도신청거부의 처분성
201	11.12.	鄭夏重	행정판례의 발전과 전망
		朴正勳	행정판례의 발전과 전망
		尹炯漢	행정재판제도의 발전과 행정판례
		朴海植	행정재판제도의 발전과 행정판례
202	12.16.	鄭泰容	행정심판청구인적격에 관한 몇 가지 사례
203	06. 1.20	朴均省	행정상 즉시강제의 통제 — 비례원칙, 영장주의, 적법절차의 원칙과 관련하여 —
		權殷玟	기본행위인 영업권 양도계약이 무효라고 주장하는 경우에 행정청이 한 변경신고수리처분에 대한 불복방법 등
204	2.17.	曺海鉉	민주화운동관련자명예회복및보상등에관한법률에 기한 행정소송의 형태
		金重權	사권형성적 행정행위와 그 폐지의 문제점에 관한 소고
205	3.17.	朴正勳	불확정개념과 재량 — 법규의 적용에 관한 행정의 우선권
		李相悳	한국지역난방공사 공급규정 변경신고를 산업자원부장관이 수리한 행위의 법적 성질
206	4.21.	俞珍式	공유수면매립법상 사정변경에 의한 매립면허의 취소신청
		林永浩	채석허가기간의 만료와 채석허가취소처분에 대한 소의 이익
207	5.19	嚴基燮	공정거래법상 사업자단체의 부당제한행위의

순번	연월일	발표자	발 표 제 목
			성립요건
		李賢修	납입고지에 의한 변상금부과처분의 취소와 소멸시효의 중단
208	6.16.	金鐘甫	재건축 창립총회의 이중기능
		鄭夏明	미국 연방대법원의 행정입법재량통제
209	8.17.	裵柄皓	개정 하천법 부칙 제2조의 손실보상과 당사자 소송
		金裕煥	공공갈등의 사법적 해결 — 의미와 한계
210	9.15.	金容燮	텔레비전 수신료와 관련된 행정법적 쟁점
		崔桂暎	행정처분과 형벌
211	10.20.	金海龍	처분기간이 경과된 행정처분을 다툴 법률상 이익(행정소송법 제12조 후문 관련)과 제재적
		石鎬哲	처분기준을 정한 부령의 법규성 인정 문제
212	11.17.	宣正源	입헌주의적 지방자치와 조직고권
		李熙貞	주민투표권 침해에 대한 사법심사
213	12.8.-		법제처 · 한국행정판례연구회 공동주관 관학협동워크샵
	9.	朴 仁	법령보충적 성격의 행정규칙의 현황과 문제점
		林永浩	법령보충적 성격의 행정규칙에 대한 판례분석
		鄭南哲	법령보충적 성격의 행정규칙의 정비방향과 위임사항의 한계
		金重權	민주적 법치국가에서 의회와 행정의 공관적 법정립에 따른 법제처의 역할에 관한 소고
		金海龍	국토계획 관련법제의 문제점과 개선방안
214	07.1.19.	張暻源	독일 맥주순수령 판결을 통해 본 유럽과 독일의 경제행정법

순번	연월일	발표자	발 표 제 목
		權純一	재정경제부령에 의한 덤핑방지관세부과조치의 처분성 재론－기능적 관점에서－
215	2.23.	鄭準鉉	소위 '공익사업법'상 협의취득의 법적 성질
		裵輔允	구 농어촌정비법 제93조 제1항의 국공유지양증여의 창설환지 등의 문제점
216	3.16.	朴榮萬	법령의 개정과 신뢰보호의 원칙
		金重權	행정입법적 고시의 처분성인정과 관련한 문제점에 관한 소고
217	4.20.	金容贊	국가지정문화재현상변경허가처분의 재량행위성
		李湖暎	합의추정된 가격담합의 과징금산정
218	5.18	金敞祚	공인중개사시험불합격처분 취소소송
		李宣憙	행정청의 고시와 원고적격
219	6.15.	李光潤	제재적 처분기준의 성격과 제재기간 경과후의 소익
		金暎賢	행정소송의 피고적격
220	.8.17.	金義煥	정보공개법상의 공공기관 및 정보공개청구와 권리남용
		金秀珍	행정서류의 외국으로의 송달
221	9.21.	蘇淳茂	명의신탁 주식에 대한 증여의제에 있어서 조세회피목적의 해석
		慶 健	관계기관과의 협의를 거치지 아니한 조례의 효력
222	10.19.	成百玹	공특법상 '이주대책'과 공급규칙상 '특별공급'과의 관계
		金南澈	건축허가의 법적 성질에 대한 판례의 검토
223	11.16.	金性洙	민간투자사업의 성격과 사업자 선정의 법적

순번	연월일	발표자	발 표 제 목
			과제
224	12.21.	趙憲銖	병역의무 이행과 불이익 처우 금지의 관계
225	08.1.18.	金南辰	국가의 경찰법, 질서법상의 책임
		李殷祈	폐기물관리법제와 폐기물처리조치명령취소처분
		鄭成太	대형국책사업에 대한 사법심사(일명 새만금사건을 중심으로)
226	2.15.	辛奉起	한국 행정판례에 있어서 형량하자론의 도입과 평가
		鄭鍾錧	하천법상의 손실보상
227	3.21.	鄭夏重	사립학교법상의 임시이사의 이사선임권한
		林聖勳	행정입법 부작위에 관한 몇가지 문제점
228	4.18.	金光洙	자치사무에 대한 국가감독의 한계
		金熙喆	토지수용으로 인한 손실보상금 산정
229	5.16.	申東昇	행정행위 하자승계와 선결문제
		趙成奎	과징금의 법적 성질과 부과기준
230	6.20.	姜錫勳	위임입법의 방식 및 해석론에 관한 고찰
		鄭南哲	명확성원칙의 판단기준과 사법심사의 한계
231	8.22.	鄭泰學	조세통칙과 신의성실의 원칙
		李京運	부관으로서의 기한
232	9.19.	朴尙勳	시간강사의 근로자성
		金善旭	지방자치단체장의 소속공무원에 대한 징계권과 직무유기
233	10.17.	趙允熙	정보통신부 장관의 위성망국제등록신청과 항고소송의 대상
		金鉉峻	환경사법 액세스권 보장을 위한 "법률상 이익"의 해석

순번	연월일	발표자	발 표 제 목
234	11.21.	裵輔允	권한쟁의심판의 제3자 소송담당
		李賢修	공물의 성립요건
235	12.19.	金鐵容	행정청의 처분근거・이유제시의무와 처분근거・이유제시의 정도
236	09.1.16.	金炳圻	행정법상 신뢰보호원칙
		劉慶才	원인자부담금
237	2.20.	金聖泰	도로교통법 제58조 위헌확인
		林永浩	공매 통지의 법적 성격
238	3.20.	崔桂暎	위헌결정의 효력과 취소소송의 제소기간
		金尙煥	법규명령에 대한 헌법소원의 적법요건
239	4.17.	朴均省	직무상 의무위반으로 인한 국가배상책임
		金國鉉	사망자의 법규위반으로 인한 제재사유의 승계
240	5.15.	金容燮	택지개발업무처리지침 위반과 영업소 폐쇄
		金炅蘭	개발제한구역의 해제와 원고적격
241	6.19.	朴正勳	무효확인소송의 보충성
		曺海鉉	민주화운동관련자 명예회복 및 보상 등에 관한 법률에 의한 보상금의 지급을 구하는 소송의 형태
242	8.21.	鄭泰容	행정심판 재결 확정력의 의미
		安哲相	지방계약직 공무원의 징계
243	9.18.	金鐘甫	「도시 및 주거환경정비법」상 정비기반시설의 귀속 관계
		徐基錫	국회의 입법행위 또는 입법부작위로 인한 국가배상책임
244	10.16.	河明鎬	법인에 대한 양벌규정의 위헌여부
		趙龍鎬	표준지공시지가 하자의 승계

순번	연월일	발표자	발 표 제 목
245	11.20.	金連泰	한국마사회의 조교사 및 기수의 면허부여 또는 취소의 처분성
		金義煥	행정상 법률관계에 있어서의 소멸시효의 원용과 신의성실의 원칙
246	12.18.	朴鈗炘	주거이전비 보상의 법적 절차, 성격 및 소송법적 쟁점
247	10.1.15	林宰洪	출입국관리법상 난민인정행위의 법적 성격과 난민인정요건
		金泰昊	하자있는 수익적 행정처분의 직권취소
248	2.19	金南澈	국가기관의 지방자치단체에 대한 감독·감사권한
		權殷玟	미국산 쇠고기 수입 고시의 법적 문제
249	3.19	金聲培	수용재결과 헌법상 정교분리원칙
		姜相旭	건축물대장 용도변경신청 거부의 처분성
250	4.16	李宣憙	공정거래법상 시정조치로서 정보교환 금지명령
		金鍾泌	이주대책대상자제외처분 취소소송의 쟁점
251	5.14	鄭夏重	공법상 부당이득반환청구권의 독자성
		魯坰泌	관리처분계획안에 대한 총회결의 무효확인을 다투는 소송방법
252	6.18	金秀珍	합의제 행정기관의 설치에 관한 조례 제정의 허용 여부
		白濟欽	과세처분에 대한 증액경정처분과 행정소송
253	8.20	崔正一	경원자 소송에서의 원고적격과 사정판결제도의 위헌 여부
		蔣尙均	승진임용신청에 대한 부작위위법확인소송
254	9.17	金敞祚	강의전담교원제와 해직처분
		河宗大	행정처분으로서의 통보 및 신고의 수리

순번	연월일	발표자	발 표 제 목
255	10.15	최진수	징발매수재산의 환매권
		朴海植	주민등록전입신고 수리 여부에 대한 심사범위와 대상
256	11.12	金容燮	부당결부금지원칙과 부관
		朴尙勳	공무원에 대한 불이익한 전보인사 조치와 손해배상
257	12.10	金東熙	제재적 재량처분의 기준을 정한 부령
258	11.1.14	成智鏞	위임입법의 한계와 행정입법에 대한 사법심사
		安東寅	법령의 개정과 신뢰보호원칙 — 신뢰보호원칙의 적극적 활용에 대한 관견 —
259	2.18	崔桂暎	민간기업에 의한 수용
		金泰昊	사전환경성검토와 사법심사
260	3.18	金鉉峻	규제권한 불행사에 의한 국가배상책임의 구조와 위법성 판단기준
		朴在胤	지방자치단체 자치감사의 범위와 한계
261	4.15	金重權	민간투자사업의 법적 절차와 처분하자
		徐輔國	행정입법의 부작위에 대한 헌법소원과 행정소송
262	5.20	李熙貞	귀화허가의 법적 성질
		尹仁聖	독점규제 및 공정거래에 관한 법률 제3조의2 제1항 제5호 후단에 규정된 "부당하게 소비자의 이익을 현저히 저해할 우려가 있는 행위"에 관한 소고
263	6.17	朴均省	납골당설치신고 수리거부의 법적 성질 및 적법성 판단
		姜錫勳	재조사결정의 법적 성격과 제소기간의 기산점
264	8.19	金光洙	임시이사의법적 지원

순번	연월일	발표자	발 표 제 목
		趙允熙	불복절차 도중의 과세처분 취소와 재처분금지
265	9.16	鄭準鉉	개인택시사업면허 양도시 하자의 승계
		김용하	잔여지 수용청구권의 행사방법 및 불복수단
266	10.21	崔峰碩	과징금 부과처분의 재량권 일탈·남용
		朴榮萬	군인공무원관계와 기본권 보장
267	11.11	俞珍式	정보공개법상 비공개사유
		주한길	행정소송법상 집행정지의 요건
268	12.16	琴泰煥 金致煥 田勳 李殷相	최근 외국 행정판례의 동향 및 분석 미국, 일본, 프랑스, 독일
		李鴻薰	사회발전과 행정판결
269	12.1.27	裵炳皓	재개발조합설립인가 등에 관한 소송의 방법
		河明鎬	사회보장행정에서 권리의 체계와 구제
270	2.17	朴玄廷	건축법 위반과 이행강제금
		金善娥	출퇴근 재해의 인정범위
271	3.16	金重權	국가배상법상 중과실의 의미
		徐泰煥	행정소송법상 직권심리주의의 의미와 범위
272	4.20	李湖暎	시장지배적사업자의 기술적 보호조치와 공정거래법
		李玩憙	공정거래법상 신고자 감면제도
273	5.18	李東植	세무조사 결정통지의 처분성
		鄭基相	조세소송에서 실의성실원칙
274	6.15	許康茂	생활대책대상자선정거부의 처분성과 신청권의 존부
		朴貞杹	기대권의 법리와 교원재임용거부 및 부당한 근로계약 갱신 거절의 효력
275	8.17	金敞祚	정보공개법상 비공개사유로서 법인 등의 경

순번	연월일	발표자	발 표 제 목
			영 · 영업상 비밀에 관한 사항
276	9.21	成承桓	경찰권 발동의 한계와 기본권
		金宣希	도시정비법상 조합설립인가처분과 변경인가처분
		李相憙	국가와 지방자치단체의 보조금 지원과 지원거부의 처분성
277	10.19	康鉉浩	건축법상 인허가의제의 효과를 수반하는 신고
		尹景雅	결손처분과 그 취소 및 공매통지의 처분성
278	11.16	金容燮	원격평생교육시설 신고 및 그 수리거부
		李義俊	사업시행자의 생활기본시설 설치 의무
279	12.21	琴泰煥	미국, 일본, 프랑스, 독일의 최근 행정판례동향
		金致煥	
		田 勳	
		李殷相	
280	13.1.18	崔松和	행정판례의 회고와 전망
		崔桂暎	행정처분의 위법성과 국가배상책임
		金泰昊	정보공개법상 비공개사유로서 '진행 중인 재판에 관련된 정보'
281	2.15	金致煥	주민소송의 대상
		朴在胤	체육시설을 위한 수용
282	3.15	金聲培	국가유공자요건비해당결정처분
		金東國	해임처분무효
283	4.19	徐輔國	압류등처분무효확인
		崔柄律	자동차운전면허취소처분취소
284	5.24	裵柄皓	국가배상청구권의 소멸시효
		朴海植	감면불인정처분등취소
285	6.21	朴均省	국방·군사시설사업실시계획승인처분무효확인등

순번	연월일	발표자	발 표 제 목
		金慧眞	형의 집행 및 수용자의 처우에 관한 법률 제45조 제1항 위헌확인
286	8.16	俞珍式	여객자동차운수사업법 제14조 등 위헌확인 등
		김필용	증여세부과처분취소
287	9.27	慶建	정보공개청구거부처분취소
		이산해	과징금부과처분취소 · 부당이득환수처분취소
288	10.18	金裕煥	직권면직취소
		許盛旭	관리처분계획무효확인
289	11.15	金炳圻	완충녹지지정의 해제신청거부처분의 취소
		成重卓	조합설립인가처분무효확인
290	12.20	金聲培 金致煥 吳丞奎 桂仁國	미국, 일본, 프랑스, 독일의 최근 행정판례 동향
		鄭夏重	행정판례에 있어서 몇 가지 쟁점에 관한 소고
291	14. 1. 17	金相贊	국가공무원 복무규정 제3조 제2항 등 위헌확인
		金容河	사업시행승인처분취소
292	2.21	姜知恩	주택건설사업승인불허가처분 취소 등
		金世鉉	소득금액변동통지와 하자의 승계 판례변경에 따른 신뢰성 보호 문제
293	3.21	金重權	지방자치단체의 구역관할결정의 제 문제에 관한 소고
		李相悳	체납자 출국금지처분의 요건과 재량통제
294	4.18	俞珍式	정보공개거부처분취소
		金惠眞	백두대간보호에관한법률 제7조 제1항 제6호 위헌소원

순번	연월일	발표자	발 표 제 목
295	5.16	安東寅	토지대장의 직권말소 및 기재사항 변경거부의 처분성
		河泰興	증액경정처분의 취소를 구하는 항고소송에서 납세의무자가 다툴 수 있는 불복사유의 범위
296	6.20	金容燮	독립유공자법적용배제결정 – 처분취소소송에 있어 선행처분의 위법성승계
		李承勳	조합설립추진위원회 설립승인 무효 확인
297	8.22	鄭鎬庚	不利益處分原狀回復 등 要求處分取消
		이병희	解任處分取消決定取消
298	9.19	崔峰碩	職務履行命令取消
		文俊弼	還買代金增減
299	10.17	朴均省	行政判例 30年의 回顧와 展望: 행정법총론 I
		金重權	行政判例의 回顧와 展望–행정절차, 정보공개, 행정조사, 행정의 실효성확보의 분야
		洪準亨	行政判例 30年의 回顧와 展望–행정구제법: 한국행정판례의 정체성을 찾아서
300	11.21	康鉉浩	不正當業者制裁處分取消
		李承寧	讓受金
301	12.19	金聲培	美國의 最近 行政判例動向
		吳丞奎	프랑스의 最近 行政判例動向
		桂仁國	獨逸의 最近 行政判例動向
		咸仁善	日本의 最近 行政判例動向
		朴鋭炘	온실가스 배출거래권 제도 도입에 즈음하여
302	15. 1.23	金泰昊	수정명령 취소
		李羲俊	손해배상(기)
303	2.27	朴玄廷	정비사업조합설립과 토지 또는 건축물을 소유

순번	연월일	발표자	발 표 제 목
			한 국가·지방자치단체의 지위
		李羲俊	건축허가처분취소
304	3.20	俞珍式	공공감사법의 재심의신청과 행정심판에 관한 제소기간의 특례
		金世鉉	명의신탁과 양도소득세의 납세의무자
305	4.17	朴均省	노동조합설립신고반려처분취소
		金海磨中	국세부과취소
306	5.15	崔峰碩	직무이행명령취소청구
		박준희	지역균형개발 및 지방중소기업 육성에 관한 법률 제16조 제1항 제4호 등 위헌소원
307	6.19	裵柄皓	인신보호법 제2조 제1항 위헌확인
		金東柱	생태자연도등급조정처분무효확인
		裵柄皓	인신보호법 제2조 제1항 위헌확인
		김동주	생태자연도등급조정처분무효확인
308	8.29		牧村 金道昶 박사 10주기 기념 학술대회
309	9.18	崔桂暎	정보비공개결정처분취소
		정지영	부당이득금반환
310	10.16	鄭夏明	예방접종으로 인한 장애인정거부처분취소
		郭相鉉	급여제한및 환수처분취소
311		鄭鎬庚	독립유공자서훈취소결정무효확인등
		김혜성	직위해제처분취소
312		金聲培	최근(2014/2015) 미국 행정판례의 동향 및 분석 연구
		咸仁善	일본의 최근(2014) 행정판례의 동향 및 분석
		吳丞奎	2014년 프랑스 행정판례의 동향 연구
		桂仁國	국가의 종교적·윤리적 중립성과 윤리과목

순번	연월일	발표자	발 표 제 목
			편성 요구권
		金海龍	행정재판과 법치주의 확립
313	16. 1.22	金泰昊	주민소송(부당이득 반환)
		朴淵昱	건축협의취소처분취소
314	2.26	李熙貞	보상금환수처분취소
		李羲俊	변상금부과처분취소
315	3.18	成重卓	영업시간제한등처분취소
		임지영	조정반지정거부처분
316	4.15	裵柄皓	하천공사시행계획취소청구
		李用雨	세무조사결정행정처분취소
317	5.20	金南澈	과징금납부명령등취소청구의소
		李煌熙	홍▽군과 태△군 등 간의 권한쟁의
318	6.11	金重權	환경기술개발사업중단처분취소
		崔瑨修	관리처분계획안에대한총회결의효력정지가처분
		강주영	시설개수명령처분취소
		角松生史	일본 행정소송법개정의 성과와 한계
319	8.19	咸仁善	조례안의결무효확인 <학생인권조례안 사건>
		金世鉉	교육세경정거부처분취소
320	9.23	金容燮	독립유공자서훈취소처분의 취소
		李殷相	주유소운영사업자불선정처분취소
321	10.21	李光潤	부당이득금등
		이승민	형식적 불법과 실질적 불법
322	11.25	俞珍式	학칙개정처분무효확인
		윤진규	부당이득금
			채무부존재확인
323	12.15	李京運	교육판례의 회고와 전망

순번	연월일	발표자	발 표 제 목
		朴均省	사법의 기능과 행정판례
		咸仁善	일본의 최근 행정판례
		金聲培	미국의 최근 행정판례
		桂仁國	독일의 최근 행정판례
		吳丞奎	프랑스의 최근 행정판례
324	17. 1.20.	成奉根	취급거부명령처분취소
		尹焌碩	취득세등부과처분취소
325	2.17.	鄭永哲	도시계획시설결정폐지신청거부처분취소
		이희준	손해배상(기)
326	3.17.	朴在胤	직무이행명령취소
		정은영	습지보전법 제20조의2 제1항 위헌소원
327	4.21.	金容燮	시정명령처분취소
		장승혁	산재법 제37조 위헌소원
328	5.19.	박정훈	감차명령처분취소
		金世鉉	법인세등부과처분취소
329	6.16.	裵柄皓	조례안재의결무효확인
		송시강	개발부담금환급거부취소
330	8.8.	함인선	부당이득금반환
		김형수	개발부담금환급거부취소
331	9.15.	성중탁	출입국관리법 제63조 제1항 위헌소원
		이은상	보험료채무부존재확인
332	10.20.	유진식	정보공개청구기각처분취소
		김상찬	영업정지처분취소
333	11.24.	안동인	치과의사 안면보톡스시술사건
		김선욱	부가가치세경정거부처분취소
334	12.14.	김동희	행정판례를 둘러싼 학계와 법조계의 대화에

순번	연월일	발표자	발 표 제 목
			관한 몇 가지 생각
		정태용	행정부 공무원의 시각에서 본 행정판례
		함인선	일본의 최근 행정판례
		김성배	미국의 최근 행정판례
		계인국	독일의 최근 행정판례
		김혜진	프랑스의 최근 행정판례
335	18. 1.19.	성봉근	민사사건에 있어 공법적 영향
		박호경	조례무효확인
336	3.16.	김치환	산재보험적용사업장변경불승인처분취소
		신철순	폐업처분무효확인등
337	4.20.	박정훈	입찰참가자격제한처분취소
		신상민	건축허가철회신청거부처분취소의소
338	5.18.	최봉석	직권취소처분취소청구의소
		윤준석	증여세부과처분취소
339	6.15.	김대인	직권취소처분취소청구의소
		문중흠	증여세부과처분취소
340	8.17.	이혜진	정직처분취소
		김형수	이동통신단말장치 유통구조 개선에 관한 법률 제4조 제1항 등 위헌확인
341	9.28.	김현준	재직기간합산불승인처분취소
		김세현	양도소득세부과처분취소
342	10.19.	김창조	주민등록번호변경신청거부처분취소
		장현철	청산금
343	11.16	강현호	손해배상
		임성훈	부당이득반환등
344	12.21	김재선	미국의 최근 행정판례

순번	연월일	발표자	발 표 제 목
		계인국	독일의 최근 행정판례
		박현정	프랑스의 최근 행정판례
345	19. 2.15	박재윤	숙박업영업신고증교부의무부작위위법확인
		이은상	사업시행계획인가처분취소
346	3.15	정영철	입찰참가자격제한처분취소청구의소
		이승훈	부작위위법확인
347	4.19	박균성	사업계획승인취소처분취소등
		김혜성	종합쇼핑몰거래정지처분취소
348	5.17	김중권	전역처분등취소
		고소영	임용제청거부처분취소등
349	6.21	김판기	생활폐기물수집운반및가로청소대행용역비반납처분취소
		윤준석	증여세부과처분취소
350	8.23	배병호	지방자치단체를 당사자로 하는 계약에 관한 법률 시행령 제30조 제5항 등 위헌확인
		신상민	퇴교처분취소
351	9.20	김성배	사증발급거부처분취소
		박건우	보상금증액
352	10.18	김병기	교원소청심사위원회결정취소
		오에스데	징계처분등
353	11.15	강현호	의료기관개설신고불수리처분취소
		이수안	손실보상금증액등
354	12.19	신원일	일본의 최근 행정판례
		김재선	미국의 최근 행정판례
		계인국	독일의 최근 행정판례
		박우경	프랑스의 최근 행정판례

순번	연월일	발표자	발 표 제 목
355	20.2.21.	성중탁	변호인 접견 불허처분 등 위헌확인
		김근호	입찰참가자격제한처분취소청구
356	5.22	김태호	학원설립운영등록신청 반려처분취소
		이희준	수용재결취소등
357	6.19	김유환	도로점용허가처분무효확인등
		황용남	기타이행강제금부과처분취소
358	8.21	박재윤	제재조치명령의 취소
		주동진	급수공사비등부과처분취소청구의 소
359	9.18	김치환	도로점용료부과처분취소 · 도로점용료부과처분취소
		김후신	장해등급결정처분취소
360	10.16	정호경	고용노동부 고시 제2017-42호 위헌확인
		이용우	건축신고반려처분취소
361	11.20	김창조	사업대상자선정처분취소
		정은영	부당이득금부과처분취소등
362	12.17	손호영	일본의 최근 행정판례
		김재선	미국의 최근 행정판례
		계인국	독일의 최근 행정판례
363	21.2.19.	박우경	프랑스의 최근 행정판례
		이현수	대법원 2019. 7. 11. 선고 2017두38874 판결
		이산해	대법원 2019. 2. 28. 선고 2017두71031 판결
364	3.19.	이은상	대법원 2019. 10. 31. 선고 2016두50907 판결
		김근호	대법원 2019. 6. 27. 선고 2018두49130 판결
365	4.16.	하명호	대법원 2020. 12. 24. 선고 2018두45633 판결
		박호경	대법원 2020. 6. 25. 선고 2018두34732 판결
366	5.21.	김중권	대법원 2020. 6. 25. 선고 2019두52980 판결

순번	연월일	발표자	발 표 제 목
		맹주한	대법원 2020. 7. 9. 선고 2017두39785 판결
367	6.18.	김대인	대법원 2020. 7. 29. 선고 2017두63467 판결
		박정훈	대법원 2020. 9. 3. 선고 2020두34070 판결
368	8.20.	이윤정	부당해고구제재심판정취소
		이국현	물이용부담금과 재정책임
369	9.17.	서보국	종합소득세경정거부처분취소
		윤진규	관세등부과처분취소
370	10.15.	김유환	공급자등록취소무효확인등청구
		최명지	업무정지처분 취소청구
371	11.19.	김현준	이사회결의무효확인의소
		황정현	세무대리업무등록취소처분취소등
372	12.16.	이혜진	일본의 최근 행정판례
		김재선	미국의 최근 행정판례
		계인국	독일의 최근 행정판례
		박우경	프랑스의 최근 행정판례
373	22.2.18	최계영	사업종류변경처분등취소청구의소
		이용우	건축허가취소처분취소
374	3.18	이은상	국가배상법 제2조 제1항 위헌소원
		최미연	도선사업면허변경처분취소
375	4.15	강현호	건축허가신청반려처분취소
		이희준	전부금
376	5.20	이기춘	공무집행방해 · 일반교통방해 · 집회및시위에 관한법률위반/손해배상(기)
		김형수	시정명령등처분취소청구의소
377	6.17	박현정	채무부존재확인
		박가림	과징금부과처분취소

순번	연월일	발표자	발 표 제 목
378	8.26	하명호	행정소송법 개정의 필요성
		유진식	정부의 가상통화 관련 긴급대책 등 위헌확인
		윤진규	법인세등부과처분취소
379	9.23	송시강	민간특례사업제안수용결정취소처분등취소 및 중소기업창업사업계획승인불허가처분취소
		신철순	유족급여및장의비부지급처분취소
380	10.21	정훈	평택당진항매립지일부구간귀속지방자치단체결정취소
		임재남	이주대택대상자제외처분취소
381	11.18	성중탁	구 토지구획정리사업법 제63조 위헌소원
		이수안	건축신고불수리처분취소
382	12.16	이재훈	육아휴직급여부지급등처분취소
		최승훈	요양급여비용환수처분취소
383	23.2.17	김혜진	도로교통법위반(무면허운전)
		이아영	시정명령등취소청구의소
384	3.17	박원규	조업정지처분취소
		정은영	손실보상금
385	4.21	김재선	업무정지처분취소
		신수빈	소유권이전등기
386	5.19	박종준	악취배출시설설치신고반려처분등취소
		허이훈	상수도시설분담금부과처분무효확인
387	6.16	이윤정	정부출연금전액환수등 처분취소청구
		이진형	제재처분의 집행정지
388	8.18	박재윤	긴급조치국가배상청구
	6.30	이용우	부당전직 구제 재심판정 취소청구
389	9.15	정호경	헌법재판소 2023. 3. 23. 선고 2019헌마1399

순번	연월일	발표자	발 표 제 목
			결정
	3.15	이희준	입찰참가자격제한처분취소
390	10.20	계인국	선거무효의 소
		문중흠	재산세부과처분취소
391	11.17	장윤실	손해배상
		이지은	조례안의결무효확인
392	12.15	안철상	최근 행정판례의 변화와 발전
		방정미	미국의 최근 행정판례
		김혜진	독일의 최근 행정판례
		황헌순	일본의 최근 행정판례
		박우경	프랑스의 최근 행정판례
393	2.16	이은상	구상금
		김은정	소유권이전등기
394	3.15	이상덕	의료법위반
		이상덕	한의사면허자격정치저분취소
		우미형	건축허가신청불허가처분취소
395	4.19	이승민	시정명령등취소
		박대규	입법부작위위헌확인
396	5.17	송시강	광구감소처분신청 거부처분취소
		곽신재	덤핑방지과세부과처분취소
397	6.21	박건우	도시계획시설결정해제신청거부처분취소청구
		임민희	건축신고수리처분취소
398	8.16	최명지	부당이득금
	8.16	박호경	행정심판법 제49조 제1항 위헌소원
399	9.20	박정훈	영업정지처분취소
	9.20	김형수	입찰참가자격제한 및 영업정지 요치결정

순번	연월일	발표자	발 표 제 목
			취소 청구의 소
400	10.25	김철용	한국행정판례연구회의 회고와 과제－한국행정판례연구회 발족 40년을 기념하여－
	10.25	정하중	행정판례 40년의 회고 －민주적 법치국가로의 여정－
	10.25	김창조	행정판례 40년: 이론과 실무의 대화 -이론가의 입장에서－
	10.25	강우찬	행정판례 40년: 이론과 실무의 대화 -실무가의 입장에서－
401	11.15	김혜진	개인정보 보호법 제28조의7 등 위헌확인, 개인정보 보호법 제28조의5 등 위헌확인
	11.15	김경준	채무부존재확인의 소
402	12.20	황헌순	일본의 최근 행정판례
		이재훈	독일의 최근 행정판례
		홍강훈	요양불승인처분취소

行政判例硏究 I~ XXIX-2 總目次

行政判例研究 Ⅰ~ⅩⅩⅨ-2 總目次

[第 Ⅰ 卷]

Ⅰ. 行政上立法

Ⅱ. 行政裁量

Ⅲ. 行政行爲의 附款

Ⅳ. 行政行爲의 取消

Ⅴ. 行政節次

Ⅵ. 行政計劃

Ⅶ. 行政訴訟의 對象

Ⅷ. 行政訴訟에 있어서의 訴의 利益

Ⅸ. 行政訴訟의 執行停止

Ⅹ. 行政權限의 委任

Ⅺ. 公務員法

Ⅻ. 營造物法

Ⅵ. **行政上爭訟 一般**

Ⅶ. **行政訴訟의 類型**

Ⅷ. **損害塡補**

Ⅸ. **地方自治**

Ⅹ. **違憲審査**

[第 Ⅳ 卷]

Ⅰ. 行政行爲

Ⅱ. 行政計劃

Ⅲ. 行政節次

Ⅳ. 行政爭訟 一般

Ⅴ. 行政訴訟의 對象과 權利保護 必要性

Ⅵ. 行政訴訟의 類型

Ⅶ. 損害塡補

Ⅷ. 地方自治法

Ⅸ. 秩序行政法

[第 V 卷]

Ⅰ. 行政立法

Ⅱ. 行政行爲

Ⅲ. 行政計劃

Ⅳ. 行政節次

Ⅴ. 行政訴訟

Ⅵ. 損害塡補

Ⅶ. 公務員法

Ⅷ. 地方自治法

Ⅸ. 秩序行政法

Ⅹ. 租　　稅

[第 VI 卷]

Ⅰ. 行政法의 基本概念

Ⅱ. 行政行爲

Ⅲ. 行政訴訟

Ⅳ. 給付行政 · 環境行政

Ⅴ. 租 稅

Ⅵ. 外國判例研究

[第 Ⅶ 卷]

Ⅰ. 行政行爲

Ⅱ. 行政行爲

Ⅲ. 行政節次

Ⅳ. 行政上 損害塡補

Ⅴ. 行政訴訟

Ⅵ. 建築行政法

Ⅶ. 環境行政法

Ⅷ. 文化行政法

Ⅸ. 外國行政法判例研究

[第 Ⅷ 卷]

Ⅰ. 行政立法

Ⅱ. 行政行爲

Ⅲ. 情報公開

Ⅳ. 行政의 實效性確保手段

Ⅴ. 行政上 損害塡補

Ⅵ. 行政訴訟

Ⅶ. 土地行政法

Ⅷ. 租稅行政法

Ⅸ. 外國行政判例研究

Ⅹ. 韓·日行政訴訟法制의 改正과 向後方向(國際學術會議)

[第 IX 卷]

Ⅰ. 行政行爲

Ⅱ. 行政節次

Ⅲ. 行政訴訟

Ⅳ. 地方自治法

Ⅴ. 租稅行政法

Ⅵ. 최근 行政訴訟判決의 主要動向

[第 X 卷]

Ⅰ. 行政立法

Ⅱ. 行政行爲

Ⅲ. 行政節次

Ⅳ. 行政上 損害塡補

Ⅴ. 行政訴訟

Ⅵ. 租稅行政法

[第XI卷]

Ⅰ. 韓國行政判例研究會 200회 特輯 紀念論文

Ⅱ. 行政行爲

Ⅲ. 行政의 實效性確保手段

Ⅳ. 行政訴訟

Ⅴ. 地方自治法

Ⅳ. 經濟行政法

Ⅴ. 租稅行政法

[第 XIII 卷]

Ⅰ. 行政立法

Ⅱ. 行政行爲

Ⅲ. 行政計劃

Ⅳ. 行政節次法

Ⅴ. 行政上 損害塡補

Ⅱ. 行政行爲의 附款

Ⅲ. 行政行爲의 瑕疵

Ⅳ. 行政의 實效性確保手段

Ⅴ. 行政上 損害塡補

Ⅵ. 公務員法

Ⅶ. 外國判例 및 外國法制 研究

[第 XV-1卷]

Ⅰ. 行政法의 基本原理

Ⅱ. 行政行爲의 槪念과 種類

Ⅲ. 行政行爲의 職權取消·撤回

Ⅳ. 取消訴訟의 對象

Ⅴ. 行政上 損害塡補

Ⅵ. 公務員法

Ⅶ. 地方自治法

Ⅷ. 經濟行政法

Ⅸ. 建築行政法

[第XV-2卷]

Ⅰ. 認·許可 擬制 制度의 效果와 立法의 方向

(2010. 6. 4. 韓國行政判例研究會·法制處 공동세미나)

Ⅱ. 行政立法

Ⅲ. 行政行爲

Ⅳ. 行政訴訟

Ⅴ. 地方自治法

Ⅵ. 外國判例 및 外國法制 研究

[第XVI-1卷]

Ⅰ. 行政法의 基本原理

Ⅱ. 行政立法

Ⅲ. 行政行爲

Ⅳ. 損害塡補

Ⅴ. 地方自治法

[第 XVII -1 卷]

Ⅰ. 行政行爲의 附款

Ⅱ. 行政計劃

Ⅲ. 行政의 實效性 確保手段

Ⅳ. 取消訴訟의 對象

Ⅴ. 行政訴訟의 類型

Ⅵ. 地方自治法

Ⅶ. 經濟行政法

Ⅷ. 租稅行政法

[第 XVII -2卷]

Ⅰ. 行政行爲의 槪念과 種類

Ⅱ. 行政節次 및 情報公開

Ⅲ. 損害塡補

Ⅳ. 秩序行政法

Ⅴ. 經濟行政法

[第 XVIII -2卷]

[第 XIX-2 卷]

Ⅱ. 取消訴訟의 對象

Ⅲ. 地方自治法

Ⅳ. 建築行政法

Ⅴ. 外國判例 및 外國法制 硏究

Ⅵ. 특집논문: 행정판례연구회 30주년 특별기념논문

[第XX-1卷]

Ⅰ. 行政立法

Ⅱ. 行政行爲의 槪念과 種類

Ⅲ. 行政行爲의 效力

Ⅳ. 行政節次 및 情報公開

Ⅴ. 行政爭訟一般

Ⅵ. 地方自治法

Ⅶ. 租稅行政法

Ⅷ. 建築行政法

[第XX-2卷]

Ⅰ. 行政法의 基本原理

Ⅱ. 行政節次 및 情報公開

Ⅲ. 行政爭訟一般

Ⅳ. 損害塡補

Ⅴ. 建築行政法

Ⅵ. 憲法裁判

Ⅶ. 外國判例 및 外國法制 硏究

[第XXI-1卷]

[第 XXI-2 卷]

[第XXII-1卷]

[第XXII-2卷](第1卷)

[第XXII-2卷](第2卷)

[第 XXIII-1 卷]

Ⅰ. 行政法의 基本原理

Ⅱ. 行政의 實效性確保手段

Ⅲ. 行政爭訟一般

Ⅳ. 取消訴訟의 對象

Ⅴ. 行政訴訟의 類型

Ⅳ. 公務員法

Ⅴ. 環境行政法

Ⅵ. 經濟行政法

Ⅶ. 建築行政法

[第ⅩⅩⅣ-1卷]

Ⅰ. 행정법의 의의 및 기본원리(일반론)

Ⅱ. 행정의 행위형식

Ⅴ. 行政爭訟一般

Ⅵ. 取消訴訟의 對象

Ⅶ. 行政訴訟에 있어서의 訴의 利益

Ⅷ. 損害塡補

Ⅸ. 地方自治法

Ⅹ. 憲法裁判

XI. 外國判例 및 外國法制 研究

[第 XXV-1 卷]

[第XXV-2卷]

[第XXVI-2卷]

Ⅳ. 外國判例 및 外國法制 研究

[第XXVII-2卷]

Ⅰ. 行政立法

Ⅱ. 行政行爲의 槪念과 種類

Ⅲ. 行政計劃

Ⅳ. 行政爭訟一般

Ⅴ. 損害塡補

Ⅵ. 地方自治法

Ⅶ. 秩序行政法

Ⅷ. 憲法裁判

[第 XXVIII-1 卷]

行政法의 基本原理

行政行爲의 槪念과 種類

行政行爲의 效力

行政爭訟一般

取消訴訟의 對象

行政立法

行政節次 및 情報公開

行政의 實效性 確保手段

外國判例 및 外國法制 研究

行政訴訟判決의 主要動向

主題別 總目次(行政判例硏究 Ⅰ ~ XXIX－2)

行政法의 基本原理

個人的 公權

行政立法

行政行爲의 槪念과 種類

行政行爲의 附款

行政行爲의 類型

行政行爲의 效力

行政行爲의 瑕疵

行政行爲의 職權取消·撤回

行政計劃

行政節次 및 情報公開

行政의 實效性確保手段

行政爭訟一般

取消訴訟의 對象

行政訴訟에 있어서의 訴의 利益

行政訴訟의 審理

行政訴訟과 假救濟

行政訴訟의 類型

損害塡補

行政組織法

公務員法

地方自治法

秩序行政法

公物·營造物法

環境行政法

助成行政法

經濟行政法

租稅行政法

建築行政法

土地行政法

教育行政法

文化行政法

勞動行政法

憲法裁判

外國判例 및 外國法制 研究

行政訴訟判決의 主要動向

紀念論文

[特別寄稿] 行政法硏究資料

行政의 實效性 確保手段

研究判例 總目次
(行政判例研究 Ⅰ ~ XXIX-2)

〔대 법 원〕

〔서울고등법원〕

〔부산고등법원〕

〔대전고등법원〕

〔광주고등법원〕

〔EU판례〕

〔독일판례〕

〔프랑스판례〕

꽁세이데타 2011.11.16. 판결(포룸데알지구재개발공사중기긴급가처분사건, n°353172, n°353173) XVII-2-486

꽁세이데타 2011.12.23. 판결(시장영업시간규칙사건, n°323309) XVII-2-489

꽁세이데타 2012.6.20. 판결(R. et autres, n° 344646) XVIII-2-491

꽁세이데타 2012.7.13. 판결(Communauté de communes de Endre et Gesvres, Les Verts des Pays de la Loire et autres, association Acipa et autres, nos 347073 et 350925) XVIII-2-485

꽁세이데타 2012.7.10. 판결(SA GDF Suez et Anode, Les Verts des Pays de la Loire et autres, association Acipa et autres, nos 347073 et 350925) XVIII-2-487

꽁세이데타 2012.7.27 판결(Mme L. épouse B., n° 347114) XVIII-2-482

꽁세이데타 2012.11.26. 판결(Ademe, n° 344379) XVIII-2-489

꽁세이데타 2012.12.21 판결(Sociétés groupe Canal Plus et Vivendi Universal, n° 353856; CE, Ass., 21 décembre 2012, Sociétés group Canal Plus et Vivendi Universal, n° 362347, Société Parabole Réunion, n° 363542, Société Numericable, n° 363703) XVIII-2-477

꽁세이데타 assemblée, 12 avril 2013, *Fédération Force ouvrière énergie et mines et autres* n° 329570, 329683, 330539 et 330847. XIX-2-323

꽁세이데타 13 août 2013, *Ministre de l'intérieur c/ commune de Saint-Leu*, n° 370902. XIX-2-323

꽁세이데타 1er août 2013, *Association générale des producteurs de maïs (AGPM) et autres, nos 358103, 358615 et 359078.* XIX-2-323

꽁세이데타 Sec. 6 décembre 2013, *M. T., no 363290.* XIX-2-323

꽁세이데타 assemblée, 12 avril 2013, *Association coordination interrégionale Stop THT et autres*, nos 342409 et autres. XIX-2-323

꽁세이데타 16 décembre 2013, *Escota et sécurité Arcour*, nos 369304 et 369384. XIX-2-323

꽁세이데타 CE 8 novembre 2013, *Olympique lyonnais et autres*, nos 373129 et

〔미국판례〕

〔일본판례〕

行政判例研究 XXIX-2

2024년 12월 25일 초판인쇄
2024년 12월 30일 초판발행

편저자 사단법인 한국행정판례연구회
대 표 안 철 상

편저자와 협의하여 인지를 생략함

발행인 안종만 · 안상준
발행처 (주) 박영사
서울특별시 금천구 가산디지털2로 53, 210호
(가산동, 한라시그마밸리)
전화 (733) 6771 FAX (736) 4818
등록 1959. 3. 11. 제300-1959-1호(倫)

www.pybook.co.kr e-mail: pys@pybook.co.kr

정 가 53,000원

ISBN 979-11-303-4946-6
ISBN 978-89-6454-600-0(세트)
ISSN 1599-7413 45